Research on Accounting Information Evidence Effectiveness Safeguard Mechanism Design and Operation of Chinese Enterprises Respond to Anti-dumping

主要撰写成员

刘爱东　张昭焕　同　榛

谭圆奕　曾辉祥　刘文静

杨轩宇　付　媚

国家自然科学基金资助项目（71272068）

教育部高等学校博士学科点专项科研基金资助项目（20130162110074）

我国企业应对反倾销的会计信息证据效力保障机制设计与运行研究

刘爱东　等／著

中国财经出版传媒集团

经济科学出版社

Economic Science Press

图书在版编目（CIP）数据

我国企业应对反倾销的会计信息证据效力保障机制设计与
运行研究/刘爱东等著 . —北京：经济科学出版社，2017.9
ISBN 978 - 7 - 5141 - 8533 - 1

Ⅰ. ①我…　Ⅱ. ①刘…　Ⅲ. ①反倾销法 - 研究 - 中国②企业
管理 - 财务会计 - 研究 - 中国　Ⅳ. ①D922. 294. 4②F279. 23

中国版本图书馆 CIP 数据核字（2017）第 251270 号

责任编辑：李　雪
责任校对：刘　昕
责任印制：邱　天

我国企业应对反倾销的会计信息证据效力保障机制设计与运行研究

刘爱东　等著

经济科学出版社出版、发行　新华书店经销

社址：北京市海淀区阜成路甲 28 号　邮编：100142

总编部电话：010 - 88191217　发行部电话：010 - 88191522

网址：www. esp. com. cn

电子邮件：esp@ esp. com. cn

天猫网店：经济科学出版社旗舰店

网址：http://jjkxcbs. tmall. com

固安华明印业有限公司印装

787 × 1092　16 开　24. 25 印张　480000 字

2017 年 9 月第 1 版　2017 年 9 月第 1 次印刷

ISBN 978 - 7 - 5141 - 8533 - 1　定价：88. 00 元

主要撰写成员

刘爱东

张昭焕

同　榛

谭圆奕

曾辉祥

刘文静

杨轩宇

付　媚

序　言

　　会计信息证据在国际反倾销中，具有市场经济地位获得，反倾销调查中定案、定价、定性、幅度确定，以及应诉中会计举证和会计抗辩等不可替代的重要功能，关系着企业应对反倾销的成败。而这些功能的实现，取决于企业应对反倾销的会计信息证据效力，并受企业所提供的会计信息质量制约。而企业应对反倾销的会计信息质量不仅受会计信息加工、生成与监管系统（包括会计法规制度、处理技术与方法、会计人员职业能力、企业会计治理水平、独立审计等）的影响，还体现在应对反倾销所涉及的"多元利益相关主体"（如指控方、应诉方、调查当局、行业协会、涉案产品上下游等）的决策有用性上。描述会计信息过去、现在、未来不同时态关于质、量、度一般属性的质量特征，由于此时会计信息所服务"多元利益相关主体"各自真正需求而异。这不仅要对会计信息质量的相关性、可靠性、可比性、重要性等财务会计理论中一般质量特征进行重新审视，赋予与主体需求相匹配的内容，能否被"多元利益相关主体"认可、采纳的会计信息（会计证据）质量特征——可采性，亦成为企业应对反倾销重点关注的会计信息证据的重要问题。

　　近年来，欧美等西方发达国家为了化解金融危机对其经济造成的重挫和不断上升的贸易逆差，频繁对我国展开"两反一保"（即反倾销、反补贴和保障措施）指控和调查，过度运用反倾销等措施实施贸易保护的行为，不仅反映了国际贸易保护主义的新动向，同时反映了其背后所蕴含的深层次背景和当下我国企业所面临的激烈国际竞争。据 WTO 公布的资料显示，自 1995 年 1 月 1 日至 2011 年 6 月 30 日，全球共发起 3 922 起反倾销立案调查，其中针对中国 825 起，占全球反倾销立案调查总数的 21.04%，是排在第二位韩国 278 起的 2.96 倍和排在第三位美国 228 起的 3.61 倍；全球共实施 2 543 起反倾销措施，其中针对中国 612 起，占全球实施反倾销措施总数的 24.07%，是排在第二位韩国 169 起的 3.62 倍，比 2010 年 12 月 31 日该数据增长了 3.20%。我国商务部统计也证实，中国已经成为全球反补贴调查的最大目标国，全球 70% 以上的反补贴调查针对中国，仅 2010 年中国遭受"两反一保"调查就有 66 起，涉案金额高达 71.4 亿美元。更让人担忧的是，西方发达国家和地区原来只针对单一产品采取单一措施设置技术壁垒，现在已逐渐发展到针对大类产品采取系统性的综合措施，特别是由过去贸易摩擦主要集中在传统劳动密集型产业，现在则日渐向支柱产业和高新技术企业及产业政策等体制层面转移。

企业是应对反倾销的主体，我国企业应对反倾销胜诉的关键是获得市场经济地位，而市场经济地位的获得又需要涉案企业提供符合反倾销调查证据属性的会计信息。国外提起反倾销调查的基本问题包括倾销调查、损害调查及二者因果关系的确定。而要对涉案企业采取反倾销措施，就必须具备法律意义上倾销的三个判定要件：一是倾销的价格要件，产品的出口价格低于正常价值或公平价值；二是倾销的客观要件，低于正常价值的销售行为给进口国产业造成实质性损害，或产生损害威胁，或对进口国的新建产业产生实质性的阻碍；三是倾销价格与损害之间存在因果关系。涉案企业要推翻这三个判定要件胜诉的"证据"，就在于能适时提供符合反倾销调查证据属性的会计信息，特别是符合《关于执行 GATT1994 第 6 条的协议》第 2.2.1 条所规定的成本会计资料。欧美等西方发达国家，如"欧盟 384/96 号原则"也都作了类似的刚性规定。

但由于国别、会计标准、管理贸易的形式和手段以及应诉企业会计核心竞争力等方面的相对差异，致使会计管理差异所生成的会计信息必然存在质量上的差异。实际上，企业会计信息资源的配置已构成其充分市场竞争的重要组成内容，从企业应对反倾销看，会计核心竞争力背后所涉及的应当是反倾销战略层面的制度安排及其有效运行的保障机制。因此，将会计学领域对倾销与反倾销的独特诠释、技术与方法上不可替代的支持效力，导入法律和现代管理贸易等基本理论与方法中，以全新的研究视角，揭示倾销与反倾销的本质属性，构建与我国企业应对反倾销相适应的会计信息证据效力保障机制，不仅是提高我国（企业）应对反倾销成效亟待解决的现实问题，特别是，对于我国会计理论研究创新、应对反倾销战略体系优化，提高宏观政策层和应诉企业的决策效率，提升我国企业的国际竞争力，都将具有重大的理论价值和很强的实践意义。

关注反倾销会计研究，始于2002年我指导研究生王殿元同学的学位论文选题论证，我国频遭国外反倾销诉讼、企业应诉的少、应诉多败阵的大量案例，自此使我们团队与反倾销会计这一研究领域结下了不解之缘。特别是从2006年获得教育部人文社科基金、2007年获得国家自然科学基金资助以来，我们对反倾销会计的研究逐步有了一些比较理性系统的新思考。目前，围绕这一专题的相关研究，我们已主持完成国家自然科学基金2项，教育部和湖南省人文社科基金6项（博士点基金、省重点课题各一项）；培养硕博研究生30余名，2016届博士生刘悦撰写的《反倾销调查方价值倾向及其对中国厂商应诉反倾销成效影响的研究》博士论文，入选2017年度中南大学《博士论文精品丛书》！博士研究生覃盛华、谭凯波，硕士生陈巧等刘门弟子，在研读数百篇国内外文献的基础上，正在以反倾销战略管理会计体系建设、生态反倾销会计战略风险评价等论题撰写其学位论文，体现着这一研究领域的新探索。正是当下我国企业应对反倾销实践和理论上对反倾销会计研究的迫切需求，我们将近几年来团队的相关研究成果进行梳理、出版，除了学术和实践上的意义，还感到是一种神圣职责。

本著作的出版得到了中南大学和经济科学出版社领导及同仁们的大力支持，再次与我们热情合作的责任编辑李雪老师为此著作所付出的艰辛劳动、认真负责的敬业精神及由"书缘"所建立的深厚友谊，都是我们今后创作的动力源泉，向您致以崇高的敬礼！我们团队，特别是著者所指导的硕博研究生们，其学位论文选题不少是以反倾销会计及反倾销战略等资助课题为载体，展开较为深入系统研究的，著作的完成有他们的汗水和贡献，有些已在书内做了相应说明，他们中的部分代表是卜珂、周琼、杜丹丹、张金鸣、潘霞、沈红柳、熊倩、欧阳朔斯、梁晓华、黄枝、张静、罗希、李小霞、张秀楠、梁满贤、禹露、袁硕文、夏菲、丁晨娟等，感谢他们的辛勤付出。抱抱参与此作撰写的张昭焕、同榛、谭圆奕、曾辉祥、刘文静、杨轩宇和付媚等"战友"！另外，著作中我们还参考、引用了国内外大量文献资料（由于篇幅限制，只列示了部分），在此，一并表示诚挚的谢意。

在此著作完稿即将付梓出版之际，一闪的轻松感即又上紧了弦。国内外反倾销会计理论与实务发展之快，这部著作又几乎把我们多年在该领域研究中的一点积累掏空了，加之时间仓促、水平有限，不妥之处在所难免，敬请同仁、读者批评赐教。新起点的终生学习与努力，是吾做学问的选择。

刘爱东

2017 年 8 月 28 于长沙岳麓山中南大学

目　　录

第 1 章

国别贸易救济对反倾销会计信息
证据效力的影响研究

　　企业应对反倾销的会计信息证据效力，取决于企业应对反倾销所提供的会计信息质量。而企业应对反倾销的会计信息质量不仅受会计信息加工、生成与监管系统（包括会计法规制度、处理技术与方法、会计人员职业能力、企业会计治理水平、独立审计等）的影响，还体现在应对反倾销所涉及的"多元利益相关主体"（如指控方、应诉方、调查当局、行业协会、涉案产品上下游等）的决策有用性上。描述会计信息过去、现在、未来不同时态关于质、量、度一般属性的质量特征，由于此时会计信息所服务"多元利益相关主体"各自真正需求而异。这不仅要对会计信息质量的相关性、可靠性、可比性、重要性等财务会计理论中一般质量特征进行重新审视，赋予与主体需求相匹配的内容，能否被"多元利益相关主体"认可、采纳的会计信息（会计证据）质量特征——可采性，亦成为企业应对反倾销重点关注的会计信息证据的重要问题。但由于国别、会计标准、管理贸易的形式和手段以及应诉企业会计核心竞争力等方面的相对差异，致使会计管理差异所生成的会计信息必然存在质量上的差异。为此，本章着重研究国别贸易救济对反倾销会计信息证据效力的影响问题，包括反倾销调查中的国别贸易救济相关分析、国别贸易救济对反倾销会计信息证据效力影响的实证检验、以太阳能级多晶硅反倾销案为例的反倾销调查申请中的会计问题分析等①。

---

　　①　所指导的 2015 届研究生卜珂对本章内容有贡献。

1.1　反倾销调查中的国别贸易救济相关分析

1.1.1　国外对华贸易救济案件聚焦分析

　　全球经济竞争的急剧，使各国纷纷采用贸易救济手段，保护国内企业免受国际市场波动的影响。其中，反倾销、反补贴和保障措施是被使用最为频繁的手段。据 WTO 统计，1995 年至 2014 年 6 月 30 日，全球共发起 5 277 起贸易救济调查，其中反倾销调查 4 627 起，占比高达 87.68%；反补贴调查 355 起，占比 6.73%；保障措施调查 295 起，占比 5.59%。毫无疑问，反倾销已经成为世界各国进行贸易救济的主要手段。而我国在加入世界贸易组织后，虽然与世界各国的贸易交往日益密切，但贸易发展的不平衡以及金融危机后全球经济动荡都使我国与世界各国的贸易摩擦逐渐加剧，我国成为国外进行贸易救济调查的主要对象。根据 WTO 官网的统计，1995 年至 2014 年 6 月 30 日，全球对华发起的贸易救济调查数达 1 583 起，而其中反倾销措施占 64.6%，明显成为主要的手段。

　　从发起反倾销调查的国家分布看，虽然反倾销措施发起主要集中在印度、美国和欧盟，但发展中国家有后来居上的趋势。具体来看，1995 年至 2014 年 6 月 30 日，印度共对我国发起反倾销措施 165 起、美国 121 起、欧盟 115 起，这 3 个国家共对我国发起 401 起反倾销调查，占总量的 39.2%。与此同时，发起国（地区）范围扩大，巴西、阿根廷等发展中国家增势显著。自我国加入世贸组织以来，尤其是金融危机爆发以来，以印度、阿根廷、土耳其、巴西等为代表的发展中国家对华立案数快速增加，在对我国实施反倾销措施的 34 个国家中，发展中国家占了 27 个，而在这 27 个发展中国家中有 7 个国家对华反倾销立案调查数位列对华反倾销案件的前十位，分别是印度（165 起）、阿根廷（91 起）、巴西（82 起）、土耳其（65 起）、墨西哥（42 起）、南非（39 起）以及哥伦比亚（39 起），印度对华反倾销数超过欧美，巴西、阿根廷等南美洲国家增势显著。

　　从以上分析可以看出，近年来，对我国进行反倾销调查的国家呈现结构性的变动，反倾销的主导力量逐渐向印度、阿根廷、巴西等发展中国家转移，并表现出与发达国家明显不同的特点。

　　（1）在对华反倾销强度上，发展中国家比发达国家大。为清晰比较发展中国家和发达国家对华反倾销强度,我们通过反倾销指控指数定量分析两者之间的差异。反倾销指控指数的构建主要采用显示比较优势的方法。其公式为:

$$ADI_{kc} = [AD_{kc}(t, t+n)/AD_{TC}(t, t+n)]/EX_{ck}(t, t+n)/EX_{c}(t, t+n) \quad (1-1)$$

其中,$AD_{kc}(t, t+n)$ 表示在 $[t, t+n]$ 期间 k 国对我国发起的反倾销调查数,$AD_{TC}(t, t+n)$ 表示在 $[t, t+n]$ 期间中国遭受的反倾销立案调查数之和,$EX_{ck}(t, t+n)$ 表示在 $[t, t+n]$ 期间中国对 k 国的出口值,$EX_{c}(t, t+n)$ 表示在 $[t, t+n]$ 期间中国出口总值。$ADI_{kc} > 1$ 表示相对于在 k 国市场的出口份额,我国强烈地受到其反倾销调查的影响。

本节将发达国家和发展中国家分别看作一个整体,对其反倾销指控指数进行计算。受数据可获得性的限制,本节以 2001～2013 年对我国发起反倾销调查排名前 10 的国家为例,其中发展中国家包括印度、南非、阿根廷、土耳其、巴西、墨西哥,发达国家包括澳大利亚、美国、加拿大、欧盟。通过对相关数据的搜集、整理,并将其带入反倾销指控指数的公式,分别计算出发达国家和发展中国家的对华反倾销指控指数,计算结果如表 1 - 1 所示。

表 1 - 1　　　　　　　　2001～2013 年部分国家对华反倾销指控指数

年份	发达国家对华反倾销指控情况			发展中国家对华反倾销指控情况		
	案件比重	出口比重	ADI 值	案件比重	出口比重	ADI 值
2001	32.73	39.69	0.825	58.18	2.76	21.108
2002	31.37	40.4	0.777	50.98	2.94	17.315
2003	33.96	41.78	0.813	56.6	3.03	18.657
2004	42.86	42.19	1.016	48.98	3.57	13.703
2005	26.79	43.42	0.617	50	3.77	13.273
2006	27.78	43.56	0.638	40.28	4.73	8.51
2007	32.26	42.16	0.765	45.16	5.62	8.039
2008	30.26	41.13	0.736	51.32	6.19	8.292
2009	29.87	41.12	0.726	53.25	6.26	8.502
2010	31.82	40.73	0.781	50	7.11	7.037
2011	27.45	38.9	0.706	33.33	7.58	4.4
2012	21.67	36.63	0.591	51.67	7.19	7.182
2013	19.15	35.59	0.538	52.34	6.98	7.498
均值	29.84	40.56	0.733	49.39	5.51	11.04

从表 1 - 1 可以看出，2001 ～ 2013 年，我国遭受发达国家的反倾销调查占同期我国遭受反倾销调查总数的比例的平均值为 29.84%，与此同时，这些发达国家从我国的进口额占同期我国贸易出口总额的比例的平均值为 40.56%，由此，计算出 2001 ～ 2013 年我国遭受发达国家反倾销指控指数的平均值为 0.733，并且从每一年的反倾销指控指数看，数值大小较为相近，波动不大。另外，我国遭受发展中国家反倾销指控的情况，从表中数据可知，我国遭受发展中国家的反倾销调查占同期我国遭受反倾销调查总数的比例的平均值为 49.39%，与此同时，这些发展中国家从我国的进口额占同期我国贸易出口总额的比例的平均值为 5.51%，可得我国遭受发展中国家指控指数的平均值为 11.04，远远高于发达国家的 0.733，从每年的数值看，反倾销指控指数大小不同，波动较大，但几乎每一年的数值都超过同期发达国家，说明我国遭受发展中国家反倾销指控的强度大于发达国家。需要注意的是，这里说我国遭受发展中国家反倾销指控强于发达国家，并不是意味着我国遭受的发达国家反倾销情况不严重，从发达国家对华实施反倾销措施的数量以及反倾销案件涉及的金额看，我国出口企业因发达国家反倾销措施的实施而受到的损失并不低于发展中国家，这说明，美国、欧盟等发达国家仍是对华采取反倾销措施的主要国家，只是随着全球竞争的加剧，对我国实施反倾销措施的主力逐渐向发展中国家转移。

（2）在对华反倾销执行率上，发展中国家高于发达国家。反倾销执行率，是指实施反倾销措施的案件占发起案件的比重。在本章中，反倾销执行率 = 本年度被某国实施反倾销措施的案件数/上一年度被某国发起反倾销调查数（因为反倾销案件一般要经过一年的调查才会出终裁结果，所以这里选取上一年的数据）。通过该数值可以了解某国对某一特定国家采用反倾销措施的力度，数值越大，说明该国对某一特定国家采取反倾销措施的力度越大，只要对该国发起反倾销调查，就很有可能实施反倾销措施，征收反倾销税。本节对反倾销调查主要发起国 2004 ～ 2013 年的对华反倾销执行率进行了计算，结果如表 1 - 2 所示。

表 1 - 2　　　　　　　　　2004 ～ 2013 年主要国家对华反倾销执行率　　　　　　　单位：%

年份 ＼ 国家	印度	阿根廷	土耳其	欧盟	美国
2004	100	—	60	60	100
2005	85.7	50	91.7	100	88.9
2006	80	0	175	25	62.5
2007	112.5	200	60	50	58.3

年份＼国家	印度	阿根廷	土耳其	欧盟	美国
2008	72.7	50	166.7	100	116.7
2009	53.3	100	60	100	100
2010	100	50	100	83.3	83.8
2011	90.9	166.7	50	75	75
2012	80	133.	50	87.5	80
2013	90.9	100	166.7	66.6	66.6

从表 1-2 中可以看出，印度、土耳其等发展中国家对华反倾销的执行率较高，并且有逐年上升的趋势，这意味着只要其发起反倾销调查，就很有可能实施反倾销措施，这一方面说明了发展中国家反倾销的严厉性；另一方面也表明我国出口企业在应对发展中国家反倾销调查方面经验不足，无法提供高效力的会计信息证据，最终被实施反倾销措施。而从美国、欧盟的反倾销执行率看，其早期对华反倾销执行率较高，但近几年有逐渐下降的趋势，一方面，表明我国遭受发达国家反倾销调查的数量逐渐降低；另一方面，也表明我国出口企业在应对发达国家反倾销调查时经验较足，被最终实施反倾销措施的可能性降低。

（3）发展中国家与发达国家反倾销针对的产品结构不同。从历年我国遭受发达国家反倾销的实践看，其早期对华进行反倾销的产品主要属于劳动密集型或资源密集型，而近几年却向高科技产品转移。一国对外发起反倾销调查产品的种类往往与一国的经济结构相关，经济结构越相似，越容易遭受反倾销调查，这是因为经济结构越相似，优势产业越相近，竞争关系越大，也就越容易通过采取反倾销措施对国内产业进行保护。从这一点讲，我国目前仍属于发展中国家，在劳动密集型和资源密集型产品上具有较大竞争力，所以出口的产品大多属于此类型，但与世界其他发展中国家经济结构的相似性，也决定了我国出口产品更容易遭受发展中国家的反倾销。比如，印度主要对我国出口的绸缎、生丝等产品发起反倾销调查，因为这部分产品与其国内产品具有较大的竞争关系，阿根廷主要对我国金属制品、化学用品等发起反倾销调查。虽然其对我国发起反倾销调查的产品主要集中在第二产业，但近年来，随着我国经济实力的不断增强，自主创新能力的不断提高，出口产品也逐渐从低科技含量产品转向高科技含量产品，在这样的背景下，发展中国家也开始对我国出口的高附加值产品发起反倾销调查。但总体来说，发展中国家对华反倾销的产品还是主要集中在我国具有传统竞争优势的产业内，这也是由发展中国家的经济结构决定的。而发达国家对我国实施反倾销措施的产品逐渐向高科技含量、高附加值产品转移。

（4）发展中国家与发达国家发起反倾销的动机不同。近年来，尤其是金融危机爆发以来，全球经济增长较慢，尤其是以日本、美国等为代表的发达国家在金融危机中受到重创，经济停滞不前，甚至出现衰退。与此同时，我国经济快速增长，出口贸易迅猛发展，与世界各国的贸易顺差越来越大。贸易的不平衡以及由金融危机带来的国内经济低迷、就业不足促使部分国家采取反倾销措施来打破越来越大的贸易差距，同时保护国内产业的发展，提高就业率，因而我国自然就成为各国采取反倾销措施的对象之一。但具体来说，发展中国家与发达国家发起反倾销的动机还略有不同，发达国家主要为了保护国内的夕阳产业，使其免受国外更有竞争力产品的冲击。而发展中国家的动机则较为复杂，经济全球化的迅猛发展和金融危机的双重影响，使发展中国家的经济改革面临更多的压力，产业安全成为其考虑的主要问题，在这样的情形下，其更倾向于通过反倾销措施的实施缓解其面临的经济、政治压力，并带有一些恶意的成分。例如，墨西哥曾对我国产品征收过高达 1 105% 的反倾销税，这样的动机也促使其在毫无征兆的情况下，发起反倾销调查，使相关出口企业完全来不及采取应对措施，只能被动接受调查，而调查的结果往往对企业不利。

1.1.2 国外对华反倾销影响因素分析

1.1.2.1 我国遭遇反倾销调查的原因分析

（1）内部原因分析。

第一，对外贸易依存度过高。由于我国外贸快速增长，特别是出口连续走高，一些国家越来越多地利用反倾销、反补贴、保障措施及技术贸易壁垒等手段对我国出口设置障碍，贸易摩擦不断增加。自改革开放以来，我国对外贸易发展更是势头强劲，在2004 年提前 6 年实现了在 2001 年制定的进出口总额 1 万亿美元的中长期计划；1978 年在世界贸易排名中第 27 位，而 2012 年我国已成为世界第一大贸易国，如图 1 -1 所示。

第二，我国欠缺合理的外贸出口结构。首先就商品结构而言，我国出口的产品多为纺织、化工品等低附加值或劳动密集型商品，以及处于产业链中低端的机电设备及其零部件等，且这些产品大多是与创造就业机会密切相关，容易给进口国造成低价倾销的假象，加大了我国在国际市场中遭受反倾销指控的概率。其次就市场结构而言，我国商品出口目的地过于集中，我国约有75%的出口产品（含我国香港转口）集中在北美和西

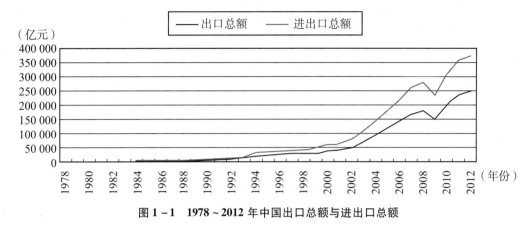

图 1 - 1　1978 ~ 2012 年中国出口总额与进出口总额

资料来源:《中国统计年鉴》。

欧市场,竞争概率加大,进而引发进口国相关机构对中国产品的反倾销调查。

第三,中国出口企业应诉积极性低。在遭遇反倾销指控时,不应诉作为就意味着出口企业自动放弃从法律上对遭遇反倾销指控案件的知情权和申诉权,使得反倾销发起国更容易达到挤兑我国出口产品的目的,同时还降低了发起国反倾销调查成本。20 世纪前我国遭受反倾销调查的应诉企业数很低,几乎都因成本太高和熟悉情况的律师、人员少而放弃应诉,被判决的反倾销税也是最高。随着行业协会和国家政策支持力度的增加,企业应诉的能动性有所提高,特别是应诉成功的企业最终得到的低税率或免征反倾销税,刺激着企业开始协同应对国外反倾销调查。但与发达国家相比,我国总体应诉积极性较低甚至不应诉,特别是中小企业,致使国际间的竞争对手对我国出口产品实施更加频繁的反倾销指控。

第四,缺乏有效的反倾销调查预警机制。反倾销预警机制能使出口国在反倾销应对中掌握主动权,为有效降低国外的反倾销调查频率和成功应对反倾销调查,促进出口的健康可持续增长,建立适合中国具体情况的反倾销预警机制,需要企业、行业协会和政府的协同努力。我国自建立并运行反倾销预警机制以来,取得了积极成效。但诸如体制方面的预警建设还不能满足有效应对反倾销的作用,需要不断完善和改进。行业协会的预警机制设计不具有普适性,政府、行业协会和企业之间还没有形成有效的沟通渠道,未能充分发挥"三体联动"机制的作用,没有在全国范围内形成统一的网络预警,反倾销预警信息化建设相对落后。这些原因严重影响了我国应对国外反倾销的成效。

(2)外部原因分析。

在经济全球化和国际贸易保护主义强盛的大背景下,国与国之间的贸易摩擦也在不断增加。贸易自由化加速了各国经济的发展,但世界经济发展的不平衡性,使得各国为实现本国利益最大化，贸易自由和贸易保护就会发生激烈的碰撞，导致国家间的贸易摩擦频繁发生。其次，国际反倾销规则和制度中存在的漏洞和缺陷，特别是在实际操作过程中，相关条款只是一些原则性的规定，容易导致各缔约方在进行反倾销调查时产生混乱，以此为各国反倾销调查当局留有很大的自由裁量权。同时在关税、进出口限额、外汇管制等传统贸易壁垒在保护国内产业受到限制的情况下，反倾销因简便易行，又为国际贸易公约所允许，成为各国所青睐的贸易保护手段。最后，非市场经济地位待遇进一步恶化了中国在遭受贸易摩擦时的处境，不同社会制度的国家对我国经济性质的认定具有很大的歧视性和偏见，使得我国被调查产品在确定倾销价格时运用替代国价格，无形中扩大了中国产品大幅倾销的机会，并对我国产品征收高额的反倾销税，以达到将我国产品挤出市场的目的。

1.1.2.2 国外对华反倾销影响因素程度分析

影响反倾销调查数量变化的因素很多，如政治制度、宏观经济状况、失业率等都会对反倾销调查产生或大或小的影响。本节选取以下六个经济因素，作为分析对华反倾销指控影响因素和九国遭受反倾销指控影响因素的主要指标。

（1）经济增长率反映一定时期经济发展水平变化程度的动态指标，它的大小意味着人民生活水平提高所需要的时间长短和经济增长的快慢，以及在国际经济竞争中的实力。（2）外贸依存度，是一国对外开放度的评估与衡量指标，反映一个国家（或地区）的对外贸易活动对该地区经济发展的影响和依赖程度的经济指标，可用进出口总额、出口额或进口额与国内生产总值或国民生产总值之比表示，本文采用出口总额占国内生产总值的比重表示。（3）出口国贸易不对称度，反映一国贸易顺差或贸易逆差，不利的贸易逆差减少了对国内产品的需求并降低了本国产品的竞争力，为维护国内行业和产品，贸易保护主义国便会增加对进口国企业的贸易保护或救济，反倾销指控的发起概率也相应的增加。（4）平均失业率，反映一国或地区在一定时期的就业状况，大量的进口会冲击进口国国内就业形势，为进口国寻求贸易保护提供借口。（5）出口退税使得出口产品以不含税的成本进入国际市场，从而在同等条件下增强产品的竞争力，出口货物退税在国际贸易中被普遍采用，是 WTO 所允许采用的支持出口形式，但在实际操作过程中，出口退税制度容易产生出口产品低价进入国际市场的现象，国外会因过度竞争或国际贸易不公平性等原因，对出口国采取强烈的反倾销指控。因数据收集的限制性，此指标只在分析中国模型中采用。（6）对外发起反倾销调查数在一定程度上能够遏制倾销，保护本国市场份额和维护本国产品或行业，发起反倾销调查还能对来自他国的倾销产生威慑作用，从而有效抵制来自国外的反倾销指控，即反倾销具有报复性的特征①。

具体影响因素计算方法和数据来源如表 1 - 3 所示。

表 1 - 3　　　　　　　　　　影响因素计算方法及数据来源

缩写	影响因素	计算方法	数据来源
RGDP	经济增长率	[（当年 GDP - 前一年 GDP）/前一年 GDP] * 100	《国际统计年鉴》和联合国统计局
EXR	外贸依存度	当年出口总额/当年 GDP 总额	《国际统计年鉴》和中宏数据库
ASYM	出口国贸易不对称度	出口额 - 进口额	《国际统计年鉴》
UNEMP	平均失业率	—	《国际统计年鉴》和国际劳动组织
DB	出口退税	—	《中国统计年鉴》和中国税务总局
ADC	对外发起反倾销调查数	—	WTO 网站

影响因素程度分析利用以上六个指标，首先分析了六大影响因素对中国遭受反倾销调查的影响程度；其次为了验证经济增长率、外贸依存度、平均失业率和对外发起反倾销调查数是否对其他国家遭受反倾销调查的影响相同，本节选取了全球遭受反倾销调查最多的国家，以及与中国有相似经济体的国家，进一步分析了六个因素对中国、美国、印度、阿根廷、巴西、墨西哥、韩国、俄罗斯、日本九国遭受反倾销调查的影响程度，以使得出的结论更有说服力。两者的比较可以说明中国受到的影响是否同其他国家相同，以及中国与其他国家所遭受的影响因素不同的原因，为我国出口贸易和企业在反倾销应对中提供指引。考虑到数据的可获得性和有效性，本节采用了 1992 ~ 2012 年 20 年完整的指标数据。

①中国遭受反倾销指控影响因素的程度分析。

分析中的被解释变量 AD 是中国在一年内遭受的反倾销调查次数，是一组离散数据，符合计数回归模型的要求。被解释变量是经济增长率、外贸依存度、出口贸易不对称度、平均失业率、出口退税和中国每年对外发起的反倾销调查数量。利用泊松计数模

---

① 何海燕，单捷飞. 国外对华双反联动调查影响因素的实证研究 [J]. 北京理工大学学报，2013（8）：48 - 53.

型进行分析，建立公式如下：

$AD_t \sim Poisson(\lambda t)$ 则有：

$$\ln(\lambda t) = \beta_0 + \beta_1 RGDP + \beta_2 EXR + \beta_3 ASYM + \beta_4 UNEMP + \beta_5 DB + \beta_6 ADC \qquad (1-2)$$

利用 EViews6.0 对计数模型进行估计得到结果①如表 1-4 所示。

表 1-4 中国遭遇反倾销影响因素程度分析结果

	C	RGDP	EXR	ASYM	UNEMP	DB	ADC
coefficient	2.289176	-0.140209	3.6117	1.175545	0.723822	-0.000339	-0.011977
z-Statistic	3.380142	-4.302880	2.503729	1.001825	3.158283	-1.734473	1.439058
Prob.	0.0007	0.0000	0.0123	0.3164	0.0016	0.0828	0.1501
R-squared	0.884237	Log-likelihood		-65.76745	Prob（LR statistic）		0.000000

$$\ln(\lambda t) = 2.2892 - 0.1402 RGDP + 3.6117 EXR + 1.1755 ASYM + 0.7238 UNEMP -$$
$$(-4.3029) \quad (2.5037) \quad (1.0018) \quad (3.1583)$$
$$0.0003 DB - 0.012 ADC$$
$$(-1.7345) \quad (-1.4391) \qquad (1-3)$$
$$R^2 = 0.884237 \qquad \log \text{ likelihood} = -65.76745$$

式（1-3）中，在5%的显著性检验水平下，除 ADC 和 ASYM 两个变量外，其他四个变量均通过显著检验。变量 ASYM 的符号虽与预期结果一致，遭受反倾销指控数与贸易不对称度成正比，但因未能通过显著性检验，说明贸易不对称度对中国遭受反倾销指控虽有影响但不显著。事实也说明 ASYM 因素影响不明显。而中国对外发起反倾销数量与中国遭受反倾销调查数量之间呈负相关关系，且未通过显著性检验，则表明中国对外发起反倾销指控因素并未对国外形成威慑，不是中国遭受来自国外反倾销指控的主要因素，且两者之间并未如报复性反倾销那样，引起更多的反倾销调查，进一步说明我国遭受到严重的歧视性反倾销调查。

剔除 ASYM 和 ADC 变量后再次进行估计得到：

$$\ln(\lambda t) = 2.6628 - 0.1148 RGDP + 0.0002 EXR + 0.5841 UNEMP - 0.0003 DB$$
$$(-4.8175) \quad (4.1325) \quad (6.8469) \quad (-2.0495) \qquad (1-4)$$
$$R^2 = 0.886555 \qquad \log \text{ likelihood} = -67.35632$$

式（1-4）中各变量在5%的水平下均通过显著性检验，且模型拟合良好。通过 R^2

---

① 刘爱东，张静.国外对华反倾销影响因素的统计分析与启示 [J].湖南财政经济学院学报，2014（2）：48-56.

和 log likelihood 值的变化，除去 ASYM 和 ADC 两个影响因素后模型的拟合度更好。因此，中外贸易不对称度和中国对外发起反倾销调查数量并不是引起外国对华发起反倾销指控的主要影响因素。

回归结果分析：

贸易依存度因素与我国遭受反倾销指控之间具有显著的正效应。高的外贸依存度招致更多的反倾销指控。自加入 WTO 后，我国对外贸易出现了强劲的增长，外贸依存度也随之急剧攀升，已经超过了世界平均水平且远高于美国、日本等经济大国。外贸依存度在重塑我国外贸结构、推动国内产业升级、促进国民经济发展等方面产生了积极的影响；但外贸依存度像把双刃剑，外贸依存度越高，经济增长的对外依赖性越强，与他国的贸易摩擦也趋于频繁化，他国为保护进口国的市场，将中国出口产品列为反倾销调查的主要对象。

经济增长率的提高与外国对华反倾销调查之间呈负相关关系。似乎与一般情况下经济发展所显示的规律相悖，经济增长速度越快，遭受反倾销调查数量越多。中国经济每年基本上保持稳定的发展水平，但遭受的反倾销调查却是逐年呈递增趋势，说明我国在国际贸易摩擦中遭遇到了非常严重的不公平待遇。

出口退税与我国遭受反倾销调查呈负相关关系。一般认为出口退税额越高，即出口的产品得到的补贴越多，在国际市场上的价格越低，遭受反倾销调查的概率则更大。但实证结果似乎不符合一般逻辑，因为 WTO 相关规定为出口退税提供了合法依据。

我国遭受外国反倾销调查数量与其国的失业率水平之间存在正相关关系。失业率越高则遭受到来自该国的反倾销指控数量也越多。失业率是衡量一国的就业状况，影响经济发展和工业发展水平，因此失业率是影响反倾销调查数量的一个关键因素。

②九国遭受反倾销指控影响因素的程度分析。

通过对全球遭受反倾销调查最多国家的统计分析，可以得出导致反倾销指控的影响因素。同时对具有相似经济的国家遭受反倾销调查的分析，如印度、中国、巴西、俄罗斯，以期得到更加准确的分析结果。因此模型将被解释变量定为中国、印度、美国、阿根廷、巴西、墨西哥、韩国、俄罗斯、日本九国遭受的反倾销指控数量。解释变量有经济增长率、外贸依存度、贸易不对称度、平均失业率、发起反倾销调查数量。被解释变量是离散数据，因此用泊松计数模型进行统计分析，建立公式如下：

Poisson 计数模型如下 $AD_t \sim Poisson(\lambda t)$ 则有：

$$\ln(\lambda t) = \beta_1 RGDP + \beta_2 EXR + \beta_3 ASYM + \beta_4 UNEMP + \beta_5 ADC \qquad (1-5)$$

利用 EViews6.0 软件对模型进行估计得到结果如表 1-5 所示。

表1-5 九国遭受反倾销调查影响因素程度分析

	C	RGDP?	EXR?	ASYM?	UNEMP?	ADC?
coefficient	3.8438	1.452305	5.834790	8.66E-05	0.295281	0.115173
t-Statistic	2.3257	6.724830	1.135615	0.158278	1.231210	1.594016
Prob.	0.0000	0.0000	0.2577	0.8744	0.2199	0.1127
R-squared	0.058468		Log-likelihood		-728.4184	

$$\ln(\lambda t) = 3.8438 + 1.4523RGDP + 5.8348EXR + 0.0001ASYM +$$
$$(6.7248)\quad(1.1356)\quad(0.1582)$$
$$0.2953UNEMP + 0.1152ADC$$
$$(1.2312)\quad(1.5940)\quad\quad(1-6)$$
$$\text{Log likehood} = -728.4184$$

式（1-6）中，除变量 ASYM 之外，其他变量都在10%的水平下通过显著性检验，因此将 ASYM 变量剔除后，再次对模型进行估计得到：
$$\ln(\lambda t) = 3.6937 + 1.4495RGDP + 6.0525EXR + 0.2869UNEMP + 0.1124ADC$$
$$(6.7523)\quad(1.2158)\quad(1.2162)\quad(1.6379)\quad(1-7)$$
$$\text{Log likelihood} = -732.0886$$

式（1-7）中各变量在10%的水平下显著相关，通过对数极大似然函数值的变化可知剔除掉 ASYM 因素后模型的拟合度更好，说明对外贸易不对称度对反倾销调查数量的影响不大。

回归结果分析：

经济增长率的提高与遭受反倾销调查数量之间呈显著的正相关关系。经济增长速度越快，遭受到的反倾销调查越频繁。经济增长在带来效益的同时也会带来困扰。经济增长率在一定程度上可以显示一国国际竞争力和贸易地位，面临他国高速的经济增长率，经济增长缓慢的国家（或地区）便会利用各种贸易壁垒对高速增长国家设置障碍，反倾销工具则成为合法的贸易手段被频繁采用。

外贸依存度成为各国遭受反倾销指控的重要影响因素。外贸依存度越高，一国的 GDP 主要靠出口额贡献，而出口额越大，遭受反倾销指控的概率越高。因此高的外贸依存度在提高一国国际地位和影响力，提升国际经济参与度的同时，也给该国经济发展带来不可避免的风险和影响。

失业率与各国遭受反倾销调查之间呈正相关性。低的就业率高的失业率影响了进口国的经济发展，进口更加削弱了本国市场竞争能力，在国际贸易中也更容易发起反倾销调查。相反，低的失业率高的就业率则会使来自国外的反倾销调查概率相应减少。

对外反倾销指控发起数与遭受反倾销指控呈正相关关系。对外发起反倾销调查越频繁，遭受到来自他国的报复性反倾销制裁概率将越高。这不利于反倾销工具是为维护国际公平贸易的初衷，反倾销滥用的做法应当被禁止。

1.1.2.3　分析结论及启示

通过建立回归模型对我国遭受反倾销调查和中外遭受反倾销调查影响因素的分析得出以下结论：（1）外贸不对称度不是引起反倾销调查的主要原因，对我国来说对外发起反倾销数也不是招致国外反倾销调查的主要原因。（2）经济增长率是影响反倾销调查的关键因素，但对我国的影响与其他国家不同，我国遭受反倾销调查与经济增长率之间呈负相关关系，而相似经济体遭受反倾销调查与经济增长率呈正相关关系，说明了我国在国际贸易中受到了来自他国的不公平和歧视性待遇。（3）外贸依存度和失业率对中国和其他国家遭受反倾销调查的影响效应相同。

1.1.3　应对国外对华反倾销措施的战略思考

进入 21 世纪以来，尤其是金融危机爆发以后，全球经济竞争的加剧使各国纷纷采用反倾销措施来保护本国产业免受国际市场的竞争，在发达国家对我国频繁提出反倾销指控的同时，发展中国家也逐渐成为对我国发起反倾销调查的新势力，并有后来居上成为主力的趋势。一直以来，欧盟、美国等国对我国发起反倾销调查较多，我国企业在从事对这些国家的出口贸易时，通常会保持较高的反倾销应诉意识，而且经验也足，在反倾销应诉中往往能取得较好的结果。但在应对发展中国家的反倾销调查时，却往往力不从心。一方面，是由于企业反倾销应诉的意识不强，认为涉案金额不高，不应诉没有关系；而另一方面是我国出口企业没有足够的经验来应对发展中国家发起的反倾销调查。当发展中国家发现我国企业对于其发起的反倾销调查缺少应对意识或没有能力应对时，更倾向于频繁地利用反倾销措施对国内产业实施保护，也导致了其他国家纷纷效仿其做法，对我国提起反倾销调查。因此，在理解对华发起反倾销调查国家结构性变动的基础上，认识到积极应对发展中国家对我国发起的反倾销调查的重要意义，采取相应的措施，才有可能改善我国目前遭受反倾销调查的现状。即在应诉反倾销这场法律框架下的会计纷争中，我们要了解不同国家反倾销运作对会计信息证据的具体需求，增强企业在接受反倾销调查和抗辩阶段的主动性和积极性。

1.2　国别贸易救济对反倾销会计信息证据的影响分析

1.2.1　反倾销调查申请中的会计问题分析

——以太阳能级多晶硅反倾销调查申请书为例

1.2.1.1　太阳能级多晶硅反倾销案件的缘起

太阳能级多晶硅是制造晶体硅太阳能电池的主要原料，在中国市场太阳能级多晶硅主要应用于光伏太阳能领域。"十一五"末期，我国硅电池占太阳能电池总产量的95%以上，太阳能级多晶硅产业的发展直接决定着整个光伏产业的发展。

我国多晶硅市场长期以来由进口产品所垄断，进口的多晶硅主要来源于美国、韩国、德国、日本和中国台湾地区，五年前进口依赖度一度达到95%①。近年来，国内产业开始发展壮大，产量由2008年的4 685吨增长到2011年的82 768吨，市场份额由2008年的28%上升至57%。

2008年开始，原产于欧盟、美国和韩国的太阳能级多晶硅的进口量逐年大幅上升，进口绝对数量在4年间增长了376%，如图1－2所示。

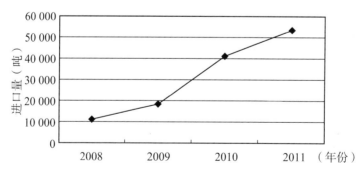

图1－2　原产自欧盟、美国和韩国的太阳能级多晶硅的进口量情况

进口量占中国总进口量的比例也呈明显上升趋势，由2008年的66%上升至2011年

---

① 本节数据均来源于中华人民共和国商务部网站 http：//dcj. mofcom. gov. cn/article/ct/201207/20120708 241841. shtml。

的83%，如图1-3所示。

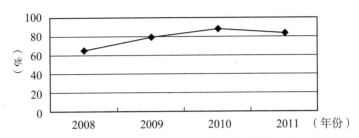

图1-3　原产自欧盟、美国和韩国的太阳能级多晶硅的进口量占总进口的比例

2008~2011年，原产自欧盟、美国和韩国的太阳能级多晶硅的进口价格逐年降低，从2008年每公斤1 378元大幅跌落至2011年的每公斤376元，降幅高达73%。2011年以来，太阳能级多晶硅价格下跌得更为严重，2011年1~6月，平均进口价格为每公斤462元，但2012年1~6月的价格已降至每公斤174元，一年内的降价幅度高达62%。

原产自欧盟、美国和韩国的太阳能级多晶硅的进口价格的持续下降大幅压低了国内同类产品价格。2008~2011年，国内同类产品的价格逐年降低，4年间的价格分别为每公斤1 923元、每公斤445元、每公斤378元和每公斤320元，4年间的整体降幅达83%，如图1-4所示。

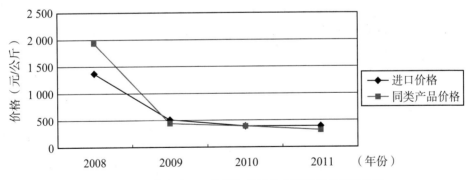

图1-4　原产自欧盟、美国和韩国的太阳能级多晶硅进口

价格和同类产品的价格（2008~2011年）

2011年以来，由于受到进口产品大幅降价的影响，国内同类产品价格下跌的情况更为严重。2011年1~6月，国内同类产品的平均价格为每公斤410元，但2012年1~6月的平均价格已降至每公斤146元，一年内的降价幅度高达64%，如

图 1 - 5 所示。

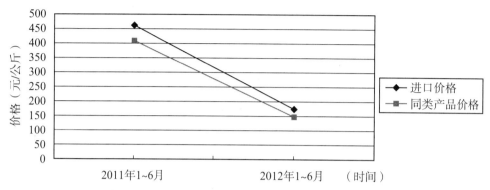

图 1 - 5 原产自欧盟、美国和韩国的太阳能级多晶硅进口价格和同类产品价格
(2011 年 1 ~ 6 月、2012 年 1 ~ 6 月)

太阳能级多晶硅进口量的大幅上升和价格的大幅下降挤压了国内产业的利润空间，导致了国内同类产品的利润率和投资收益率的大幅下降，如图 1 - 6 所示。

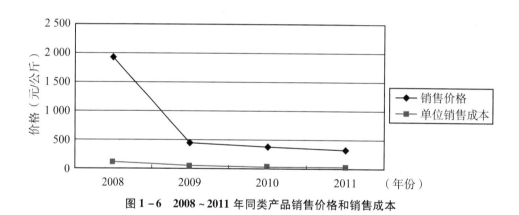

图 1 - 6 2008 ~ 2011 年同类产品销售价格和销售成本

2011 年以来，太阳能级多晶硅的进口与国内产业受到的损害之间的因果关系表现得更为明显，2011 年以来，国内多晶硅产业却陷入了大规模停产的境地。据中国有色金属工业协会硅业分会统计，在 A 板上市的 7 家多晶硅企业中 3 家已经停产。从全国的情况来看，在已投产的 43 家多晶硅企业中，仅剩 7、8 家企业尚在开工生产，其余的企业均已经关闭生产线，停产率超过 80%。2011 年 12 月，国内出现了第一家破产的多晶硅企业——成立于 2008 年、投资过亿的浙江协成硅业有限公司已进入破产清算程序，到 2012 年第二季度，洛阳中硅高科技有限公司和江西赛维 LKD 光伏硅科技有限公司已经接近完全停产状态。

在这样的背景下，2012 年 7 月 2 日，江苏中能硅业科技发展有限公司、江西赛维 LDK 光伏硅科技有限公司、洛阳中硅高科技有限公司和大全新能源有限公司（以下简称"申请人"）代表国内太阳能级多晶硅产业提交书面申请，请求对原产于美国和韩国的进口太阳能级多晶硅产品进行反倾销调查。同年 9 月 17 日，申请人请求对原产于欧盟的进口太阳能级多晶硅产品进行反倾销调查。2012 年 11 月 1 日，商务部对原产于欧盟的太阳能级多晶硅产品发起反倾销立案调查，并将该调查与 2012 年 7 月 20 日商务部已发起的对原产于美国和韩国的进口太阳能级多晶硅反倾销调查及对原产于美国的进口太阳能级多晶硅反补贴调查进行合并调查，累积评估上述三国（地区）进口被调查产品对国内产业造成的影响，确定倾销调查期为 2011 年 7 月 1 日至 2012 年 6 月 30 日，产业损害调查期为 2008 年 1 月 1 日至 2012 年 6 月 30 日。从被动挨打到企业主动采取反倾销手段维护自身利益，这不仅对我国太阳能级多晶硅产业的健康发展有重要意义，也是我国企业维权意识的觉醒。

1.2.1.2　太阳能级多晶硅反倾销案件的运作程序

根据 WTO《反倾销协定》第 2 条规定：如一产品自一国出口至另一国的出口价格低于在正常贸易过程中出口国消费的同类产品的可比价格，即以低于正常价值的价格进入另一国的商业，则该产品被视为倾销[①]。2002 年我国新实施的《反倾销条例》中提到企业提请反倾销申请，应满足 3 个基本条件：（1）国外进口产品存在倾销，即在正常贸易过程中进口产品以低于其正常价值的出口价格进入中华人民共和国市场；（2）国内相关产业遭受损害，即指倾销对已经建立的中国国内同类产品的产业造成损害或者实质损害威胁，或者对建立国内同类产品产业造成实质阻碍；（3）倾销与损害之间具有因果关系，即指"一般因果关系"。我国《反倾销条例》的上述规定与 WTO《反倾销协定》的规定也是相一致的。我国商务部主要负责倾销与倾销幅度的调查，商务部产业损害调查局是商务部具体负责反倾销调查的部门，海关总署是我国反倾销措施的具体执行机关。

我国企业提请反倾销申诉的基本程序包括：递交反倾销调查申请书；商务部初步审查与立案公告；调查与调查期限；初步裁定与临时反倾销措施；价格承诺；最终裁定和反倾销税；行政复议。如图 1 - 7 所示。

---

① 米家龙，侯杰，郭双焦. 中国反倾销、反补贴和保障措施制定的完善研究［M］. 北京：经济科学出版社，2009：32 - 33.

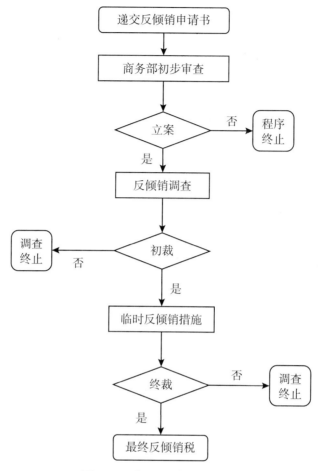

图 1-7　我国反倾销运作程序

关于太阳能级多晶硅反倾销案件申诉基本流程①，如表 1-6 所示。

表 1-6　　　　　　　　　　　太阳能级多晶硅反倾销案进程

时间	案件进程所对应的内容
2012.7.2	江苏中能硅业科技发展有限公司、江西赛维 LDK 光伏硅科技有限公司、洛阳中硅高科技有限公司和重庆大全新能源有限公司（以下简称"申请人"）代表国内太阳能级多晶硅产业提交书面申请，请求对原产于美国和韩国的进口太阳能级多晶硅产品进行反倾销调查
2012.7.20	中华人民共和国商务部（以下简称"商务部"）发布 2012 年第 40 号公告，决定自即日起对原产于美国和韩国的进口太阳能级多晶硅产品进行反倾销立案调查

① 该案件追踪至 2013 年 3 月 28 日。

续表

时间	案件进程所对应的内容
2012.7.20	商务部发布关于参加太阳能级多晶硅产品反倾销案产业损害调查活动登记的通知
2012.8.6	商务部发布关于召开太阳能级多晶硅产品反倾销及反补贴案申请人意见陈述会的通知
2012.8.13	商务部发布太阳能级多晶硅产品反倾销和反补贴案申请参加产业损害调查活动登记情况
2012.8.15	商务部决定成立太阳能级多晶硅反倾销和反补贴案产业损害调查组;发放产业损害调查问卷
2012.10.11	商务部发布太阳能级多晶硅产品反倾销和反补贴案产业损害调查问卷答卷回收情况
2012.9.17	江苏中能硅业科技发展有限公司、江西赛维 LDK 光伏硅科技有限公司、洛阳中硅高科技有限公司和重庆大全新能源有限公司(以下简称"申请人")代表国内太阳能级多晶硅产业提交书面申请,请求对原产于欧盟的进口太阳能级多晶硅产品进行反倾销调查。
2012.11.1	商务部对原产于欧盟的太阳能级多晶硅产品发起反倾销立案调查,并将该调查与2012年7月20日商务部已发起的对原产于美国和韩国的进口太阳能级多晶硅反倾销调查及对原产于美国的进口太阳能级多晶硅反补贴调查进行合并调查,累积评估上述三国(地区)进口被调查产品对国内产业造成的影响;发布关于参加太阳能级多晶硅产品反倾销案产业损害调查活动登记的通知
2012.11.9	商务部发布太阳能级多晶硅反倾销和反补贴案初裁前实地核查的通知
2012.11.14	商务部决定成立太阳能级多晶硅反倾销和反补贴案产业损害调查组(欧盟)
2012.11.16	商务部发布召开原产于欧盟的太阳能级多晶硅产品反倾销和反补贴案申请人意见陈述会的通知
2012.11.21	商务部发放产业损害调查问卷的通知
2012.11.26	商务部发布对原产于美国、韩国、欧盟的进口太阳能级多晶硅进行追溯征税调查的公告和提交太阳能级多晶硅产品追溯征税调查信息的通知
2012.12.3	产业损害调查局在江苏徐州召开原产于欧盟的太阳能级多晶硅反倾销及反补贴案申请人意见陈述会
2012.12.21	公告对原产于欧盟的太阳能级多晶硅反倾销反补贴案参加产业损害调查活动登记情况
2012.12.26	商务部公布太阳能级多晶硅产品追溯征税调查信息表回收情况
2013.1.31	商务部公布太阳能级多晶硅产品反倾销和反补贴案产业损害调查问卷答卷回收情况
2013.2.1	商务部公布太阳能级多晶硅产品追溯征税 2012 年 12 月份调查信息表回收情况
2013.3.12	商务部公布太阳能级多晶硅产品追溯征税 2013 年 1 月份调查信息表回收情况
2013.3.28	商务部公布太阳能级多晶硅产品追溯征税 2013 年 2 月份调查信息表回收情况

　　从表 1-6 案件进程及所对应的内容可以看出,反倾销的申请、填写产业损害调查问卷以及实地核查等过程都与众多会计问题相关。

1.2.1.3 反倾销调查申请书的构成要件及会计功能分析

反倾销调查申请书是商务部决定是否立案的重要证据，分析反倾销调查申请书的构成要件及所涉及的会计问题对企业从会计战略视角提高应对反倾销的能力具有重要意义[①]。

（1）反倾销调查申请书的构成要件及所涉及的会计问题。

根据我国反倾销法律的规定：反倾销调查申请应以书面形式提出，反倾销调查申请书作为调查机关决定是否立案的主要法律文件，反映了申请人的主张、证据以及相关必要的信息，是反倾销立案的证据，也是反倾销申诉程序启动的源泉和关键[②]。通常情况下，申请书中会涉及大量的商业秘密材料，因此，企业所递交的申请书，有申请书保密文本和公开文本两种版本，受获取信息来源的限制，这里主要以太阳能级多晶硅反倾销申请书的非保密文本作为分析对象。

反倾销调查申请书（非保密文本）主要包括申请书正文、保密申请、确认书和附件清单四个部分，其中申请书正文是最主要的部分，包含了申请人的主张、证据以及相关的信息，是商务部决定是否立案调查的重要依据。申请书正文部分包括：①概述；②申请人的情况及国内产业介绍，涉及申请人提出反倾销申请的资格问题以及对太阳能级多晶硅市场情况的简介；③申请调查产品及国内同类产品的情况，主要是对被调查产品的范围进行具体描述，阐述国内同类产品和被调查产品的相似性和可替代性，以及被调查产品的生产商、出口商和进口商；④倾销，这部分主要对太阳能多晶硅产品的出口价格和正常价值进行调查，进而确定美国、韩国和欧盟的倾销幅度；⑤补贴；⑥损害，这一部分申请人利用太阳能级多晶硅产品的销量、销售收入、价格、市场份额、利润、现金流、投资收益率、就业与工资、库存、劳动生产率和投融资能力等指标证明原产于美国、韩国和欧盟的太阳能级多晶硅产品的进口对我国国内产业造成实质损害，同时通过对美国、韩国和欧盟产能和库存的分析证明来自美国、韩国和欧盟的被调查产品的大量进口对国内产业造成了明显可预见和迫近的实质损害威胁；⑦因果关系，这一部分申请人在综合考虑国内市场需求、被调查产品的进口数量和价格，以及国内产业各项经济指标在调查期内的总体走势和在各时间段中的相互对应关系的基础上，确定被调查产品进口与国内产业受到的损害之间具有明显的因果关系；⑧公共利益考量；⑨结论与请求。

---

① 刘爱东，卜珂. 我国企业反倾销调查申请中的会计问题分析——以太阳能级多晶硅反倾销调查申请书为例[J]. 会计之友，2013（20）：11-16.
② 于永达，戴天宇. 反倾销理论与实务[M]. 北京：清华大学出版社，2004：183-185.

由太阳能级多晶硅产品反倾销调查申请书内容分析可知，申请书的核心内容是围绕倾销是否成立的三个基本条件展开的，如太阳能多晶硅产品的出口价格和正常价值、对我国国内产业造成实质损害的市场份额、利润、现金流、投资收益率、就业与工资等证据。这些都需要申请人根据既有的财务会计数据进行相应调整，定量分析美国、韩国和欧盟太阳能级多晶硅产品对我国的倾销幅度以及对我国国内产业造成的损害。企业会计管理工作和所提供的会计信息证据，对企业提起反倾胜诉至关重要。

（2）反倾销调查申请书中会计功能定位。

反倾销不是普通的法律诉讼，而是一个经济问题，它是发生在既定法律程序下的会计计量和会计核算纠纷。从以上太阳能级多晶硅反倾销调查申请书内容的分析可以看出，会计在企业向商务部提起反倾销申请中有着举足轻重的地位。

①把握提起反倾销的时机。

从申请书的正文部分我们可以知道，实际上从2008开始，原产于美国、韩国和欧盟的太阳能级多晶硅产品的进口量大幅上升，进口价格逐年降低，2008～2009年，被调查产品的价格降低了64%，国内同类产品的价格降幅达到77%，实际上已对我国太阳能级多晶硅产品市场产生不利影响，而我国企业直至2012年才提起反倾销申请，而此时作为申请人的洛阳中硅高科技有限公司和江西赛维LKD光伏硅科技有限公司已经接近完全停产状态，太阳能级多晶硅的进口已对我国企业造成严重损害，企业也错过了提起反倾销申诉的最佳时机。

虽然影响企业提起反倾销申请的因素是复杂的，但会计信息是企业判定是否提起反倾销的最直接的依据，企业提起反倾销申请时不仅要了解国内本行业企业的生产经营状况，还需要掌握国外竞争对手的生产能力及库存情况、其商品在国内市场以及第三国市场销售的价格和数量、其商品在我国市场销售的价格、数量及其变化等相关会计数据，动态地把握这些信息，企业才能及时地发现可能出现或已经出现的倾销行为，把握好提起反倾销的时机。

②证明申请人的主体资格。

根据我国反倾销法律的规定，我国反倾销调查程序关于申请人的主体资格的确定，应符合下列条件之一：A. 申请人的产量占到国内同类产品总产量的50%以上；B. 申请人的产量占国内同类产品总产量不足50%时，则要视支持反倾销调查申请的生产者产量而定，如果表示支持申请和反对申请的国内生产者中，支持者的产量占支持者和反对者的总产量的50%以上，并且表示支持申请的国内生产者的产量不低于国内同类产品产量25%。因此对自身产量以及行业中其他企业的产量的正确核算和记录是企业提起反倾销申请的前提。通过太阳能级多晶硅产业申请人的产量核算可以看出其同类产品产量占国内产业同类产品总产量的比例超过 50%，具备提起反倾销申请的法定资格。

③为计算倾销幅度提供服务。

倾销幅度的计算是判定倾销是否成立的重要依据，倾销幅度的多少主要涉及对出口价格和正常价值的比较，以计算美国的倾销幅度为例，在比较过程中为了尽可能将出口价格与正常价值在出厂价的水平上进行比较，需要合理扣除被调查产品从美国出口到中国的各个环节的费用，包括境内外的运输、保险费用、关税、增值税、佣金、信用成本、仓储、商检费等各种费用。因为申请人无法通过公开渠道了解美国境内环节的费用，所以根据 2011 年 5 月到 2012 年 4 月国内同类产品的境内销售、运输、保险等费用占销售收入的平均比率，推定美国境内环节费用占其销售价格的比例为 2%，该项费用应从调整前的出口价格中扣除。

而对于正常价值的确定，因为申请人无法通过公开渠道获得美国多晶硅生产企业的生产成本、合理费用和利润，因此采用美国被调查产品的同类产品出口到第三国的价格作为正常价值，申请人以美国国际贸易委员会统计的 FAS 贸易条件下，2011 年 5 月到 2012 年 4 月美国向日本出口多晶硅的价格作为被调查产品的调整前正常价值，在此基础上对销售条件、条款、税收、贸易环节、数量等方面进行调整，得到调整后的价值。从以上出口价格和正常价值的确定可以看出，倾销幅度的确定并不是对正常价值和出口价格进行简单的比较，因为两种价格产生的方式不同，产品的销售和价格受到市场环境、价格条件、运输成本、消费方式、消费时间等多方面因素的影响，因此在计算正常价值和出口价格时需要据此进行会计调整。

④为评估损害提供证据。

进口产品对国内企业的损害评估是采取反倾销措施的重要条件，对损害的评估主要包括被调查产品对国内产业造成的实质损害和实质损害威胁，从申请书的内容可以看出，申请人主要通过销量、销售收入、销售价格、市场份额、利润、现金流、投资收益率等财务指标的分析对原产于美国、韩国和欧盟的太阳能级多晶硅产品进口对国内产业的损害情况进行评估，并且从保密文件的摘要我们可以看出申请人同时提供本企业生产经营和财务数据等。对于实质损害威胁的判断申请人主要是对美国、韩国和欧盟的被调查产品的产能和库存情况进行分析，认定原产于欧盟、美国和韩国的太阳能级多晶硅的大量倾销进口共同对国内产业造成了明显可预见和迫近的实质损害威胁。因此，完整准确的会计资料是企业评估损害的重要证据。

1.2.1.4　结论与启示

反倾销调查申请书是提起反倾销能否立案、反倾销胜诉的关键，关系着我国应对反倾销战略的实施和企业国际竞争力的提升。从会计战略视角看，至少应当关注以下几个方面的问题：

（1）建立对外反倾销会计信息平台。

反倾销会计信息平台的搭建应主要包括两个方面的信息：一是国内生产者的信息，包括企业产品的生产、销售和利润等指标信息；二是国外生产者、出口商的信息，包括出口产品的数量、价格、生产能力、库存以及出口到第三国的价格等。各个相关企业可以根据进口产品价格数量等变动趋势以及对企业同类产品的生产、销售和利润等指标进行监控，企业就可以及时对产业有否造成损害和损害程度进行预警，进而把握提起反倾销的时机。

（2）完善企业的会计核算管理工作。

①改善企业现有的会计核算方式。

会计核算方式的改进并不是要完全按照反倾销调查的模式来设计，特别对于有相当多产品的企业更加不经济。理想的改进模式是在不增加企业核算成本或尽可能少地增加核算成本的情况下，就能够基本满足企业反倾销申述的需要。可行的方法是在企业现有的会计核算管理系统中嵌入反倾销导向的会计管理工作。企业通过反倾销会计信息平台的搭建应识别外国可能对我国倾销的与本企业生产的同类产品，进而在日常的会计核算管理中进一步细化会计科目、账簿，从会计科目的编制、报表的生成等方面入手设置相关产品二级科目或更为细致的明细科目，以便需要时可以迅速、准确地找到调查产品信息，降低反倾销信息收集的成本，提高申请准备工作的效率。

②加强企业会计活动的控制。

在反倾销申请中，申请人通过企业的生产、经营财务数据评估进口产品对国内产业造成的损害和实质损害威胁。商务部在对申请书及证据材料签收之日起 60 天内，将对申请书进行审查，决定是否对案件立案调查。所以企业提供的会计信息的准确性、完整性直接关系到申请是否能够立案。因此企业在日常的会计基础工作中，要实现精细化，从基本的会计账簿认真做起，要依据《会计法》和会计准则，制定适合本单位的会计制度，杜绝会计造假和记账的随意性，保证会计资料的完整真实可靠；明确会计账簿、财务报告的处理程序，强化会计档案的管理工作，以便会计人员及时提供反倾销申请中所需的会计信息和相关资料。

③加强对外反倾销的会计人才的培养。

因为反倾销案件的特殊性和专业性，实践中反倾销调查申请书的起草工作主要由律师在企业的配合下完成，企业在提起反倾销申请之初，一般会授权律师事务所作为其委托代理人，参与反倾销调查的申请及调查工作，而企业则主要是配合委托代理人书写申请书。因此，一方面，培养具有反倾销法律知识的人才十分必要，而另一方面对于企业而言，企业会计人员在提起反倾销中所需能力的培养也十分关键。通过对申请书内容的分析可知，申请反倾销所需的会计信息资料和企业日常核算所形成的会计资料有一定的区别，企业的会计人员需要按照国家反倾销法律规范进行必要的会计调整，而这需要企业的会计人员应该对反倾销知识有全面的理解，因此企业在日常的会计人员的再教育管理中，应不断加强对会计人员反倾销意识的培养，同时通过参加 WTO 的技术培养、到国外进修、组织专家讲座、建立反倾销教育和奖励基金的方式不断提高会计人员在对外反倾销中所需的能力。

④加快企业核心竞争力的培养。

反倾销措施只是一种在一定时期、一定限度内的保护手段或补救性措施，与此同时可能会产生增加下游产业成本、提高消费价格水平等不利影响①，甚至会引起其他国家的报复，这种报复也可能以非反倾销的形式出现②。因此我国企业必须加速提高技术水平和商品质量，改善经营管理，提高生产效率，形成企业的核心竞争力，这样才会在面对日趋激烈的国际竞争压力时，处于不败之地。

1.2.2　国别反倾销调查对会计信息证据的具体要求分析

在反倾销应诉中，涉案企业的目标就是向调查机关提供决策有用的会计信息证据，反倾销调查机关在判断倾销成立与否及倾销幅度大小时往往依据此信息。但由于各国反倾销法则和会计准则的差异，反倾销调查机关的出发点及对会计信息证据需求也有很大不同，所以，涉案企业应根据反倾销调查发起当局的不同调整其提供的会计信息。因此，要提高应对反倾销会计信息证据效力，首先需要了解不同国家反倾销运作对会计信息证据的具体需求，这里以对我国发起反倾销调查最多的发达国家和发展中国家——美国和印度为例，详细分析其反倾销运作的特点及对会计信息证据的要求。

1.2.2.1　美国反倾销运作及其对会计信息证据的要求分析

美国最初是根据《1979 年贸易法》进行反倾销的运作，1988 年，又对该法做了部分修改。根据美国反倾销法规定：反倾销调查程序主要包括以下环节：（1）申请及立案调查。依据美国反倾销法的规定，美国国内任何企业都可以向商务部和国际贸易委员

---

① 刘爱东，王晰. 1997～2008 年中国对外反倾销成因及特征定量研究 [J]. 华东经济管理，2010（6）：53 – 56.

② 张玉卿，杨荣珍. 我国对外反倾销贸易救济效果评估 [J]. 世界贸易组织动态与研究，2008（11）：1 – 6.

会提交申请书，请求对特定的进口产品发起反倾销调查。在收到申诉书的 20 天内，商务部会对是否立案调查进行判断，若确定立案调查，则需通过联邦公告通知提起反倾销调查，然后通知被诉商品的生产企业和出口企业提交国内企业提起反倾销申诉之日前 150 天和后 30 天的涉及出口商品价格的资料，对被诉商品是否构成倾销进行判断。在发布立案公告的 7 天内，国家贸易委员会开始进行初步调查，调查的主要内容是被诉商品的进口是否对国内相关产业造成损害。（2）初裁。在收到反倾销调查申请书的 45 天内，国际贸易委员会必须做出被诉商品的进口是否对国内产业造成损害的初裁，在此之前，国际贸易委员会需要向进口企业等相关利益主体发放调查问卷，进口企业必须在 7 ~ 14 天完成问卷交回，与此同时，其还会举行听证会，听取申诉企业、出口企业、进口企业、律师、专家等人的意见，若认为损害不成立，则终止反倾销调查程序。如果国际贸易委员初裁的结果是肯定的，则在收到反倾销申请书的 160 天，商务部必须对被诉产品的出口价格是否低于其正常价值，即倾销是否存在进行判断。在初裁结果发布前，商务部会向有关进口商和出口商发放调查问卷，并在 30 天内收回问卷。之后，商务部会到出口国相关企业进行实地核查，核查的内容主要包括购销合同、生产记录、账簿、发票等原始单据等。（3）终裁。在征求各方面意见的基础上，通过对相关资料的核查，商务部需要在初裁后的 75 天做出终裁决定，如果商务部做出终裁的结果是否定的，调查即告结束。在商务部对有关资料进行核查的期间，利益相关的各方需要密切配合其工作，在其规定的时间内按照其认可的方式提交相关的资料，并要保证提交的资料完整、准确，否则，商务部将依据自己掌握的材料做出裁决。当商务部裁决结果是肯定时，国际贸易委员会必须在商务部做出终裁的 45 天内做出终裁，如果其终裁结果也是肯定的，则商务部需在一周内发布征收反倾销税的通知。（4）反倾销复查。当征收涉案产品反倾销税满一年时，出口企业可以向律师或直接向商务部国际贸易署申请进行复查，并提供其所需的材料，要求对出口产品的倾销幅度重新核定，企业申请复查的前提是按照终裁的结果缴纳了反倾销税。此外，当出口企业、进口企业或是其他利益相关人对反倾销终裁结果不满时，可以向国际贸易法院提出申诉，要求重新裁决。

从美国反倾销运作的基本程序可以看出，商务部和国际贸易委员会是美国负责反倾销事务的主要机构，其中商务部主要负责对国内企业申请调查的产品是否存在倾销进行调查和裁决，而具体负责调查和确定倾销幅度多少的是商务部国际贸易署，在确定倾销幅度时，需首先确定公平价格，这里就涉及出口国是否为市场经济国家问题，若被诉产品来自市场经济国家或地区，公平价格根据当地市场的销售价格确定，否则，则需要用经济发展水平相似国家的替代国价格，在找不到替代国市场价格的情况下，则采用推算价格或结构价格，这些过程都会涉及销售、成本等会计信息的核算，对会计人才的职业素养提出了较高要求。国际贸易委员会在反倾销中其主要负责损害调查，并做出是否构成损害的裁决，同样在这一过程中离不开对会计信息证据的需求。

美国反倾销调查问卷区分市场经济国家与非市场经济国家，问卷共有四到五个部分，分别是 A、B、C、D，有时还有 E 部分：A 卷是基本资料；B 卷是内销或第三国的逐笔资料（对非市场经济国家不包括此部分）；C 卷是销美的逐笔资料明细；D 卷是生产成本及推算成本；E 卷是附加制造过程和成本的详细信息。其中企业要首先填答 A 卷，并在两星期内答毕寄出。A 卷的主要内容包括：（1）企业的所有制形式、组织架构及与政府部门的关系；（2）关于企业营业执照颁发的有关规定；（3）被诉产品的出口销售情况；（4）政府颁布的有关出口经营活动法规和管理措施；（5）政府是否控制产品出口；（6）出口创汇使用受限情况；（7）政府是否给企业规定了创汇目标；（8）公司近两年的财务报表等。通过 A 卷的内容，反倾销调查当局可以判断出口国政府是否对企业的出口经营活动进行控制。B 卷的主要内容：B 卷要求出口企业填写本国市场上涉案产品的销售情况，或当涉案产品销往其他第三国时，也需要填写此部分的内容。因为向非市场经济国家企业发放的调查问卷中不包括 B 卷，考虑到本文研究的主题，这里不再对 B 卷内容进行详细的介绍。C 卷的主要内容：（1）原材料购买的详细情况；（2）对美国出口销售的详细情况，此部分要求企业对调查期间在美国销售交易的清单进行填写，反倾销调查当局据此对是否采用涉案产品的出口价格或推算出口价格进行判断，问卷 C 要求填列的项目达 50 多项，包括：产品代码、产品控制码、客户类别、发票日期、销售日期、交货日期、收款日期、毛售价、售价调整项目、保险费、工厂到发货仓库的内陆运费等，要求详细列出每笔出口销售发生的运输和保险等费用及要素情况。D 卷的主要内容：D 卷所涉及的内容主要关于生产成本及推算价格等问题，非市场经济体一般均需填写此问卷，通常商务部会依据问卷 A 的答复情况判断是否需要填写此卷，一般在决定采用推算价格或调查出口国市场低于成本的销售两种情况下会用到 D 卷。D 卷主要要求出口企业填写被诉产品调查期间所耗费的生产要素的数量，通过对生产要素耗费量的核查，可以确定被诉产品的单位材料成本和人工成本，也是商务部决定是否给予出口企业分别税率的重要依据。E 卷的主要内容：本问卷提供了在美国进一步加工被调查产品的说明，虽然反倾销调查问卷包含此部分，但在具体的案例，涉案企业是否需要填写还有赖于商务部对出口企业 A 问卷回答情况的判断，通常这部分的内容是由会计师事务所和专门的财务分析师提供。

在美国对华进行反倾销调查的过程中，一直存在着诸多问题，如拒绝承认我国的市场经济地位；虽然在反倾销法中指出涉案企业可以申请所在的行业为市场导向型行业，但市场导向型行业的认定标准较为苛刻，美国政府总是采用各种理由拒绝我国涉案企业的申请；在选择替代国进行产品正常价值的核算时，忽略我国涉案企业所在行业的实际情况，无视我国企业提交的关于可供选择的替代国的信息，任意选定替代国；忽略反倾销涉案企业个体的差异性，采用一国一税制等。2013 年 12 月 3 日，就美国对华油井管等产品实施的 13 起反倾销措施中的不当行为，我国政府向 WTO 争端解决机构提出申请，正式启动了 WTO 争端解决程序。本次争端涉案金额巨大，涉及中国企业年出口金额达 84 亿美元。在这些案件的反倾销调查与复审中，美国反倾销调查当局拒绝给予我国企业单独税率，不当适用目标倾销方法和不利事实等，导致事实上我国出口产品虽没有构成倾销，但却被裁定存在倾销行为，对出口产品正常价值采取不当的核算方法，夸大了产品的倾销幅度，这一系列行为严重违背了 WTO 反倾销规则，损害了我国出口企业的正当利益。通过启动 WTO 争端解决机制，在一定程度上有利于遏制美国对我国实施反倾销调查中不当做法，维护出口企业的合法权益。

1.2.2.2　印度反倾销运作及其对会计信息证据的要求分析

根据印度反倾销法的规定，印度主管反倾销事务机构主要有反倾销局、财政部和法院。反倾销的具体事务由反倾销局负责，其职责主要是反倾销立案、调查、裁决和建议征收反倾销税；根据反倾销局的初步裁决，财政部负责征收反倾销税。印度负责反倾销事务的法院有三个：一是海关、税收和黄金上诉法院，负责对反倾销局做出的裁决或财政部做出的行政决定提起行政复议的审查；二是高等法院；三是最高法院。高等法院和最高法院分别主要负责对反倾销案件做出初裁和最终裁决。

印度反倾销法规定了调查程序中的九个主要环节及其时效，具体如下：（1）正式立案。反倾销局在收到申诉企业提交的书面材料的 45 天内，会做出是否立案调查的决定，并进行公告，与此同时，通知被诉商品的出口企业及相关利益方；（2）资料查询。立案公告发布后，涉案企业可以向反倾销局申请查阅其他利害关系方提供的非保密的信息资料；（3）提交反倾销调查问卷和抗辩意见。在发布反倾销立案公告后，反倾销局会单独通知部分涉案企业，这部分涉案企业需在收到通知的 40 天提交调查问卷和相应的抗辩意见，而没有收到单独通知的涉案企业，需要立案公告发布的 40 天内提交相应材料；（4）初步裁决。反倾销局会在发布立案公告的 150 天内做出初步裁决，并对裁决的理由进行详细的说明；（5）举行听证会。根据涉案企业的申请，反倾销局可以选择在调查期间的任何恰当的时间召开听证会，听证会所有的表述都需整理成书面文件，否则无效；（6）最终裁决。反倾销局会在初步裁定做出之日的 150 天做出最终裁决，在做出终裁之前，反倾销局会将做出终裁的理由通知所有相关利益方。按照法律规定，反倾销案件从正式立案调查到做出最终裁决的期限为 1 年，特殊情况下可以延长 6 个月；

(7) 反倾销税的征收。反倾销局将依据最终裁决向财政部提出征收反倾销税的建议，由财政部负责反倾销税的具体征收工作；（8）行政复议。当涉案企业对反倾销局或财政部做出的决定有异议时，可以申请行政复议；（9）司法审查。如果涉案企业对行政复议结果有异议，可以向法院提起诉讼，其中初审由高等法院负责，终审由最高法院负责。

从印度反倾销政策的基本内容看，印度反倾销政策已经与国际反倾销规则基本一致，但与欧美等国家的反倾销政策相比，印度的反倾销政策及实践有一些不同于其他国家的显著特点，主要包括：（1）印度反倾销调查机构拥有较大的裁量权。反倾销局是印度主管反倾销事务的机关，虽然其管理体系同欧美等发达国家相比，还有一定的差距，但在具体的反倾销实践中，反倾销局却拥有较大的自主权，这一点主要反映在以下三点：①在出口产品正常价值的核算上，印度采用自己的标准；②在损害标准的确定方面，WTO《反倾销协议》要求进口国主管机关就损害确定的各项因素进行综合判断，但印度在反倾销调查中往往使用对申诉企业有利的标准进行裁决，根据几个指标就判定损害的存在，忽略不利的标准；③印度反倾销法与众不同的是有个非损害价格的概念，在非损害价格下，受损害的产业可以在抵销倾销影响后获利，但非损害价格极易受主观判断的影响，是比较虚幻的概念。（2）在对我国进行反倾销调查时，没有规范的运作的程序。不规范主要体现在三个方面：①没有按照WTO的规定披露相关信息。印度商工部在披露反倾销调查相关信息时经常违反WTO《反倾销协议》的规定，不进行及时公告。相关的出口企业也没有办法及时地获取相关立案信息，甚至在立案之后很久才知道被发起了反倾销调查，这时已经错过进行抗辩的最佳时机，处于被动的地位；②常常模糊涉诉产品的范围。印度在对我国提起反倾销调查过程中，常常模糊涉案产品的范围，把用途和生产工序等完全不同的多个产品当作进行反倾销调查的对象，不仅人为地扩大反倾销范围，也使我国出口企业难以确定哪种产品遭受反倾销调查，无法进行应诉，同时，产品的混同也提高了对正常价值的估计，提高了被裁定倾销成立的风险；③反倾销程序的执行具有随意性。反倾销局经常不在规定的时间内做出初裁和终裁，无正当理由便可随便拖延，打乱了我国涉案企业应诉的节奏，给我国出口企业造成极大的损失。（3）印度的实地核查与欧美不同。实地核查是反倾销调查中一项重要程序，WTO在实地核查环节有比较明确的法律规定，而印度在实地核查方面，则有自己独特的做法，主要体现在以下两个方面：①印度反倾销局在进行实地核查时，往往将出口企业调查问卷和市场经济地位的问卷一起核查。但是在美国和欧盟的实地核查中，反倾销调查机构有关人员并不对二者进行同时核查，一般情况，先对市场经济地位问卷进行核查，结束后再对出口商问卷进行核查，这种做法比较符合WTO《反倾销协议》的规定；

②印度在核查过程中特别重视涉案企业与政府的关系，通常要对企业的所有制形式和改制过程进行比较详细的核查。这种做法显著区别于欧美的反倾销实地核查，欧美在反倾销的实践中更多地关注具有技术性的举证数据，而对涉案企业的所有制等政治问题考虑较少。（4）印度反倾销调查突出会计数据的检查。在印度反倾销调查工作中，特别重视对应诉企业会计数据尤其涉案产品成本数据的核查，从有4位成本会计核算科长协助反倾销局局长的工作就可以看出印度反倾销调查对财务与会计工作的关注，所以，在应对印度反倾销调查中，成本会计数据是否具有可采性成为案件能够胜诉的关键，但由于印度反倾销法规缺乏透明性，企业的应诉工作难度较大。

总体来说，我国的市场经济地位也未获得印度反倾销调查当局的认可，所以在确定出口产品的正常价值时，也采用替代国销售价格或生产价格的方法，这对于我国出口企业来讲具有不公平性，在具体的反倾销实践中，出口企业虽然可以向印度反倾销调查机构进行市场经济地位待遇的申请，但是在应诉企业能否获得市场经济待遇的标准上、替代国选择上以及出口产品正常价值的计算中印度反倾销调查机构都具有较大的自由性，使企业应诉具有较大不确定性。

1.2.3　应对反倾销会计信息证据需求的国别差异分析

在反倾销中，欧美都规定如果被调查产品出口国为市场经济国家，进行反倾销调查时，则对出口产品正常价值以其实际成本和价格进行核算；反之，就需要选取替代国，采用替代国价格计算正常价值，并以此确定倾销幅度。在1998年之前，我国的市场经济地位一直未获得欧盟的承认。1998年7月，欧盟905/98号法规规定，我国被欧盟从非市场经济国家名单转入转型经济国家名单，此举表明，欧盟承认我国在向市场经济国家过渡，因此，也允许企业在具体的反倾销案件中对市场经济地位进行申请。此法规规定了应诉企业对市场经济地位进行申请的五条标准：①企业能够提供足够的证据证明企业与政府在企业的生产经营活动中没有关系，市场运行的规律决定了企业的成本和价格等；②企业是按照国际会计准则对账务进行处理的，输出的财务报告经过了审计部门的审计；③企业的生产成本与财务状况，尤其是在资产折旧、以资抵债等问题上没有被非市场经济体制进行重大歪曲；④因为破产法和财产法的运用无法保证企业经营的稳定性，同时也造成了法律上的不确定性，所以企业要慎重运用破产法和财产法；⑤市场决定汇率的变化。对我国反倾销涉案企业而言，企业需主动申请市场经济地位，并在反倾销立案调查之日起的15天内提交市场经济地位申请表，欧委会对企业提交的申请进行核查，然后决定是否给予其市场经济地位待遇。在欧盟反倾销法中，"一国一税"制适用于非市场经济国家，这也就意味着，来自同一国家的所有涉案企业都获得相同的税率，但同时也规定了企业可以进行"单独税率"的申请，只要申请企业的条件满足其设定的标准，就有可能获得"单独税率"，同样，企业要想获得单独税率，也必须主动申请，并需满足以下五项条件：①企业具有独立性，不受政府干预，企业股份多数由私人持有，关键职位上的政府官员明显为少数；②企业能够自行决定销售条件和条款、出口价格、数量；③企业能自由汇出利润与资金；④外汇兑换按照市场汇率进行；⑤应保证政府干预获得单独税率的企业时，不会导致反倾销措施的规避。

美国反倾销法中规定企业申请单独税率的标准是：①政府没有在法律上对企业进行控制。包括：政府对营业执照等问题没有限制性规定；没有进行中央控制的立法及其他措施。②政府没有在事实上对企业形成控制。包括：出口商独立于政府和其他出口商确定出口产品价格、出口商可以保留销售所得、应诉企业有谈判并签订合同和其他协议的权利、应诉企业有权自主选择管理层。随着经济的发展，非市场经济国家的市场经济体制得到不断完善，美国也注意到了这种变化趋势，因此，将市场导向型产业的概念引入到反倾销法律中，允许反倾销应诉企业对其所在的行业进行市场导向型产业的申请。美国联邦行政法规对市场导向型产业标准进行了判断，并规定只有当整个产业中所有企业都满足这些标准时，应诉企业市场导向型产业的申请才会得到美国商务部的认定，得到市场导向型产业认定的企业，对出口产品正常价值的确定可以采用市场经济的方法。虽然美国在反倾销法中有这样的规定，但在美国对我国反倾销实践中，至今还没有一例应诉者申请到市场导向型产业地位。

我国的市场经济地位一直不被大多数的西方国家所认可，虽然美国和欧盟都将我国看作是非市场经济国家，但在具体的操作上，又有显著的差异。我国的市场经济地位一直以来都没有被美国承认过，但欧盟却将我国划分至转型经济国家的名单中，并允许企业在具体的反倾销应诉中对市场经济待遇进行申请。在这样的背景下，美国和欧盟在对我国出口产品的正常价值进行确定时，替代国的选取标准也不同的，美国在选取替代国时，主要考虑替代国与我国宏观经济是否具有共同之处，即通常会选择与我国经济发展水平相似的国家，像印度、印度尼西亚等。而欧盟则侧重于考虑替代国与涉案产品出口国微观经济的相似性，及替代国产品价格水平、工艺流程等与涉案产品的相似性，所以在对我国的反倾销调查中，主要选择美国、日本、韩国等国家作为替代国。例如，在2010年的对华铜版纸反倾销案件中，欧盟选择的替代国是美国。

由于欧美等发达国家进行反倾销活动的时间比较早，在此过程中，其反倾销法得到了不断完善。但发展中国家与之不同，它们的反倾销法规一般是在乌拉圭回合谈判后才开始建立，反倾销法规体系有待进一步的完善。由于法规体系的不完整，更多的反倾销权限被赋予给了反倾销行政机关。有些发展中国家至今未进行反倾销法规的制定，在具体的反倾销调查中，仅以行政性法规对裁决进行了规定。这种反倾销法规的不严谨性，也促使了发展中国家倾向于随意发起反倾销调查，同时由于行政机构掌握有自由裁量权，并缺少相应的监管机构，这种情况使反倾销裁决的透明性和可预见性都大大降低，这不仅给企业应诉造成了阻碍，也大大提高了出口企业获得肯定性裁决，被征收反倾销税的风险。

总体来说，发展中国家对华反倾销与国际贸易自由化进程、国内的经济形势和贸易保障机制的改革密切相关，并表现出与发达国家不同的特点。因此，我国在应对反倾销调查时，应在了解国际反倾销规则的基础上，掌握发展中国家反倾销运作流程与发达国家之间的差异性，进一步分析会计信息证据需求的不同，进而从反倾销运作的相关内容出发，对应对反倾销会计信息证据效力的影响因素进行分析，为反倾销会计信息证据效力的提升奠定基础。

1.3　国别贸易救济对反倾销会计信息证据效力影响的实证检验

各国对反倾销会计信息证据需求的内容和特点具有明显的差异，这也就意味着企业提供的会计信息证据的效力由于反倾销调查发起国的不同而有可能存在差异。同时，通过对各国反倾销会计信息证据需求内容的分析，还可以得到其他影响会计信息证据效力的影响因素。基于此，本节重点采用实证研究的方法定量检验国别贸易救济对反倾销会计信息证据效力的影响。

1.3.1　研究假设

从国外对华贸易救济案件实施的特点和现状分析可知，发展中国家发起反倾销调查的动机与发达国家不同，其动机往往更为复杂，其中政治因素被摆在更突出的位置；从被采取反倾销措施的产品结构看，劳动密集型和资源密集型产品是发展中国家对华进行反倾销的重点对象，发展中国家对华反倾销主要集中于劳动密集型产品，在这样的背景下，发展中国家往往倾向于制定较高的反倾销税率，从而对国内产业进行保护。除此之外，发展中国家与发达国家相比，反倾销相关法律制度还不够完善和透明，在做出倾销裁决时有较大的自主性和随意性，这也就意味着当我国同一出口产品同时被发达国家和发展中国家提起反倾销调查时，即使提供相同的反倾销会计信息，信息的可采性也会有所差异，即应对反倾销会计信息证据效力的大小不同。据此，提出本节假设：

H1：应对反倾销会计信息证据效力与国别属性有关，当反倾销调查发起国为发展中国家时，涉案企业提供的会计信息证据越难被调查机构采纳和采信，应对反倾销会计信息证据效力越小。

从对反倾销调查问卷及企业申请市场经济待遇和分别税率条件看，应诉企业的性质和股权结构是反倾销调查机构首要关注的问题，一般情况下，涉案的国有企业比较难获得市场经济待遇或取得分别税率，因为反倾销调查机构认为，如果企业最大的股东是国家，则企业在决策方面就会受到国家的干预，影响产品的价格和数量、原材料来源，这就不符合获得市场经济待遇或分别税率的条件，同样企业提供的会计信息也很难得到反倾销调查机构的信服，这种情况下，会计信息证据效力较低。另外，国家股一般是由政府和行业主管部门掌控，由于政府是非营利性的部门，因此在对企业进行管理和监督上缺乏足够的动力，不能对所有者职能进行充分的发挥。在国家股比例较大的企业中，经理层和国家股产权代理人之间将会出现信息不对称问题，由此导致的结果是，二者无法及时地沟通和协调公司的事务，国有股权代理人难以有效地发挥外部监控职能，这种时候，公司的决议很可能就取决于经理层的意志，经理层为实现自身利益的最大化使会计信息可能出现失真，其他股东的权益被侵占。在进行反倾销调查的应诉中；反倾销调查机构要求企业是按照出口国的会计准则提供会计信息证据，并要求实际发生的经济业务得到了真实客观的反映。国有股权人不能对职能进行清晰的定位，对经理层也无法进行有效的监督，降低了会计信息的可采性。所以国家股比例越高，会计信息证据被采纳和采信程度越低，反倾销会计信息证据效力越难发挥。所以，本节的第二个假设为：

H2：国家股所占比例与会计信息证据效力呈负相关。即国家股所占比例越大，企业提供的会计信息证据将被采纳的程度越低，反倾销会计信息证据效力越小。

满足反倾销调查发起机构对会计信息证据的需求是反倾销会计的主要目标，在应对反倾销的背景下，企业每一项真实发生的业务都应按照规范的形式进行，能通过相应的规范文件查到企业会计运行及控制的过程。反倾销应诉的各个环节都离不开内部控制，其支持着反倾销应诉顺利进行，同时对会计信息证据效力起保障作用。首先，内部控制是强化企业会计实务的基础，内部控制质量的高低直接决定了企业会计实务工作的规范程度。从分析各国反倾销运作程序性规则和实体性规则中可知，准确、及时的会计信息是企业应诉成功的基本要求，而内部控制为企业会计工作处理提供了完善的指引，是提高会计信息证据效力的基本保障。其次，企业内部控制制度的完善有利于企业规定的期限内填写完反倾销调查问卷，和及时地提供反倾销调查人员在实地核查中要求的材料，这是因为一方面反倾销调查问卷本身有部分问题涉及企业内部控制的运行，另一方面，在内部控制形成的框架下，企业相关人员合理分工，能够及时、快速地响应反倾销调查机构需要的会计信息证据，提高应对反倾销会计信息的可采性。最后，内部控制中的风险评估机制和反舞弊机制能够为及时识别出潜在的反倾销风险提供服务，为企业准备应诉工作提供了充分的时间，提高应对反倾销会计信息证据效力。所以企业内部控制越完善，应对反倾销会计信息证据效力越高。因此，本节的第三个假设为：

H3：内部控制质量与应对反倾销会计信息证据效力正相关。涉案企业内部控制质量越高，应对反倾销会计信息证据效力越大。

1.3.2　研究设计

1.3.2.1　变量的定义与度量

（1）因变量的定义。

本章将因变量定义为反倾销相对税率，即企业所获税率与普遍税率的比值，记为 ADRD（relative duties）。目前，国内并没有对反倾销会计信息证据效力高低进行衡量的直接指标，因此，可以考虑寻找科学的指标对其进行替代。通过分析反倾销程序性规则和实体性规则可知，调查机构主要是依据会计信息证据进行倾销是否存在和倾销幅度的判断，反倾销最终的结果在某种程度上体现了会计信息证据效力的大小。因此，应诉企业通过对反倾销终裁结果的判断可以知晓会计信息证据效力发挥的高低，反倾销税率是反映裁决结果的主要指标，企业所获得的反倾销税率越高，表示应诉企业提供的会计信息证据被采纳的程度越低，会计信息证据的效力越低。所以可以用反倾销税率对会计信息证据效力的高低进行衡量，同时由于不同案件和产品，企业被征收的反倾销税具有显著差异，并且有些是比例税率，有些是定额税率，这种情形下各个企业被裁定的反倾销税率之间就缺少可比性。本章通过对以往案例的研究，发现在反倾销终裁中，一般会有一个针对大多数应诉企业的普遍税率，部分企业被裁定较低的税率甚至是零税率。综合上述分析，本章选取了反倾销相对税率（ADRD）作为因变量，相对税率越低，表明涉案企业提供的应对反倾销会计信息证据效力越大。

（2）自变量的定义。

如表 1-7 所示，根据研究假设，设计反倾销调查发起国国别属性、国家股比例、内部控制质量三个自变量。其中在对内部控制质量的度量中，内部控制质量较高的判断标准为涉案企业发布了完整的内部控制自我评估报告、内部控制审计报告且为无保留意见。

表 1 - 7　　　　　　　　　　　　　　　　变量定义

变量类型	变量名称	变量含义	变量度量
因变量	ADRD	反倾销相对税率	涉案企业被裁定反倾销税率/普遍税率
自变量	ND	反倾销调查发起国别属性	发展中国家取 1，发达国家取 0
	FTC	国家股比例	年末国有股数量/公司总股数
	ICQ	内部控制质量	内部控制质量较高取 1，否则取 0
控制变量	SIZE	企业规模	Ln（涉案前一年度年末总资产数）

（3）控制变量的定义。

会计信息证据效力的发挥不仅受到上述自变量的影响，其他因素也可能对其造成影响，其中最明显的因素是企业规模（SIZE），因为涉案企业的总规模决定了其对外出口的总体业务量，从反倾销调查问卷的内容可知，反倾销调查机构对损害程度进行判断的一个重要标准就是出口量。在同样的倾销幅度下，倾销损害程度的强弱会因出口量的差异发生变化，企业最后获得的反倾销税率也会表现出差异性，但不属于本章研究的范围，因此确定为控制变量，记为 SIZE，用涉案企业资产总数的对数（ln(SIZE)）来表示。

1.3.2.2　模型设计

为对研究的问题进行检验，本章构建了多元线性回归模型，模型如下：

$$ADRD = \alpha + \beta_1 SIZE + \beta_2 ND + \beta_3 ICQ + \beta_4 FTC + \varepsilon \qquad (1-8)$$

其中 β_1、β_2、β_3、β_4 为回归系数，α 为常数项，$\varepsilon \sim N(0, \sigma2)$。

1.3.2.3　样本选择与数据说明

本章选取 2008 ~ 2014 年我国遭受反倾销调查的上市企业为研究对象，主要因为从 2007 年起，监管部门对上市公司在年报中进行内部控制及内部审计信息的披露提出了要求，方便对涉案企业内部控制质量进行衡量。剔除其中信息不完整企业，共得 92 个样本，本章研究所采用的反倾销数据主要来源于中国贸易救济信息网、巨潮资讯网、企业披露的年报及审计报告、内部控制审计报告等。

1.3.3　数据处理与结果分析

1.3.3.1　描述性统计分析

为了对研究样本具有概括性的认识，本章首先对样本进行了描述性统计分析，从标准差、最大值、最小值和均值四个方面对自变量和因变量进行了描述性统计分析，相关结果如表1-8所示。

表1-8 样本企业相关变量描述性统计分析

变量名	样本数	最大值	最小值	均值	标准差
ADRD	92	1.19	0	0.54	0.37
SIZE	92	26.15	17.17	22.44	1.51
ND	92	1	0	0.41	0.49
ICQ	92	1	0	0.54	0.5
FTC	92	0.82	0	0.23	0.26

通过表1-8描述性统计分析的结果，可以发现样本企业中，反倾销相对税率的范围为0到1.19，均值为0.54，这说明有部分涉案企业被裁定的反倾销税率远远高于普遍税率，而且从均值来看，样本企业被裁定的反倾销税率偏高。从国别属性上，其均值为0.41，说明对我国发起反倾销调查的主要为发达国家，但也表明，发展中国家也逐渐成为对我国发起反倾销调查的主力。从内部控制质量看，均值为0.54，标准差为0.5，说明样本企业的内部控制质量普遍较好，但从标准差看，波动较大，说明样本企业间内控质量相差较大。从国家股比例看，均值为0.23，说明大部分样本企业无国家股。

1.3.3.2 相关性分析

本章主要研究自变量与因变量的关系，但有可能自变量及控制变量之间还会存在联系，影响了最终的研究结果，因此，需要检验各个变量之间的关系。本章对因变量、自变量以及控制变量之间的关系的检验采用Spearman方法，通常相关系数小于0.6表明变量之间相互独立，检验结果如表1-9所示。

表1-9 Spearman 相关性检验结果

	ADRD	SIZE	ND	ICQ	FTC
ADRD	1				
SIZE	0.02	1			
ND	0.251	0.101	1		
ICQ	-0.278	-0.028	-0.141	1	
FTC	-0.029	0.541	0.099	-0.143	1

从表 1 - 9 中可以看出，国别属性、内部控制质量与反倾销相对税率之间的相关性与预期相同，而国家股比例与反倾销相对税率之间的相关性与预期相反。而其他自变量之间以及自变量与控制变量之间相关系数的值都小于 0.6，因此自变量之间及自变量与控制变量之间的共线性问题不存在。

1.3.3.3 回归结果分析

本章运用 EViews 软件对变量之间的多元线性回归关系进行了检验，得出的结果如表 1 - 10 所示。

表 1 - 10 多元线性回归结果

Variable	Coefficient	Std. Error	t - Statistic	Prob.
SIZE	0.011	0.028	0.388	0.699
ND	0.193	0.074	2.592	0.007
ICQ	- 0.186	0.073	- 2.522	0.008
FTC	- 0.153	0.166	- 0.919	0.36
c	0.347	0.618	0.561	0.576
Adjusted R - squared = 0.31		F - statistic = 3.88		D. W = 1.8

Adjusted R - squared 代表调整后的判定系数，通过调整后的 R^2 可以判断模型的拟合优度，从表 1 - 10 中结果可知 $R^2 = 0.31$，说明模型拟合优度较高，模型能够在很大程度上对被解释变量解释。给定 $\alpha = 5\%$，因为 $F_{0.05}(4, 87) < F_{0.05}(4, 60) = 2.53$，$F = 3.88 > 2.53$，即 F 大于临界值，所以模型的线性关系在 95% 的水平下显著成立。估计值的标准差较小说明回归系数值的稳定性较好。

国别属性的回归系数是 0.193，t 值是 2.592，在给定的显著性水平 $\alpha = 0.05$ 下，查的相应的临界值 $T_{0.025}(87) < T_{0.025}(80) = 1.99$，$t$ 值大于临界值，说明国别属性与反倾销相对税率在 95% 的置信水平上呈正相关关系，即样本企业被裁定的反倾销相对税率与提起反倾销调查的国别属性相关，在应对发展中国家的反倾销调查时，会计信息证据发挥的效力较弱，验证了假设 H1。

内控质量的回归系数是 - 0.186，t 值是 2.522，在给定的显著性水平 $\alpha = 0.05$ 下，大于临界值。说明内控质量与反倾销相对税率在 95% 的置信水平上呈负相关关系。内部控制质量越高，企业获得反倾销相对税率越低，即会计信息证据效力越高，验证了假设 H2。

国家股比例的回归系数是 -0.153，t 的绝对值是 0.919，小于临界值，未通过 t 检验，说明国家股比例与反倾销相对税率之间没有显著关系，假设 H3 不成立。联系我国反倾销的实践，虽然企业可以申请市场经济待遇或单独税率，但考察历年我国企业反倾销的案例，企业很难申请到市场经济待遇或单独税率，考虑到时间成本及财力、物力，涉案企业缺少单独申请市场经济待遇或单独税率的积极性，因此国家股比例对企业最终获得的反倾销税率影响较小。

1.3.3.4　稳健性检验

为保证实证结果稳健可靠，本章同时手工收集了样本企业反倾销终裁前两年的相关数据，并采多元用线性回归模型进行检验。具体的实证检验结果如表 1-11 所示。

表 1-11　　　　　　　　　　　稳健性检验结果

Variable	Coefficient	Std，Error	t - Statistic	Prob.
SIZE	0.009	0.022	0.412	0.711
ND	0.182	0.069	2.49	0.006
ICQ	-0.191	0.063	-2.63	0.007
FTC	-0.149	0.159	-0.101	0.29
c	0.411	0.705	0.616	0.605
Adjusted R - squared = 0.35		F - statistic = 3.72		D. W = 1.7

Adjusted R - squared 代表调整后的判定系数，通过调整后的 R^2 我们可以判断模型的拟合优度，从表中结果可以看出 $R^2 = 0.35$，说明模型拟合优度较高，模型能够在很大程度上对被解释变量解释。给定 $\alpha = 5\%$，因为 $F_{0.05}(4, 87) < F_{0.05}(4, 60) = 2.53$，$F = 3.72 > 2.53$，即 F 大于临界值，所以模型的线性关系在 95% 的水平下显著成立。估计值的标准差较小说明回归系数值的稳定性较好。

国别属性的回归系数是 0.182，t 值是 2.49，在给定的显著性水平 $\alpha = 0.05$ 下，查的相应的临界值 $T_{0.025}(87) < T_{0.025}(80) = 1.99$，$t$ 值大于临界值，说明国别属性与反倾销相对税率在 95% 的置信水平上呈正相关关系，即样本企业被裁定的反倾销相对税率与提起反倾销调查的国别属性相关，在应对发展中国家的反倾销调查时，会计信息证据发挥的效力较弱，验证了假设 H1。

内控质量的回归系数是 -0.191，t 值是 2.63，在给定的显著性水平 $\alpha = 0.05$ 下，大于临界值。说明内控质量与反倾销相对税率在 95% 的置信水平上呈负相关关系。内部控制质量越高，企业获得反倾销相对税率越低，即会计信息证据效力越高，验证了假设 H2。

国家股比例的回归系数是 -0.149，t 的绝对值是 0.101，小于临界值，未通过 t 检验，说明国家股比例与反倾销相对税率之间没有显著关系，假设 H3 不成立。稳健性检验的结果同实证结果相一致，所以实证检验结果是比较稳健的。

1.3.4　结论与启示

应对反倾销会计信息证据效力受反倾销调查发起国国别属性的影响，当反倾销调查发起国为发展中国家时，涉案企业被裁定的反倾销税率相对较高，应对反倾销会计信息证据效力发挥较小；应对反倾销会计信息证据效力与企业内部控制质量呈正相关关系，与企业的国家股比例无关。

第 2 章

应对反倾销会计信息证据效力的
会计管理战略研究

本章将从企业微观层面的会计管理出发，研究会计管理战略及会计规制对反倾销会计信息证据效力的影响，为提高我国企业应诉反倾销会计信息证据质量及效力提供理论指导。有利于帮助企业找到提高反倾销会计信息质量及效力的途径，增强在反倾销应诉过程中的会计举证和会计抗辩能力，提高应诉胜诉率。最后，通过具体分析中国"打包"起诉美国反倾销案及土耳其长丝纱线的案例，帮助企业充分发挥会计在反倾销应诉中的跟踪和预警作用，为企业在反倾销应诉中提供借鉴。

2.1 会计管理战略对反倾销会计信息
证据效力影响的实证分析

反倾销会计信息证据效力包含广泛的内容，既与企业是否严格遵守企业会计准则相关，又与企业提供的会计信息的质量有关。会计管理战略影响着反倾销会计信息证据的产生、管理及使用过程的各环节。因此只有使企业严格按照会计管理战略的指引，真实、完整地反映企业的交易和事项，才能使得涉案企业在应对反倾销过程中提供的会计信息证据满足调查当局的要求，争取得到公平的裁决。本节拟从企业会计管理战略的角度入手，分析影响经营及会计信息质量的因素或原因，运用实证分析方法和统计方法检验会计管理战略与反倾销会计信息证据效力之间的影响路径，为我国研究反倾销应诉的战略研究提供新的视角①。

---

① 所指导的 2015 届研究生张静对本部分实证内容有贡献。

2.1.1　研究假设

根据以上理论分析，反倾销应诉是围绕会计信息证据而进行的博弈，从会计举证到会计抗辩直至最后的参加复审都需要证据做支持，有效力的证据保证了企业应诉的成功。对应诉起关键作用的会计信息涉及企业经营的全过程，信息覆盖面广且有针对性，因此用会计管理战略对企业的会计工作进行综合管理，不仅使得企业的经营效率得到提高，还可以在反倾销应诉时提供满足调查当局要求的反倾销会计信息证据，使得企业的经营处于安全阀值内。本节通过对有关会计管理战略和反倾销会计信息证据效力的研究及相关文献的回顾，从会计政策、内部会计管理、企业会计人才战略等角度提出以下研究假设。

（1）企业的经营需要对每一个事项进行控制，控制活动贯穿于企业经营的各个方面，对实物资产的安全与完整实施控制、对凭证账簿的记录与保管控制、对财务预算的编制和实施进行控制、对职责的分配和业务的授权进行控制等，为企业有效执行各项任务提供安全保障，从最源头处使得各项业务的发生与处理符合相关准则的要求。关键控制点能够防止企业遭遇特殊风险，将企业的总体风险控制在企业的承受范围内，在有特殊事项发生时能够利用管理战略指导企业予以应对。与财务会计活动相关的不相容职务相分离控制能够保证各部门之间独立性，达到相互制衡的目的，降低部门之间相互串通舞弊的风险；授权审批控制有利于控制企业的关键业务与事项，防止不符合规定的业务出现，特别是关乎企业会计信息质量的会计政策、会计估计变更的审批，必须严格按照企业业务的实质及相关准则的规定进行调整。反倾销应诉过程需要提供连续三年的会计数据，保证会计政策的一致性，使得会计数据更容易的被调查当局所接受。这些关键的控制点影响企业在反倾销应诉过程中提供的会计信息证据效力。由此提出假设：

H1：企业会计政策、会计估计的一致性影响反倾销会计信息证据效力，且会计政策、会计估计一致性与反倾销会计信息证据效力正相关。

（2）应诉反倾销是一项极具专业性及法律性的工作，应诉过程中涉及的会计业务也具有其自身的复杂性与特殊性，不仅对专业性要求甚高，对于技术性也是一种挑战，因此对于该事项中的专业会计人才提出了特殊的要求。我国目前极具缺乏这样的专业型人才，政府及反倾销当局缺少反倾销会计专家及人才的储备，专业服务的会计事务所和律师事务所也缺乏相关人才的储备，作为应诉主体的企业更是缺少反倾销会计专业人才。当企业遭受到反倾销调查，需要向调查当局提供会计信息证据时，往往因缺少相关的专业人才而使得所提供的证据缺乏针对性，降低了调查当局对会计信息证据的认可度，最终会导致应诉企业因会计信息证据不符合调查当局的规定而使企业处于不利的地位。会计人才是企业专业人才的重要组成部门，但从上市公司数据的整理来看，大部门企业配备的会计人才相较于其他专业人员比例特别低，这主要源于会计人才在给企业创造价值上表现不明显，作为企业的职能部门很可能因人员不足而发生不相容职务相互兼任的情况，使得企业的会计信息失去应有的可信度。因此在企业的会计管理战略建设中应首先使会计人才的配备达到战略目标的要求。由此提出假设：

H2：会计人员比例影响反倾销会计信息证据效力，且会计人员比例高的企业反倾销会计信息证据效力较强，被裁定的反倾销税率越低。

（3）内部监督可以及时发现企业的经营活动与预定目标不相符的地方，并加以改善，将诸如遭受反倾销调查的风险降到最低，为保障企业提供有效的会计信息证据提供支持。对企业的监督可以从内部与外部两方面进行，内部监督可以保证管理人员认真履行责任，确保企业资源的安全，提高企业的经营效益，避免代理成本超过代理收益。内部监督保证了企业经营的合法合规，生成的信息及对外披露的信息真实地反映企业的财务状况和经营成果。内部审计是企业的内部监督部门，对企业的经营活动进行独立的监督检查，既可以提高内部控制运行有效性，又可以对企业经营过程中面临的风险和已存在的问题进行及时识别。内部审计工作可以由企业单独的部门来完成，也可将其纳入某一相关部门或由特定的人员来担任，但独立的内部审计部门能够保证企业提供可靠、独立的内部意见，定期对企业的生产经营情况进行有效的监督，对发现的问题及时反馈并加以纠正。内部审计同时还对企业的季度、半年度、年度报表进行审计，在减少发生舞弊、操纵数据的同时提高了会计信息数据的可信赖程度。由此提出假设：

H3：是否设立独立内部审计部门影响反倾销会计信息证据效力，且设立独立内审部门与反倾销会计信息证据效力正相关。

（4）我国是全球遭受反倾销调查案件数最多的国家，虽然应诉率和胜诉率都比较低，但从已发生的调查案件和我国的应诉经验和教训来看，当我国与其他国家产品一同进入进口国市场而被反倾销调查，其倾销幅度裁决结果总是中国企业反倾销税率高于同被调查的其他国家企业。其主要原因是我国在调查中被视为非市场经济国家，所提供的有关企业及产品的会计信息不能被调查当局认可，而采用替代国的资料。会计信息的权威性与可靠性对我国争取市场经济地位的重要性便不言而喻。因此在我国会计准则标准基本同国际会计准则趋同的情况下，所有企业应按照准则的规定加大实施力度和实施效果，使得经济事项与业务的处理符合准则标准，结合会计准则制定适合本公司实施的会计制度框架，用以指导企业的各项活动。虽然我国新准则规定已与国际准则的规定达到了趋同，但在此背景下需要强化企业的实际操作，从规范化运行、提高独立内部审计对企业的监督检查效果、合理准确理解准则的要求、增强企业管理人员及会计人才的职业道德素质等方面进行改进。上述的结果反映在企业财务上便以财务报表的形式体现，外部审计是对企业的经营业绩情况进行外部的监督，因此聘请具有独立性的权威会计事务所对上市公司的财务报表进行审计，可以在一定程度上反映出企业在各方面的运行规范性，是对企业一种很好的监督。同时外部监督的效果受到会计事务所的职业声誉的影响。由此提出假设：

H4：企业年度会计报表是否由具有独立性的权威会计事务所进行审计影响反倾销会计信息证据效力，且两者之间呈正相关关系。

（5）反倾销应诉过程中对各环节的时效要求很强，反映到企业活动中便是信息传递与沟通的效率。良好的信息传递与沟通不仅能保证高层管理者及时掌握公司的经营情况及可能遇到的风险，还能使基层管理人员与企业员工准确理解高层人员下达的指令和制定的各种政策的真实意图，以保证公司各项业务的顺利开展。在应对反倾销时，良好的信息传递与沟通对于提高我国出口企业提供的会计信息证据的可靠性及时效性是至关重要的，再将可采性程度高的信息传递给调查当局，可以保证我国企业在反倾销裁定中得到公平的待遇。企业及时、全面、规范、完整的信息披露能够体现出企业的可信度，在一定程度上能够提高反倾销调查当局对相关信息的可信赖程度。在企业内部，高效率的信息传递与沟通使得公司员工及时正确地执行新的决策与制度，节省时间的同时提高效率。国家政策及市场环境变化迅速，需要企业随时关注并调整自身的经营管理战略。年度董事会会议的召开对于企业在与内部及外部进行信息的传递与沟通方面发挥很重要的作用，对外信息披露需要董事会的审核与批准。遭受反倾销调查是企业的重大事项，在应诉过程中，董事会掌握着企业应对工作的全局，任何的决策都需要经过董事会的批准，董事会的及时召开影响着企业提供有效的会计信息证据。由此提出假设：

H5：董事会年度会议次数影响反倾销会计信息证据效力，且与反倾销会计信息证据效力呈正相关关系。

2.1.2　研究设计

2.1.2.1　研究样本选取

我国是全球遭受反倾销措施影响最严重的国家，涉案企业几乎涉及各行业，涉诉产品几乎覆盖所有出口商品。本节在研究我国应诉反倾销调查的所有国内企业的基础上，选择 2002～2014 年参与应诉反倾销调查案件的国内上市企业作为本节研究的样本，选择的原因如下：

（1）时间范围的确定。本节以 2002～2014 年我国涉案的上市公司为样本，是因为我国在 2001 年年底加入世界贸易组织（WTO），之后我国面对的国内经济环境与国外市场环境都与加入之前有了很大差别，大量的产品和技术走向国际市场，参与国际竞争的同时，也发生了更为频繁的反倾销调查活动。因此，本节选择 2002 年及以后的涉案企业作为研究样本。

（2）涉案样本企业的确定。本节选择的样本企业是国内的上市公司，是因为上市公司的相关会计信息数据及资料的可得性较强，且这些资料大部分都是经过审计且为股东所采纳用来决策投资的，其说服力相较于非上市公司更有考量的依据。因此本节选择 2002～2014 年应诉国外反倾销调查的上市公司作为研究样本，剔除信息不完整及重复样本后得到 60 个研究样本。

本节研究的是会计管理战略对反倾销会计信息证据效力的影响，指标数据主要来自企业公开披露的年度财务报表及企业公告的内部控制自我评估报告，通过各公司官方网站及巨潮咨询网（http：//www. cninfo. com. cn/）获取，有关反倾销的数据与资料来自 WTO 官网网站（https：//www. wto. org/）和中国贸易救济信息网（http：//www. cacs. gov. cn/），经手工整理而来。

本节研究的主要目的是从会计管理战略的角度出发，设计变量研究其对企业应对反倾销会计信息证据效力的影响，从会计角度提高涉案企业应诉反倾销的水平，同时减少企业频繁遭受反倾销调查的可能性。为对本节提出的假设进行实证检验，需要对变量进行精确的定义与说明，并设计适合的验证模型。

2.1.2.2　研究变量设计

（1）被解释变量。

本节研究会计管理战略对反倾销会计信息证据效力的影响，真正的被解释变量是反倾销会计信息证据效力。由于反倾销会计信息证据效力较为抽象，具体化存在很大的困难，因此本节选取相关指标作为反倾销会计信息证据效力的代替。以应诉企业在反倾销初裁中的税率作为反倾销会计信息证据效力的替代指标，使得具体量化困难得到解决，即将反倾销初裁税率作为被解释变量，记为 ADD（Anti - dumping Duties）。企业在应诉反倾销过程中提供的会计信息证据是反倾销调查当局确定企业是否存在倾销及倾销幅度的主要根据，其作用效力直接决定了初裁结果，因此可以使用反倾销裁决税率代表反倾销会计信息证据的效力，但反倾销税率有初裁税率和终裁税率，因终裁税率会受到诸如时间、初裁税率裁决后企业出口战略及进口国市场情况变化的影响，不具有代表性，所以本节以反倾销初裁税率为被解释变量。

（2）控制变量。

应诉反倾销会计信息证据效力除了受会计政策、信息披露、会计人才专业性等因素的影响外，还受到其他相关因素的影响。因此在模型中需考虑其他相关变量的影响与制约，本节选取的控制变量如下。

①第一大股东持股比例：用涉案企业的第一大股东期末所持股份数除以期末总股数表示，记为 BIGR。

股东与企业管理者之间的代理问题、债权人与股东及管理者之间的利益冲突是影响企业内部环境的两大主要问题，股东的持股比例越大，与管理者和债权人的利益冲突越明显，导致代理成本高于代理收益，进而损害企业的利益。而均衡的股权结构可以在制衡股东的同时对管理经营进行有效的监督，防止或减少舞弊的发生，有效提高会计信息的质量。施莱佛（Shleifer，1986）对企业的内部环境与股权之间的联系进行了实证研究，结果发现股权间的相互制衡有利于企业内部战略环境的建设，能够避免或减少舞弊[1]。白重恩（2005）认为平衡的股权结构有利于股东间的相互监督及控制权的有效竞争，也能对经营管理活动进行监督与控制[2]。因此公司的持股比例对内部战略环境建设有着极为重要的影响，对会计管理战略的制定与执行也产生了影响。

②独立董事比例：用涉诉企业董事会中的独立董事比例表示，记为 DDB。

独立董事是企业的监管层，对管理层和企业经营行为进行监督，维护中小股东权益，以完善企业董事会机制和公司法人治理结构。比斯利（Beasley，1996）研究了独立董事比例对公司财务运作及管理层行为的影响，结果发现，较高的独立董事比例在监督管理层经营行为和公司财务运作上更为有效[3]。陈和贾吉（Chen & Jaggi，2000）以香港上市公司数据为样本进行研究，结果发现独立董事比例的大小与会计信息失真的可能性之间呈负相关关系[4]。由此可推断，独立董事比例较高的企业更能保证会计信息的质量，在应诉反倾销过程中能够提供更为有效的会计信息证据。

③财务杠杆：用涉案企业的资产负债率表示，记为 LEV。

现在的企业都是负债经营，因此存在债权人与经营者之间的信息不对称及债权人和权益投资者之间的矛盾，经营者或权益投资人可能会为了自身利益而侵害债权人的利益，为此债权人在投资时会在合同中附加一些限制性条款，作为其利益保障基础，而这

---

① Shleifer. A. Do Demand Curves for Stocks Slope Down [J]. Journal of Finance，1986（41）：579 – 590.

② 白重恩. 中国上市公司治理结构的实证研究 [J]. 经济研究，2005（2）：81 – 91.

③ Beasley，M. S. An Empirical Analysis of the Relation between Board of Director Composition and Financial Statement Frand [J]，The Accounting Review' 1996（10）：443 – 465.

④ Chen J，P.，Charles P. & Jaggi B. L. The Association between independent nonexecutive directors of family control and disclosures [J] Journal of Accounting Pubilc Policy，2000（13）：16 – 37.

些限制性附加条款会受到公司财务数据的影响。公司的财务杠杆越大,使用资金的限制条款越多,经营者为减少这种约束而对会计数据进行造假的可能性增加。

④盈利能力情况:用净资产收益率来衡量,记为 ROE。

盈利水平不同,企业在基本建设、风险预警方面的差异便越大。因此盈利水平越高的公司,越有能力和资源对会计信息证据的内容和质量进行监督管理。同时为了降低反倾销裁决税率对公司的影响,维持现有市场,有动机积极参与应诉,高效率的进行会计举证和会计抗辩。因此本节认为盈利水平高的公司反倾销会计信息证据效力越高。

控制变量的具体表示及定义如表 2 - 1 所示。

表 2 - 1   控制变量汇总表

变量名称	变量代码	变量定义	预期影响
第一大股东持股比例	BIGR	年末第一大股东持股数/总股数	+
独立董事比例	DDB	独立董事人数/董事会人数	-
财务杠杆	LEV	期末负债总数/期末资产总数	+
盈利能力	ROE	净利润/期末净资产	-

注:因为反倾销税率与反倾销会计信息证据效力之间呈负相关关系,因此各解释变量与被解释变量的影响方向与研究假设中的相反。

(3)自变量的确定。

根据研究假设的内容,本节设计的自变量及定义如表 2 - 2 所示。

表 2 - 2   自变量汇总表

假设	变量名称	变量代码	变量定义	预期影响
H1	会计政策、会计估计的连续性	ZGC	会计政策、会计估计当年未发生变化的取值1;否则取值0	-
H2	财务人员比例	CWB	财务人数/公司员工总数	-
H3	独立内部审计	IIA	设立了独立内审部门取值1;否则取值0	-
H4	外审机构权威性	OAO	聘请前十大事务所审计的取1,否则取0	-
H5	董事会年度会议次数	DHC	完整会计年度内召开董事会会议次数	-

注:因为反倾销税率与反倾销会计信息证据效力之间呈负相关关系,因此各解释变量与被解释变量的影响方向与研究假设中的相反。

2.1.2.3　研究模型设计

因变量间的关系符合回归模型的检验要求，因此本节采用多元线性回归模型来实证分析会计管理战略对反倾销会计信息证据效力的影响。建立多元回归模型如下：

$$ADD = \alpha + \beta_1 ZGC + \beta_2 CWB + \beta_3 IIA + \beta_4 OAO + \beta_5 DHC + \beta_6 BIGR + \beta_7 DDB$$
$$+ \beta_8 LEV + \beta_9 ROE + \delta_i \qquad (2-1)$$

其中，α 为常数项，β_1，β_2，β_3，β_4，β_5，β_6，β_7，β_8，β_9 为回归系数，$\delta_i \sim N(0,\sigma^2)$。

2.1.3　数据处理与结果分析

本节首先对要研究的变量和样本进行定义，其次从巨潮咨询网收集所选样本公司被裁定反倾销税率当年及前后年度的财务报表，参考公司不定期发布的有关内控自我评估，摘录并整理有关指标数值，对其进行实证研究。本节选取的统计分析软件为SPSS21，实证分析步骤如下。

2.1.3.1　样本基本特征分析

在对数据进行回归分析之前，需要了解变量的分布特征，本节采用描述性统计方法对样本数据进行分析，以达到对样本从体上的概括和认识。从极大值、极小值、均值及标准差四个方面对被解释变量和自变量进行描述性统计分析，结果如表2-3所示。

表2-3　　　　　　　　　　　样本量的描述性统计分析

变量	N	极小值	极大值	均值	标准差
ADD	60	0.00	266%	53.56%	0.6179
ZGC	60	0	1	0.87	0.341
CWB	60	0.58%	13.08%	2.16%	1.9495
IIA	60	0	1	0.73	0.444
OAO	60	0	1	0.79	0.408
DHC	60	3	21	9.4	3.5230
BIGR	60	8.77%	77.23%	41.29%	0.1658
DDB	60	10%	50%	36.73%	0.5181
LEV	60	11%	82%	54%	0.1755
ROE	60	0.00	35.30%	0.0623	0.0663

从表 2-3 中可知反倾销应诉企业的相关信息。在所有的样本公司中，被征收的反倾销税率最高为 266%，最小为 0，均值为 53.56%，标准差为 61.79%，极大值与极小值之间的跨度很大，但从均值和标准差来看，被征收高额反倾销税率的涉案企业并不占多数，绝大多数企业的被裁定的反倾销税率基本都在 100% 以内浮动。反倾销税率波动范围非常大，说明外国反倾销调查当局对我国涉案企业的反倾销税率裁定存在很大的自由裁量权，同时也标明如果我国涉案企业能够提供充分且有效的会计信息证据，能够证明不存在实质上的倾销或反倾销调查当局立案并不合理，则获得零税率裁定的可能性很大。相反，如果涉案企业提供的会计信息证据达不到应有的证明力，得不到反倾销调查当局的认可，无法证明出口产品的价格合理性，被征收高额反倾销税率的可能性便非常大，这对于出口企业及我国经济都是非常大的损失。

自变量中，会计政策会计估计的连续性、是否设立独立内部审计部门、是否由外部独立的权威的会计事务所对公司年报进行审计都对反倾销会计信息证据效力产生影响，上述三个指标的极大值、极小值均为 1 和 0，均值都在 0.7 以上，说明所选样本的涉案公司在这三方面执行效果较好，但仍存在部分企业未按照会计准则的规定进行操作。公司财务人员的比例最小值为 0.58%，最大值为 13.08%，平均值为 2.16%，分析结果说明涉案的上市公司中财务专业人员的配置比例相较于其他专业人员比例非常的低，加之每一个公司都存在人员流动现象，因此财务人员对会计信息质量的影响非常关键，对企业应诉反倾销过程中会计信息证据的提供也非常重要。董事会作为上市公司的常设机构，决定着公司的日常经营及重大决策，董事会年度会议次数指标的极大值是 21，极小值是 3，均值是 9.4，《公司法》中规定上市公司每年至少举行两次董事会会议，在半年度报告和年度报告披露后进行，样本统计的最小值刚好达到《公司法》的规定，说明我国上市公司存在董事会仅按照章程规定履行职责，并未对企业事项进行及时的监督检查。

控制变量中，股权集中度直接影响着企业的财务数据的可信度，相关研究发现上市公司股权分布越集中，大股东对企业的控制权越大，进而为满足市场的需求而操纵上市公司财务数据或制造虚假信息。股权的分布情况用第一大股东持股比例来衡量，表 2-3 显示第一大股东持股比例的极大值是 77.23%，极小值是 8.77%，均值为 41.29%，说明在选择的反倾销涉诉企业中，第一大股东的持股比例均显著较高，是影响反倾销调查和裁决结果的重要因素；独立董事则是对董事在执行事务过程中的行为进行监督检查，独立董事比例统计结果显示最小值为 10%，最大值为 50%，《公司法》及上市公司章程中规定企业的独立懂事须占董事会成员总数的 1/3 以上，样本分析结果显示部分企业未按照公司法的规定设立独立董事，但从均值 36.73% 的结果看，样本整体上符合监管机构对上市公司独立董事的要求；资产负债率指标的最大值是 82%，极小值是 11%，均值是 52%，说明样本企业的资产来源主要是负债，极高的负债比率提高了公司的财务风险，管理人员为满足债权人的要求而对财务数据进行操纵的风险相应增加；表示企业盈利能力的净资产收益率的极大值是 35.3%，极小值是 0，均值是 6.23%，说明样本企业的盈利水平分布不均，相差较大。

2.1.3.2　相关性分析

在对样本进行回归分析前，需要检验被解释变量与解释变量之间的相关程度，因此需对样本进行相关性分析，本节采用 SPSS21 中的 Pearson 相关性双侧检验对因变量、自变量及控制变量之间的关系进行检验。托马斯和威廉（Thomas 和 William，1986）对各变量之间的独立性条件进行了研究，研究结果说明各变量之间的具有独立性的条件是变量之间的相关系数小于 0.65。

表 2 - 4　　　　　　　　　　　　变量间的相关性分析

	ADD	BIGR	DHC	DDB	OAO	CWB	ZGC	IIA	LEV	ROE
ADD	1									
BIGR	0.130 * 0.243	1								
DHC	-0.068 * 0.536	-0.075 0.499	1							
DDB	-0.028 * 0.804	0.071 0.522	0.154 0.166	1						
OAO	-0.164 0.142	-0.220 * 0.047	0.098 0.379	0.029 0.796	1					
CWB	-0.093 * 0.402	0.038 0.732	0.208 0.059	-0.030 0.786	0.033 0.771	1				
ZGC	-0.038 ** 0.736	-0.067 0.547	-0.098 0.380	0.056 0.616	-0.113 0.312	0.041 0.716	1			
IIA	-0.174 * 0.115	0.014 0.897	-0.197 0.074	0.210 0.056	-0.038 0.734	-0.137 0.217	0.087 0.433	1		
LEV	0.068 * 0.539	0.142 0.201	0.076 0.496	0.324 ** 0.003	0.115 0.303	-0.127 0.252	0.055 0.621	0.080 0.470	1	
ROE	-0.242 * 0.027	0.073 0.510	-0.098 0.380	-0.099 0.373	-0.016 0.889	0.192 0.082	-0.181 0.102	-0.066 0.555	-0.116 0.298	1

注：* 表示在 0.05 水平（双侧）上显著相关　　** 表示在 0.01 水平（双侧）上显著相关。

从表 2 - 4 中可知，自变量中，会计政策、会计估计的前后一致（ZGC）在 99% 的置信水平下与反倾销初裁税率（ADD）显著负相关，说明具有连续性的会计政策使得企业会计数据更具真实性，在反倾销应诉中被调查当局采纳的可能性越高；独立内部审计（IIA）、董事会年度会议次数（DHC）与公司财务人员的比例（CWB）在 95% 的置信水平下与反倾销初裁税率（ADD）显著负相关，说明在企业遇到重大事项或风险时通过董事会会议，对风险情况进行识别、分析与评估，并在此基础上采取措施予以应对，避免企业陷入风险的威胁。高比例的会计人才配置使得企业拥有适当的人员去处理发生的经济业务与事项，保证了公司财务处理与数据汇总的渠道和方式能够按照相关准则和制度的规定进行，能够严格遵守相关制度的要求进行业务处理，避免人为原因导致数据错误；外部审计机构的权威性（OAO）与反倾销税率之间的相关性不显著。

从控制变量来看，第一大股东持股比例（BIGR）在 95% 的置信水平下与反倾销初裁税率（ADD）显著正相关，说明反倾销涉案企业的股权集中度越高，企业的日常经济活动受到大股东的影响越大，所产生的会计信息越有可能偏离公司的实际经营情况，在应诉反倾销过程中提供的会计信息证据被采纳的可能性越低，从而被裁定较高的反倾销税率；独立董事比例（DDB）在 95% 的置信水平下与反倾销初裁税率（ADD）显著负相关，说明独立董事能够对公司的财务情况进行很好的监督，特别是在反倾销诉讼等重大问题决策时；财务杠杆在 95% 的置信水平下与反倾销初裁税率（ADD）显著正相关，说明高的负债比例降低了反倾销应诉中会计信息数据的真实性与可靠性；权益净利率与反倾销初裁税率（ADD）在 95% 的置信度下显著负相关。

2.1.3.3　回归结果分析

本节研究的是一个被解释变量受到多个解释变量的影响，被解释变量和解释变量的类型与多元回归方法的要求相符合，因此，本节对变量之间的关系用多元回归模型进行表示，并对它们之间的关系检验时运用 SPSS21 统计分析软件。首先对模型的拟合程度进行检验，结果如表 2 - 5 所示。

表 2 - 5　　　　　　　　　　　　模型拟合程度检验

R^2	Adjusted R^2	F - statistic	Prob（F - statistic）
0.3014	0.2770	2.4260	0.014857

从回归模型的拟合程度检验结果可知，R^2 结果为 0.3014，Adjusted R^2 的结果为 0.2770，Prob（F - statistic）的结果为 0.014857，小于 0.1，即回归模型中解释变量在

10%的显著性水平下对被解释变量影响显著，本节所设计的回归模型拟合程度较好。

在模型拟合程度满足实证分析的情况下，对变量之间的关系进行回归统计分析，其结果如表2-6所示。

表2-6 多元线性回归分析结果

模型	预期影响方向	非标准化系数		标准化系数	t	Sig.
		B	标准误差	试用版		
（常量）		0.277	0.780		0.419	0.601
ZGC	－	-0.634	0.026	-0.310	-2.778	0.007
CWB	－	-0.634	0.983	-0.037	-0.320	0.011
IIA	－	-1.207	1.155	-0.015	-0.119	0.103
OAO	？	-3.09	0.158	-0.136	-0.307	0.751
DHC	？	-0.592	0.265	-0.225	-0.268	0.021
BIGR	＋	7.089	0.888	0.033	2.285	0.018
DDB	－	-6.609	2.999	-0.125	-0.403	0.019
LEV	＋	0.450	1.063	0.137	1.188	0.014
ROE	－	-0.454	0.492	-0.472	-4.162	0.000

注：被解释变量为反倾销初裁税率。

由表2-6的回归分析结果可知，会计政策、会计估计连续性的回归系数为-0.634，t值为-2.778，即会计政策、会计估计的连续性在90%的置信水平下与反倾销初裁税率呈负相关关系。会计政策、会计估计选择的连续性，使得企业在生产经营过程中生成的会计信息具有可比性，且不因政策的频繁变动而需对相关事项或记录进行重新表述与披露，在提高会计信息权威性的同时也增强了企业的可信度。在反倾销应诉过程中，提供的会计信息数据的连续性亦能增强会计信息证据的说服性，进而为企业争取更低的反倾销税率。

财务专业人员比例的回归系数为0.634，t值为0.320，即财务人员比例在90%的置信水平下与反倾销初裁税率呈负相关关系，说明公司中的财务人员比例越高，被征收的反倾销税率越低，进一步说明公司在反倾销应诉过程中提供的会计信息证据效力更强。财务人员负责公司会计数据的生成、处理与结果输出，他们的专业技能和处理问题时的判断能力是企业会计信息质量好坏的前提。专业人才比例的提高，保证了公司在操作过程中不出现如不相容职务未分离或未按规定审批等情况的出现，增强了会计信息的可靠性与真实性，也提高了反倾销应诉过程中提供的会计信息证据的效力，进而能获得较低的反倾销初裁税率。

独立内部审计的回归系数为 -1.207，t 值为 -0.119，即公司内部设立独立审计部门在 90% 的置信水平下与反倾销初裁税率呈负相关关系，但相关性并不显著，未通过检验。可能的原因如下：独立的内部审计部门能够有效防止或减少公司舞弊及产生纰漏的可能性，但内部审计部门在我国公司中的实际运行情况并不理想。内部审计部门的独立性很难做到，内审部门人员属于企业内部职员，受控于公司管理，自身利益与公司利益息息相关，因此出具的内审报告亦是符合公司的预期要求。

外部独立审计及其权威性的回归系数为 -3.09，t 值是 -0.307，即外部审计的独立性与权威性在 90% 的置信水平下与反倾销初裁税率呈负相关关系，但相关性不显著，未通过检验。可能的原因如下：上市公司年报审计在我国实际执行的情况中，存在一些难以量化和考评的因素，外部审计机构独立性地位是否满足，业务能力是否能够满足上市公司审计要求存在不确定性，但从出具的报告来看，基本都是标准无保留意见，带有强调事项段的亦很少，因此，很难从外部审计机构的报告中得知公司财务会计信息的真实性。外部独立审计机构的审计对反倾销税率的影响很小，对反倾销应诉过程中提供的会计信息证据效力的作用也不明显。

董事会年度会议次数的回归系数为 -0.592，t 值是 -0.268，即董事会年度会议次数在 90% 的置信水平下与反倾销初裁税率呈负相关关系。即在企业遇到风险时，频繁的董事会会议次数能够提高企业应对风险的效率和效果，在反倾销应诉中更是如此。其原因如下：第一，董事会是公司的组织与执行机构，对公司日常运营中的重大事项进行决策，频繁的董事会会议一方面可以避免公司在重大决策中产生失误；另一方面频繁的会议召开，在一定程度上说明了董事会积极参与公司的管理与监督，是董事会发挥其作用的良好保证，以此形式规范公司日常运营，减少财务信息被粉饰的恶劣影响。第二，企业遭受反倾销调查属于公司重大及突发事项，董事会此时会被迫进行更频繁的活动，通过会议商讨应对策略，包括组织会计人员调取与整理和涉案产品有关的会计信息资料以应对反倾销调查问卷的填写，组织专业团队调查进口国相关产品的成本与销售资料等，为企业在反倾销会计举证和抗辩过程中提供支持。

在控制变量中，第一大股东持股比例与反倾销初裁税率呈正相关关系，说明第一大股东持股比例越高，反倾销应诉过程中提供的会计信息证据效力越低；独立董事比例与反倾销初裁税率呈负相关关系，说明独立董事较多的企业监督力度较强，反倾销应诉过程中提供的会计信息证据效力越强；资产负债率与反倾销初裁税率呈正相关关系，说明公司的资产负债率越高，反倾销应诉过程中提供的会计信息证据效力越低；代表盈利能力的净资产收益率与反倾销初裁税率呈负相关关系，说明企业的盈利能力越高，反倾销应诉过程中提供的会计信息证据效力越强。

根据实证分析结果,对本节的研究假设结果归纳如表 2 - 7 所示。

表 2 - 7　　　　　　　　　　　　研究假设结果

假设	假设内容	实证验证结果
H1	会计政策、会计估计的连续性与应对反倾销会计信息证据效力正相关	支持
H2	财务人员的比例与应对反倾销会计信息证据效力正相关	支持
H3	独立内部审计部门与应对反倾销会计信息证据效力正相关	支持但不显著
H4	外部权威审计机构与应对反倾销会计信息证据效力正相关	支持但不显著
H5	董事会年度会议次数与应对反倾销会计信息证据效力正相关	支持

2.1.3.4　稳健性检验

回归分析中只采用了反倾销调查当年的数据,结果并不一定具有代表性和可行性,需要对上述结果进行稳健性检验,以测试回归分析的科学性。本节通过收集上述样本公司遭受反倾销调查前一年相关指标数据,并采用线性多元回归模型进行检验,具体结果如表 2 - 8 所示。

表 2 - 8　　　　　　　　　　　　稳健性检验结果

模型	预期影响方向	非标准化系数		标准化系数	t	Sig.
		B	标准误差	试用版		
常量		0.227	0.580		0.349	0.541
ZGC	−	− 0.524	0.136	− 0.473	− 2.778	0.014
CWB	−	− 0.840	1.06	− 0.087	− 0.364	0.030
IIA	−	− 1.120	1.05	− 0.026	− 0.137	0.211
OAO	−	− 2.79	0.135	− 0.102	− 0.267	0.835
DHC	−	− 0.483	0.243	− 0.278	− 0.199	0.032
BIGR	+	5.109	0.683	0.073	0.375	0.020
DDB	−	− 5.230	2.28	− 0.204	− 0.717	0.033
LEV	+	0.757	1.132	0.158	0.988	0.023
ROE	−	− 0.632	0.583	− 0.498	− 5.421	0.001

注:被解释变量为反倾销初裁税率 ADD,解释变量的数据来自涉案前一年。

由表 2 - 8 显示的稳健性检验结果可以看出：涉案企业反倾销调查前一年的指标数据与反倾销涉案当年的指标数据回归结果基本一致。

会计政策、会计估计前后一致性的回归系数 - 0.524，t 值为 - 2.778，Sig. 的值为 0.014，说明会计政策、会计估计前后一致性与反倾销案件初裁税率之间呈负相关关系；财务人员比例的回归系数 - 0.840，t 值为 - 0.364，Sig. 的值为 0.03，说明财务人员的比例与反倾销案件初裁税率之间呈负相关关系；独立内部审计的回归系数 - 1.120，t 值为 - 0.137，Sig. 的值为 0.211，说明独立内部审计与反倾销案件初裁税率之间的相关性不显著；外审机构权威性的回归系数 - 2.79，t 值为 - 0.267，Sig. 的值为 0.835，说明外审机构的权威性与反倾销案件初裁税率之间的相关性不显著；董事会年度会议次数的回归系数值为 - 0.483，t 值为 - 0.199，Sig. 的值为 0.032，说明董事会年度会议次数与反倾销案件初裁税率之间呈现显著的负相关关系。控制变量中，第一大股东持股比例回归系数为 5.109，t 值为 0.375，Sig. 的值为 0.020，说明第一大股东持股比例在 95% 的置信水平下与反倾销案件初裁税率呈显著的正相关关系；独立董事比例的回归系数为 - 5.23，t 值为 - 0.717，Sig. 的值为 0.033，说明独立董事比例与反倾销案件初裁税率在 95% 的置信水平下显著负相关；资产负债率的回归系数是 0.757，t 值为 0.988，Sig. 的值为 0.122，说明资产负债率在 95% 的置信水平下与反倾销案件初裁税率呈显著的正相关关系；净资产收益率的回归系数是 - 0.632，t 值为 - 5.421，Sig. 的值为 0.001，说明净资产收益率与反倾销案件初裁税率之间呈现显著的负相关关系；由自变量和控制变量的稳健性检验结果可知，实证检验结果的是比较可靠稳健的。

2.1.4　结论与启示

本节从企业微观层面的会计管理战略出发，结合会计信息决策有用论、内部控制规范、会计管理理论，运用多元回归模型分析会计管理战略对反倾销会计信息证据效力的影响，并在实证研究的基础上构建保障措施，得出的主要结论有：

（1）自我国加入世界贸易组织，遭受到来自国外的反倾销调查越来越频繁，涉及的金额逐年增加，成为我国企业走向国际化的巨大障碍。应对反倾销过程中呈现出的种种问题要求我国企业必须从会计管理战略角度进行改革，建立以反倾销应对为导向的会计管理运作模式，为反倾销预警及反倾销应对提供理论指导。

（2）会计政策、会计估计的连续性在 90% 的置信水平下与反倾销初裁税率显著负相关，即与反倾销会计信息证据效力显著正相关。原因在于连续的会计政策和会计估计选择使得企业生成的会计信息前后具有可比性，在反倾销应诉中，可比性较高的会计信息使得反倾销调查当局对涉诉企业提供信息的认可度提高，进而在调查和裁决阶段使用涉诉企业的信息而非替代国信息。

（3）财务人员的比例与反倾销初裁税率在90%的置信水平上呈现显著的负相关关系，即与反倾销会计信息证据效力显著正相关。原因在于适当的会计人才能够保证企业会计处理及时、数据档案资料的保管安全与完整，在遭受反倾销调查时，能以最快的速度完成调查问卷的填写，完整地保存记录能很好地应对反倾销调查当局的实地核查。

（4）董事会年度会议次数与反倾销初裁税率在90%的置信水平上呈显著的负相关关系，即与反倾销会计信息证据效力显著正相关。原因在于遭受反倾销调查属于企业遇到的特殊风险事项，此时企业为成功应对风险会频繁地召开董事会会议，在对风险事项及反倾销调查危险评估的基础上确定应对策略。此外频繁的董事会会议，表明了董事会按规定参与公司管理的积极性，在完善董事会运行机制的同时，充分发挥董事会对企业经营事项的监督作用，降低会计信息在企业内部传递和对外披露过程中被操纵的可能性，保证企业合法合规经营。

（5）内部审计的独立性和外部独立审计的权威性与反倾销会计信息证据效力的相关性不显著。可能原因是我国企业的内部及外部审计独立性无法得到保证，内外部监督效果不佳。

2.2　会计规制对反倾销会计信息证据效力影响的实证检验

应对反倾销会计信息证据效力主要受到企业应诉反倾销的响应速度以及相关会计信息资料可采性的影响。而这些又是以会计规制框架下制定的企业内部管理机制为基础，只有企业的内部治理、内部控制制度以及内部审计严格遵守相关会计规制的规定，才能为日常会计信息的生成与处理提供良好环境与保障机制，以此提高会计信息的准确性和可靠性，保证企业应诉时能够提交出准确可采的反倾销会计信息，维护应诉企业在反倾销过程中的合法权益。由此看来，企业会计信息质量受到会计规制内容的深远影响，因此，本节选取了会计规制改革的相关指标来检验其对企业应诉反倾销的会计信息证据效力的影响，另外还将代表内部治理结构、内部控制以及内部审计的指标作为控制变量，以保证实证研究的合理性和科学性[①]。

---

① 所指导的2015届研究生周琼对本部分实证内容有贡献。

2.2.1　研究假设

目前国内外有研究会计规制框架下公司治理结构、内部控制、内部审计等对企业会计信息质量的影响，但还没有学者将会计规制与反倾销会计信息质量直接联系起来，探究二者的相互联系，本节将从会计规制改革的角度提出假设。

会计规制改革将会影响企业内部的管理运营架构与制度，我国由于市场经济制度还处于发展之中，相关法律法规也在不断地完善和修订。我国的《公司法》在 2005 年由全国人大对其做了相关修订，此次改革的部分主要是应市场经济发展要求，对股份制公司的设立"门槛"进行了调整，减少政府干预行为，并在公司内部管理中强调了公司治理的重要性，这有利于提高企业在市场上的竞争能力，同时也有利于保证会计信息质量，维护了投资人的合法权益。公司治理结构的完善可以保障企业日常经营活动中会计确认、计量、记录、报告的准确进行，对于企业应诉反倾销的能力也有很大的提升作用，为企业在应诉反倾销过程中及时填写调查问卷，调取相关资料、凭证做好准备工作。因此提出假设 1。

H1：《公司法》改革与反倾销会计信息证据效力呈正相关关系。

另外，新一轮会计准则的修订也在 2006 年进行，主要是推动了公允价值在我国企业会计处理中的运用，这有利于更加客观评估资产价值，使其账面价值符合现实情况，进一步推动了我国会计准则走向国际标准的道路，刘爱东（2008）通过问卷调查方式研究了我国会计准则对企业应诉反倾销水平的影响，也证实我国会计准则的国际趋同对出口企业的反倾销应诉水平有正向的影响。因此，此次会计准则的修订更加有利于我国企业在应诉反倾销时获取更加有利地位。根据以上分析，提出假设 2。

H2：会计准则修订与反倾销会计信息证据效力呈正相关关系。

《企业内部控制基本规范》的出台，对于企业内部控制制度的五大要素都进行了详细的说明与规定，有利于更好地规范企业内部控制制度，帮助企业做好控制和监督工作，加强其会计信息生成工作的管理，为企业的会计信息质量提供了制度保障，由此，也促进了企业在反倾销过程中的相关会计信息的可靠性、相关性的提高，对于应诉企业在反倾销中获取调查当局的信任，提高胜诉率有积极、正向影响，据此，将《企业内部控制基本规范》出台作为第 3 个假设。

H3：《企业内部控制基本规范》的出台与反倾销会计信息证据效力呈正相关关系。

2.2.2　研究设计

2.2.2.1　变量定义

（1）被解释变量。

本节研究的是会计规制对企业应诉反倾销会计信息证据效力的影响，因此应当选取能够代表企业会计信息资料在反倾销调查中发挥效力大小的指标。由前文可知反倾销调查包括倾销认定、损害存在以及损害与倾销存在因果关系的判定，而作为应诉企业提供的反倾销会计信息主要是在倾销认定阶段发挥重要作用，特别是在调查当局的调查问卷和实地核查环节通过对应诉企业相关会计信息的收集与分析为是否给予应诉企业市场经济地位、采用什么方式计算正常价值直至最后初裁中判定是否存在倾销以及倾销幅度大小提供了最重要的证据资料。而后面损害、损害与倾销因果关系的确定虽然会计信息也发挥了一定作用，但主要还是涉及贸易信息和法律知识，由此而做出终裁是否采取反倾销惩罚措施。故为了更好地衡量应诉企业会计信息在反倾销过程中发挥的效力，本节选用了反倾销调查当局的初裁结果，即应诉企业在初裁中被征收的反倾销税率，税率的高低代表了应诉企业会计信息证据效力的大小。综上所述，本节实证部分的被解释变量为反倾销调查初裁结果中的征税率（ADD）。

（2）控制变量。

企业应对反倾销的水平不仅受到政府会计规制的影响，也受到企业内部治理结构、内部控制制度、内部审计等会计规制框架下相关制度的具体实施情况的影响。因此，为了更好地检验会计规制对企业反倾销会计信息证据效力的影响，本节选取以下指标作为控制变量。

①公司治理影响反倾销会计信息证据效力。

公司治理结构为企业反倾销会计信息的生成与处理提供环境支持，企业要想获取反倾销应诉有利地位，必须要有高质量的反倾销会计信息作为反倾销调查当局的可采证据，其中，公司治理中国家股比例、管理层持股、独立董事比例、股权制衡、监事会规模等指标都对企业的反倾销会计信息质量有着影响。

反倾销调查当局进行正常价值计算之前需要判断是否给予应诉企业市场经济地位，而根据各国反倾销法相关判定标准可知，应诉企业股权结构中存在国有股权有可能使得调查当局认为应诉企业的经营活动受到政府的干扰和控制，不给予应诉企业市场经济地位，进而采用替代国会计数据计算涉案产品正常价值，这对反倾销初裁结果将产生深远影响。由此推断，国有股比例越大将使得应诉企业申请到市场经济地位的可能越小，反之，则申请到市场经济地位的可能性越大。据此，选取了国有股比例大小指标作为控制变量。

管理层作为受托责任执行者，在经营公司过程中存在道德风险和逆向选择，管理层有可能为了提高业绩、自己利益最大化做出错误的投资决策，或者对会计信息进行舞弊、作假来蒙骗投资者，股东为维护自己的利益，在公司治理结构中通过监督和激励方式来引导管理层为其利益服务。其中，监督方式主要通过建立监事会来监督经营管理层的活动；激励方式主要是管理层持股来降低代理成本，提高经营管理层的积极性，努力为公司利益服务。在反倾销过程中提供的反倾销会计信息资料需要以公司本身良好的会计治理为基础，而监事会的设立和管理层持股等方式可以从监督和激励两个方面制约管理层的行为，促进企业提高会计信息质量。因此，监事会规模（监事会人数/董事会总人数）与管理层持股比例指标也应纳入控制变量范围。

在公司中，除管理层为了自己的利益会操纵会计信息影响会计信息质量以外，大股东也有可能为扩大自身利益，联合管理层来侵占小股东的利益，这样也会影响公司出具的会计信息质量，因此，上市公司治理结构规定中要求公司董事会中必须聘请一定数量的独立董事对公司的经营状况进行监督管理，一方面是因为独立董事与公司经营管理层不存在经济利益关系，能够独立客观地代表小股东发言，保护小股东的权益不被大股东和管理层侵占；另一方面是制度要求独立董事具备一定的管理经验以及某一方面的专业技能来确保其监督的有效性。另外，公司股东通过分散股权，特别是前五个股东之间适当的分权，有利于防止"一股独大"形成股权制衡的局面，以减少公司大股东独断专权，控制公司经营决策、会计数据的现象。综合以上分析，笔者认为独立董事的设置和股权制衡（第二到五位股东股权比例/第一大股东股权比例）有利于形成权力牵制作用，提高公司的经营管理质量，为企业在应诉反倾销过程中提交高质量的反倾销会计信息提供保障。由此可见，独立董事比例与股权制衡也应分别作为控制变量之一。

②内部控制影响反倾销会计信息证据效力。

内部控制制度贯穿企业整个经营运行阶段。对于企业应对反倾销，企业主要通过发挥反倾销规避、反倾销预警、保障反倾销会计信息发挥举证和抗辩功能来维护企业利益。在企业日常生产运行过程中可以借助内部控制加强对产品原材料采购、生产成本、销售收入与费用等环节相关凭证与会计处理的把关，增加会计记录的完整性与可靠性，以便企业在遭遇反倾销调查时，能及时有效地填写调查问卷，保证反倾销会计信息资料顺利发挥举证功能为应诉企业争取有利地位，并在行政复审或司法复查时，企业良好的内部控制也能为企业进行会计信息抗辩安排好各个部门、人员、时间的配合；企业遭遇反倾销之前可以通过企业自身内部控制进行合理规避和预警的，风险评估和控制活动等内部控制措施通过对企业出口产品的销售路径、价格、费用以及国外市场份额的变化进行有效监控分析，当出口产品相关数据发生异常变化有可能引起进口国发起反倾销措施时，即可进行风险评估，提前做好反倾销应诉准备或者采取有效措施进行规避，这都为企业在应诉反倾销过程中积极掌握主动有利地位提供了良好准备。衡量内部控制状况要对其组成部分共同进行分析，每个部分又分为许多指标，但每个指标所能代表的又都比较片面，为减少指标个数且能代表整体内部控制制度发展程度，本节将是否披露并获得外部审计师无保留意见的《内部控制自我评估报告》作为控制指标，除了以上原因，还由于我国证监会要求上市公司公开披露内部控制的评估，统计数据表明：建立良好内部控制制度并有效执行的上市公司更愿意在公开披露《内部控制自我评估报告》，另外，外部审计更具独立性和客观性，其出具的无保留审计意见是体现公司拥有良好内部控制的有力印证，因此，本节认为披露《内部控制自我评估报告》并获得外部审计师的无保留审核意见的企业有着更好的内部管理，能有助于企业在反倾销过程中提供更加有利的会计信息资料，披露并获得外部审计师无保留意见的《内部控制自我评估报告》指标也是控制变量。

③内部审计影响反倾销会计信息证据效力。

监事会和独立董事发挥的监督职能主要是从管理与决策方面防止企业内部互相的利益侵害，而内部审计的监督职能则是在内部控制系统评估、会计信息处理以及作假舞弊上发挥作用，这对于企业生成的会计信息的质量有着更加直接的影响。对内部审计质量进行评价主要包括内部审计部门的独立性、人员数量、工作内容和专业胜任能力等几个方面，但是由于人员数量、工作内容和专业胜任能力等资源充分发挥作用的前提是内部审计部门要具有较高的独立性，具有公正客观进行审计评价的能力，本节认为内部审计部门是否拥有较高独立性是影响内部审计质量的主要原因。目前，在相关法律制度的规范下，我国上市公司的内部审计部门已经具有较高独立性，其设置主要有隶属管理层、隶属监事会、隶属董事会或审计委员会三种模式。从各自发挥的监督权力与执行力度来看，隶属于董事会或审计委员会的内部审计部门的独立性最高，这是因为此种模式下的内部审计部门能够不受管理层的制约对其进行监督，可以更好地保证企业经营管理效率和会计信息质量，然后就是隶属监事会的独立性次之，隶属管理层独立性的最差。因此，本节将内部审计部门独立性指标作为控制变量。

另外，企业应诉反倾销会计信息证据效力还会受到一些其他因素的影响。本节选取公司规模、盈利能力作为控制变量。a. 公司规模（SIZE），企业规模越大往往说明企业拥有较强的经济实力，也更加受到许多外部利益相关者的关注和监督，这有利于企业进一步规范内部的管理与经营,企业为维护自身信誉也会倾向于提供高质量的会计信息。因此,本节认为企业规模的大小与企业反倾销会计信息证据效力呈正相关关系。b. 盈利水平(ROE),拥有较高盈利的公司如果遭遇反倾销制裁,被征收惩罚性税率,则会对公司造成极大损失,因此,在遭遇反倾销调查时,公司为了维护现有市场份额保护自身利益,会积极采取准备措施进行会计信息举证和抗辩,由此认为盈利水平高的企业能够提供更具证据效力的反倾销会计信息。

(3)解释变量。

根据前面提出的研究假设,主要选取了与会计规制有关的三个变量:《公司法》改革、会计准则修订和《企业内部控制基本规范》出台作为解释变量(如表2-9所示)。

表2-9　　　　　　　　　　　实证模型变量定义

变量类型	变量名称	变量含义	变量定义	预期影响
被解释变量	ADD	反倾销税率	初裁被征收的反倾销税率	
解释变量	ZDGG	《公司法》修订	2006 年以前取 0;2006 年以后取 1	-
	KJZZ	会计准则修订	2007 年以前取 0;2007 年以后取 1	-
	NKGF	《企业内部控制基本规范》出台	2009 年以前取 0;2009 年以后取 1	-
控制变量	GYG	国有股比例	年末国有股股数/总股数	+
	JSH	监事会比例	监事会人数/董事会总人数	-
	GLC	管理层持股比例	年末高管持股数/总股数	-
	DLD	独立董事比例	独立董事人数/董事会人数	-
	GQZH	股权制衡	第二到五位股东股权比例/第一大股东股权比例	-
	NKBG	内控报告	披露并获得外部审计师无保留意见的《内部控制自我评估报告》取1;否则取0	-
	NBSJ	内部审计部门	内部审计部门隶属于管理层取1;隶属于监事会取2;隶属于董事会或审计委员会取3	-
	SIZE	公司规模	Ln(涉案年度年末总资产数)	-
	ROE	盈利能力	净利润/净资产	-

注:反倾销会计信息证据效力与初裁征税率呈负相关关系,故解释变量与被解释变量的相关方向与研究假设中相反。

2.2.2.2　样本选择与数据来源

中国于 2001 年加入世界贸易组织,自此开始中国也面临越来越多的反倾销调查,基于数据的可获得性以及可靠性,本节选取了 2002 ~ 2013 年我国遭遇反倾销调查并应诉的上市公司作为研究对象,剔除其中案件信息和年报披露不完整的情况共获取 85 个研究样本。被解释变量初裁征税率由中国贸易信息救济网(www. cacs. gov. cn)获得,解释变量信息来自各个应诉上市公司的涉案年度的财务会计报告(巨潮资讯网),最后数据通过手工整理得到。

2.2.2.3　模型设计

本节研究的是一个因变量受多个自变量变化影响的情况,这符合采用多元回归方法的相关要求,因此拟采用多元线性回归模型研究会计规制与反倾销会计信息证据效力的相关性。建立了如下模型:

$$ADD = \alpha_0 + \alpha_1 ZDGG + \alpha_2 KJZZ + \alpha_3 NKGF + \alpha_4 GJG + \alpha_5 JSH + \alpha_6 GLC + \alpha_7 DLD$$
$$+ \alpha_8 GQZH + \alpha_9 NKBG + \alpha_{10} NBSJ + \alpha_{11} SIZE + \alpha_{12} ROE + \mu \qquad (2-2)$$

其中,α_0 为常数项,α_1,α_2,α_3,α_4,α_5,α_6,α_7,α_8,α_9,α_{10},α_{11},α_{12} 为回归系数,$\mu \sim N(0,\sigma^2)$。

2.2.3　数据处理与结果分析

本节通过对 2002 ~ 2013 年的相关数据进行收集、筛选与整理,共获得 85 家上市公司作为研究样本,并在实证研究部分借助了 SPSS19.0 和 EVIEWS7.0 统计软件进行相关分析。

2.2.3.1　描述性统计

本节首先通过极小值、极大值、均值以及标准差等指标对样本变量进行了描述性统计分析,以此来了解样本数据的分布特征。具体信息如表 2 - 10 所示。

表 2 - 10　　　　　　　　　变量描述性统计分析

变量	N	极小值	极大值	均值	标准差
ZDGG	85	0.00	1.00	0.898	0.304

续表

变量	N	极小值	极大值	均值	标准差
KJZZ	85	0.00	1.00	0.873	0.335
NKGF	85	0.00	1.00	0.875	0.327
ADD	85	0.00%	266.00%	48.989%	0.612
DLD	85	0.00%	50.00%	35.209%	0.071
GLC	85	0.00%	64.23%	7.678%	0.167
GJKG	85	0.00%	81.81%	22.708%	0.251
JSH	85	20.0%	78.0%	40.158%	0.127
NBKZ	85	0.00	1.00	0.7510	0.503
NBSJ	85	1.00	3.00	2.507	0.457
GQZH	85	14.7%	294.21%	58.493%	0.644
SIZE	85	9.210	16.820	13.348	1.468
ROE	85	-23.7%	76.8%	76%	0.112

从表 2－10 可知，2002~2013 年我国上市公司遭受反倾销调查初裁中所受的征税率极小值为 0，极大值为 266%，说明我国反倾销应诉企业所遭遇的反倾销初裁税率的幅度空间较大，因此可以从中看出如果我国应诉企业提供的会计信息具有可采性，发挥的证据效力较高，将会影响反倾销调查当局做出的初裁结果。另外，反倾销初裁征税率的均值为 48.989%，说明我国上市公司遭受的反倾销征税率的整体水平相对于极大值还处于较低税率，这主要是由近些年我国企业应诉反倾销的态度和积极准备的功劳，拉低了平均值。

从公司治理结构方面看，独立董事比例的平均值为 35.209%，极小值为 0，极大值为 50%。独立董事比例是由独立董事数除以董事会总人数所得，在早些年间有个别企业没有设置独立董事，随着 2005 年《公司法》修订，突出了公司治理结构的重要性，促进了上市公司独立董事制度的建立与发展，这有利于发挥独立董事对经营管理层的监督作用，维护中小股东的利益，同时监事会比例平均值也达到了 40.158%，这从整体上加大了公司监督力量对管理经营层行为的牵制，减少管理层的降低会计信息质量的行为。国家股比例极小值为 0，极大值为 81.81%，均值为 22.708%，根据统计，样本中有 41% 的企业存在国有股东，这说明虽然近些年已经对国有企业进行改革，但是上市公司仍然有较大比例的国有股份存在，这不利于我国的市场经济自由化进程，对于我国企业应诉反倾销更是不利，另外，股权制衡（第二到五位股东股权比例/第一大股东股权比例）的极小值为 14.7%，极大值为 294.21%，均值为 58.493%，由此数据可以看

出，我国还是存在严重的"一股独大"的局面，排名第二到五位股东所拥有的股权很
难牵制住第一大股东。

从公司内部控制和内部审计角度看，应诉反倾销的上市公司中披露并获得外部审计
师无保留意见的《内部控制自我评估报告》的平均比例达到了75.1%，表明在相关法
律法规的指导和约束下，我国大部分企业已经建立较为完善和健全的内部控制制度，这
对于提高企业的内部管理效率和质量有着深远影响。另外，内部审计独立性数据显示，
企业内部审计部门隶属于董事会或审计委员会、监事会以及管理层的比例分别为82%、
4%和14%。这说明样本中企业的内部审计部门独立性较高，进而可以推断这些企业也
拥有较高的内审质量。

2.2.3.2 相关性检验

在对数据进行多元回归分析之前，为了防止自变量以及控制变量之间存在严重共线
性而影响回归结果，本节利用统计分析软件对自变量进行的相关性检验，检测结果如表
2-11所示。

表 2-11　　　　　自变量、控制变量的相关性检验（Pearson 双侧检验）

	DLD	GLC	GJKG	GQZH	NBSJ	NKBG	JSH	SIZE	ROE	NKGF	KJZZ	ZDGG
DLD	1											
GLC	0.029	1										
	0.803											
GJKG	-0.139	-0.395	1									
	0.222	0.060										
GQZH	0.033	0.270	-0.311**	1								
	0.773	0.077	0.005									
NBSJ	0.151	0.191	-0.072	-0.012	1							
	0.185	0.094	0.530	0.919								
NKBG	0.213	-0.040	0.065	-0.092	0.394**	1						
	0.059	0.726	0.571	0.422	0.000							
JSH	-0.157	-0.187	0.109	-0.344	-0.147	0.006	1					
	0.167	0.102	0.338	0.062	0.197	0.958						
SIZE	0.046	-0.285*	0.587**	-0.166	-0.077	0.164	0.042	1				
	0.689	0.011	0.000	0.145	0.498	0.148	0.716					

续表

	DLD	GLC	GJKG	GQZH	NBSJ	NKBG	JSH	SIZE	ROE	NKGF	KJZZ	ZDGG
ROE	0.258	−0.393	0.217	−0.147	−0.082	0.179	−0.163	0.316	1			
	0.022	0.145	0.055	0.195	0.475	0.115	0.151	0.075				
NKGF	−0.070	0.113	−0.116	0.092	−0.193*	0.066**	−0.022	−0.020	−0.065	1		
	0.538	0.326	0.309	0.421	0.047	0.000	0.846	0.863	0.567			
KJZZ	0.466	0.129	−0.053	0.086	0.510	0.367	−0.024	0.002	−0.017	0.014	1	
	0.052	0.260	0.643	0.449	0.055	0.051	0.834	0.988	0.884	0.906		
ZDGG	0.532*	0.103	0.008	0.057	0.431	0.323	−0.079	0.018	−0.029	0.005	0.482	1
	0.037	0.371	0.945	0.615	0.147	0.094	0.489	0.875	0.800	0.964	0.067	

注：*表示相关系数在5%的水平上显著，**表示在1%的水平上显著。

根据分析结果，独立董事比例（DLD）与《公司法》修订（ZDGG）之间的相关系数在5%的水平上呈显著相关关系，这说明《公司法》修订促进了企业建立和完善独立董事制度。管理层持股比例（GLC）指标与上市公司规模（SIZE）的存在显著相关关系，这是因为上市公司规模扩大后，股东为了防止经营管理层出于自我利益最大化目的而损害公司利益的行为，采用配股的方式来激励管理层为公司服务。国家股比例（GJKG）与股权制衡（GQZH）、公司规模（SIZE）的相关系数在1%的水平上显著相关，国家股比例与股权制衡之间是呈显著负相关的，由此分析得出当上市公司国家股所占比例越大，股权制衡效果越差，即排名第二到五的股东对第一大股东的牵制力很小。另外，国家股比例与公司规模存在显著正相关，反映出国有股比例在我国规模较大的上市公司中并未减小，这也说明虽然我国已对国有制企业进行改革，但是目前问题仍然没有得到彻底解决。内部审计部门的独立性（NBSJ）与内部控制自我评估报告（NKBG）、《公司内部控制规范》出台（NKGF）显著相关，由于内部审计部门的设置本来就是公司内部控制制度的一部分，它是内控制度中内部监督内容，因此二者之间存在相互影响的可能。2008年出台的《公司内部控制基本规范》中强调和规范了企业内部控制制度的建立和设置，这对内部审计质量也有着直接影响。同样，内部控制制度也受《公司内部控制基本规范》的影响，这由内部自我评估报告（NKBG）与《公司内部控制基本规范》出台（NKGF）之间相关系数在1%水平显著可以印证。

从以上分析和表2-11数据可以看出少数变量之间存在不可避免的共线性，但是大部分变量之间是不存在共线性的，因此，本节认为变量之间不存在严重的共线性，也不会影响回归结果的分析。

2.2.3.3 回归分析

本节利用统计软件对所建多元线性回归模型进行了回归分析，相关的实证回归结果如表 2-12 所示，模型整体拟合度为 0.762，修正的拟合结果为 0.639，模型拟合较好；P 值为 0.0298，说明各个解释变量对被解释变量的影响在 5% 的水平上显著。

表 2-12　　　　　　　　　　　　多元线性回归结果

Variable	Coefficient	Std. Error	t - Statistic	Prob.
C	1.382	0.834	1.657	0.102
ZDGG	0.196	0.492	2.077	0.341
KJZZ	-1.022	0.447	-0.439	0.032
NKGF	-1.036	0.452	1.620	0.029
DLD	-0.896	1.197	-0.749	0.446
GLC	-0.047	0.473	0.098	0.622
GJKG	0.084	0.340	0.239	0.011
GQZH	-0.086	0.116	-0.742	0.040
JSH	-0.241	0.585	-0.411	0.682
NBSJ	-1.558	0.181	-3.089	0.002
NKBG	-0.078	0.151	-0.516	0.097
ROE	-1.176	0.591	-1.989	0.050
SIZE	-0.033	0.057	-0.570	0.049
R - squared	0.762			
Adjusted R - squared	0.639			
Prob（F - statistic）	0.0298			

注：因变量为 ADD。

由表 2-12 可以分别验证 2.2.1 节中所提出的研究假设是否符合实际情况。

首先，自变量中 2005 年《公司法》修订指标的回归系数为 0.196，P 值为 0.341，未通过显著性检验，并且《公司法》修订与反倾销初裁税率呈正相关关系，与 H1 假设不符。这可能是由以下原因引起的：一方面由于此次修订的《公司法》降低了公司设立"门槛"、取消了政府部门对公司的一些强制规范以及对股份公司设立的审批制度，这就给予了一些内部管理并不规范的企业鱼目混珠的机会，但当企业遭遇反倾销时需要真正体现内部管理质量和水平时，由于平日管理混乱，会计账务处理不规范，档案保存不完整，根本无法在短时期内提交有效的会计信息证据；另一方面，虽然 2005 年修订的《公司法》突出了公司治理结构的重要性，强调要加强公司章程制度建设，但是在具体每个公司的执行力度是大打折扣的，大部分公司都是为了应付了事，即使建立的相关制度，也不一定得到了具体实施。而这些原因都可能导致企业在应诉反倾销时的会计信息质量不高，对企业获取应诉胜利不利。

2006 年会计准则修订与反倾销初裁税率的相关系数为 -1.022，P 值为 0.032，通过显著性检验，统计结果支持 H2 假设。2006 年的会计准则修订主要是推动了公允价值在我国企业会计处理中的运用，这有利于更加客观评估资产价值，符合现实情况，提高企业会计信息质量，并进一步推动了我国会计准则的国际趋同。在企业应诉反倾销过程中，调查当局需要通过收回调查问卷填答内容来分析涉案企业所在国的会计准则与国家会计准则存在多大差异并以此判断涉案产品的正常价值计算方法，因此，涉案企业为了获得更为有利的地位，在填写调查问卷时还需要将原来的会计信息按照国际会计准则进行修改，这会使得会计人员填制调查问卷的工作量大大增加而且还会对提交的会计信息质量形成影响。而本次会计准则修订促进了我国会计准则趋同有利于降低会计人员转换会计信息的工作量，提高我国企业在应诉反倾销过程中提供的会计信息质量。

2008 年出台的《公司内部控制基本规范》与企业反倾销初裁税率的相关系数为 -1.036，P 值为 0.029。由此可知，《公司内部控制基本规范》的出台与企业反倾销初裁税率呈显著正相关关系。《公司内部控制基本规范》明确了企业建立内控制度的目标与原则，它的出台有利于引导企业建立健全内部控制制度，提高企业的管理效率，特别是在企业面对反倾销调查时，设置了高质量的内部控制制度的企业更有应对的灵活性，并且在收集整理相关应诉资料时，规范的内部控制可以提高会计信息的质量与数量。由此，《公司内部控制基本规范》的出台有利于提高涉案企业的应诉能力。

其次，从控制变量角度分析，独立董事比例与反倾销初裁税率的相关系数为 -0.896，P 值为 0.446，说明与应诉企业的反倾销会计信息证据效力呈正相关关系，但是并未通过显著性检验。独立董事隶属于董事会，具有较高的独立性，它的话语权对管理层有着直接影响，这有利于帮助企业中小股东加强对企业经营管理层及大股东的监督；另外，独立董事所在立场更加客观公正，因此可以真正地为企业发展出谋划策。这种作用对于面临反倾销应诉的企业，独立董事的意见和建议可以帮助企业从公司战略层面全面客观地分析反倾销问题存在的利弊，促进企业高层做出更为有利的应对决策。因此，独立董事比例对企业反倾销会计信息证据效力有着正影响，但是，从样本数据看来，目前我国企业的独立董事并没有发挥良好监督、辅助作用，这有待进一步改进和完善。

管理层持股比例与反倾销初裁税率的相关系数为 -0.047，且 P 值为 0.622，未通过显著性检验。管理层持股比例越大越有动力加强对企业经营管理，保证企业会计信息质量，在应对反倾销过程中也有助于降低反倾销初裁税率，统计分析结果印证了二者呈负相关关系，但是相关性并不显著。样本企业数据显示，涉案反倾销上市公司中管理层持股情况存在两种极端，一种是管理层所持股份较低，少于5%；另一种极端是管理层所持股份达到50%左右。但是90%以上的样本企业都是属于第一种情况——管理层持股比例普遍较低，激励作用还不够，此时，如果个人利益最大化的好处大于兢兢业业为公司服务所带来的利益，管理层可能进行逆向选择，进行会计信息造价蒙骗股东，这就会导致企业会计信息质量降低。

国家股比例的回归系数是0.084，P值为0.011，说明国家股比例与反倾销初裁税率之间存在显著正相关关系。这主要是因为在发起国进行反倾销调查过程中判定涉案企业是否能获得市场经济地位时，要求应诉企业的经营管理不能受到政府的干预，而具有国有股权性质的上市公司由此一般都不能获得市场经济地位，而导致在计算涉案产品正常价值时不能使用本国的相关会计信息资料，这对于应诉企业较为不利。但是国家股比例大也不一定就会导致被征收高的反倾销税率，这是因为当上市公司具有国家股权性质时，在受到一般公司治理结构相关部门的监督以外，国家政府也会加强监督控制，防止企业出现腐败贪污，加强对会计信息质量的要求。同时，国家股权所在的公司一般都拥有较强的经济实力，在面对反倾销调查时，更能从公司发展的长远利益出发，承担起高额的应诉费用，以及能够调动公司所有相关力量积极响应反倾销调查，这也就解释了国家股比例虽然与反倾销初裁税率存在显著正相关，而相关系数却不大的原因。

股权制衡的回归系数为 -0.086，P值为0.04，股权制衡与反倾销初裁税率存在显著正相关关系。上市公司为了降低股权"一股独大"所带来的不利影响，会通过提高其他股东比例以此来牵制第一股东，股权制衡比例越大，说明其他股东对第一股东具有较强的牵制力，可以防止第一大股东凭借自己在股东会和董事会绝对决策优势而侵占其他股东利益，扰乱公司内部治理制度，进行独断专权。但同时股权制衡主要是公司决策层面的相互监督以及权利牵制，对于企业日常经营活动的插手较少，因此，当企业应诉反倾销具体运作过程中，股权制衡发挥的实质影响较小，故股权制衡与反倾销初裁税率的相关系数虽然显著相关但系数较小。

监事会比例的回归系数为 -0.241，P值为0.682，由此可以看住监事会比例与反倾销初裁征税率呈负相关关系，但并未通过显著性检验。分析出现此结果的原因主要表现为两方面，一方面是由于监事会的人员主要由公司内部人员选举产生，与公司经营管理层难免存在某些利益关系，这就会影响监事会在发挥监督功能时的独立性；另一方面是因为监事会的组成成员的专业知识水平还不是很高，有的公司甚至是由其他部门工作人员兼职担任，因此自身的主观条件也会限制其充分发挥监督作用。而监事会充分发挥监督功能是企业生成高质量会计信息的保障，其职能的弱化与缺失会使企业管理层的行为缺少必要的监督，而有可能引起会计信息质量下降。

内部审计部门的独立性与反倾销初裁税率的相关系数为 -1.558，P 值为 0.002，说明内部审计的独立性在 1% 的水平上与反倾销初裁税率显著负相关。内部审计部门是监督控制企业日常经营活动正常运行的重要部门，它通过审计活动对企业生成的会计信息质量进行把关，及时发现存在的漏洞并进行纠正，内部审计部门所处的独立性越高，受到管理层威胁与干扰的可能性就越小，进而更能客观公正地对企业经营管理活动进行有效监督。在应诉反倾销过程中，企业向调查当局提供相关会计信息资料也需要审计部门进行可靠性和相关性等质量问题把关，保证反倾销会计信息证据的效力，并充分评估应诉过程中存在的风险大小，以让企业随时做好相关准备，提高应诉反倾销的胜诉率。

内控报告指标与反倾销初裁税率的相关系数为 -0.078，P 值为 0.097，可知二者之间呈显著负相关关系。内部控制制度掌握着整个企业管理运行的节奏，使整个企业的经营活动能有条不紊地展开，它详细规范了企业会计信息处理的每一个重要环节，包括：授权审批、不相容职位分离、会计记账方法等。因此，内部控制制度是否建立健全对企业的会计信息质量有着直接影响。当企业遭遇反倾销调查时，内部控制制度更是起着不可替代作用，首先根据其风险评估系统对企业应诉与不应诉做出战略层面的评估，在通过信息与沟通平台调动相关部门积极配合，有序展开应诉反倾销活动，收集所需资料，在应诉反倾销过程中也需要企业内部控制为其生成高质量的会计信息提供制度保障。

从公司规模、盈利能力指标来看，均与反倾销初裁税率呈负相关关系，并都通过了显著性检验，由此可以看出，公司规模越大、盈利水平越高都会使得公司提高反倾销会计信息证据效力，但其中公司规模的回归系数较小，只有盈利水平与反倾销初裁税率的相关系数较大，因此可以推断公司盈利水平的提高对企业反倾销会计信息质量有更显著的影响效果。

2.2.3.4　稳健性检验

为了保证实证结果的可靠性，本节通过收集应诉企业涉案前一年的相关自变量指标进行稳健性检验，通过统计软件分析得出了与前面一致实证结果，说明本模型的实证分析结果具有稳健性，具体结果如表 2 - 13 所示。

表 2 – 13 稳健性检验结果

Variable	Coefficient	Std. Error	t – Statistic	Prob.
C	1. 410	0. 857	1. 679	0. 121
ZDGG	0. 179	0. 468	2. 023	0. 332
KJZZ	– 1. 007	0. 425	– 0. 419	0. 031
NKGF	– 1. 027	0. 435	1. 579	0. 035
DLD	– 0. 890	1. 186	– 0. 732	0. 447
GLC	– 0. 039	0. 476	0. 110	0. 627
GJKG	0. 083	0. 336	0. 231	0. 013
GQZH	– 0. 084	0. 117	– 0. 750	0. 049
JSH	– 0. 236	0. 577	– 0. 405	0. 676
NBSJ	– 1. 556	0. 180	– 3. 085	0. 002
NKBG	– 0. 077	0. 149	– 0. 507	0. 092
ROE	– 1. 165	0. 576	– 1. 896	0. 041
SIZE	– 0. 047	0. 051	– 0. 490	0. 047
R – squared	0. 731			
Adjusted R – squared	0. 654			
Prob（F – statistic）	0. 0357			

由表 2 – 13 可知，稳健性检验结果中的模型整体拟合度为 0. 731，修正的拟合结果为 0. 654，P 值为 0. 0357，这与模型的线性回归结果基本一致。由此可知，本节选取的自变量数据与因变量之间具有相对稳定的关系。

从自变量指标角度来看，2005 年《公司法》修订指标仍然与因变量呈正相关关系，不支持原假设；2006 年会计准则修订与反倾销初裁税率的相关系数为 – 1. 007，P 值为 0. 031，通过显著性检验；2008 年《公司内部控制基本规范》的出台与因变量呈显著正相关关系，支持原假设。

控制变量的结果都与前面的多元线性回归结论保持一致。其中，管理层持股比例指标、监事会规模和独立董事比例指标虽然都对因变量产生了负方向的影响，但是并未通过显著性检验。国家股比例的回归系数是 0. 083，P 值为 0. 013，说明国家股比例与反倾销初裁税率在 5% 的水平上呈显著正相关关系；股权制衡的回归系数为 – 0. 084，P 值为 0. 049，股权制衡与反倾销初裁税率存在显著正相关关系；内部审计部门的独立性与反倾销初裁税率的相关系数为 – 1. 556，P 值为 0. 002，内部审计的独立性在 1% 的水平上与反倾销初裁税率呈显著负相关；内部控制自我评价报告与反倾销初裁税率的相关系数

为 -0.077，P 值为 0.092，可知二者之间依然呈显著负相关关系；公司规模、盈利能力指标也都与因变量呈显著负相关关系。由此可以认为本回归分析结果是具有稳健性的。

2.2.4　结论与启示

根据 2.2.3 节的实证结果分析，本节的研究假设验证情况如表 2 - 14 所示。

表 2 - 14　　　　　　　　　　　实证模型研究假设验证结果

研究假设	假设内容	验证结果
H1	《公司法》改革与反倾销会计信息证据效力呈正相关关系	不支持
H2	会计准则修订与反倾销会计信息证据效力呈正相关关系	支持
H3	《公司内部控制基本规范》的出台与反倾销会计信息证据效力呈正相关关系	支持

由表 2 - 14 可知，实证模型中的三个研究假设中假设 1 未通过检验，假设 2 和假设 3 得到了回归结果的支持，由此可以看出，《公司内部控制基本规范》的出台和会计准则改革对企业应对反倾销的会计信息证据效力有显著正影响，应该得到政府和企业的进一步重视。《公司法》改革并未对企业信息质量产生明显影响，政府应对其制度内容以及在企业中贯彻实施进行改进和落实。

出口企业在反倾销应诉过程中需要大量的会计信息证据的支持，应诉反倾销的成败在某种程度上取决于企业提供的应诉反倾销会计信息证据的效力，因此出口企业应该注重反倾销会计信息证据效力的提高，本节在进行理论分析的基础上，对所获得的有效样本采集相关数据，尝试性地运用实证回归模型检验了会计规制对反倾销会计信息证据效力的影响，并根据回归分析结果，提出会计规制体系下提升反倾销会计信息证据效力的建议，以期帮助企业建立反倾销导向下的内部治理方式。本节主要结论如下：

（1）2006 年会计准则修订与出口企业反倾销会计信息证据效力呈正相关关系，并在 5% 的水平上显著相关，说明我国会计准则与国际会计准则趋同有利于提升我国企业的反倾销水平，因此，政府部门应该加快对相关会计规制的修订与实施，以此来规范和指引我国企业的反倾销应对程序，提高反倾销应诉水平。

（2）2008 年颁布的《公司内部控制基本规范》与企业反倾销会计信息证据效力在 5% 的水平上呈显著正相关，企业应该继续加强对企业内部控制相关规范的建立健全的推广，提高我国企业的内部管理质量，以此为我国企业应对反倾销提供良好的内部基础。

（3）公司治理结构中国有股比例以及股权制衡指标与企业反倾销会计信息证据效力呈正相关关系，并在5%的水平上显著相关，因此，企业可以借助公司治理的完善与改进为提高反倾销会计信息证据效力提供良好环境。

（4）企业是否披露并获得外部审计师无保留审计意见的《内部控制自我评价报告》与反倾销会计信息证据效力呈正相关关系，并在10%的水平上显著。因此，出口企业应该通过建立健全内部控制制度来提升反倾销会计信息证据效力。

（5）企业内部审计部门的独立性与反倾销会计信息证据效力在1%的水平上呈显著正相关关系，说明企业内部审计质量对企业应诉反倾销的水平有重要影响，因此，企业应该提升内部审计质量来保证企业应诉反倾销时能提交出高质量的会计信息资料。

2.3 企业反倾销应诉会计跟踪的案例分析

——以中国"打包"起诉美国反倾销案为例

2.3.1 中国"打包"起诉美国对华反倾销案的缘起

美国于1980年6月19日针对中国出口的薄荷醇发起的反倾销调查，拉开了美国对华反倾销的序幕。自1995年1月1日至2013年12月31日，美国对华发起反倾销立案调查共117起，占同一时期国外对华反倾销立案调查总数的11.83%，占美国对外反倾销立案调查总数的23.03%。2013年，中国对美贸易出口额达3 674.3亿美元，超过了出口目的国排名第二到第四位的日本、韩国和德国出口额总和的3 088.1亿美元。而排名第二、第三的日本和韩国在过去19年间对华仅发起26起反倾销立案调查。因此，研究和遏制美国对华不当反倾销行为，将极大地促进中国的出口贸易，维护中国出口企业的正当权益。

中国加入WTO之后，开始积极利用WTO争端解决机制维护自身权益。2002年3月在WTO第一次起诉美国钢铁保障措施案，正式打响了中国应对美国贸易保护的第一枪。此后，中国在WTO争端解决机制下主动起诉美国案件12件，除轮胎特保案外，其余11件都取得胜诉。到2013年12月3日，中国商务部更是将美对华不当反倾销的13起案件一次性"打包"起诉至WTO争端解决机制。此次"打包"起诉美国商务部，是将2005~2012年美国对华反倾销做出肯定性裁决的13个案件一次性起诉，提出共同诉讼请求。涉及案件裁决的反倾销税率从 33.28% 到 249.96% 不等，包括油井管、太阳能电池（板）、暖水虾等多个产业。以 13 起反倾销措施中各项产品反倾销调查终裁前一年的出口美国金额计算，涉及中国企业年出口金额达 84 亿美元。之所以将这 13 个案件"打包"起诉，是因为它们都具有共同的特点，即这些案件裁决的过程中认定依据和计算方法均存在不当之处，包括不当适用目标倾销方法，不当使用"不利事实推定"以及拒绝给予出口企业单独税率。因此，"打包"起诉，既提高诉讼效率，同时从根源上打掉美国错误做法的依据，对今后反倾销应诉都具有重要意义。涉案的 13 起案件如表 2－15 所示。

表 2－15　　　　　　　　中国"打包"起诉美国商务部涉及案件汇总

Case No.	Product	Chinese Name	Current RPC – wide Rate	Date of AD Order	POR
A－570－890	Wooden Bedroom Furniture	木制卧室家具	216.01%	2005.01.04	01.01～12.31
A－570－893	Frozen and Canned Warm Water Shrimp	冷冻的和罐装的暖水虾	112.81%	2005.02.01	02.01～01.31
A－570－943	Oil Country Tubular Goods	石油专用管材	99.14%	2010.05.21	05.01～04.30
A－570－967	Aluminum Extrusions	铝型材	33.28%	2011.05.26	05.01～04.30
A－570－977	High Pressure Steel Cylinders	钢制高压气瓶	31.21%	2012.6.21	06.01～05.31
A－570－886	Polyethylene Retail Carrier Bags	聚乙烯零售包装袋	77.57%	2004.08.09	08.01～07.31
A－570－912	New Pneumatic off – the – road Tires	新充气工程机械轮胎	210.48%	2008.09.04	09.01～08.31
A－570－952	Narrow Woven Ribbons with Woven Selvedge	窄幅梭织缎带	247.65%	2010.09.01	09.01～08.31
A－570－900	Diamond Saw blades and Parts Thereof	钻石锯条及部件	164.09%	2009.11.04	11.01～10.31
A－570－924	Polyethylene Terephthalate Film, Sheet, and Strip	聚对苯二甲酸乙二酯膜、片和条	76.72%	2008.11.10	11.01～10.31

续表

Case No.	Product	Chinese Name	Current RPC – wide Rate	Date of AD Order	POR
A – 570 – 958	Certain Coated Paper	铜版纸	135. 84%	2010. 11. 17	11. 01 ~ 10. 31
A – 570 – 970	Multilayered Wood Flooring	多层木地板	58. 84%	2011. 12. 08	12. 01 ~ 11. 30
A – 570 – 979	Crystalline Silicon Photovoltaic Cells	太阳能电池	249. 96%	2012. 12. 07	12. 01 ~ 11. 30

资料来源：世界贸易组织网（http：//i-tip. wto. org/Forms/TableView. aspx#）。

依据 WTO 争端解决机制程序，中国提起磋商请求后，美国应在 10 日内回应中方提出的磋商请求。之后，案件将经过磋商、专家组审理、上诉和执行四个阶段。初裁将会在正式提起诉讼请求后一年内做出，而最终裁定结果将需要 1 年半至 3 年的时间。如果美方败诉，按照 WTO 争端解决程序，美方应执行相关裁决，修改、撤销有关措施。中国如认为执行不够，还可在 WTO 框架下再次提起诉讼①。

2.3.2　中国"打包"起诉美国对华反倾销案件的会计分析

中国"打包"起诉美国商务部反倾销案件，其中一方面是法律争议；另一方面是美国对华反倾销调查运作流程中的会计问题，故对本案中会计发挥的作用进行分析，将为企业今后应诉反倾销提供有效支持。

2.3.2.1　美国对华反倾销的运作流程分析

美国负责反倾销调查的机构共有两个：一个是国际贸易委员会（International Trade Committee，ITC）；另一个是商务部（Department of Commerce，DOC）。国际贸易委员会的职责是调查和裁决被诉讼的产品是否对国内同类商品造成了实质性损害；商务部则负责调查和裁决被诉讼产品是否低于其正常价值在美国本土市场上销售，并计算其倾销幅度。

美国对外反倾销调查是在国际贸易委员会和商务部之间同步展开的。商务部的初裁在国际贸易委员会做出初裁之后进行，在接到反倾销申诉书后的 160 天内，必须做出被

---

① Mustafa Beshkar. Trade skirmishes safeguards：a theory of the WTO dispute settlement process ［J］. Journal of International Economics. 2010，9（82）：35 – 48.

诉讼产品是否低于正常价值进行销售的初裁。初裁做出后，应将结果刊登在美国《联邦公报》上进行通告。各方如对初裁结果有异议，可要求商务部举行听证会进行辩论。如果国际贸易委员会的初裁结果是否定的，则诉讼程序即刻结束。在终裁时，如果商务部和国际贸易委员会做出否定的终裁，则反倾销程序终止。如果国际贸易委员会裁决有关被调查商品对美国同类产品造成了实质性损害，且商务部也裁决有关被调查产品是低于正常价值销售的，商务部将发布征收反倾销税的命令，由海关负责执行。

就中国具体涉案企业而言，美国国际贸易委员会和商务部对于应诉企业的调查一般是通过填写答调查问卷和实地核查两种方式进行的。由于美国尚未承认中国的市场经济地位。因此，中国企业应诉美国发起的反倾销调查，要进行单独税率的申请。美国反倾销调查机构在收回调查问卷之后，将进行认真核查，并举行听证会，以便做出最后的裁决。与此同时，美国商务部会派人到出口国进行实地核查。核查时，要求涉案企业提供账本、生产记录、购销合同、发票、运输、保险等相关单据。在调查期间，企业相关部门要相互配合，及时提供所需要的资料。如果不能提供要求的有关资料，商务部将根据自己掌握的资料做出终裁。在做出终裁之前，如果当事方提出请求，将举行一次听证会，目的是让利害关系人陈述自己的意见。在实地核查和举行听证会基础上，美国商务部和国际贸易委员将会分别做出各自的终裁。利害关系人若对裁决结果持异议，可向美国国际贸易法院提起司法复审。如仍有异议，可上诉到联邦上诉巡回法院，最后可上诉到美国最高法院。美国反倾销调查运作流程如图 2 - 1 所示。

2.3.2.2　美国对华反倾销调查运作流程中的不当揭示

反倾销是 WTO 规则允许的一种贸易保护做法，其本意是防止一国利用产品倾销对他国国内产业造成伤害，维持世界贸易稳定。但美国利用这一规则，为保护国内产业，滥用反倾销措施。尤其在对华反倾销调查过程中，更是无视 WTO 的相关贸易救济规则，在对华反倾销调查流程中存在明显的错误行为，严重损害了中国相关企业的利益①。

（1）目标倾销方法适用不当。

WTO《反倾销协议》第 2.4.2 条规定，"反倾销调查期间倾销幅度的计算，通常应在加权平均正常价值与全部可比较出口交易加权平均价格之间进行比较的基础上予以确定，或者正常价值与逐笔交易对交易的出口价格进行比较的基础上予以确定。如果当局发现某一出口价格的模式在不同的买方、地区或时间之间差别很大，以及对为何不能适当考虑使用加权平均对加权平均或交易对交易进行比较的不同点做出解释，则在加权平

---

① 王威 . 中美贸易不平衡及中美贸易摩擦的发展趋势分析 [J]. 现代经济探讨，2013（1）：26 - 30.

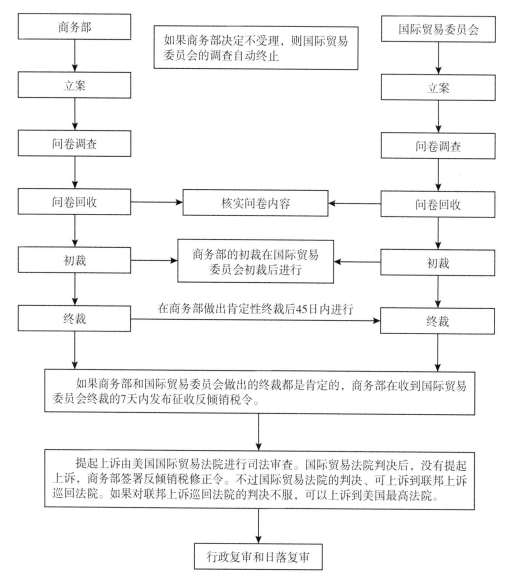

图 2 - 1　美国反倾销调查基本流程

均基础上确定的正常价值可以与单项出口交易的价格进行比较。"

从该条协定可以看出，目标倾销是指一国出口商或生产商出口产品至另一国时，针对进口国的特定购买者在特定地域或特定时期内实施的选择性低价倾销行为。《反倾销协定》中的规定是将目标倾销作为一种严格的倾销幅度计算的例外情况来规范，不仅严格限制使用条件，还要求当局对此做出充分合理的说明。

但是美国商务部利用 1994 年修订后的《1930 年关税法》第 7 编 777A（d）中规定，在调查流程中分两步走：第一步即目标倾销测试，采用模式测试和差距测试，检验出口商或生产商是否因特定购买商、地域或时间段而采用不同的定价模式以及这种定价模式不同而导致出口价格呈现显著差异；第二步则是倾销幅度计算。目标倾销的认定本应是例外情况，但是美国商务部在实践中却优先适用目标倾销测试，并且在计算倾销幅度时频繁使用 WTO《反倾销协定》所不允许的归零法，将所有发生的溢价交易归为零，仅仅依据出口价格低于正常价值的部分交易计算整体倾销幅度。由此把没有倾销的认定为倾销，把仅有小幅倾销的认定为大幅倾销，从而征收高额的反倾销税。在此次"打包"起诉美国的 13 个案件中，铜版纸案、石油专用管材案以及钢质高压气瓶案均存在错误使用目标倾销方法的情况。

（2）"不利事实推定"适用不当。

根据中国本案的起诉书以及美国《1930 年关税法》第 776（b）款的规定，此处"不利事实推定"指美国商务部认为产品生产方或出口方不遵照美国反倾销调查当局的要求提供涉及其自身利益的证据，则使用在其他方面可获得的不利事实进行推断。

WTO《反倾销协议》第 6.8 条规定，"当任何有利害关系的当事方在合理时间内拒绝接受或者不提供必要的资料，或者严重的妨碍调查，则最初或最终的裁定，不论是肯定得或是否定的，均可以在现有事实的基础上做出。适用本款时，应遵循附件二的规定。"同时《反倾销协议》附件二第 5 条规定，"如果有利害关系的当事方已尽其最大努力，则即使所提供的资料不是在所有方面均理想，但这不应当成为当局对该资料置之不理的理由。"

根据以上规定，反倾销调查的流程中应当采用现有的事实进行判断。如果提供的相关证据并非完全符合相关要求，也应当作为证据，并非置之不理或者以不理想为由而轻易否定。但是美国商务部在调查过程中常常使用"不利事实推断"，对于不能提供的证据往往直接推断提供方不配合，从而做出不利于出口企业的裁定，对于不理想的证据也不予采纳，这与《反倾销协议》的相关条款精神明显不符。在本案中涉及的 13 个案件中均存在错误使用"不利事实推断"的情况。

（3）拒绝给予我国出口企业单独税率的适用不当。

WTO《反倾销协议》第 6.10 条规定，"当局应对有关调查产品的每一个已知出口商或生产商的倾销幅度做出单独裁定。如果被卷入调查的出口商、生产商、进口商的数目特别大或产品类别特别多以致不能做出此种裁定时，当局的审查可限于：或是使用有效统计抽样方法；或是对能合理进行调查的占有关国家出口产品数量最大百分比的对象进行审查。"

从该规定中可以看出 WTO 要求反倾销调查机构对每一个生产商和出口商的倾销幅度都要进行单独计算。该条款的第二句是作为第一句的唯一例外，并且规定当出口商或涉案产品类型的数量过于庞大以至于无法单独计算时，才能使用抽样方法替代或对占出口数量最大的对象进行审查。即被调查企业获得单独税率应当是优先适用的，抽样为确定个别倾销幅度的唯一例外。

但是美国在实践中，不承认中国市场经济地位，采取"一国一税"政策。即出口企业均看作是国家所有，一国所有涉案企业统一裁定为同一反倾销税率，对中国企业能否获得单独税率进行有罪推定。这一做法明显违背了《反倾销协议》的相关规定，将自身的审查义务变为了被调查企业的举证责任。而且在实际裁决中，即使申请单独税率的企业提供了充分的资料，美国商务部也往往以涉案企业众多为由不给予单独税率待遇。

2.3.2.3　美国对华反倾销调查运作流程中的会计信息需求分析

美国对华反倾销调查有一套完整的运作流程，包括错误行为的环节在内，各个环节中会计信息都是事实判定的重要依据，左右反倾销调查最终裁决的结果。因此，分析美国对华反倾销调查运作流程中的会计信息需求具有重要意义。

美国对华反倾销调查运作流程中企业应诉会计信息需求主要在诉讼前的预警、调查过程中的问卷填答、实地核查、正常价值核算、无损害举证和行政复审抗辩等环节。与以上反倾销调查运作流程相匹配的会计信息需求如图2-2所示。

图2-2所示的具体会计信息需求如下：

（1）诉讼前的预警环节。提供某一产品的出口企业数量、生产能力、产量、销售量；出口产品结构、出口产品计划及发展动态；国内销售价格、主要原材料价格；行业相关的平均利润、平均价格，生产规模、库存等会计信息。

（2）问卷填答环节。①销往美国产品销售渠道及分销商的选择标准、有关销售合同的细节、产品报价单、销售折扣及产品定价过程；公司财务报表和内部财务报表。②美国市场上的销售情况：销售日期、发货日期；产品出口数量、单位产品毛利和相关销售折扣；从产品出厂到美国分销商销售每个环节的运费；在美国发生的深加工成本及包装费。③生产要素：涉案产品成本所包含的生产要素及具体的金额；包装材料及相关费用；从非市场经济国家和市场经济国家购入的生产要素及供应商的相关信息。④在美国深加工或装配成本：美国核算成本所用财务会计系统、公司财务记账体系流程图、成本费用归集和记录方法、直接和间接成本中心的相关职能、成本差异、直接成本、制造费用、管理费用等。

（3）实地核查环节。提供账本、生产记录、购销合同、运输、保险等与问卷填答相关的原始单据。

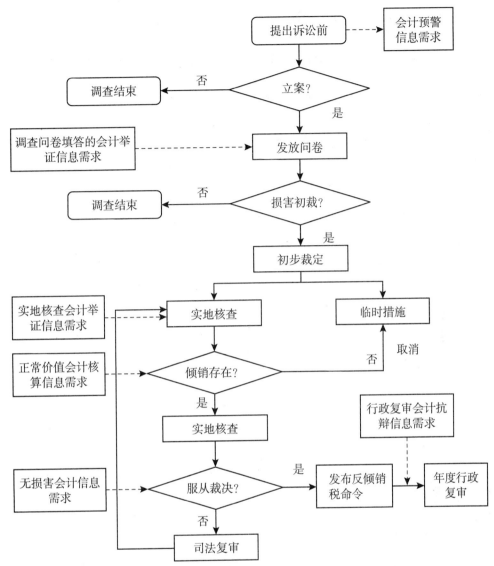

图 2 - 2 与美国对华反倾销调查运作流程相匹配的会计信息需求

（4）正常价值核算环节。提供出口商品正常价值的成本构成信息，包括原材料、能源动力和劳动工时等；对替代国的选取、第三国价格及产品结构价格核算，出示有关企业自身的经营会计信息、竞争对手会计信息以及结构价格核算调整的相关会计信息。

（5）无损害举证环节。提供被诉讼产品在进口国的市场份额、价格及占有率的变化趋势；进口国相关产业产能的使用情况、会计政策选择与变动等相关会计信息。

（6）行政复审抗辩环节。提供与案件相关的所有信息以及最新获得的会计信息。

不难看出，美国对外反倾销调查流程中，会计信息需求贯穿其中。因此，美国对外反倾销的调查流程也可以看作是会计信息的需求流程。

2.3.3 中国"打包"起诉美国反倾销措施案的会计启示

——我国企业反倾销应诉会计跟踪机制构建

基于以上中国起诉美国商务部反倾销措施案的分析，可以清晰地看到，美国对华反倾销调查运作流程中存在着明显的错误行为。中国企业应诉美国对华反倾销一方面需要纠正美国在调查流程中对中国错误使用的方式方法；另一方面更重要的是建立反倾销应诉完整的制度体系安排。因此，在相关法律框架下，企业应对（包括规避）反倾销的成败，从某种意义上讲，取决于应诉企业快速响应的态度和所提供会计信息（或会计数据）的支持效力，以及与之相适应的制度体系安排①。而企业反倾销应诉会计跟踪机制的构建，为应诉企业快速响应进行有效的会计举证和会计抗辩提供相应的会计支持，是企业反倾销应诉获胜的重要支持保障。

2.3.3.1 构建反倾销应诉会计跟踪机制的目标

按照管理学定义，目标是指导组织和个人活动的最终目的，可分为长期目标和短期目标。目标表示最终结果，而长期目标需要短期目标来支撑，由此形成一个有层次的目标网络②。

构建反倾销应诉会计跟踪机制的长期目标是为应诉企业快速响应进行有效的会计举证和会计抗辩提供相应的会计支持，证明我国涉案产品不存在倾销且与进口国的产业损害并无因果关系。最终提高我国企业反倾销应诉效率，改善反倾销带来的不利贸易环境，促进我国与外国贸易活动在互利共赢中持续增长。短期目标是构建与反倾销应诉流程相匹配的会计跟踪机制，其支持保障功能具体包括反倾销调查和损害调查过程中涉及的倾销价格、倾销幅度和损害程度等会计数据的提供与获取。从而将反倾销应诉各项要求与所需会计信息纳入企业的日常经营管理活动中，为调查流程中的战略决策提供依据。

2.3.3.2 构建反倾销应诉会计跟踪机制的原则

构建反倾销应诉会计跟踪机制，既要考虑到机制的构建目标，还要从机制的操作主

---

① 刘爱东，卜珂. 我国企业反倾销调查申请中的会计问题分析——以太阳能级多晶硅反倾销调查申请书为例 [J]. 会计之友，2013（7）：11 - 16.
② 李美芳. 反倾销背景下出口企业内部控制体系的设计 [J]. 会计之友，2013（9）：49 - 52.

体角度考虑机制实际运行过程中的适用性。由此，构建反倾销应诉会计跟踪机制的原则包括。

（1）系统性原则。反倾销应诉会计跟踪机制是由若干相互联系、相互制约的构成要素共同组成的有着特定目标的有机统一体。因此该机制应能够通过特定整合方式对不同功能的组成部分进行有机的组织和协调，实现各部分所不具备的整体功能，获得新的特性。

（2）权变性原则。所谓权变，就是指要对外部环境所发生的变化，以及这些变化对我国企业反倾销应诉流程的影响，做出比较准确的估计，以便为随时采取恰当的应变做好准备。因此，反倾销应诉会计跟踪机制必须适应外部环境的变化，应当具有可发展空间的动态结构。

（3）成本效益原则。从经济学角度来说，反倾销应诉会计跟踪机制是一项经济活动，必然受到成本效益因素的制约，以衡量进行该项活动的必要性。因此，构建的反倾销应诉会计跟踪机制不应贪多求全，应权衡机制能够带来的预期收益与其构建、运行的成本，决定机制内部结构的设计和具体安排。

2.3.3.3　反倾销应诉会计跟踪机制的架构设计

企业是应对国外反倾销调查的主体，从微观市场的主体企业反倾销战略层面来看，反倾销应诉会计跟踪机制必须综合运用反倾销应诉的会计信息决策有用性理论、信息生成理论、机制设计等理论为指导，符合一个有效经济机制的三个要件，即能实现资源的有效配置与利用，运行耗费尽可能低的成本信息和能协调当事方的利益达成一致[①]。本节从机制的目标、功能、构成要素以及要素间的关系出发，构建了反倾销应诉会计跟踪机制的基本架构如图 2 – 3 所示。

从图 2 – 3 可知，反倾销应诉会计跟踪机制是一个由特定主体参与的，具有特定权利和义务的有机搭配系统，其有效正常运转，需多种要素相互融合匹配[②]。机制构建综合考虑了目标性、非唯一性、系列性和协同性等属性，将内部要素与流程以及要素与要素之间的关系全部纳入整合范围，是一个具有完整结构、完备功能的整体框架。

2.3.3.4　我国企业反倾销应诉会计跟踪机制运行机理分析

我国出口企业要在反倾销应诉中取得有利的应诉结果，必须要有可以按反倾销调查

---

① 陈林荣，赵金玲，刘锦芳.“三体联动”构建应对反倾销的会计功能衔接机制［J］. 首都经济贸易大学学报，2012（1）：62 – 68.
② 刘爱东，张金鸣. 中国“打包”起诉美国反倾销措施案的会计思考［J］. 会计之友，2014（32）：35 – 41.

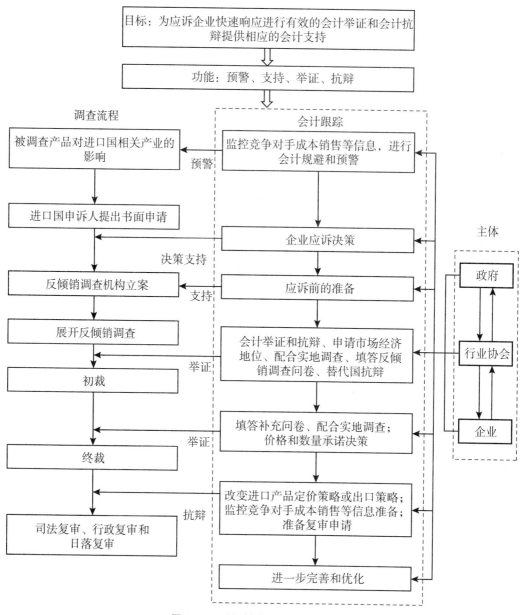

图 2-3 反倾销应诉会计跟踪机制

机构的要求提供的信息资料,反倾销应诉会计跟踪机制为企业反倾销应诉提供了制度保障。下面从几个方面来探讨反倾销应诉会计跟踪机制的运行机理。

(1)反倾销应诉会计跟踪机制基本架构是由目标、功能和控制要素三部分组成。

(2)反倾销应诉会计跟踪机制基本架构的首要目的是为应诉企业快速响应进行有效的会计举证和会计抗辩提供相应的会计支持,目标具体化为该机制的功能,定位为预警、支持、举证、抗辩。

（3）反倾销应诉会计跟踪机制以反倾销调查流程为核心，对其进行会计跟踪，具体由控制要素及其相互联系落实：①进口国相关产业对华出口产品向该国反倾销机构提起反倾销调查申请之前，我国出口企业、行业协会及政府相关主管部门相互联动，收集和监控竞争对手的销售成本、本国出口量等会计信息，实时进行反倾销会计规避和预警；②在进口国相关产业提出反倾销书面申请时，出口企业应进行是否应诉的决策。这就要权衡应诉成本和应诉收益。应诉成本包括前期准备费用、律师费用、应诉小组的组成成本和信息收集费用等；应诉收益包括反倾销税率的降低给企业带来的收益、应诉的有利结果为企业拓宽国际市场打下的良好基础、获得的广告效应和规范了企业的内部核算制度。决策后如果决定不应诉，那么此次跟踪终止；③如果决定应诉，则进入下一个环节，即应诉前的相关会计准备，包括收集资料和联系其他涉案企业等；④随后涉案企业可向反倾销调查机构提出，要求获得市场经济地位待遇，并配合实地核查、填答反倾销调查问卷。如果未获得市场经济地位待遇，就开始对调查机构提出的替代国主张进行会计抗辩，争取采用对我国涉案企业有利的替代国和替代价格，并围绕进口国申诉者申请反倾销的理由和调查问卷的内容进行会计陈述和抗辩；⑤接着填答反倾销调查机构要求的补充调查问卷，如果反倾销初裁是肯定性的裁决，可考虑以"承诺"的方式直接结束反倾销调查；⑥在反倾销调查机构做出肯定性终裁后，企业可采用差异化出口战略，改变出口产品的定价策略，并对竞争对手的成本销售等信息进行持续监控，准备提出复审申请，维护企业出口利益。

反倾销应诉会计跟踪机制具有可发展空间的动态结构。企业的反倾销应诉会计跟踪机制是在一定条件下建立的，随着反倾销调查国政策、法律的修订以及对会计信息需求的改变，以前建立的机制结构或内容往往会有一部分不再适用，同时又有一部分新出现的情况没有相应的结构和内容来匹配。这样做一方面可以淘汰那些不再需要的东西；另一方面可以对不适用的部分做出调整以适应新情况，还可以通过原有机构的扩充使之覆盖新出现的情况。

探究会计与反倾销背后所隐藏的整体性竞争制度安排及运作机理，构建与我国企业应对反倾销相适应的会计机制，及其效率实现的会计战略支持体系和运行保障机制，是对经济全球化大环境下日益激烈的贸易摩擦和纠纷、提升我国企业国际竞争力的客观要求①。因此，反倾销会计应诉跟踪机制的构建，对于拓展会计理论创新、完善我国企业应对反倾销的战略支持体系，为我国企业应对反倾销提供新的战略思路和理论支持，都

---

① 刘爱东，赵金玲. 我国企业应对反倾销的会计联动机制研究——理论框架与研究构思［J］. 会计研究，2010（12）：24-28.

将具有十分重大的理论价值和现实指导意义。

2.4　企业反倾销应诉会计预警的案例分析

——以土耳其长丝纱线案为例

据有关资料统计，在 1995 ~ 2014 年国外对华 1 060 起反倾销案件中，土耳其排名第六达 66 起。在所有遭受反倾销调查的产品中，纺织品又为重灾区。全球纺织品反倾销调查案件 79 起中，土耳其发起了 15 起，占全球涉华纺织品反倾销调查总数的 19%。全球涉华纺织品反倾销发起的国别统计如图 2 – 4 所示。

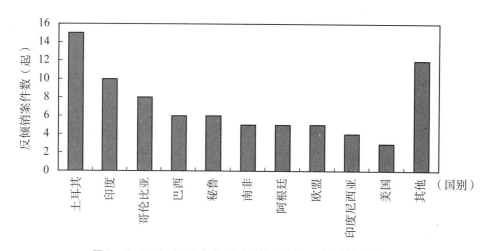

图 2 – 4　1995 ~ 2014 年各国对华纺织品提起反倾销调查数量

注：数据由中国贸易救济信息网案件数据库整理而得，所列其他国家 12 起指墨西哥 2 起、韩国 2 起、巴基斯坦 2 起、埃及 2 起、乌克兰 1 起、泰国 1 起、中国台湾 1 起、澳大利亚 1 起。

这说明，我们对中国胜诉土耳其长丝纱线反倾销案进行分析，研究当事国反倾销的相关规制及运作流程，并借鉴此案胜诉的启示，构建应对国外反倾销的长效预警机制，对于完善我国企业应对反倾销战略支持体系，提升我国企业的国际竞争力将具有十分重要的现实意义。

2.4.1　土耳其聚酯合成长丝纱线反倾销案追踪

2013 年 4 月 26 日，土耳其经济部发布公告，应国内厂商 Korteks 公司、Ployteks –

Sinterama 公司和 SASA Iplik 公司的申请，正式对原产于中国、印度和马来西亚的聚酯合成长丝纱线产品发起反倾销调查，涉案税号 540247，涉案金额为 8 882.7 万美元，倾销调查期为 2012 年 1 月 1 日至 2012 年 12 月 31 日。

　　中国企业历经一年半的艰苦应诉，最终反倾销税率由初裁 38.47% 大幅降低至 10%，在此之前，由于土耳其不认可我国的市场经济地位，我国企业获得的平均税率普遍较马来西亚、印度等被承认具有市场经济地位的国家高出 2~3 倍。

　　这一成果是近几年来中国化纤企业在应对新兴经济体国家发起的国际贸易摩擦中取得的鲜有胜利。此次胜诉对于中国纺织业具有重要意义：中国长丝纱线纺织业稳定了土耳其市场，而土耳其市场对于进军西亚有着至关重要的作用，加快了中国长丝纱线纺织业的国际贸易化进程。案件的流程如表 2-16 所示。

表 2-16　　　　　　　　土耳其诉中国聚酯合成长丝纱线案流程追踪

时间	事件	说明
2013.4.26	土耳其经济部发布公告，应国内厂商申请，正式对原产于中国、印度和马来西亚的聚酯合成长丝纱线产品发起反倾销调查，涉案税号 540247，涉案金额为 8 882.7 万美元	若中国不应诉，则接受土耳其关税制裁，等同于放弃土耳其市场
2013.5.14	纺织品进出口商会召集涉案企业协调会，搭建律师平台，就本案发表了应对策略和建议。最终 13 家涉案企业应诉	
2013.7.3	土耳其经济部初裁中国企业反倾销税率 38.4%，印度、马来西亚企业反倾销税率 8.8%~17.3%	若抗辩失败，中国长丝纱线纺织业在土耳其市场将面临严苛的关税制裁
2013.7.23	土耳其调查当局开展对华抽样调查，确定的 4 家抽样企业为江苏恒力化纤有限公司、福建百宏聚合纤维实业有限公司、桐昆集团股份有限公司、桐乡市中驰化纤有限公司。抽样调查的结果直接决定反倾销税率	抽样企业获得单独税率，未抽样企业获得加权平均税率
2014.10.17	土耳其调查当局公布终诉结果，裁定反倾销税率，中国企业反倾销税率由原来的 38.47% 降低至 10%	13 家应诉企业获得了与马来西亚、印度公司相同的税率，在很大程度上有利于中国企业继续出口

　　土耳其聚酯合成长丝纱线反倾销案的胜诉不仅为中国纺织业应诉反倾销积累了丰富的经验，同时对于我国企业应对反倾销调查也具有参考意义。中国企业胜诉也再一次证明，应对反倾销需要会计支持，会计举证、抗辩是应对反倾销指控的关键所在。

2.4.2　土耳其反倾销相关规制及运作流程分析

2.4.2.1　土耳其反倾销相关法规及机构

1989 年土耳其颁布并实施其第一部反倾销法——《进口产品不公平竞争防止法》。这一法规包括了防止倾销性进口的条款，且以关贸总协定东京回合谈判修订后的反倾销守则中规定的技术和正式程序为基础，因此二者基本一致。

1999 年 7 月 25 日土耳其对其反倾销法作了修订，形成了 1999 年 10 月 25 日生效的修订后的《进口产品不公平竞争防止法》，即目前土耳其进行反倾销调查所主要援引的法律。1999 年 10 月 30 日土耳其对外贸易署颁布了《进口产品不公平竞争防止法令》（以下简称《防止法令》）和《进口产品不公平竞争防止条例》（以下简称《防止条例》）来规范《进口产品不公平竞争防止法》（以下简称《防止法》）的具体实施。

《防止法》的立法目的在于防止进口中的不公平竞争行为对土耳其的国内产业造成损害，是土耳其反倾销调查基本法，主要针对倾销行为和补贴行为。《防止法令》是在《防止法》的基础上制定的，主要涉及与反倾销、反补贴相关的具体程序问题。《防止条例》以《防止法》为依据，对反倾销、反补贴调查的方法与程序做出了具体化、明确化的规定。土耳其反倾销调查机构正是在以上三部法律法规的框架下进行反倾销调查并做出反倾销裁决。

土耳其反倾销调查主要由两个政府部门负责：一是进口产品不公平竞争评估委员会（以下简称评估委员会）；二是倾销和补贴调查局，隶属于土耳其对外贸易署进口总局。

评估委员会由八名委员组成，分别来自农业和农村事务部、工商部、国家计划秘书处、海关、行业协会和商会联合总会、农业商会联合总会以及外贸署的负责人。评估委员会有权决定发起反倾销调查、接受价格承诺、中止调查或征收反倾销税。具体职权包括：（1）决定是否发起调查或者中止正在进行的调查；（2）当有足够证据时，经批准决定采取临时措施；（3）评估调查结果、采取措施并经批准决定采取最终措施；（4）在调查过程中提出价格承诺的建议、决定是否接受提出的价格承诺、当价格承诺被违反时采取必要的相关措施。

土耳其倾销和补贴调查局负责对申请材料的初步审查、对评估委员会提出是否立案和征收反倾销税的建议、负责案件的具体调查工作。具体职权包括：（1）根据收到的申诉或者依职权对提交的材料和信息以及其他信息进行初步审查；（2）就是否发起调查向委员会提出建议；（3）立案后进行调查并就拟采取的措施向委员会提出建议；（4）作为委员会的秘书处，行使委员会赋予的其他职权。

2.4.2.2　土耳其反倾销调查流程

根据土耳其反倾销法律法规相关要求和运作实践，土耳其反倾销调查流程如图 2 - 5 所示。

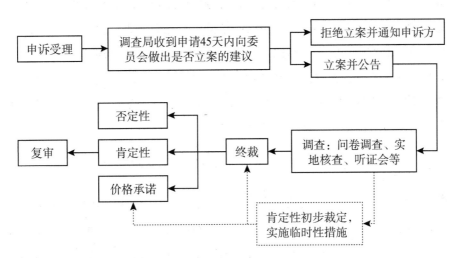

图 2 - 5　土耳其反倾销调查流程

若要发起反倾销调查，土耳其国内企业须向倾销和补贴调查局提交申请书，申请书中应当包括：申诉企业信息和其产量规模与价值，被调查产品详细描述，已知出口商和外国制造商名单以及涉案的进口商名单，被调查产品价格信息和国内消费情况，国内产业受到损害或损害威胁的证据。倾销和补贴调查局审查申诉企业的资格（即申请企业产量达到支持或反对申请的产量的 50% 以上，且申请人产量达到土耳其国内产量的 25% 以上）和其提供证据的准确性与充分性（包括倾销幅度并非"可忽略不计"等）之后，向评估委员会建议是否发起正式反倾销调查。在申诉企业向土耳其倾销和补贴调查局提交符合法律要求的书面申请材料后的 45 天内，评估委员会应当做出是否立案的决定。

立案后，土耳其倾销和补贴调查局会向出口国已知企业提供一份公开版本的申请书和反倾销调查问卷。应诉企业必须在立案之日起 37 天内按照调查问卷所要求的格式，向调查机构提交调查问卷的答卷和全部证据材料。经应诉企业申请，调查机构通常会给予应诉企业 7 天左右的延期。倾销和补贴调查局在调查的任何阶段可以要求利益相关方提供额外信息。为核实信息，在得到被调查企业和国家同意后可进行实地调查。调查中，倾销和补贴调查局要给利益相关方足够的机会提供信息，利益相关方书面提出申请或由倾销和补贴调查局发起，举办听证会。

评估委员会在下述条件下结束调查：倾销或损害不存在，或倾销幅度"可忽略不计"；申诉企业撤诉，或申诉原因不再存在，或申诉企业不予以调查合作。评估委员会在出口商接受价格承诺时可以停止反倾销调查。

在立案之日起 1 年内，根据土耳其倾销和补贴调查局的提议，评估委员会将做出初裁。通常在肯定性初裁后，调查机构将公布对进口产品采取的临时反倾销措施，临时反倾销措施一般采取保证金的形式。临时反倾销措施实施期限通常为 4 个月，经批准也可延期至 6 个月。值得注意的是，初裁并非土耳其反倾销调查必经程序。

立案之日起 1 年内，根据土耳其倾销和补贴调查局提议，评估委员会应做出终裁。如果案件特别复杂，这一期限可以延长至 18 个月。肯定性终裁的最终措施为征收反倾销税，由评估委员会提出，并须经土耳其贸易部批准。

2.4.2.3　土耳其反倾销调查问卷的会计需求分析

在本次聚酯合成长丝纱线反倾销案中，中国企业在应诉过程中主要遇到两个问题：首先，土耳其像以往案件一样，依然没有承认中国市场经济地位，导致我国应诉企业的抗辩较为被动；其次，土耳其官员没有对我国企业进行实地核查，缺少了一次证明自己的机会，中国应诉企业只能通过书面材料进行抗辩。

本次案件中，土耳其调查机构发放给我国出口涉案企业的调查问卷是应诉企业最主要的抗辩证据。了解调查问卷的构成，有利于应诉企业准确快速地完成问卷的填答。

土耳其反倾销调查问卷主要由 A ~ J 部分组成，具体如下。

A 部分（企业一般信息）：要求提供公司的名称和联系方式、法律形式和股权结构、公司管理系统的一般信息等。

B 部分（被调查产品的描述）：要求提供被调查产品及其同类产品的详细资料。

C 部分（生产经营统计）：要求提供公司在生产经营方面的统计数字，包括销售数量和金额、产量和生产能力、库存、员工人数、投资等。

D 部分（国内销售）：要求公司对国内销售流程进行详细的说明，提供完整的国内销售交易清单，并将销售清单中的数据按照规定的格式提交电子版。公司提供的有关国内交易的数据，将可能被用于计算产品的正常价值。

E 部分（对土耳其的出口销售）：要求公司对出口销售流程进行详细的说明，提供完整的出口销售交易清单，并将销售清单中的数据按照规定的格式提交电子版。公司提供的有关出口交易的数据，将用于计算出口价格或结构出口价格。

F 部分（对第三国的出口销售）：要求公司对向第三国销售的流程进行详细的说明，

并提供相关的销售数据。当出口国的市场价格不可采用时，可能会使用第三国价格计算正常价值。

G 部分（生产成本）：要求公司提供生产数量、劳动力成本、原材料成本、制造费用以及与生产有关的一般费用和管理费用的数据，并按照规定的格式提交电子版。还要求公司提供有关会计政策和制度方面的详细描述。生产成本的数据将可能用于判断是否存在低于成本销售的情况，从而影响国内销售数据的可接受性。

H 部分（市场经济地位和单独税率）：要求公司提供相关信息以确定是否可以授予市场经济地位和单独税率。

I 部分（需以电子版提交的文件的说明）：本部分没有设置需要回答的问题。

J 部分（证明信）：要求公司出具证明信以证实所提供的全部信息完整、可信。

通过分析调查问卷的构成，可以看出问卷的填答离不开会计信息的支持，比如公司的结构和股权情况，被调查产品销售的具体情况，实际成本、出口价格等。市场经济地位和单独税率部分也涉及大量会计信息，为了证明产品的生产和销售不受国家控制，而是按照市场规则运行的，要提供关于采购和销售的信息，除此之外还需要提供财务报表以及会计处理方法的说明，等等。会计信息在调查问卷中的参与程度决定了会计在反倾销应诉中的重要地位和核心作用。特别是调查问卷涉及的内容繁杂且填答时间短，如果没有战略层面高质量会计管理支持将难以满足土耳其反倾销调查问卷的会计需求，则直接影响反倾销的最终判决。

本案中被选取为抽样样本的企业，都是规模较大、经营管理各方面比较规范的企业。江苏恒力化纤有限公司是一家大型民企，企业始终秉持争创国际一流化纤品牌的信念，不断加强内部管理，严格执行和实施 ISO9001：2000 质量管理体系和 ISO14001：2004 环境管理体系、ISO10012 计量管理体系、CSC9000T 社会责任管理体系。企业的采购、生产、销售、财务、办公等各个环节实行 ERP 系统管理，并在原料采购、生产检验、售后服务全过程实行条形码跟踪，企业的税务、海关系统记录等能够与国际联网，且十分重视企业档案工作的管理。福建百宏聚合纤维实业有限公司也全面启动了 ERP 管理模式，针对物质资源、人力资源、财务资源、信息资源等实施全面的规范化管理。桐昆集团股份有限公司是一家大型股份制上市公司，集团十分重视科学管理体系的建立，在业内较早通过了 ISO9000 质量管理体系认证、计量检测体系认证以及标准化良好行为认证，并在日常管理中积极推行 5S 和 TPM 管理方法。

此次参加应诉的企业中，有些企业已经不是第一次被提起反倾销调查，且每次的结果都比较理想。比如，在 2008 年印度对原产于中国、泰国和越南的全取向丝、全拉伸丝、纺丝拉伸丝和涤纶扁平丝反倾销案中，桐昆集团和江苏恒力化纤有限公司分别获得了 240 美元/吨和 256 美元/吨的反倾销税率,其他企业为 547 美元/吨;2006 年韩国对原产于中国大陆、中国台湾和马来西亚的涤纶低弹丝反倾销案中,恒力化纤被认定倾销幅度为零,成为唯一获胜企业。此次应诉土耳其反倾销案,对于这些企业来说可以说是"轻车熟路",除了资金雄厚和应诉经验丰富,完善的财务管理制度和规范的会计处理在从容应对反倾销中是至关重要的,为胜诉打下坚实的基础。

2.4.3　土耳其反倾销案的启示及反倾销预警机制的构建

2.4.3.1　土耳其反倾销案的启示

土耳其对华反倾销有它自己的特点,相较于其他国家,最明显的特点是土耳其对华反倾销成功率极高。截至 2014 年 12 月 31 日,土耳其对华发起反倾销调查 66 起,已完成调查并最终实施反倾销措施的共 59 起,剔除仍在调查还未结案的 5 起,土耳其对华反倾销成功率高达 96.72%。从全球涉华反倾销案件来看,这一成功率远远超越平均水平 72%,土耳其成为全球涉华反倾销成功率最高的国家。土耳其反倾销调查程序存在不够规范和透明性低的问题,这无疑会导致更高的反倾销成功率。纵观以往土耳其对华反倾销案,存在以下几个鲜明的特点:一是中国企业在应诉中很难获得市场经济地位待遇,土耳其反倾销调查机关把拒绝给予中国应诉企业市场经济待遇当成是"约定俗成的规则",完全无视中国市场经济改革不断深化这一事实。二是反倾销调查和执行程序具有很大的随意性。土耳其的反倾销法基本上是照抄照搬欧盟 1995 年颁布的《关于抵制非欧盟成员国倾销进口的第 384/96 号条例》,但是在具体的调查和执行上,却带有很大的随意性。从以往的案件来看,土耳其从立案到终裁,往往不会按部就班地经历调查、初裁、听证、终裁等环节,初裁并非土耳其反倾销调查必经程序,很多案件中都是跳过初裁直接做出终裁决定,往往也不进行实地核查。三是反倾销的裁决也具有很大的随意性。土耳其调查机关往往要求中国应诉企业提供大量的证明材料,而最后判决却很少是依据这些材料做出的,且做出的裁决十分缺乏事实依据,具有很大的主观性和随意性。

基于土耳其反倾销调查执行和裁决方面的随意性这一特点,相较于倾销发生后的积极应诉,做好提前预警工作显得尤其重要。纺织行业面对严峻的反倾销形势,单纯依靠临时应诉是不能从根源上有效解决问题的,当务之急是建立完善的反倾销预警系统,进行积极的事前预防,尽量避免反倾销指控,将损失降到最低。

一般而言,反倾销预警可划分为两类:一是对进口产品进行反倾销预警;二是对出口产品免遭国外倾销起诉进行预警。这里所指的是第二类反倾销预警。该类反倾销预警的核心主要在于监控重点、敏感产品的出口数量、价格以及国外同类产品生产经营情况的变化，并依据这些参数判断我国出口产品对进口国产业的影响，以及同类产品生产经营者受到损害的程度。

2.4.3.2　反倾销预警机制的构思

反倾销预警机制的建立需要政府、行业协会和企业"三体联动"，缺一不可。在整个动态预警过程中，相关信息需要在政府、行业协会和企业三方畅通且及时地传递和交流。"三体联动"反倾销预警机制如图2-6所示[①]。

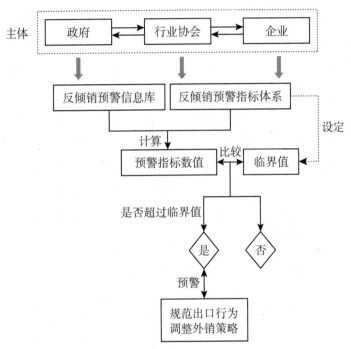

图2-6　"三体联动"反倾销预警机制

信息的搜集、传递和反馈在整个预警体系中极为重要，起着基石般的作用。政府、行业协会和企业应该各尽所能地搜集相关信息，将信息录入预警信息库中，各方信息相互补充和完善。

政府在反倾销预警机制中应起到总协调和总牵头人的作用。加强驻外使领馆、驻外经贸机构的情报收集工作，了解掌握所驻国的贸易政策、贸易环境的变动、行业内先进

① 刘爱东，梁晓华. 我国企业反倾销预警机制构建思路——基于胜诉土耳其长丝纱线案［J］. 山东财经大学学报，2015（5）：25-32.

企业与相关行业协会的动态等。作为政府部门的海关在进出口商品的信息搜集与统计方面具有不可替代的作用，海关部门应动态统计各出口产品出口数量占各海外市场进口数量的比重，引导企业分散出口，必要时可建议政府有关部门设立临时调节关税，以避免出口过于大量且集中导致的贸易摩擦。对国家层面的贸易经济安全态势进行预估，对涉及国家贸易安全的重大问题进行预报，借助科学的安全决策机制，迅速做出应对影响国家贸易安全的重大问题的科学决策；借助国家权力系统、行政系统迅速有效地使高层的安全决策得以贯彻实施，最大程度上维护国家的贸易利益。

行业协会一方面是政府管理外贸企业的外延，发挥着政府难以起到的灵活管理作用；另一方面又与企业密切相关，代表整个行业的利益，发挥协调和监督作用。因此行业协会是政府与企业间的桥梁，也是企业沟通国内外的纽带。行业协会在获取信息、拓展业务和解决争端方面起着不容小觑的作用。行业协会可采取组织海外专业考察访问团、派遣专业研修人员、组织召开国际问题研讨会等方式，调查了解海外经贸信息和行业动态。

企业作为反倾销应诉的主体、预警机制的直接受益者，应重视外贸信息的收集和传递沟通。在这方面，日本企业做得很好。日本外贸企业都建有自己的信息网络，不仅在国内总公司内部设有庞大专业的信息组织，在海外还设有大量的据点，负责收集有关竞争对手的信息、出口国市场行情、相关产品市场动态等方面的海外贸易信息。日本企业随时将所搜集到的信息进行加工整理，形成合理方案提交决策部门供其决策参考，同时将自己收集到的信息及时向行业协会报告。

预警指标的设立可由政府牵头，组织政府机构人员、专家学者、行业协会和企业代表等组成研究团队，制定出科学合理、行之有效的预警指标体系应用于预警机制中。当一项或多项指标超出预警线时，通过完善的信息网络发布预警。行业协会要利用自己的行业首领的地位，协调企业之间对外关系，规范企业出口行为。企业也应加强行业自律和协作精神，从国家整体利益出发，紧密配合相关政策，听从政府和行业协会等组织对价格、市场等方面的协调，适时调整自身的外销策略，对敏感国家和地区的出口控制好价格和数量，避免或减少反倾销发生的概率。

预警机制体系能够起到防患于未然的效果，将可能发生的外贸摩擦消灭于萌芽之中，最大限度地将风险降至最小，保护本国和企业的经济利益。

2.4.4 结论与启示

2001 年，中国政府在《中国入世议定书》的第 15 条，做出了 15 年非市场经济的承诺。按照入世协议，2016 年这一承诺将到期。中国因非市场经济地位的问题屡屡被国外反倾销调查机构裁定高额反倾销税率。"非市场经济"这一紧箍咒的消失无疑是中国企业的福音，同时也使其他国家倍感压力，一些国家纷纷调整本国的反倾销政策。巴西政府拟缩短倾销案件的调查周期：将调查机构收到倾销案件申诉到启动倾销案件调查的评估时间从平均 159 天缩短到 41 天；将采取临时反倾销措施的认定周期从平均 433 天缩短至 108 天；将确定实地核查的周期从平均 191 天缩短至 126 天。大幅缩短的调查时间无疑使中国企业应诉国外反倾销更加措手不及。为此，研究中国多年来应对国外反倾销的相关案例，总结并借鉴相关案例的经验启示，熟悉各当事国反倾销的相关规制及运作流程，构建应对国外反倾销预警机制，是提升中国企业的国际竞争力走向世界，应当关注的热点问题。

第 3 章

内部控制对反倾销会计信息证据
效力影响的实证研究

会计信息质量的优劣会影响会计信息证据效力的高低，从而对反倾销胜诉的可能性有极大影响。从企业微观主体层面来看，内部控制贯穿在企业应诉反倾销的各个流程中，影响着应诉的会计信息质量。因此，通过实证方法研究内部控制对反倾销会计信息证据效力的影响，能够为我国企业优化反倾销应诉流程提供理论指导，对企业优化反倾销应诉流程提供新的思路，有利于提升我国企业应诉反倾销的效率和效果①。此外，通过对武钢胜诉印度尼西亚反倾销案进行分析，旨在构建企业应对反倾销内部会计控制机制，为其反倾销应诉提供会计支持。该研究具备一定的可操作性和实践意义。

3.1　内部控制在反倾销应诉中的机理分析

3.1.1　内部控制在反倾销应诉中控制机理的基本框架

内部控制在反倾销应诉过程中发挥的作用主要从风险评估和控制活动两个方面直接体现出来。控制过程分为事前控制、事中控制与事后控制。将这种控制的思想运用到内部控制在反倾销应诉过程中来，能够发现如图 3-1 所示的控制机理基本框架。

---

① 所指导的 2013 届研究生沈红柳对本部分实证内容有贡献。

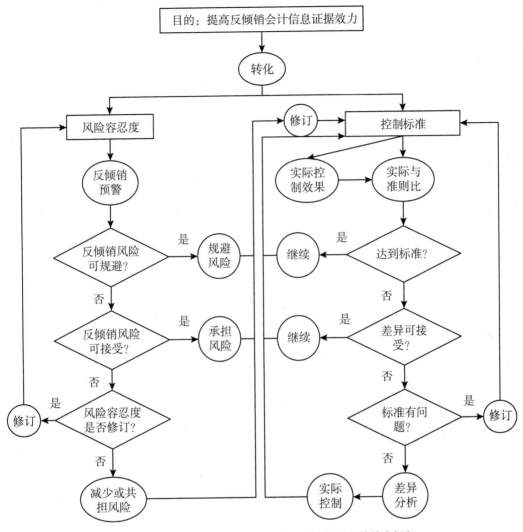

图 3 - 1 内部控制在反倾销应诉过程中控制机理的基本框架

图 3 - 1 所示为内部控制在反倾销应诉过程中控制机理的基本框架，从基本框架中能够清晰地看到内部控制运行的基本流程，对之进行分析能够发现内部控制在反倾销应诉过程中的运行分为风险容忍度与控制标准两个方面，并且环环紧扣。

3.1.2 内部控制在反倾销应诉中控制机理的具体内容

从图 3 - 1 中可以看出，内部控制运行机理可以分为五个大的部分。

（1）首先将提高反倾销会计信息证据效力这一基本目标分解为两个子项目：风险评估和控制活动。风险控制中的重点是风险容忍度，控制活动中的重点是控制标准。这个过程是风险评估工作与控制活动的准备过程。所有的控制过程都是在内部控制大环境下完成的。

（2）在风险评估工作中，通过反倾销预警机制分析反倾销风险是否能够规避，如果能够规避则选择规避风险，如果不能够规避，再对反倾销是否可接受进行分析，如果可接受，则选择承担风险；如果不可接受，则判断风险容忍度是否能够修订，如果可以修订，则对风险容忍度进行修订。这个过程涉及风险评估中风险识别、风险分析两个阶段。

（3）在风险容忍度不能修订的情况下，参照现有的控制标准对企业现有的控制标准进行重新修订。这个过程涉及风险评估中风险应对的阶段以及控制活动的相关内容。

（4）在企业的控制活动当中，首先将实际控制效果与控制标准相比较，判断实际控制效果有没有达到控制标准，如果达到了则按照现有的状态继续控制下去。如果没有达到控制标准，则进一步判断现有控制效果与控制标准之间的差异是否可接受，如果可以接受，则按照现有的状态继续控制下去。如果不可以接受则进一步判断控制标准是否存在问题，如果确实是控制标准存在问题则对控制标准进行修订。这个过程是控制活动的主体部分，在整个实施的过程中，企业都必须通过内部监督部门对控制活动的全过程进行有效的监督。

（5）如果控制标准不存在问题，则对控制效果与控制标准之间的差异进行进一步分析，发现其中存在的问题，从而进一步改进企业的控制活动。

从内部控制在反倾销应诉过程中的控制机理可以看出，内部控制是一个有机的整体，每一个要素都在内部控制的过程中发挥着不可替代的重要作用，也只有每一个过程都相辅相成，才能达到内部控制的良好效果。

3.2　内部控制对反倾销会计信息证据效力影响的实证检验

本节从实证研究的角度分析内部控制对反倾销会计信息证据效力的影响。从样本特征、相关性检验、方差检验、回归分析四个方面进行了详细的分析，得出实证结论，并对实证结论进行剖析。

3.2.1　研究假设

我国关于内部控制对企业经营影响的研究由来已久，形成了相关理论。其中，比较具有代表性的有刘启亮、罗乐等（2013）的内部控制与会计信息正相关理论①，杨德明、王春丽等（2009）的内部控制与审计正相关理论②，黄溶冰、王跃堂（2009）通过实证研究证实了杨德明、王春丽的相关理论③，林钟高、储姣娇（2012）的内部控制传导效应理论④，单华军（2010）的内部控制缺陷论⑤，赵息、张西栓（2013）的高管权利对内部控制多维度影响理论⑥。

　　通过以上研究现状可以看出，学者们对内部控制与企业经营的各个方面都有研究，然而在内部控制对反倾销会计的影响方面则研究较少，且研究主要集中在规范研究方面。其中王仲兵（2006）认为将内部控制的原理、规定运用到反倾销中能够增强反倾销应诉的能力⑦，潘煜双（2007）研究了内部控制对反倾销调查过程的影响，研究发现有效的内部控制可以提高反倾销会计信息的可靠性⑧。杨维波（2006）对内部控制与反倾销税负水平之间的相关性进行了研究，结果表明控制环境与控制活动对反倾销税负水平存在正面影响，风险评估对反倾销税负水平存在负面影响⑨。基于以上研究，借鉴实证研究的方法研究内部控制对反倾销会计信息证据效力的影响，以期客观公正分析二者之间的关系。

　　《COSO 企业风险管理——整合框架》认为内部控制的有效运行基于其各个要素的有效实施⑩。因此，内部控制各基本要素成本是评价内部控制有效性的关键要素。2008年 5 月 22 日，《企业内部控制基本规范》（以下简称《规范》）中明确规定"企业建立与实施有效的内部控制，应包括五个方面的内容，分别是内部环境、风险评估、控制活动、信息与沟通、内部监督。"本节以《规范》为基础，将以上五个方面作为评价内部控制有效性的标准。

　　① 刘启亮，罗乐，张雅曼，陈汉文. 高管集权、内部控制与会计信息质量［J］. 南开管理评论，2013（16）：15 - 23.
　　② 杨德明，王春丽，王兵. 内部控制、审计鉴证与审计意见［J］. 财经理论与实践，2009（30）：60 - 66.
　　③ 黄溶冰，王跃堂. 公司治理视角的内部控制——基于审计委员会的分析［J］. 中南财经政法大学学报，2009（1）：100 - 105.
　　④ 林钟高，储姣娇. 内部控制对股权结构与盈余质量的传导效应［J］. 税务与经济，2012（15）：1 - 11.
　　⑤ 单华军. 内部控制、公司违规与监管绩效改进——来自 2007 至 2008 年深市上市公司的经验证据［J］. 中国工业经济，2010（11）：140 - 148.
　　⑥ 赵息，张西栓. 高管权力及其对内部控制的影响——基于中国上市公司的实证研究［J］. 2013（1）：114 - 122.
　　⑦ 王仲兵. 应诉反倾销会计——理论框架与运作实务［M］. 北京：经济科学出版社，2006：44 - 56.
　　⑧ 潘煜双. 反倾销应诉会计理论与实务［M］. 上海：上海财经大学出版社，2007：25 - 30.
　　⑨ 杨维波. 企业内部控制与反倾销关系的理论与实证研究［D］. 暨南大学硕士学位论文，2006：20 - 21.
　　⑩ 方红星等. COSO 企业风险管理——整合框架［M］. 大连：东北财经大学出版社，2005：101 - 132.

3.2.1.1 内部环境

内部环境是企业实施内部控制的基础，能够塑造企业文化、影响员工行为、形成企业特有的制度格局。良好的内部环境有利于内部控制其他各要素的有效实施①。在反倾销应诉中，良好的治理结构、合理的机构设计权责分配以及有效的人力资源分配是企业高效应诉、提供有效会计信息的前提，同时也是影响反倾销会计信息证据效力的重要因素。由此分析，提出本节的第一个假设：

H1：内部环境与反倾销会计信息证据效力显著正相关。

为了更好地研究内部环境与反倾销会计信息证据效力的相关性，将内部环境指标进一步细分，选取其中关键因素对反倾销会计信息证据效力的影响作进一步研究。

（1）在企业治理结构中，主要控制人的性质是指企业最大控股股东的性质，若企业最大控股股东为国家或者国有法人，则该控制人的性质为国有控股。若企业最大控股股东为其他类型，如非国有法人、自然人、境外法人等，则该控制人的性质为非国有控股。一般认为，国有控股的企业内部控制执行更为严格，有更强的内部控制披露的意愿②。并且，在黄志良（2005）的研究中发现，在内部控制效果良好、披露考评优秀的企业中，58%的企业为国有控股③，说明企业控制人性质影响企业内部控制质量，且国有控股企业内部控制质量更高。由此可以合理推断在反倾销应诉过程中，国有控股企业具有更强的应诉效率，更高的会计信息证据效力。根据以上分析，本节假设：

H1-1：企业控制人性质影响反倾销会计信息证据效力，且国有控股企业反倾销会计信息证据效力更强。

（2）企业第一大股东的持股比例在内部环境中具有较为重要的作用。理论界通常有两种认识。一种认识认为第一大股东的持股比例越大时，其对管理层的监督和控制会更加的严格，企业经营会更加规范合理；另一种认识认为第一大股东的持股比例越大，由于代理问题，其与管理层之间的矛盾和冲突会更多。施莱佛（Shleifer，1986）通过实证研究证明，公司股权间的相互制衡有利于企业内部控制的执行，减少舞弊的产生④。白重恩（2005）认为，公司股权结构的平衡有利于对经营管理活动的监督以及企业控制

① 吴水澎、陈汉文、邵贤弟. 报告下的内部控制新发展——从中航油事件看企业风险管理 [J]. 会计研究，2005（2）：55-68.
② Eng，L. L & Mak，Y. T. Corporate Governance and Voluntary Disclousure [J]. Journal of Accounting and Public Policy，2003（22）：325-345.
③ 黄志良. 从深交所看上市公司信息披露问题 [J]. 商业时代，2005（3）：34-74.
④ Shleifer. A. Do Demand Curves for Stocks Slope Down [J]. Journal of Finance，1986（41）：579-590.

权之间的有效竞争①。由此分析，笔者认为均衡的股权结构有利于控制权之间的互相监督，在应诉反倾销的过程中，有利于企业依法高效提供企业会计信息，防止或减少舞弊及纰漏的产生。由此，本节假设：

H1-2：企业第一大股东持股比例影响反倾销会计信息证据效力，且第一大股东持股比例越小反倾销会计信息证据效力越强。

（3）董事会是内部控制的中坚力量，在内部控制的制度设计、组织实施上都起着不可替代的作用。如果高级管理人员权力过大或者对董事会有极为重要的影响以至于能够影响董事会的决定时则会对企业的权力制衡产生极为负面的影响，使得内部控制对于总经理而言形同虚设，阻碍内部控制的有效实施②。延森（Jensen，1993）认为，如果当董事长或副董事长兼任总经理一职时，他很有可能利用董事长的权力来控制董事会的活动及决定③。由此分析，笔者认为董事长总经理存在二职合一的现象时降低了企业监督的力度。在企业应诉反倾销的过程中，如果存在二职合一的现象，则在对外提供反倾销会计信息时存在更大的发生舞弊、错报以及有意隐瞒的风险。由此分析，本节假设：

H1-3：董事长与总经理是否二职合一对反倾销会计信息证据效力存在影响，且若存在二职合一则反倾销会计信息证据效力越低。

（4）独立董事可以有效监督董事会及管理层行为。比斯利（Beasley，1996）、马隆（Malone，1993）、佛科（Forker，1992）分别通过研究发现较高比例的独立董事能够更为有效地监督企业的财务运作过程以及管理层的经营行为④⑤⑥。陈和贾吉（Chen & Jaggi，2000）通过对香港上市公司相关数据进行实证研究之后发现，独立董事规模比较大的企业会计信息失真的可能性较小⑦。基于以上研究，可以合理推断，独立董事规模较大的企业在应诉反倾销的过程当中，更能够保障反倾销会计信息的有效性、真实性以及提供反倾销会计信息的效率。由此，本节假设：

———————————

① 白重恩. 中国上市公司治理结构的实证研究 [J]. 经济研究，2005（2）：81-91.

② 赵息，张西栓. 高管权力及其对内部控制的影响——基于中国上市公司的实证研究 [J]. 科学学与科学技术管理，2013（1）：114-122.

③ Jensen M. C. The Modern Industrial Revolution, Exit and the Failure of Internal Control Systems. The Journal of Finance，1993（48）：831-880.

④ Beasley, M. S. An Empirical Analysis of the Relation between Board of Director Composition and Financial Statement Frand [J]. The Accounting Review，1996（10）：443-465.

⑤ Malone, D. Fries C. & Jones T. An empirical investigation of the extent of corporate financial disclosure in the oil and gas industry [J]. Journal of Accounting. Auditing & Finance，Summer 1993（8）：249-273.

⑥ Forker. Corporate governance and disclosure quality [J]. Accounting and Business Research，1992（22）：111-124.

⑦ Chen J. P. , Charles P. & Jaggi B. L. The Association between independent nonexecutive directors of family control and disclosures [J]. Journal of Accounting Pubilc Policy，2000（13）：16-37.

H1 - 4：独立董事规模影响反倾销会计信息证据效力，且独董规模较大的企业反倾销会计信息证据效力更强。

（5）内部控制是企业全员参与的制度。由董事制定相关政策，高级管理层组织实施与具体实行。高级管理人员的行动力在内部控制中起到了重要作用。芬克尔斯坦（Finkelstein，1994）通过研究发现，若高级管理人员持有公司股份，可能会使其更加具有责任感与使命感，同时更加积极地推动公司内部控制的运行①。此外，高级管理人员持有公司股份可能出于自身利益考虑，会有更强的动机进行内部控制的治理与优化以提高会计信息质量，使其满足监管部门的要求。基于上述分析，笔者认为，高管持股的企业应诉反倾销的过程中更有可能提供高质量且有效的会计信息。由此，本节假设：

H1 - 5：高级管理人员是否持有企业股份影响反倾销会计信息证据效力，且高管持有企业股份的企业反倾销会计信息证据效力更强。

3.2.1.2　风险评估

对风险进行有效评估，企业能够进行有效的预警，同时找出风险最大的关键环节，并将主要精力放在风险最大的环节上，以最小的投入获得最大的回报②。风险评估包括风险识别、分析、应对三个阶段。在反倾销应诉的过程当中，做到风险评估的这三个方面非常重要，哪些要素是对反倾销应诉不利的影响因素、不利影响到什么程度、应该采取怎么的措施应对都是企业在进行反倾销应诉过程中需要仔细考虑的问题。同时，在做好这三个步骤的前提下，应诉过程才能够更高效地进行，反倾销会计信息证据效力才会更高。基于以上分析，本节提出以下假设：

H2：风险评估与反倾销会计信息证据效力显著正相关。

为了更好地研究风险评估与反倾销会计信息证据效力的相关性，将风险评估指标进一步细分，选取其中关键因素对反倾销会计信息证据效力的影响作进一步研究。

（1）如何有效地对风险进行识别是风险评估的重要内容，企业设立预警机制是非常重要的。预警机制确保企业按照科学合理的方式识别风险，评估本企业能够承受的风险等级，由此较为客观准确地确定风险的大小并为风险分析打好基础。此外，风险预警机制还能够使得管理层保持对风险高度关注的状态，根据可能面临的风险大小不同随时准备调整企业的生产经营策略。在反倾销应诉的过程中，风险预警机制又显得尤为重

---

① Finkelstein, S. R. D' Aveni. CEO Duality as a Double—edged sword: How boards of Directors Balance Entrenchment Avoidance and Unity of Command. Academy of Management Journal, 1994 (37): 1079 - 1080.

② 金或防，李若山，徐明磊. 报告下的内部控制新发展——从中航油事件看企业风险管理 [J]. 会计研究，2005 (2)：68 - 99.

要。对企业出口产品可能面临的反倾销风险时刻关注，对国外市场的相关政策以及市场动态保持较高的敏感性是企业能够随机应变的前提，也使得企业在提供反倾销会计信息证据时更有针对性，能够达到更好的效果。基于以上分析，本节假设：

H2 - 1：企业是否建立风险预警机制影响反倾销会计信息证据效力，且建立了风险预警机制的企业其反倾销会计信息证据效力越强。

（2）风险评估是贯穿于企业整个生产经营全过程的一项工作，只有这样才能对企业运营过程各个环节的风险进行有效的分析与应对。林钟高（2007）经过研究发现，企业管理层的风险意识体现在对生产经营各关键环节风险的把握以及对整个经营环境的判断①。对于生产中可能发生的八项减值准备（包括坏账准备、短期投资跌价准备、长期投资减值准备、存货跌价准备、固定资产减值准备、无形资产减值准备、在建工程减值准备、委托贷款减值准备）是否充分计提是反映管理层风险防范意识的重要因素。若企业对资产减值准备计提充分表明企业对风险有较为明确的认识，同时采取了预防的措施。如果企业对资产减值准备没有充分计提则有两种可能：一是企业生产经营顺利，资产减值发生的少，且不确定的资产减值少；二是企业没有充分意识到减值的可能性并对此加以防范。而后者发生的可能性更大一些。由此，笔者合理推断，资产减值准备计提充分的企业风险防范意识更强，在反倾销应诉的过程中更为谨慎且更有可能提供高质量的反倾销会计信息。根据以上分析，本节假设：

H2 - 2：企业是否充分计提资产减值准备影响反倾销会计信息证据效力，且充分计提资产减值准备的企业反倾销会计信息证据效力更强。

（3）企业治理结构的稳定是内部控制有效执行的基础。治理结构是内部控制的起点，是一种软性控制，是风险评估、控制活动等硬性控制的前提和准备，同时也是一种执行的保障。因此，企业治理结构的稳定对于内部控制具有重要作用。稳定的治理结构有利于内部控制的有效展开，以及内部控制的连贯性与一致性。存在董事会及管理层人员变动的年份，由于存在前后任交接，新上任的管理人员对企业情况有一个了解过程等问题，其内部控制的执行可能会受到一定的影响。基于此分析，笔者合理推断高层管理人员换届影响其内部控制的效果，在反倾销应对的过程中，会影响其会计信息的提供。由此，本节假设：

H2 - 3：企业高层管理人员换届影响反倾销会计信息证据效力，且应诉当年存在高层管理人员换届的企业其反倾销会计信息证据效力更弱。

（4）在企业生产经营面临的所有风险中，财务风险对企业的危害最为严重和直接。

---

① 林钟高，郑军，王书珍. 内部控制与企业价值研究——来自沪深 A 股的经验分析 [J]. 财经研究，2007（4）：132 - 143.

严重的财务风险可能会导致企业资金链断裂，使企业面临破产的危机。因此在风险评估的过程中，财务风险应该是企业高层管理人员进行考量的重中之重。对财务风险的评价有很多指标。在评价企业财务风险时，各指标都能反映一定的问题，根据其重要性，笔者选择资产负债率以及净资产收益率对企业财务风险进行评价。原因如下：资产负债率与净资产收益率代表的偿债能力与盈利能力直接影响企业的现金流以及企业的总体资产状况，具有较好的整体性与宏观性。可以根据这两个指标大体上判断企业财务状况的好坏。通过对财务风险的评估进一步对企业整体经营风险进行评估是内部控制的重要一环，也在很大程度上影响企业应诉反倾销的会计信息证据效力。由此分析，本节假设：

H2－4：企业资产负债率影响反倾销会计信息证据效力，且资产负债率越低的企业反倾销会计信息证据效力越高。

H2－5：企业净资产收益率影响反倾销会计信息证据效力，且净资产收益率越高的企业反倾销会计信息证据效力越高。

3.2.1.3　控制活动

孙芳城（2009）认为控制活动包括从生产经营、法务事宜到会计信息系统等一系列关键环节的控制[①]。控制活动是内部控制的主体，在内部控制中处于承上启下的作用，内部环境与风险评估是为控制活动做准备工作，信息沟通及内部监督是为了保障控制活动的实施效果。有效的控制活动必须从制度与执行两个角度入手，完善的内部控制制度与有力的执行才能使控制活动体现出其效果。根据以上分析，本节假设：

H3：控制活动与反倾销会计信息证据效力显著正相关。

为了更好地研究控制活动与反倾销会计信息证据效力的相关性，将风险评估指标进一步细分，选取其中关键因素对反倾销会计信息证据效力的影响作进一步研究。

控制活动包括的内容比较广泛，主要有不相容职务分离控制、授权审批控制、会计信息系统控制、预算控制和绩效考评控制等。不相容职务分离制度有利于企业各部门保持较高的独立性，降低串通作弊的可能性。授权审批制度便于企业高层对整体业务的把握，防止越级的现象产生，有利于生产经营活动的有效进行。会计信息系统控制对企业所使用的会计准则制度加以严格的规定，增强会计记录流程的规范性，会计核算的准确性，会计数据的真实性。会计信息系统控制是控制活动中的重要一环，直接影响到企业的财务报告质量。在反倾销应诉的过程中也直接影响到企业提供的反倾销会计信息的有效性及真实性。全面预算制度是绩效考评制度的基础，全面预算通过对企业现有资源、

---

① 孙芳城．基于反倾销应对的企业内部控制研究［M］．大连：东北财经大学出版社，2009：55－59.

技术、人力成本以及发展目标进行评价，估出企业的成本耗费以及将可能达成的目标，评估企业的发展现状，有效控制风险，同时，能够根据实际执行与全面预算的比较确定企业发展绩效。绩效考评制度强调对员工的评价，根据员工的工作态度（包括出勤的情况和请假的次数等）、实际作业情况以及完成的业绩，作为对其进行奖惩的基础。绩效考评制度是针对员工的控制管理，良好的绩效考评制度能够最大限度地激发员工的工作动力和工作热情，促进企业内部控制的有效运行。基于以上分析，本节假设：

H3－1：企业是否实行不相容职务分离制度影响反倾销会计信息证据效力，且实行不相容职务分离制度的企业反倾销会计信息证据效力较强。

H3－2：企业是否实行授权审批制度影响反倾销会计信息证据效力，且实行授权审批制度的企业反倾销会计信息证据效力较强。

H3－3：企业是否严格执行会计准则制度影响反倾销会计信息证据效力，且严格执行会计准则制度的企业反倾销会计信息证据效力较强。

H3－4：企业是否实行全面预算管理制度影响反倾销会计信息证据效力，且实行全面预算制度的企业反倾销会计信息证据效力较强。

H3－5：企业是否制定详细的绩效考评与薪酬制度影响反倾销会计信息证据效力，且制定了详细绩效考评与薪酬制度的企业反倾销会计信息证据效力较强。

3.2.1.4　信息与沟通

信息与沟通是内部控制中不可或缺的一环，同时也是反倾销应诉的重点。反倾销应诉的过程本身就是一个传递信息与相互沟通的过程。有效的信息与沟通可以确保内部控制各信息在董事会、管理层及员工中有效流动，确保信息的有效性与及时性，能够节约内部控制的时间成本与人力成本。与此同时，在反倾销应诉的过程中，有效的信息与沟通有利于将我国企业的实际生产经营状态传递给对方企业，提高会计信息证据效力，增强我国企业胜诉的可能性。根据以上分析，本节假设：

H4：信息与沟通和反倾销会计信息证据效力显著正相关。

为了更好地研究信息与沟通和反倾销会计信息证据效力的相关性，将信息与沟通指标进一步细分，选取其中关键因素对反倾销会计信息证据效力的影响作进一步研究。

（1）在传递信息方面，就应诉反倾销而言，最重要的方面就是将企业的与生产经营有关的信息传递给对方企业以获得市场经济地位以及证明企业没有倾销行为。因此，信息披露是至关重要的一环。企业是否全面、规范、完整地披露的信息很大程度地影响着信息使用者对我国出口企业相关产品的认定。根据以上分析，本节假设：

H4－1：企业信息披露是否全面、规范、完整影响反倾销会计信息证据效力，且信息披露全面、规范、完整的企业反倾销会计信息证据效力较强。

（2）在沟通方面，就企业内部而言，一个新的制度、决定及时有效地颁布、传达、被各部门人员正确地领悟对于企业的运营发展起着至关重要的作用。就市场环境而言，随时关注市场动态的变化、跟随国家颁布的相关新的政策来调整自身的经营策略有利于企业识别风险和防范风险。董事会召开的次数能够反映董事会与经理层的沟通情况，独立董事出席董事会的比例可以反映沟通过程的客观性和独立性。因此，董事会召开的次数与独立董事出席董事会的比例都极大地影响了企业内部控制的执行，在反倾销应诉的过程中，也会影响其会计信息证据效力。根据以上分析，本节假设：

H4-2：董事会召开的次数影响企业反倾销会计信息证据效力，且董事会召开次数越多的企业其反倾销会计信息证据效力越强。

H4-3：独立董事出席董事会的比例影响企业反倾销会计信息证据效力，且独立董事出席董事会比例越大的企业其反倾销会计信息证据效力越强。

3.2.1.5 内部监督

石水平和杨维波（2008）认为，内部监督可以发现控制活动与控制目标不相符的行为，并及时加以改正，将企业遭受反倾销打击的风险降到最低，为企业提供有效会计信息提供良好的支撑平台①。此外，利用外部监督来敦促与加强内部监督的效果也是企业在反倾销应诉过程中申请市场经济地位或是申请单独税率的必备条件。由此可见，内部控制对于企业应诉反倾销会计信息证据效力的重要影响。根据以上分析，本节假设：

H5：内部监督与反倾销会计信息证据效力显著正相关。

为了更好地研究内部监督与反倾销会计信息证据效力的相关性，将内部监督指标进一步细分，选取其中关键因素对反倾销会计信息证据效力的影响作进一步研究。

（1）《规范》中规定执行内部监督的部门应是内部审计部门。企业可以单独设立内部审计部门也可以将内部审计部门的职责附属于某一相关部门。设立单独的审计部门有利于保持内部审计的独立性，也有利于对企业的生产经营状况作定期的监督检查，发现其存在的问题，并提出纠正意见。此外，独立的审计部门同时对年度财务报表的真实性、有效性进行审计，极大地提高了其可靠性，减小了舞弊、纰漏的可能性。与此同时，监事会同样对企业的生产经营活动起到监督作用。监事会主要监督董事会及高管层的运营工作，与内部审计部门相比，监事会站在更为宏观的角度监督着企业的整个运作，对于内部审计部门的工作是一个不可缺少的补充。在反倾销应诉过程中，这种监督

① 石水平，杨维波. 内部控制对反倾销企业税负影响的实证分析 [J]. 当代经济管理，2008（2）：70-76.

同样必不可少。根据以上分析，本节假设：

H5 - 1：企业是否设立了独立审计部门影响反倾销会计信息证据效力，且设立了独立审计部门的企业反倾销会计信息证据效力较强。

H5 - 2：企业监事会规模影响反倾销会计信息证据效力，且监事会规模越大反倾销会计信息证据效力越强。

（2）《内部控制自我评估报告》是企业对自身内部控制效果进行的评价。企业是否披露了《内部控制自我评估报告》从一定程度上可以反映企业执行内部控制的意愿和效果。统计分析表明：按照章程规定有效执行内部控制的企业更倾向于在年报中披露《内部控制自我评估报告》，而没有有效执行内部控制或是内部控制存在缺陷的企业则更倾向于不披露《内部控制自我评估报告》或者是在披露时含糊其辞[①]。此外，聘请外部审计机构对《内部控制自我评估报告》进行复核能够更进一步地督促企业有效组织实施内部控制。由此，可以合理推断，在年报中披露了《内部控制自我评估报告》并请外部审计机构对其进行了复核的企业，其内部控制更趋向于严谨、合理、有效，在反倾销应诉的过程中，也更能保证会计信息的有效提供。由此，本节假设：

H5 - 3：企业是否披露了《内部控制自我评估报告》影响反倾销会计信息证据效力，且披露了《内部控制自我评估报告》的企业反倾销会计信息证据效力更强。

H5 - 4：企业是否聘请外部审计机构对《内部控制自我评估报告》进行复核影响反倾销会计信息证据效力，且聘请了外部审计机构进行复核的企业反倾销会计信息证据效力更强。

（3）聘请会计师事务所对企业财务报表进行审计是对企业内部监督的一种很好的外部监督形式。会计师事务所的声誉对监督和承诺的力度影响很大。辛维和帕赛（Singhvi & Pesai，1971）经过研究发现，声誉较好的大型会计师事务所独立性更强，影响力更大，同时对企业信息的披露更加全面[②]。聘请声誉良好的会计师事务所对企业进行审计，其监督力度就更强。国际四大会计师事务所（德勤、毕马威、安永、普华永道）相比于国内的会计师事务所而言，其优势很大程度上就在于声誉上的优势。此外，会计师事务所对企业的年度审计意见更是反映了企业内部控制的执行效果。在此，可以合理推断，在反倾销应诉过程中，聘请声誉好的会计师事务所审计企业的相关报表更能够保证企业反倾销会计信息的证据效力。根据以上分析，本节假设：

---

①　张晓岚，沈豪杰，杨默. 基于熵模型计量的内部控制信息披露质量指数研究 [J]. 西安交通大学学报（社会科学版），2012（1）：29 - 34.

②　Singhvi, S. & Desai, H. B. An empirical analysis of the quality of corporate financial disclosure [J]. The Accounting Review，1971（46）：129 - 138.

H5 – 5：企业是否由权威会计师事务所进行审计影响反倾销会计信息证据效力，且由权威会计师事务所进行审计的企业其反倾销会计信息证据效力更强。

综合以上内容，将本节待证明假设汇总如图 3 – 2 所示。

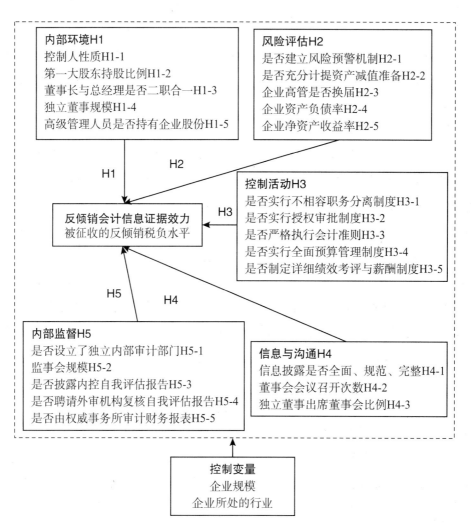

图 3 – 2　内部控制对反倾销会计信息证据效力影响实证研究的待证模型

3.2.2　研究设计

3.2.2.1　变量定义与度量

（1）被解释变量。

本节研究内部控制对反倾销会计信息证据效力的影响，反倾销会计信息证据效力为最终被解释变量。反倾销会计信心贯穿在反倾销应诉的各个阶段，其是否具有较强的会计信息证据效力成为企业能否成功应诉的关键。由于反倾销会计信息证据效力较为抽象、很难具体量化，本节采用相关能度量反倾销会计信息证据效力的指标进行替代。

反倾销应诉中极为重要的环节是倾销的认定。倾销认定的环节是围绕会计信息展开的。倾销认定的三个关键点（是否存在倾销、是否存在损害、倾销与损害间是否存在因果关系）的认定都需要会计信息的大力佐证。以欧盟为例，企业在填写反倾销调查问卷时需要填写的信息有：被调查产品的一般信息（包括企业的规模、资本结构、财务会计状况，总体的成本与利润等）、销售与数量相关信息、生产要素相关信息、价格与折扣相关信息等，这些内容几乎都是会计信息的内容。会计信息证据的强弱在该环节中起到了至关重要的作用。而企业能否证实不存在倾销，或者是否能将倾销认定的幅度降到最低能够反映出企业提供的会计信息是否具有较强的证据效力。根据以上分析，笔者认为，企业最终被征收的反倾销税负水平能够体现企业是否获得市场经济地位的价值和意义，将其作为表征企业反倾销会计信息证据效力强弱的主要指标。

综上所述，本节中被解释变量为：

企业最终被征收的反倾销税率（ADTR）：以百分数的形式表示的企业最终被征收的实际反倾销税率。

（2）控制变量。

企业应诉反倾销会计信息证据效力不仅仅受到内部控制控制影响，也会受到其他相关因素的影响。同样，内部控制的效果也会受到其他相关因素的影响。本节选取对反倾销会计信息证据效力有较直接影响的两个因素：涉案企业规模与企业所属行业类型作为控制变量。

①涉案企业所属的行业类型（TYPE）：上市企业根据性质和类别的不同被分为11类，行业类型的不同在很大程度上影响了对出口产品构成损害程度大小的认定，同时也直接影响到最终被征收反倾销税的幅度。不同行业应诉反倾销过程中，其提供的相关会计信息评价标准也不一样。因此企业所属的行业类型对其反倾销会计信息证据效力存在较大影响，因不属于本节研究范围，因此将其列为控制变量。由于在涉案样本中，被诉反倾销的企业只涉及三种类型：工业企业、商业企业以及综合企业。因此，本节对该控制变量引入一个分类变量：若属于商业企业则取0；若属于综合企业则取1；若属于工业企业则取2。

②涉案企业规模（SIZE）：用涉案企业资产总数的对数来表示。

涉案企业的总规模决定了其对外出口的总体业务量，该出口总量是判断出口产品对对方国内市场损害程度的一个重要依据。同样的倾销幅度，若出口总量不同则倾销损害幅度也不会相同。涉案企业规模是影响出口企业被裁定反倾销税率的一个重要因素。同时，涉案企业的总体规模也影响其在应诉反倾销过程中提供的会计信息的证据效力。

变量定义与度量汇总如表 3 - 1 所示。

表 3 - 1 　　　　　　　　被解释变量及控制变量定义与度量汇总

变量类型	变量名称	变量含义	度量	预期影响
被解释变量	ADTR	最终被征收反倾销税率	以百分数的形式表示的企业最终被征收的实际反倾销税率	/
控制变量	SIZE	企业规模	Ln 涉案企业资产总数	+
	TYPE	涉案企业行业类型	若属于商业企业取 0；综合企业取 1；工业企业取 2	/

（3）解释变量。

根据前文提出的待检验假设，本节设定的解释变量如表 3 - 2 至表 3 - 6 所示。

内部环境：

表 3 - 2 　　　　　　　　内部环境指标定义与度量汇总

变量类型	变量名称	变量含义	度量	预期影响
解释变量	COP	控制人性质	国有控股取 1；否则取 0	+
	LARS	首大股东持股比例	第一大股东实际持股百分比	-
	JOIN	二职合一	二职合一取 1；否则取 0	-
	OUTDIR	独董规模	独董人数/董事会总人数	+
	CEOSR	高管持股	高管持股取 1；否则取 0	+

风险评估：

表 3 - 3 　　　　　　　　风险评估指标定义与度量汇总

变量类型	变量名称	变量含义	度量	预期影响
解释变量	RISK	风险预警	建立了风险预警取 1；否则取 0	+
	ASSET	减值准备计提	充分计提减值准备取 1；否则取 0	+
	TRANS	高管换届	存在高管换届取 1；否则取 0	-
	ALR	资产负债率	负债/资产	-
	NAIR	净资产收益率	净利润/净资产	+

控制活动：

表 3 - 4　　　　　　　　　　　控制活动指标定义与度量汇总

变量类型	变量名称	变量含义	度量	预期影响
解释变量	SEP	不相容职务分离	实行了不相容职务分离取 1；否则取 0	+
	AUTHO	授权审批	实行了授权审批取 1；否则取 0	+
	ACCOUNT	会计准则	严格执行会计准则取 1；否则取 0	+
	BUDGET	全面预算管理	实行全面预算管理制度取 1；否则取 0	+
	PAY	绩效与薪酬制度	制定绩效与薪酬制度取 1；否则取 0	+

信息与沟通：

表 3 - 5　　　　　　　　　　信息与沟通指标定义与度量汇总

变量类型	变量名称	变量含义	度量	预期影响
解释变量	INFOR	信息披露	企业信息披露完整全面取 1；否则取 0	+
	MEETING	董事会议召开次数	董事会实际召开次数	+
	ODAM	独董出席董事会比例	独董出席董事会议次数/董事会议次数	+

内部监督：

表 3 - 6　　　　　　　　　　内部监督指标定义与度量汇总

变量类型	变量名称	变量含义	度量	预期影响
解释变量	INAUDIT	内部审计部门	设立了独立内审部门取 1；否则取 0	+
	SUPERV	监事会规模	监事人数/董事会总人数	+
	PUBL	内控自我评估报告	披露内控自我评估报告取 1；否则取 0	+
	RECHECK	外审机构复核	聘请外审机构复核报告取 1；否则取 0	+
	AUDITOR	事务所是否权威	聘请四大审计取 1；否则取 0	+

3.2.2.2 样本选择与数据来源

本节选取 2008～2012 年 5 年时间遭反倾销调查的上市企业为研究对象，共得到 94 个样本企业。剔除其中案件信息不完整的样本、重复样本以及年报披露不完整的样本之后得到 50 个研究样本①。本节所研究的企业内部控制信息主要来自企业披露的年报（来源：巨潮资讯 www. cninfo. com. cn），同时从企业自我评估报告获得相关补充信息。本节所研究的反倾销相关数据均来自于中国贸易救济信息网（www. cacs. gov. cn）。所有的数据均为手工整理。

3.2.2.3 模型设计

本节拟采用多元线性回归模型来研究内部控制与反倾销会计信息证据效力的相关性。回归方程建立如下：

①：$ADTR = \alpha_0 + \alpha_1 COP + \alpha_2 LARS + \alpha_3 JOIN + \alpha_4 OUTDIR + \alpha_5 CEOSR$
$+ \alpha_6 SIZE + \alpha_7 TYPE + \varepsilon_1$ （3 − 1）

②：$ADTR = \beta_0 + \beta_1 RISK + \beta_2 ASSET + \beta_3 TRANS + \beta_4 ALR + \beta_5 NAIR$
$+ \beta_6 SIZE + \beta_7 TYPE + \varepsilon_2$ （3 − 2）

③：$ADTR = \lambda_0 + \lambda_1 SEP + \lambda_2 AUTHO + \lambda_3 ACCOUNT + \lambda_4 BUDGET + \lambda_5 PAY$
$+ \lambda_6 SIZE + \lambda_7 TYPE + \varepsilon_3$ （3 − 3）

④：$ADTR = \sigma_0 + \sigma_1 INFOR + \sigma_2 MEETING + \sigma_3 ODAM + \sigma_4 SIZE$
$+ \sigma_5 TYPE + \varepsilon_4$ （3 − 4）

⑤：$ADTR = \mu_0 + \mu_1 INAUDIT + \mu_2 SUPERV + \mu_3 PUBL + \mu_4 RECHECK$
$+ \mu_5 AUDITOR + \mu_6 SIZE + \mu_7 TYPE + \varepsilon_5$ （3 − 5）

其中，α_0，β_0，λ_0，σ_0，μ_0 为常数项，ε_1，ε_2，ε_3，ε_4，ε_5 为误差项，其余为自变量的系数。模型①用于检验 H1，模型②用于检验 H2，模型③用于检验 H3，模型④用于检验 H4，模型⑤用于检验 H5。

3.2.3 数据处理与结果分析

3.2.3.1 样本特征分析

本节采用描述性统计分析对研究样本进行总体上的基本分析，以对样本有一个概括

---

① 通常将样本数量大于 30 的称为大样本，小于 30 的称为小样本。

性认识和宏观把握。

对被解释变量、解释变量以及自变量进行了从最大值、最小值、均值以及标准差四个方面进行了描述性统计，统计结果如表 3 - 7 所示。

表 3 - 7　　　　　　　　　　样本企业指标描述性统计分析

变量名	样本数	最小值	最大值	均值	标准差
ADTR	50	0.00%	266%	46.36%	57.093%
COP	50	0	1	0.38	0.490
LARS	50	0.13	0.76	0.4356	0.17296
JOIN	50	0	1	0.40	0.495
OUTDIR	50	0.11	0.28	0.1918	0.03635
CEOSR	50	0	1	0.28	0.454
RISK	50	0	1	0.08	0.274
ASSET	50	0	1	0.60	0.495
TRANS	50	0	1	0.50	0.505
ALR	50	0.07	0.80	0.4908	0.18786
NAIR	50	0.00	0.32	0.1010	0.07313
SEP	50	0	1	0.78	0.418
AUTHO	50	0	1	0.08	0.274
ACCOUNT	50	0	1	0.32	0.471
BUDGUT	50	0	1	0.10	0.303
PAY	50	0	1	0.46	0.503
INFOR	50	0	1	0.58	0.499
MEETING	50	5	17	8.86	2.836
ODAM	50	0.09	1.00	0.7991	0.29486
INAUDIT	50	0	1	0.36	0.485
SUPERV	50	0.13	0.38	0.2072	0.05701
PUBL	50	0	1	0.74	0.443
RECHECK	50	0	1	0.34	0.479
AUDIT	50	0	1	0.14	0.351
SIZE	50	0	27.66	20.0799	7.22531
TYPE	50	0	2	1.82	0.482
有效值	50				

从表 3 - 7 描述性统计分析的结果中，能发现应诉反倾销企业相关基本信息。在样本企业中，被征收的反倾销税率从 0% 到 266%，均值为 46.36%，标准差为 57.093%，波动范围较大，但从平均值及方差来看，被征收反倾销极高税率的企业并不多，绝大多数企业被征收的反倾销税率都在 100% 以内。

内部环境：控制人性质均值为 0.38，表明涉案企业非国有控股的比例相对较大。独立董事规模均值为 19.18%，低于证监会对独立董事规模占董事会规模 1/3 的规定。高管持股均值为 0.28，表明绝大部分企业无高管持股。这几个指标值的表现呈中下游水平。而第一大股东的持股比例均值为 0.4356，企业"二职合一"现象均值为 0.4，这两个指标相对比较客观，说明涉案企业控制权没有过度集中。总体分析来看，涉案企业内部控制环境比较平衡，各企业内部控制之间存在差异，但并不十分严重。

风险评估：涉案企业建立风险预警机制的均值为 0.08，表明大多数企业并未建立风险预警机制。资产负债率均值为 49.08%，净资产收益率水平均值为 10.10%，涉案企业资产负债率均值较高而净资产收益率均值较低，这表明企业的偿债能力风险较大且经营风险也较大。企业减值准备计提均值为 0.6，而高管换届均值为 0.5，这表明企业在计提减值准备方面的工作做得较好，而企业总体在涉案年间的稳定程度处于中游水平。由以上指标分析，涉案企业在涉案年间的风险水平整体还是较高的，这对于企业应诉反倾销是个不利的信号，相关管理人员在制定反倾销应诉策略时也应该对风险足够重视。

控制活动：在涉案企业执行控制活动方面，不相容职务分离指标均值为 0.78，表明大部分企业在权责分离这一部分做得比较好。而授权审批制度均值为 0.08，是否严格遵守会计准则均值为 0.32，是否执行全面预算管理制度均值为 0.10，是否建立完善的绩效考评制度均值为 0.46。这些指标均值表明在这些部分，涉案企业基本做得不理想，均值没有超过 50%，且授权审批与全面预算管理指标未超过 10%。综合以上来看，企业在内部控制活动的制度建设与具体执行方面还有很多可以改进的空间。

信息与沟通：在信息披露方面，企业完整披露信息指标均值为 0.58，这表明企业在信息披露方面普遍做得较好，公开披露信息在一定程度上认真执行。在沟通方面，董事会议召开次数指标均值为 8.86 独立董事出席董事会议指标均值为 79.91%，这表明企业在沟通方面做得较好，董事会议召开次数基本能够达到要求，同时独立董事出席会议的比例也较高。总体来看，涉案企业在信息与沟通方面基本达到要求，做得较好。

内部监督：企业内部审部门设立均值为 0.36，这表明内部审计都在一定程度上认真执行。涉案企业监事会规模均值为 20.72%，未达到证监会对监事会占董事会比例至少为 1/3 的要求；企业披露内部控制自我评估报告均值为 74%，表明绝大多数企业在年报中披露了内部控制自我评估报告；是否聘请外审机构对内部控制自我评估报告进行复核指标均值为 34%，聘请四大对企业年报进行审计的均值为 14%，这表明企业通过外审对内部控制进行监督的力度还较小。内部监督主要由企业内部进行，借助外审机构辅助进行内审的力度也较小。

通过对内部控制相关指标进行描述性统计分析，发现了企业内部控制的基本状态：在内部控制五个部分中，信息与沟通是企业普遍做得较好的一个部分，而在内部环境、风险评估、控制活动以及内部监督等方面，企业都或多或少存在一些缺陷，做得不够完善，存在较多的提升空间。

3.2.3.2　相关性检验

相关分析用于检验变量之间的不确定关系。采用 Pearson 相关性检验对因变量、自变量以及控制变量之间的关系进行了检验。基于托马斯和威廉（Thomas 与 William，1986）的研究结果：各变量之间具有独立性的条件是相关系数 < 0.65。具体检验结果如表 3 - 8 至表 3 - 12 所示。

①内部环境指标与被解释变量及控制变量之间的相关性检验结果如表 3 - 8 所示。

表 3 - 8　　　　　　　　　　　　　内部环境 Pearson 相关性检验结果

	ADTR	COP	LARS	JOIN	OUTDIR	CEOSR	SIZE	TYPE
ADTR	1							
COP	0.102*	1						
LARS	-0.073*	0.335*	1					
JOIN	-0.424**	-0.050	-0.008	1				
OUTDIR	0.296*	-0.131	-0.091	0.118	1			
CEOSR	0.005	-0.121	-0.288*	-0.236	0.117	1		
SIZE	-0.806**	0.055	0.132	0.332*	0.052	-0.023	1	
TYPE	-0.424**	-0.136	0.152	0.308*	-0.074	-0.045	0.383**	1

注：* 相关系数在 0.05 水平上显著（双尾）、** 相关系数在 0.01 水平上显著（双尾）。

由表 3 - 8 可知，控制人性质（COP）、第一大股东的持股比例（LARS）与反倾销会计信息证据效力（ADTR）之间的相关性与预期相同，且在 0.05 的水平上显著。二职合一（JOIN）与 ADTR 之间的相关性与预期相同，且在 0.01 的水平上显著。高管持股（CEOSR）与 ADTR 之间的相关性与预期相同，但并不十分显著。独立董事规模（OUT-

DIR）与 ADTR 之间的相关性与预期相反，且在 0.05 的水平上显著。且在所有的变量当中，只有控制变量 SIZE 与被解释变量 ADTR 之间的相关系数为 0.806 > 0.65。所有自变量与控制变量之间的相关系数均小于 0.65，因此，认为自变量与控制变量各变量之间不存在共线性的问题。

②风险评估指标与被解释变量及控制变量之间的相关性检验结果如表 3 - 9 所示。

表 3 - 9　　　　　　　　　　　　风险评估 Pearson 相关性检验结果

	ADTR	RISK	ASSET	TRANS	ALR	NAIR	SIZE	TYPE
ADTR	1							
RISK	0.242**	1						
ASSET	0.046*	− 0.060	1					
TRANS	0.069	0.000	− 0.327*	1				
ALR	− 0.003**	− 0.271	0.170	− 0.054	1			
NAIR	0.068*	0.057	− 0.293*	− 0.058	0.068	1		
SIZE	− 0.806**	0.036	0.069	0.068	0.216	− 0.017	1	
TYPE	− 0.424**	0.111	0.120	− 0.042	− 0.037	− 0.053	0.383**	1

注：* 相关系数在 0.05 水平上显著（双尾）、** 相关系数在 0.01 水平上显著（双尾）。

由表 3 - 9 可知，企业是否建立了风险预警机制（RISK）、是否充分计提了减值准备（ASSET）、资产负债率（ALR）以及净资产收益率（NAIR）与 ADTR 之间的相关性与预期相同，且 RISK、ALR 与 ADTR 之间的相关性在 0.01 的水平上显著，ASSET 与 ADTR 之间的相关性在 0.05 的水平上显著。企业是否存在高管换届（TRANS）与 ADTR 之间的相关性与预期相反，显著性不十分明显。所有自变量与控制变量之间的相关系数均小于 0.65，因此，认为自变量与控制变量各变量之间不存在共线性的问题。

③控制活动指标与被解释变量及控制变量之间的相关性检验结果如表 3 - 10 所示。

表 3 - 10　　　　　　　　　　　　控制活动 Pearson 相关性检验结果

	ADTR	SEP	AUTHO	ACCOUNT	BUDGET	PAY	SIZE	TYPE
ADTR	1							
SEP	0.078*	1						
AUTHO	0.205*	0.157	1					
ACCOUNT	0.164*	0.054	− 0.044	1				

续表

	ADTR	SEP	AUTHO	ACCOUNT	BUDGET	PAY	SIZE	TYPE
BUDGET	−0.033**	0.177	0.147	0.057	1			
PAY	0.198	−0.285*	0.024	0.227	0.094	1		
SIZE	−0.806**	−0.072	0.047	0.161	0.149	0.109	1	
TYPE	−0.424**	0.103	0.111	0.079	0.126	0.180	0.383**	1

注：＊相关系数在 0.05 水平上显著（双尾）、＊＊相关系数在 0.01 水平上显著（双尾）。

由表 3 – 10 可以看出，不相容职务分离（SEP）、授权审批制度（AUTHO）、绩效考评与薪酬制度（PAY）以及会计准则（ACCOUNT）与 ADTR 之间的相关性与预期相同，且 SEP、AUTHO、ACCOUNT 与 ADTR 之间的相关性在 0.05 的水平上显著，全面预算管理制度（BUDGET）与 ADTR 之间的相关性与预期相反，且在 0.01 的水平上显著。所有自变量与控制变量之间的相关系数均小于 0.65，因此，认为自变量与控制变量各变量之间不存在共线性的问题。

④信息与沟通指标与被解释变量及控制变量之间的相关性检验结果如表 3 – 11 所示。

表 3 – 11   信息与沟通 Pearson 相关性检验结果

	ADTR	INFOR	MEETING	ODAM	SIZE	TYPE
ADTR	1					
INFOR	0.271*	1				
MEETING	0.082	−0.100	1			
ODAM	0.190	−0.127	−0.389**	1		
SIZE	−0.806**	0.329*	−0.053	0.117	1	
TYPE	−0.424**	0.189	0.056	0.270	0.383**	1

注：＊相关系数在 0.05 水平上显著（双尾）、＊＊相关系数在 0.01 水平上显著（双尾）。

由表 3 – 11 可以看出，信息与沟通指标中信息披露（INFOR）、董事会议召开次数（MEETING）、独董出席董事会比例（ODAM）与 ADTR 之间的相关性均与预期相同，且 INFOR 与 ADT 之间的相关性在 0.01 的水平上显著，其他解释变量与 ADTR 之间的相关性并不十分显著。所有自变量与控制变量之间的相关系数均小于 0.65，因此，认为自变量与控制变量各变量之间不存在共线性的问题。

⑤内部监督指标与被解释变量及控制变量之间的相关性检验结果如表 3 – 12 所示。

表 3 – 12　　　　　　　　　　　　内部监督 Pearson 相关性检验结果

	ADTR	INAUDIT	SUPERV	PUBL	RECHECK	AUDIT	SIZE	TYPE
ADTR	1							
INAUDIT	0.371**	1						
SUPERV	0.239**	-0.118	1					
PUBL	0.185*	0.160	0.066	1				
RECHECK	0.084	-0.011	0.087	0.425**	1			
AUDIT	0.242	0.298*	0.111	0.239	0.075	1		
SIZE	-0.806**	0.230	-0.137	0.162	-0.048	-0.242	1	
TYPE	-0.424**	0.021	0.159	-0.032	-0.083	-0.089	0.383**	1

注：* 相关系数在 0.05 水平上显著（双尾）、** 相关系数在 0.01 水平上显著（双尾）。

由表 3 – 12 可以看出，在内部监督的相关指标中，内部审计部门设置（INAUDIT）、监事会规模（SUPERV）、是否披露内部控制自我评估报告（PUBL）、是否有外审机构复核内部控制自我评估报告（RECHECK）以及审计事务所是否权威（AUDIT）与 ADTR 之间的关系均与预期相同，且 INAUDIT、SUPERV 与 ADTR 之间的相关性在 0.01 的水平上显著，PUBL 与 ADTR 之间的相关性在 0.05 的水平上显著。RECHECK、AUDIT 与 ADTR 之间的相关性并不十分显著。所有自变量与控制变量之间的相关系数均小于 0.65，因此，认为自变量与控制变量各变量之间不存在共线性的问题。

3.2.3.3　方差检验

在相关性检验之后，对模型进行单因素方差检验。单因素方差检验是为了检验由单一因素影响的因变量各组之间的均值是否存在显著的差异。本节以 ADTR 为被解释变量，以解释变量 COP、LARS、JOIN、OUTDIR、CEOSR、RISK、ASSET、TRANS、ALR、NAIR、SEP、AUTHO、ACCOUNT、BUDGET、PAY、INFOR、MEETING、ODAM、INAUDIT、SUPERV、PUBL、RECHECK、AUDITOR、SIZE、TYPE 为因素，进行单因素方差分析（非分类变量先通过"均值 ± 标准差"的方式转化为分类变量，再进行方差分析）。单因素方差分析从内部环境、风险评估、控制活动、信息与沟通及内部监督五个方面分别进行。各项具体的分析结果如表 3 – 13 至表 3 – 17 所示。

①内部环境的单因素方差分析结果如表 3 – 13 所示。

表 3 - 13 内部环境单因素方差分析结果

变量	方差齐性		ANOVA	
	Levene 统计量	P 值	F 值	P 值
COP	0.837	0.365	4.506	0.048*
LARS	1.367	0.248	3.222	0.034*
JOIN	15.195	0.000	10.529	0.002**
OUTDIR	2.065	0.157	5.770	0.038*
CEOSR	0.013	0.911	0.001	0.974
SIZE	11.406	0.001	4.634	0.036*
TYPE	2.583	0.086	7.387	0.002**

注：* 在 0.05 水平上显著（双尾）、** 在 0.01 水平上显著（双尾）。

如表 3 - 13 所示，在内部控制环境指标中，控制人性质不同的企业，在 0.05 的显著性水平上，其反倾销会计信息证据效力是具有显著性差异的（$F = 4.506$，$P = 0.048 < 0.05$）；第一大股东持股比例不同的企业，在 0.05 的显著性水平上，其反倾销会计信息证据效力是具有显著性差异的（$F = 3.222$，$P = 0.034 < 0.05$）；"二职合一"现象不同的企业，在 0.01 的显著性水平上，其反倾销会计信息证据效力是具有显著性差异的（$F = 10.529$，$P = 0.002 < 0.01$）；独立董事规模不同的企业，在 0.05 的显著性水平上，其反倾销会计信息证据效力是具有显著性差异的（$F = 5.770$，$P = 0.038 < 0.05$）；规模不同的企业，在 0.05 的显著性水平上，其反倾销会计信息证据效力是具有显著性差异的（$F = 4.634$，$P = 0.036 < 0.05$）；类型不同的企业，在 0.01 的显著性水平上，其反倾销会计信息证据效力是具有显著性差异的（$F = 7.387$，$P = 0.002 < 0.01$）。

②风险评估的单因素方差分析结果如表 3 - 14 所示。

表 3 - 14 风险评估单因素方差分析结果

变量	方差齐性		ANOVA	
	Levene 统计量	P 值	F 值	P 值
RISK	4.821	0.033	2.983	0.001**
ASSET	1.821	0.184	5.102	0.015*
TRANS	0.603	0.441	0.232	0.632
ALR	0.044	0.835	3.023	0.008**
NAIR	0.001	0.971	3.198	0.042*

续表

变量	方差齐性		ANOVA	
	Levene 统计量	P 值	F 值	P 值
SIZE	11.406	0.001	4.634	0.036*
TYPE	2.583	0.086	7.387	0.002**

注：* 在 0.05 水平上显著（双尾）、** 在 0.01 水平上显著（双尾）。

如表 3 – 14 所示，在风险评估指标中，；风险预警设置不同的企业，在 0.01 的显著性水平上，其反倾销会计信息证据效力是具有显著性差异的（F = 2.983，P = 0.001 < 0.01）；减值准备计提不同的企业，在 0.05 的显著性水平上，其反倾销会计信息证据效力是具有显著性差异的（F = 5.102，P = 0.015 < 0.05）；资产负债率不同的企业，在 0.01 的显著性水平上，其反倾销会计信息证据效力是具有显著性差异的（F = 3.023，P = 0.008 < 0.01）；净资产收益率不同的企业，在 0.05 的显著性水平上，其反倾销会计信息证据效力是具有显著性差异的（F = 3.198，P = 0.042 < 0.05）。

③控制活动的单因素方差分析结果如表 3 – 15 所示。

表 3 – 15　　　　　　　　控制活动单因素方差分析结果

变量	方差齐性		ANOVA	
	Levene 统计量	P 值	F 值	P 值
SEP	0.130	0.720	4.292	0.022*
AUTHO	3.401	0.071	2.113	0.013*
ACCOUNT	1.909	0.173	1.321	0.026*
BUDGET	0.009	0.926	8.052	0.009**
PAY	0.290	0.593	1.950	0.169
SIZE	11.406	0.001	4.634	0.036*
TYPE	2.583	0.086	7.387	0.002**

注：* 在 0.05 水平上显著（双尾）、** 在 0.01 水平上显著（双尾）。

如表 3 – 15 所示，在控制活动指标中，不相容职务分离执行情况不同的企业，在 0.05 的显著性水平上，其反倾销会计信息证据效力是具有显著性差异的（F = 4.292，P = 0.022 < 0.05）；授权审批执行情况不同的企业，在 0.05 的显著性水平上，其反倾销会计信息证据效力是具有显著性差异的（F = 2.113，P = 0.013 < 0.05）；会计准则执行

不同的企业，在 0.05 的显著性水平上，其反倾销会计信息证据效力是具有显著性差异的（F = 1.321，P = 0.026 < 0.05）；全面预算执行情况不同的企业，在 0.01 的显著性水平上，其反倾销会计信息证据效力是具有显著性差异的（F = 8.052，P = 0.009 < 0.01）。

④信息与沟通的单因素方差分析结果如表 3 - 16 所示。

表 3 - 16　　　　　　　　　信息与沟通单因素方差分析结果

变量	方差齐性		ANOVA	
	Levene 统计量	P 值	F 值	P 值
INFOR	7.639	0.008	3.793	0.049*
MEETING	0.051	0.822	0.176	0.677
ODAM	3.695	0.061	2.329	0.034*
SIZE	11.406	0.001	4.634	0.036*
TYPE	2.583	0.086	7.387	0.002**

注：* 在 0.05 水平上显著（双尾）、** 在 0.01 水平上显著（双尾）。

如表 3 - 16 所示，在信息与沟通指标中，信息披露情况不同的企业，在 0.05 的显著性水平上，其反倾销会计信息证据效力是具有显著性差异的（F = 3.793，P = 0.049 < 0.05），独立董事出席董事会议不同的企业，在 0.05 的显著性水平上，其反倾销会计信息证据效力是具有显著差异的（F = 2.329，P = 0.034 < 0.05）。

⑤内部监督的单因素方差分析结果如表 3 - 17 所示。

表 3 - 17　　　　　　　　　内部监督单因素方差分析结果

变量	方差齐性		ANOVA	
	Levene 统计量	P 值	F 值	P 值
INAUDIT	8.701	0.005	7.669	0.008**
SUPERV	2.719	0.106	1.652	0.001**
PUBL	1.876	0.177	1.701	0.018*
RECHECK	0.374	0.544	0.338	0.564
AUDITOR	4.592	0.037	2.992	0.090
SIZE	11.406	0.001	4.634	0.036*
TYPE	2.583	0.086	7.387	0.002**

注：* 在 0.05 水平上显著（双尾）、** 在 0.01 水平上显著（双尾）。

如表 3 - 17 所示，在内部监督指标中，内部审计部门设置不同的企业，在 0.01 的显著性水平上，其反倾销会计信息证据效力是具有显著性差异的（F = 7.669，P = 0.008 < 0.01），监事会规模不同的企业，在 0.01 的显著性水平上，其反倾销会计信息证据效力是具有显著性差异的（F = 1.652，P = 0.001 < 0.01）；内部控制自我评估报告披露情况不同的企业，在 0.05 的显著性水平上，其反倾销会计信息证据效力是具有显著性差异的（F = 1.701，P = 0.018 < 0.05）。

3.2.3.4　回归分析

（1）多重共线性检验。

多重共线性检验是进行回归分析之前的一个必要步骤，为提高回归分析的科学性打下了基础。反向逐步回归法指首次将所有指标进入回归，然后将指标逐步退出的方法。通过每一步的指标退出，观察模型结果的变化，从而判断退出指标与原有指标之间是否存在多重共线性。本节采用反向逐步回归法对解释变量、被解释变量以及控制变量之间的共线性问题进行研究，检验从内部环境、风险评估、控制活动、信息与沟通以及内部监督五个方面进行。

①内部环境指标多重共线性检验结果如表 3 - 18 所示。

表 3 - 18　　　　　　　　　内部环境指标反向逐步回归结果

模型	R	R^2	调整后的 R^2	估计值标准误差
1	0.870（a）	0.757	0.717	0.30388
2	0.870（b）	0.757	0.723	0.30040
3	0.870（c）	0.757	0.729	0.29709
4	0.866（d）	0.750	0.727	0.29806
5	0.859（e）	0.738	0.721	0.30172
6	0.866（f）	0.750	0.715	0.30466

注：a 预测值：TYPE、CEOSR、OUTDIR、COP、SIZE、LARS、JOIN
　　b 预测值：TYPE、OUTDIR、COP、SIZE、LARS、JOIN
　　c 预测值：TYPE、OUTDIR、COP、SIZE、JOIN
　　d 预测值：TYPE、OUTDIR、SIZE、JOIN
　　e 预测值：TYPE、OUTDIR、SIZE
　　f 预测值：TYPE、SIZE

由表 3 - 18 的反向逐步回归结果可知，共进行了 6 次回归，R^2 值都在 0.738 ~ 0.757，解释变量的解释能力比较好。进而根据逐步回归系数表的结果，T 检验的结果

均比较理想，因此，基本消除多重共线性问题。内部环境逐步回归系数表如表 3 - 19
所示。

表 3 - 19　　　　　　　　　内部环境逐步回归系数表（部分）

模型	非标准化系数		标准化系数	T 值	Sig.
	B	标准误差	B		
COP	0. 108	0. 097	0. 092	1. 106	0. 275
LARS	- 0. 063	0. 285	- 0. 019	- 0. 220	0. 827
JOIN	- 0. 141	0. 100	- 0. 122	- 1. 402	0. 168
OUTDIR	- 3. 798	1. 238	- 0. 242	- 3. 067	0. 004
CEOSR	- 0. 015	0. 105	- 0. 012	- 0. 143	0. 887
SIZE	- 0. 056	0. 007	- 0. 711	- 8. 252	0. 000
TYPE	- 0. 139	0. 104	- 0. 117	- 1. 332	0. 190

②风险评估指标多重共线性检验结果如表 3 - 20 所示。

表 3 - 20　　　　　　　　　风险评估指标反向逐步回归结果

模型	R	R^2	调整后的 R^2	估计值标准误差
1	0. 861（a）	0. 741	0. 698	0. 31361
2	0. 861（b）	0. 741	0. 705	0. 30995
3	0. 857（c）	0. 735	0. 705	0. 31010
4	0. 854（d）	0. 729	0. 705	0. 31026

注：a 预测值：TYPE、ALR、TRANS、NAIR、RISK、SIZE、ASSET
　　b 预测值：TYPE、ALR、TRANS、NAIR、RISK、SIZE
　　c 预测值：TYPE、ALR、TRANS、RISK、SIZE
　　d 预测值：ALR、TRANS、RISK、SIZE

由表 3 - 20 的反向逐步回归结果可知，共进行了 4 次回归，R^2 值都在 0. 729 ~
0. 741，解释变量的解释能力比较好。进而根据逐步回归系数表（略）的结果，T 检验
的结果均比较理想，因此，基本消除多重共线性问题。
③控制活动指标多重共线性检验结果如表 3 - 21 所示。

表 3 - 21   内部环境指标反向逐步回归结果

模型	R	R^2	调整后的 R^2	估计值标准误差
1	0.846（a）	0.715	0.668	0.32902
2	0.846（b）	0.715	0.675	0.32528
3	0.845（c）	0.715	0.682	0.32191
4	0.839（d）	0.705	0.678	0.32382
5	0.831（e）	0.691	0.671	0.32752
6	0.823（f）	0.678	0.664	0.33072

注：a 预测值：TYPE、ACCOUNT、SEP、AUTHO、BUDGET、SIZE、PAY
　　b 预测值：TYPE、ACCOUNT、AUTHO、BUDGET、SIZE、PAY
　　c 预测值：TYPE、AUTHO、BUDGET、SIZE、PAY
　　d 预测值：AUTHO、BUDGET、SIZE、PAY
　　e 预测值：AUTHO、BUDGET、SIZE
　　f 预测值：AUTHO、SIZE

由表 3 - 21 的反向逐步回归结果可知，共进行了 6 次回归，R^2 值都在 0.678 ~ 0.715，解释变量的解释能力比较好。进而根据逐步回归系数表（略）的结果，T 检验的结果均比较理想，因此，基本消除多重共线性问题。

④信息与沟通指标多重共线性检验结果如表 3 - 22 所示。

表 3 - 22   信息与沟通指标反向逐步回归结果

模型	R	R^2	调整后的 R^2	估计值标准误差
1	0.819（a）	0.671	0.633	0.34572
2	0.819（b）	0.671	0.641	0.34187
3	0.816（c）	0.670	0.649	0.33842
4	0.806（d）	0.666	0.651	0.33712
5	0.806（e）	0.650	0.643	0.34127

注：a 预测值：TYPE、MEETING、INFOR、SIZE、ODAM
　　b 预测值：TYPE、MEETING、SIZE、ODAM
　　c 预测值：TYPE、ISIZE、ODAM
　　d 预测值：TYPE、SIZE
　　e 预测值：SIZE

由表 3 - 22 的反向逐步回归结果可知，共进行了 5 次回归，R^2 值都在 0.650 ~ 0.671，解释变量的解释能力比较好。进而根据逐步回归系数表（略）的结果，T 检验的结果均比较理想，因此，基本消除多重共线性问题。

⑤内部监督指标多重共线性检验结果如表3-23所示。

表3-23　　　　　　　　　内部监督指标反向逐步回归结果

模型	R	R^2	调整后的 R^2	估计值标准误差
1	0.859（a）	0.738	0.694	0.31580
2	0.857（b）	0.735	0.698	0.31381
3	0.856（c）	0.732	0.701	0.31196
4	0.853（d）	0.728	0.704	0.31084

注：a 预测值：TYPE、INAUDIT、RECHECK、SUPERV、AUDIT、PUBL、SIZE
b 预测值：TYPE、INAUDIT、SUPERV、AUDIT、PUBL、SIZE
c 预测值：TYPE、INAUDIT、SUPERV、PUBL、SIZE
d 预测值：TYPE、INAUDIT、SUPERV、SIZE

由表3-23的反向逐步回归结果可知，共进行了4次回归，R^2值都在0.728～0.738，解释变量的解释能力比较好。进而根据逐步回归系数表（略）的结果，T检验的结果均比较理想，因此，基本消除多重共线性问题。

（2）逐步回归分析。

内部控制从各个角度、不同的侧面影响企业反倾销会计信息证据效力，并且各影响因素之间可能存在一定的关联性和相互影响。本节采用逐步回归法对内部环境、风险评估、控制活动、信息与沟通以及内部监督五个方面分别对其相关性进行研究。

①内部环境。

变量进入顺序如下：

A. 控制变量：SIZE、TYPE

B. 被解释变量：COP、LARS

C. 被解释变量：JOIN、OUTDIR、CEOSR

逐步回归结果如表3-24所示。

表3-24　　　　　　　　　内部环境逐步回归分析结果

解释变量	模型								
	模型1			模型2			模型3		
	α	T	P	α	T	P	α	T	P
SIZE	-0.060	-8.262	0.000**	-0.061	-8.401	0.000**	-0.056	-8.252	0.000**
TYPE	-0.160	-1.480	0.146	-0.132	-1.189	0.241	-0.139	-1.332	0.190

续表

解释变量	模型								
	模型1			模型2			模型3		
	α	T	P	α	T	P	α	T	P
COP				0.150	1.403	0.049*	0.108	1.106	0.021*
LARS				-0.007	0.023	0.981	-0.063	-0.220	0.827
JOIN							-0.141	-1.402	0.168
OUTDIR							3.798	-3.067	0.004**
CEOSR							0.015	-0.143	0.009**
F	46.770			24.099			18.710		
P	0.000			0.000			0.000		
R^2	0.666			0.682			0.757		
调整的 R^2	0.651			0.653			0.717		
标准误差	0.337121			0.33610			0.30388		

注：* 表示在 0.05 水平（双侧）上显著相关，** 表示在 0.01 水平（双侧）上显著相关。

表 3 - 24 的回归结果列示出了每一步回归的过程，回归系数、T 值、P 值、R^2 以及标准误差。

模型 1：逐步回归第一步，进入控制变量 SIZE、TYPE。解释了反倾销会计信息证据效力 66.6% 的总变差（R^2 =0.666）。在 0.01 的显著性水平上，模型 1 的回归效果显著（F =46.770，P =0.000 <0.01）。控制变量中，规模企业规模在 0.01 的显著性水平上与反倾销会计信息证据效力显著负相关（α = -0.060，P =0.000 <0.01）。

模型 2：逐步回归第二步，进入被解释变量 COP、LARS。解释了反倾销会计信息证据效力 68.2% 的总变差（R^2 =0.682）。在 0.01 的显著性水平上，模型 2 的回归效果显著（F =24.099，P =0.000 <0.01）。被解释变量中，控制人性质在 0.05 的显著性水平上与反倾销会计信息证据效力显著正相关（α = -0.150，P =0.049 <0.05）。

模型 3：逐步回归第三步，进入被解释变量 JOIN、OUTDIR、CEOSR。解释了反倾销会计信息证据效力 75.7% 的总变差（R^2 =0.757）。在 0.01 的显著性水平上，模型 3 的回归效果显著（F =18.710，P =0.000 <0.01）。被解释变量中，独立董事规模在 0.01 的显著性水平上与反倾销会计信息证据效力显著正相关（α =3.798，P =0.004 <0.01）；高管持股比例在 0.01 的显著性水平上与反倾销会计信息证据效力显著正相关（α =0.015，P =0.009 <0.01）。

②风险评估。

变量进入顺序如下：

A. 控制变量：SIZE、TYPE

B. 被解释变量：RISK、ASSET、TRANS

C. 被解释变量：ALR、NAIR

逐步回归结果如表3 – 25所示。

表3 – 25　　　　　　　　　　　风险评估逐步回归分析结果

解释变量	模型								
	模型1			模型2			模型3		
	β	T	P	β	T	P	β	T	P
SIZE	– 0.060	– 8.262	0.000 **	– 0.061	– 8.900	0.000 **	– 0.064	– 9.112	0.000 **
TYPE	– 0.160	– 1.480	0.146	– 0.127	– 1.232	0.224	– 0.109	– 1.061	0.295
RISK				0.415	– 2.480	0.007 **	0.333	– 1.936	0.006 **
ASSET				0.059	0.605	0.048 *	0.005	0.047	0.032 *
TRANS				0.151	1.583	0.121	0.141	1.470	0.149
ALR							– 0.429	1.634	0.009 **
NALR							0.613	– 0.933	0.035 *
F	46.770			22.835			17.200		
P	0.000			0.000			0.000		
R^2	0.666			0.722			0.741		
调整的 R^2	0.651			0.690			0.698		
标准误差	0.337121			0.31777			0.31361		

注：* 表示在0.05水平（双侧）上显著相关，** 表示在0.01水平（双侧）上显著相关。

表3 – 25的回归结果列示出了每一步回归的过程，回归系数、T值、P值、R^2以及标准误差。

模型1：逐步回归第一步，进入控制变量SIZE、TYPE。解释了反倾销会计信息证据效力66.6%的总变差（$R^2 = 0.666$）。在0.01的显著性水平上，模型1的回归效果显著（F = 46.770，P = 0.000 < 0.01）。控制变量中，规模企业规模在0.01的显著性水平上与反倾销会计信息证据效力显著负相关（β = – 0.060，P = 0.000 < 0.01）。

模型2：逐步回归第二步，进入被解释变量RISK、ASSET、TRAN。解释了反倾销会计信息证据效力72.2%的总变差（$R^2 = 0.722$）。在0.01的显著性水平上，模型2的回归效果显著（F = 22.835，P = 0.000 < 0.01）。被解释变量中，企业风险预警机制的设立在 0.01 的显著性水平上与反倾销会计信息证据效力显著正相关（β = − 0.415，P = 0.007 < 0.01）；企业减值准备计提在 0.05 的显著性水平上与反倾销会计信息证据效力显著正相关（β = − 0.059，P = 0.048 < 0.05）。

模型 3：逐步回归第三步，进入被解释变量 ALR、NALR。解释了反倾销会计信息证据效力 74.1% 的总变差（R^2 = 0.741）。在 0.01 的显著性水平上，模型 3 的回归效果显著（F = 17.200，P = 0.000 < 0.01）。被解释变量中，资产负债率在 0.01 的显著性水平上与反倾销会计信息证据效力显著负相关（β = − 0.429，P = 0.009 < 0.01）；净资产收益率在 0.05 的显著性水平上与反倾销会计信息证据效力显著正相关（β = 0.13，P = 0.035 < 0.05）。

③控制活动。

变量进入顺序如下：

A. 控制变量：SIZE、TYPE

B. 被解释变量：SEP、AUTHO

C. 被解释变量：ACCOUNT、BUDGET、PAY

逐步回归结果如表 3 – 26 所示。

表 3 – 26　　　　　　　　控制活动逐步回归分析结果

解释变量	模型								
	模型 1			模型 2			模型 3		
	λ	T	P	λ	T	P	λ	T	P
SIZE	− 0.060	− 8.262	0.000 **	− 0.059	− 8.281	0.000 **	− 0.060	− 8.270	0.000 **
TYPE	− 0.160	− 1.480	0.146	− 0.150	− 1.398	0.169	− 0.134	− 1.224	0.228
SEP				0.086	0.744	0.042 *	0.020	0.163	0.037 *
AUTHO				0.346	− 1.980	0.020 *	0.370	− 2.099	0.013 *
ACCOUNT							0.034	− 0.322	0.044 *
BUDGET							0.242	1.490	0.144
PAY							0.104	− 1.001	0.323
F	46.770			25.474			15.077		
P	0.000			0.000			0.000		
R^2	0.666			0.694			0.715		
调整的 R^2	0.651			0.666			0.668		
标准误差	0.337121			0.32974			0.32902		

注：* 表示在 0.05 水平（双侧）上显著相关，** 表示在 0.01 水平（双侧）上显著相关。

表 3 - 26 的回归结果列示出了每一步回归的过程，回归系数、T 值、P 值、R^2 以及标准误差。

模型 1：逐步回归第一步，进入控制变量 SIZE、TYPE。解释了反倾销会计信息证据效力 66.6% 的总变差（$R^2 = 0.666$）。在 0.01 的显著性水平上，模型 1 的回归效果显著（$F = 46.770$，$P = 0.000 < 0.01$）。控制变量中，规模企业规模在 0.01 的显著性水平上与反倾销会计信息证据效力显著负相关（$\lambda = -0.060$，$P = 0.000 < 0.01$）。

模型 2：逐步回归第二步，进入被解释变量 SEP、AUTHO。解释了反倾销会计信息证据效力 69.4% 的总变差（$R^2 = 0.694$）。在 0.01 的显著性水平上，模型 2 的回归效果显著（$F = 25.474$，$P = 0.000 < 0.01$）。被解释变量中，不相容职务相分离制度在 0.05 的显著性水平上与反倾销会计信息证据效力显著正相关（$\lambda = 0.086$，$P = 0.042 < 0.05$）；授权审批制度在 0.05 的显著性水平上与反倾销会计信息证据效力显著正相关（$\lambda = -0.346$，$P = 0.020 < 0.05$）。

模型 3：逐步回归第三步，进入被解释变量 ACCOUNT、BUDET、PAY。解释了反倾销会计信息证据效力 71.5% 的总变差（$R^2 = 0.715$）。在 0.01 的显著性水平上，模型 3 的回归效果显著（$F = 15.077$，$P = 0.000 < 0.01$）。被解释变量中，是否严格遵守会计准则制度在 0.05 的显著性水平上与反倾销会计信息证据效力显著正相关（$\lambda = -0.034$，$P = 0.044 < 0.05$）。

④信息与沟通。

变量进入顺序如下：

A. 控制变量：SIZE、TYPE

B. 被解释变量：INFOR

C. 被解释变量：MEETING、ODAM

逐步回归结果如表 3 - 27 所示。

表 3 - 27　　　　　　　　　信息与沟通逐步回归分析结果

解释变量	模型								
	模型 1			模型 2			模型 3		
	σ	T	P	σ	T	P	σ	T	P
SIZE	-0.060	-8.262	0.000**	-0.060	-7.850	0.000**	-0.059	-7.653	0.000**
TYPE	-0.160	-1.480	0.146	-0.160	-1.463	0.150	-0.143	-1.209	0.233
INFOR				0.004	0.036	0.036*	0.008	0.071	0.028*
MEETING							0.005	0.253	0.801
ODAM							0.118	-0.592	0.521

续表

解释变量	模型								
	模型1			模型2			模型3		
	σ	T	P	σ	T	P	σ	T	P
F	46.770			30.518			17.927		
P	0.000			0.000			0.000		
R^2	0.666			0.666			0.671		
调整的 R^2	0.651			0.644			0.633		
标准误差	0.337121			0.34076			0.34572		

注：* 表示在 0.05 水平（双侧）上显著相关，** 表示在 0.01 水平（双侧）上显著相关。

表 3 – 27 的回归结果列示出了每一步回归的过程，回归系数、T 值、P 值、R^2 以及标准误差。

模型 1：逐步回归第一步，进入控制变量 SIZE、TYPE。解释了反倾销会计信息证据效力 66.6% 的总变差（$R^2 = 0.666$）。在 0.01 的显著性水平上，模型 1 的回归效果显著（$F = 46.770$，$P = 0.000 < 0.01$）。控制变量中，规模企业规模在 0.01 的显著性水平上与反倾销会计信息证据效力显著负相关（$\sigma = -0.060$，$P = 0.000 < 0.01$）。

模型 2：逐步回归第二步，进入被解释变量 INFOR。解释了反倾销会计信息证据效力 66.6% 的总变差（$R^2 = 0.666$）。在 0.01 的显著性水平上，模型 2 的回归效果显著（$F = 30.518$，$P = 0.000 < 0.01$）。被解释变量中，信息披露在 0.05 的显著性水平上与反倾销会计信息证据效力显著正相关（$\sigma = 0.009$，$P = 0.036 < 0.05$）。

模型 3：逐步回归第三步，进入被解释变量 MEETING、ODAM。解释了反倾销会计信息证据效力 67.1% 的总变差（$R^2 = 0.671$）。在 0.01 的显著性水平上，模型 3 的回归效果显著（$F = 17.927$，$P = 0.000 < 0.01$）。

⑤内部监督。

变量进入顺序如下：

A. 控制变量：SIZE、TYPE

B. 被解释变量：SUPERV、PUBL

C. 被解释变量：RECHECK、AUDITOR

逐步回归结果如表 3 – 28 所示。

表 3 - 28　　　　　　　　　　　内部监督逐步回归分析结果

解释变量	模型								
	模型 1			模型 2			模型 3		
	μ	T	P	μ	T	P	μ	T	P
SIZE	- 0.060	- 8.262	0.000**	- 0.053	- 7.554	0.000**	- 0.050	- 6.659	0.000**
TYPE	- 0.160	- 1.480	0.146	- 0.223	- 2.176	0.035*	- 0.248	- 2.293	0.027*
INAUDIT				0.230	2.431	0.019*	0.198	- 1.977	0.016*
SUPERV				1.543	- 1.904	0.041*	1.728	2.030	0.029*
PUBL							0.109	- 0.928	0.039*
RECHECK							0.072	0.679	0.501
AUDITOR							- 0.100	- 0.687	0.496
F	46.770			30.077			16.880		
P	0.000			0.000			0.000		
R^2	0.666			0.728			0.738		
调整的 R^2	0.651			0.704			0.694		
标准误差	0.337121			0.31084			0.31580		

注：＊表示在 0.05 水平（双侧）上显著相关，＊＊表示在 0.01 水平（双侧）上显著相关。

表 3 - 28 的回归结果列示出了每一步回归的过程，回归系数、T 值、P 值、R^2 以及标准误差。

模型 1：逐步回归第一步，进入控制变量 SIZE、TYPE。解释了反倾销会计信息证据效力 66.6% 的总变差（$R^2 = 0.666$）。在 0.01 的显著性水平上，模型 1 的回归效果显著（$F = 46.770$，$P = 0.000 < 0.01$）。控制变量中，规模企业规模在 0.01 的显著性水平上与反倾销会计信息证据效力显著负相关（$\mu = - 0.060$，$P = 0.000 < 0.01$）。

模型 2：逐步回归第二步，进入解释变量 INAUDIT、SUPERV。解释了反倾销会计信息证据效力 72.8% 的总变差（$R^2 = 0.728$）。在 0.01 的显著性水平上，模型 1 的回归效果显著（$F = 30.077$，$P = 0.000 < 0.01$）。解释变量中，内部审计部门设置在 0.05 的显著性水平上与反倾销会计信息证据效力显著正相关（$\mu = 0.230$，$P = 0.019 < 0.05$）。监事会规模在 0.05 的显著性水平上与反倾销会计信息证据效力显著正相关（$\mu = 1.543$，$P = 0.041 < 0.05$）。

模型 3：逐步回归第三步，进入解释变量 PUBL、RECHECK、AUDITOR。解释了反倾销会计信息证据效力 73.8% 的总变差（$R^2 = 0.738$）。在 0.01 的显著性水平上，模型 1 的回归效果显著（$F = 16.880$，$P = 0.000 < 0.01$）。内部控制评估报告在 0.05 的显著

性水平上与反倾销会计信息证据效力显著正相关（$\mu = 0.109$，$P = 0.039 < 0.05$）。

综上，以反倾销会计信息证据效力为被解释变量，内部控制的相关指标为解释变量对其进行回归分析，回归分析的结果如表3-29至表3-33所示。

①内部环境回归分析结果。

通过对内部环境与反倾销会计信息证据效力之间的关系进行回归分析，结果如表3-29所示。

表3-29　　　　　　　　　　内部环境回归分析对假设的验证结果

因素	代码	假设内容	结果
COP	H1-1	企业控制人性质影响反倾销会计信息证据效力，且国有控股企业反倾销会计信息证据效力更强	支持（+）
LARS	H1-2	企业第一大股东持股比例影响反倾销会计信息证据效力，且第一大股东持股比例越小反倾销会计信息证据效力越强	不支持
JOIN	H1-3	董事长与总经理是否二职合一对反倾销会计信息证据效力存在影响，且若存在二职合一则反倾销会计信息证据效力越低	不支持
OUTDIR	H1-4	独立董事规模影响反倾销会计信息证据效力，且独董规模较大的企业反倾销会计信息证据效力更强	支持（+）
CEOSR	H1-5	高级管理人员是否持有企业股份影响反倾销会计信息证据效力，且高管持有企业股份的企业反倾销会计信息证据效力更强	支持（+）

如表3-29所示，通过对内部环境对反倾销会计信息证据效力的影响进行逐步回归分析，得出的结论为：控制人性质、独立董事规模以及高级管理人员持股情况与反倾销会计信息证据效力与反倾销会计信息证据效力正相关，即存在正面影响，而企业第一大股东持股比例以及董事长总经理"二职合一"现象则对反倾销会计信息证据效力无明显影响。

企业控制人性质影响反倾销会计信息证据效力，且国有控股企业反倾销会计信息证据效力更强，H1-1得到验证，并且与黄志良（2005）等的研究结果一致。国有控股的企业其公司治理与内部控制进行得更加规范、完善，大型国有控股企业其内部控制更趋于制度化，并在多年的实践当中更为人性化及具有具体的实践价值，因此在反倾销应诉过程中，应诉思维更加清晰，条理性更强，提供会计信息的过程也更加规范、高效，所以国有控股的企业其反倾销会计信息证据效力更强。

企业第一大股东持股比例与"二职合一"对反倾销会计信息证据效力没有明显影

响。这可能是因为，企业第一大股东持股比例较高或者存在"二职合一"现象虽然会导致企业过度集权，但并不一定代表集权的领导者一定会利用职权进行舞弊或者不利于企业发展的行为。相反，如果集权的领导者具有较强的领导能力和果断的判断力，其在反倾销应诉的过程中能够起到中流砥柱的作用，可能会提高反倾销会计信息证据效力。所以其对反倾销会计信息证据效力的影响方向不明确。基于此，企业第一大股东持股比例与"二职合一"现象对反倾销会计信息证据效力影响并不显著。

独立董事规模较大的企业其反倾销会计信息证据效力更强，H1 - 4 得到验证。独立董事在内部控制中具有重要的作用，其独立性不仅可以监督企业管理层的行为，更可以站在客观的角度为企业提出一些发展的建议以及解决问题的对策。这种作用在反倾销应诉的过程中是极其重要的，能够使企业更为全面地看待反倾销问题，并且更为科学地处理问题。因此独立董事规模对反倾销会计信息证据效力存在正向影响。

高级管理人员持有企业股份其反倾销会计信息证据效力较强，H1 - 5 得到验证。高层管理人员持有企业股份对其而言是一种很好的激励，也使得高管人员对于企业有更高的认同感。在反倾销应诉的过程中，高层管理人员的态度也就会更加积极，这影响到会计信息证据提供的过程，因此影响到反倾销会计信息证据效力。

②风险评估回归分析结果。

通过对风险评估与反倾销会计信息证据效力之间的关系进行回归分析，结果如表3 - 30 所示。

表 3 - 30　　　　风险评估回归分析对假设的验证结果

因素	代码	假设内容	结果
RISK	H2 - 1	企业是否建立风险预警机制影响反倾销会计信息证据效力，且建立了风险预警机制的企业其反倾销会计信息证据效力越强	支持（ + ）
ASSET	H2 - 2	企业是否充分计提资产减值准备影响反倾销会计信息证据效力，且充分计提资产减值准备的企业反倾销会计信息证据效力更强	支持（ + ）
TRANS	H2 - 3	企业高层管理人员换届影响反倾销会计信息证据效力，且应诉当年存在高层管理人员换届的企业其反倾销会计信息证据效力更弱	不支持
ALR	H2 - 4	企业资产负债率影响反倾销会计信息证据效力，且资产负债率越低的企业反倾销会计信息证据效力越高	支持（ - ）
NALR	H2 - 5	企业净资产收益率影响反倾销会计信息证据效力，且净资产收益率越高的企业反倾销会计信息证据效力越高	支持（ + ）

如表 3 - 30 所示，通过对风险评估对反倾销会计信息证据效力的影响进行逐步回归分析，得出的结论为：风险预警机制、减值准备的计提、资产负债率以及净资产收益率与反倾销会计信息证据效力正相关，即存在正面影响，企业高层管理人员换届则对反倾销会计信息证据效力无明显影响。

企业建立了风险预警机制及准备计提充分其反倾销会计信息证据效力越强，H2 - 1、H2 - 2 得到验证。风险预警机制实际上是反倾销应诉的第一步，在预防反倾销的过程中是十分必要的。风险预警机制能够使得管理层保持对风险高度关注，而资产减值准备充分计提这是这种高度关注在行动上的体现。H2 - 1、H2 - 2 得到验证，与林钟高（2007）等的研究结论一致。

企业高层管理人员换届对反倾销会计信息证据效力的影响不明显。这可能是因为：高层管理人员的换届一定程度上影响企业治理结构的问题，但是反倾销应诉过程是企业组织的专门化过程，具有特定的流程和专家，若高层管理人员换届发生在反倾销应诉的中后期，在很大程度上会支持反倾销应诉团队按照原计划继续进行下去。因此，高层管理人员换届不一定会影响反倾销会计信息证据效力。

H2 - 4、H2 - 5 得到验证，表明偿债能力与盈利能力较强的企业，其反倾销会计信息证据效力较强。偿债能力与盈利能力较强的企业其风险驾驭能力与风险接受能力均较强，反倾销风险应对实力较强，从而其反倾销会计信息证据效力也较强。

③控制活动回归分析结果。

通过对控制活动与反倾销会计信息证据效力之间的关系进行回归分析，结果如表 3 - 31 所示。

表 3 - 31 控制活动回归分析对假设的验证结果

因素	代码	假设内容	结果
SEP	H3 - 1	企业是否实行不相容职务分离制度影响反倾销会计信息证据效力，且实行不相容职务分离制度的企业反倾销会计信息证据效力较强	支持（+）
AUTHO	H3 - 2	企业是否实行授权审批制度影响反倾销会计信息证据效力，且实行授权审批制度的企业反倾销会计信息证据效力较强	支持（+）
ACCOUNT	H3 - 3	企业是否严格执行会计准则制度影响反倾销会计信息证据效力，且严格执行会计准则制度的企业反倾销会计信息证据效力较强	支持（+）

因素	代码	假设内容	结果
BUDGET	H3 - 4	企业是否实行全面预算管理制度影响反倾销会计信息证据效力，且实行全面预算制度的企业反倾销会计信息证据效力较强	不支持
PAY	H3 - 5	企业是否制定详细的绩效考评与薪酬制度影响反倾销会计信息证据效力，且制订了详细绩效考评与薪酬制度的企业反倾销会计信息证据效力较强	不支持

　　如表 3 - 31 所示，通过对控制活动对反倾销会计信息证据效力的影响进行逐步回归分析，得出的结论为：不相容职务相分离制度、授权审批制度以及严格执行会计准则制度与反倾销会计信息证据效力正相关，即存在正面影响。全面预算管理制度以及绩效考评制度则对反倾销会计信息证据效力无明显影响。

　　H3 - 1、H3 - 2、H3 - 3 得到验证。不相容职务相分离以及授权审批制度有利于各部门明确各部门的职责，在反倾销应诉过程中，有利于管理层对整个应诉过程的整体把握。会计信息系统控制要求企业严格执行国家统一的会计准则制度，这在反倾销中是至关重要的，只有严格按照会计准则制度记录反倾销所需的会计信息，我们提供的会计信息才有可能会被对方所认可。因此，在反倾销应诉过程中，应该加强不相容职务相分离制度、授权审批制度以及会计准则制度的建设。

　　全面预算制度对反倾销会计信息证据效力影响不明显，这可能是因为：全面预算更多的是对于企业经营管理有很好的控制作用，但是反倾销应诉的过程主要是对已经实现的出口经营活动的会计信息进行搜集、整理和呈现。全面预算制度更多的面向于未来，而反倾销会计信息着眼于已经发生的经营事实。二者的侧重点不一样，着眼点的不同可能导致全面预算制度对反倾销会计信息证据效力影响并不强。

　　绩效考评与薪酬管理制度对反倾销会计信息证据效力影响也并不明显，这可能是因为：绩效考评与薪酬管理制度能够加强企业的日常管理，提高员工的积极性，在企业正常生产经营过程对企业的发展有促进作用。但是反倾销不属于企业日常经营活动的一部分，很大程度上属于突发事件。企业在组织突发事件的处理上会有专门的政策，对于处理突发事件的人员也会有专门的补贴，因此绩效考评与薪酬管理制度对于反倾销应诉的促进作用可能并不明显，因此对于反倾销会计信息证据效力的影响也不明显。

　　④信息与沟通回归分析结果。

　　通过对信息与沟通与反倾销会计信息证据效力之间的关系进行回归分析，结果如表3 - 32 所示。

表3-32   信息与沟通回归分析对假设的验证结果

因素	代码	假设内容	结果
INFOR	H4-1	企业信息披露是否全面、规范、完整影响反倾销会计信息证据效力，且信息披露全面、规范、完整的企业反倾销会计信息证据效力较强	支持（+）
MEETING	H4-2	董事会召开的次数影响企业反倾销会计信息证据效力，且董事会召开次数越多的企业其反倾销会计信息证据效力越强	不支持
ODAM	H4-3	独立董事出席董事会的比例影响企业反倾销会计信息证据效力，且独立董事出席董事会比例越大的企业其反倾销会计信息证据效力越强	不支持

如表3-32所示，通过对信息与沟通对反倾销会计信息证据效力的影响进行逐步回归分析，得出的结论为：企业信息披露、独立董事出席董事会议的比例与反倾销会计信息证据效力正相关，即存在正面影响。董事会议召开的次数则对反倾销会计信息证据效力无明显影响。

企业信息披露对反倾销会计信息证据效力存在正向影响，H4-1得到验证。信息披露完整、有效，一方面表现出企业内部控制运行的效果较好，另一方面有效的信息披露为对方企业获得我国企业出口产品的信息提供了方便。在反倾销应诉过程中最关键的一步就是使得对方企业认可我国出口产品的相关信息，有效的信息披露则是迈出了第一步，因此企业信息披露对反倾销会计信息证据效力存在正向影响且影响显著。

董事会议召开的次数与独立董事出席董事会议次数的比例对反倾销会计信息证据效力没有明显影响。这可能是因为：董事会议是针对整个企业发展运营的例行会议，会议可能并不针对反倾销。只有在反倾销事件发生的情况下，董事会议才会有反倾销应诉这一议题，因此董事会议召开的次数可能对反倾销应诉过程并没有非常直接的影响。独立董事中会计专业人士不多，不一定是反倾销应诉方面的专家，所以独立董事出席董事会议次数也不一定能够影响到反倾销应诉。因此，董事会召开的次数与独立董事出席董事会的比例对反倾销会计信息证据效力的影响不明显。

⑤内部监督回归分析结果。

通过对信息与沟通与反倾销会计信息证据效力之间的关系进行回归分析，结果如表3-33所示。

表 3 - 33   内部监督回归分析对假设的验证结果

因素	代码	假设内容	结果
INAUDIT	H5-1	企业是否设立了独立审计部门影响反倾销会计信息证据效力，且设立了独立审计部门的企业反倾销会计信息证据效力较强	支持（+）
SUPERV	H5-2	企业监事会规模影响反倾销会计信息证据效力，且监事会规模越大反倾销会计信息证据效力越强	支持（+）
PUBL	H5-3	企业是否披露了《内部控制自我评估报告》影响反倾销会计信息证据效力，且披露了《内部控制自我评估报告》的企业反倾销会计信息证据效力更强	支持（+）
RECHECK	H5-4	企业是否聘请外部审计机构对《内部控制自我评估报告》进行复核影响反倾销会计信息证据效力，且聘请了外部审计机构进行复核的企业反倾销会计信息证据效力更强	不支持
AUDIT	H5-5	企业是否由权威会计师事务所进行审计影响反倾销会计信息证据效力，且由权威会计师事务所进行审计的企业其反倾销会计信息证据效力更强	不支持

如表 3 - 33 所示，通过对内部监督对反倾销会计信息证据效力的影响进行逐步回归分析，得出的结论为：独立审计部门的设立、监事会规模与《内部控制自我评估报告》的披露与反倾销会计信息证据效力正相关，即存在正面影响。聘请外部审计机构对《内部控制自我评估报告》进行复核以及是否由权威会计师事务所进行审计则对反倾销会计信息证据效力无明显影响。

独立审计部门以及监事会的规模对反倾销会计信息证据效力存在正影响。H5 - 1、H5 - 2 得到验证。独立的内部审计部门与监事会都是内部审计的很重要的一个部分，有效的内部审计可以减小舞弊以及纰漏的产生。在反倾销应诉过程中，在这种监督之下，应诉过程会更加谨慎，反倾销会计信息的提供过程也会更加严谨，使得反倾销会计信息证据效力更强。由此分析，独立审计部门以及监事会对反倾销会计信息证据效力存在正影响。

《内部控制自我评估报告》的披露对反倾销会计信息证据效力存在正影响。H5 - 3 得到验证。《内部控制自我评估报告》的披露很大程度上能够反映企业对内部控制的态度及执行效果，披露《内部控制自我评估报告》的企业其内部控制制度通常比较完善，执行力度比较强。这对于反倾销应诉是一种极大的优势。实证结果证明，《内部控制自我评估报告》的披露与反倾销会计信息证据效力正相关，与预期一致。

是否聘请外审机构对《内部控制自我评估报告》进行复核以及聘请事务所的权威

性对反倾销会计信息证据效力的影响不明显。这可能是因为：在我国的实际情况中，外审机构对企业出具复核报告或审计报告的独立性还有待考证。一般出具的相关鉴定意见都是标准无保留的，因此，很难从外审的部门的报告中获知外审部门的真实态度。基于以上分析，是否聘请外审机构对《内部控制自我评估报告》进行复核以及聘请事务所的权威性对反倾销会计信息证据效力影响不明显。

3.2.3.5　稳健性检验

为了使实证结果更加稳健可靠，本节同时手工收集了 2008～2012 年涉案企业被诉反倾销前五年内部控制相关指标数据的平均值进行了进一步稳健性检验。稳健性检验结果如表 3-34 至表 3-38 所示。

①内部环境指标稳健性检验结果。

表 3-34　　　　　　　　　　内部环境稳健性检验结果

	B	S. E	Wald	Sig.	Exp（B）
（Constant）	1.534	0.045	1.253	0.032	1.237
COP	0.168	0.220	0.585	0.444	1.1833
LARS	0.856	0.651	1.767	0.084	2.376
JOIN	3.229	1.151	7.685	0.005	25.262
OUTDIR	2.178	0.921	5.590	0.018	8.826
CEORS	0.099	0.061	2.638	0.004	1.104
R^2	0.724				

该模型解释了反倾销会计信息证据效力 72.4% 的总变差（$R^2 = 0.724$），Sig. 结果显示各解释变量回归系数的符号和显著性水平并未发生实质改变，结果基本稳健。

②风险评估指标稳健性检验结果。

表 3-35　　　　　　　　　　风险评估稳健性检验结果

	B	S. E	Wald	Sig.	Exp（B）
（Constant）	0.063	0.216	0.084	0.072	1.065
RISK	-2.264	0.438	36.765	0	0.104
ASSET	2.278	0.938	5.902	0.015	9.753
TRANS	0.074	0.215	0.120	0.429	1.077

续表

	B	S. E	Wald	Sig.	Exp（B）
ALR	6.957	0.247	28.202	0.024	2.256
NAIR	0.271	0.011	23.991	0.003	3.953
R²	0.683				

该模型解释了反倾销会计信息证据效力 68.3% 的总变差（R² = 0.683），Sig. 结果显示各解释变量回归系数的符号和显著性水平并未发生实质改变，结果基本稳健。

③控制活动指标稳健性检验结果。

表 3 - 36　　　　　　　控制活动稳健性检验结果

	B	S. E	Wald	Sig.	Exp（B）
（Constant）	- 0.027	0.040	0.015	0.234	4.011
SEP	1.034	0.048	0.593	0.003	0.452
AUTHO	0.108	0.342	0.261	0.035	35.325
ACCOUNT	0.117	3.034	0.083	0.093	4.462
BUDGET	0.331	8.236	0.101	0.634	0.344
PAY	10.832	9.452	3.351	0.343	12.452
R²	0.695				

该模型解释了反倾销会计信息证据效力 69.5% 的总变差（R² = 0.695），Sig. 结果显示各解释变量回归系数的符号和显著性水平并未发生实质改变，结果基本稳健。

④信息与沟通指标稳健性检验结果。

表 3 - 37　　　　　　　信息与沟通稳健性检验结果

	B	S. E	Wald	Sig.	Exp（B）
（Constant）	10.823	0.157	4.232	0.084	
INFOR	16.943	0.584	0.830	0.030	26.252
MEETING	0.088	0.062	2.029	0.104	1.092
ODAM	0.261	0.104	6.223	0.213	1.298
R²	0.666				

该模型解释了反倾销会计信息证据效力 66.6% 的总变差（$R^2 = 0.666$），Sig. 结果显示各解释变量回归系数的符号和显著性水平并未发生实质改变，结果基本稳健。

⑤内部监督指标稳健性检验结果。

表 3 - 38　　　　　　　内部监督稳健性检验结果

	B	S. E	Wald	Sig.	Exp（B）
（Constant）	0.066	0.247	6.442	0.013	0.234
INAUDIT	2.526	0.668	3.226	0.005	8.453
SUPERV	0.057	0.063	7.671	0.095	1
PUBL	−1.560	0.008	5.685	0.028	0.462
RECHECK	0.935	0.093	8.263	0.644	6.324
AUDIT	11.305	0.376	9.502	0.832	12.745
R^2	0.599				

该模型解释了反倾销会计信息证据效力 59.9% 的总变差（$R^2 = 0.599$），Sig. 结果显示各解释变量回归系数的符号和显著性水平并未发生实质改变，结果基本稳健。

3.2.4　结论与启示

综上所述，本节实证研究结果如表 3 - 39 所示。

表 3 - 39　　　　　　　实证研究结果汇总

因素	代码	假设内容	结果
内部环境	H1	内部环境与反倾销会计信息证据效力显著正相关	支持
风险评估	H2	风险评估与反倾销会计信息证据效力显著正相关	支持且最显著
控制活动	H3	控制活动与反倾销会计信息证据效力显著正相关	支持
信息与沟通	H4	信息与沟通与反倾销会计信息证据效力显著正相关	部分支持
内部监督	H5	内部监督与反倾销会计信息证据效力显著正相关	支持

通过实证研究结果，主要得到以下结论：

（1）内部控制对反倾销会计信息证据效力的影响作用时点较多，影响较显著。笔者借鉴《COSO——内部控制整合框架》以及《企业内部控制基本规范》将内部控制各个维度的内容进行拆分，采用内容分析法构建了内部控制对反倾销会计信息证据效力影响的指标体系，对二者的关系给予评价和研究。结果表明，我国各企业内部控制的制度以及实施情况相差较大，应诉反倾销的会计信息证据效力差别也较大。同时，实证结果也表明，内部控制的各个阶段对于反倾销会计信息证据效力影响的大小也并不相同。风险评估阶段是对反倾销会计信息证据效力影响最为显著的阶段，也是企业管理者在应诉反倾销的过程中需要重点关注的要素。内部环境、控制活动以及内部监督对反倾销会计信息证据效力有较强的影响，但是不及风险评估。而信息与沟通对反倾销会计信息证据效力的影响最弱，这并不代表信息与沟通在反倾销应诉的过程不重要。影响较弱的主要原因可能有：①我国应诉企业在信息与沟通方面的具体信息无法通过企业年报或者内部控制自我评估报告很好地表现出来，因此笔者能获取的信息有限，实证研究的结果存在一定的局限性。②我国企业在信息与沟通方面普遍执行效果不理想，各企业之间的信息与沟通方面的差异不是很大，导致其对反倾销会计信息证据效力的影响不突出。

本节的研究进一步对已有的研究结果进行了实证支持。如孙芳城、梅波、杨兴龙（2011）研究了内部控制与反倾销应对之间的相关性关系之后认为，公司内部控制越好，会计信息质量越高，被最终裁定的反倾销税率越低。王仲兵（2006）通过研究认为，将内部控制与应对反倾销相联系是非常及时而且有必要的，而且现阶段更应该将企业应诉反倾销这种特殊业务以内部控制规范条文的方式确定下来。潘煜双（2007）研究了内部控制对反倾销调查的影响，认为内部控制在反倾销应诉各个阶段对其都有较为深入的影响。刘启亮、罗乐（2013）通过研究公司高管的权力配置结果对公司内部控制与会计信息质量之间关系的影响，发现公司内部控制质量与会计信息质量正相关。本节基于内容分析法的基础，设计了内部控制对反倾销会计信息证据效力影响的指标体系，并进行实证研究，有力地支持了前人研究的观点。

（2）内部环境中控制人性质、独立董事规模以及高管人员持股情况对反倾销会计信息证据效力影响比较显著、而股东的持股比例以及"二职合一"现象对反倾销会计信息证据效力的影响则不显著。由此可以看出，在内部环境中，对反倾销会计信息效力影响较为明显的是企业的结构、监督性机构以及员工的工作积极性等方面的指标，而领导的控制权方面对反倾销会计信息证据效力影响并不明显。这说明在反倾销应诉过程中、企业的制度建设、人员配备以及机构设置都是关键因素。在反倾销应诉过程中，领导的判断力和能力固然重要，但是更为重要的是应诉反倾销的整个组织计划和人员配备。

（3）风险评估中仅高层管理人员换届这一因素对反倾销会计信息证据效力影响不

显著，其他指标表现均显著。这说明风险评估在反倾销会计信息的提供中是十分重要的一环。本节的研究与郭昌欣、李彦勇（2006）等人的研究结论一致。因此，反倾销应诉人员在应诉的过程中应该注意风险识别、风险评估以及风险应对的过程，将反倾销过程中可能发生的风险水平降到最低。

（4）控制活动指标中不相容职务分离制度、授权审批制度以及会计准则制度是关键影响因素。在确认是否存在倾销行为的过程中，必须提供包括生产底稿、成本资料以及报关单等一系列原始成本资料。控制活动对这些资料的提供起到了很大的影响作用。在 2004 年美国对华木制卧室家具反倾销案当中，很多企业由于采用销售方式没有留下工作底稿（例如采用电话销售或是口头约定的方式销售），在销售的过程当中以销售部门为主，各部门都能够参与。之后在应诉反倾销的过程中权责不分明，工作底稿残缺，导致这些企业申请单独税率的要求被驳回。该例子从反面印证了控制活动对于反倾销会计信息证据效力的重要作用。而本节从实证研究的角度证实了这一点。

（5）信息与沟通指标中，信息类指标对于反倾销会计信息证据效力的影响较为显著，而沟通类指标对于反倾销会计信息证据效力的影响并不十分显著。反倾销的应诉过程从某种意义上来讲就是提供出口产品会计信息的过程，此外，企业在应诉过程中搜集竞争对手企业的相关资料、国际市场运行的相关资料和最新出台的一些政策法律等以便企业能够尽早制定相应的应诉战略，规避反倾销应诉过程中的突发风险。由此可见，企业信息类指标的重要性显而易见。沟通类指标对于反倾销会计信息证据效力的影响不显著，并不代表沟通在反倾销应诉的过程中不重要，相反，反倾销书面调查以及实地核查的过程均涉及企业的各个本门以及一整套的生产经营环节，需要企业的财务本门、技术部门、法律咨询部门、综合管理部门等的通力合作。企业之间的相互沟通对于应诉合作也具有重要作用。

（6）内部监督指标中，内部监督的机构设置以及执行等相关指标对于反倾销会计信息证据效力影响显著，而外审部门对于内部监督的再监督等影响并不十分显著。内部监督一方面能够对控制活动进行监督，在反倾销应诉的过程中对一些偏离了应诉目的的控制活动采取及时纠正的措施，另一方面可以减少在反倾销会计信息提供的过程中可能出现的舞弊、披露及错报的情况，从而增强反倾销会计信息的可采性，减少被采用"可获得最佳信息"原则的可能性。外审部门对于内部审计的监督是重要的，避免内部审批舞弊的产生。因此，在反倾销应诉的过程当中，做好内部监督的制度建设以及执行工作都是至关重要的。

3.3　企业应对反倾销内部会计控制机制构建的案例分析

——以武汉钢铁集团胜诉印度尼西亚反倾销案为例

2006 年 6 月 28 日，印度尼西亚反倾销委员会（KADI）发布公告，对来自中国内地、俄罗斯、泰国、印度和中国台湾地区 10 多家企业的热轧板卷发起反倾销立案调查，武汉钢铁集团公司（后文简称"武钢"）被列其中；到 2013 年 4 月 7 日，"武钢"以缴纳零反倾销税率胜诉印度尼西亚，"八年抗战"给中国企业走出国门，应对国外的反倾销指控有着怎样的启迪和思考？本节将对"武钢"胜诉印度尼西亚反倾销案的缘起、运作流程以及印度尼西亚相关反倾销法律法规刚性规制等层面展开分析；并基于该案胜诉的会计问题视角，以规避、预警、举证、抗辩、降幅等应对国外反倾销指控为功能目标，构建了我国企业应对国外反倾销的内部会计控制机制，从企业战略层面及相应的制度配置上，为应诉企业快速响应、有效应对提供了会计支持①。

3.3.1　印度尼西亚诉"武钢"反倾销案件的缘起

"武钢"是新中国成立后兴建的第一个特大型钢铁联合企业，是中央和国务院国资委直管的国有重要骨干企业。拥有从矿山采掘、炼焦、炼铁、炼钢、轧钢及配套公辅设施等一整套先进的钢铁生产工艺设备，并联合重组鄂钢、柳钢、昆钢后，成为生产规模近 4 000 万吨的大型企业集团，居世界钢铁行业第四位，是我国重要的优质板材生产基地。公司主要从事热轧产品（热轧板卷、中厚板、大型材、高速线材、棒材）、冷轧产品（冷轧及涂镀板、冷轧硅钢）等钢材产品的生产和销售，钢材产品涉及 7 大类、500多个品种。"武钢"热轧出口产品获得国家"出口免检"称号，出口零税率。在对外出口过程中，"武钢"多次遭遇反倾销指控，其中印度尼西亚对"武钢"出口的热轧板卷发起过两次反倾销调查，"武钢"凭借多次应诉国际反倾销的经验，积极抗辩，两次胜诉印度尼西亚反倾销案。

热轧板卷是以板坯为原料，经加热后由粗轧机组及精轧机组制成的钢带。由于热轧钢板产品具有强度高、韧性好、易于加工成形及良好的可焊接性等优良性能，因而被广

---

① 所指导的 2015 届研究生杜丹丹对本部分内容有贡献。案例研究成果《"武钢"胜诉印度尼西亚反倾销案的会计启示》于 2014 年 3 月获得 2013 年度湖南省社会科学界联合会、湖南省审计学会优秀审计论文一等奖，并在《财会学习》2013 年第 8 期发表。

泛应用于船舶、汽车、桥梁、建筑、机械等制造行业。2004 年底印度洋海啸发生后，东南亚国家重建给中国钢材（特别是价格低廉的建筑用钢材）出口东南亚提供了机会。由于东南亚进口钢坯没有关税或者非常低，当地再轧厂以及一些钢管厂和铁丝网等下游工厂使用进口自中国的廉价钢坯能够获得丰厚利润，这些因素导致中国对东南亚国家的钢材出口量激增，低价的进口钢材给东南亚国家本国的钢铁产品带来强劲的竞争压力，由此引发了东盟国家对中国出口钢材的反倾销浪潮。

2006 年 6 月，印度尼西亚反倾销委员会（简称 KADI）发布公告，对来自中国、俄罗斯、泰国、印度 10 多家企业的热轧板卷（铁或非合金钢，宽度为 600 毫米或以上，热轧，未经包覆、镀层或涂层）发起反倾销立案调查，"武钢"作为规模较大的出口企业之一，被列入其中。被调查产品的海关编码（即 HS 编码）涉及 7208.10，7208.25，7208.26，7208.27，7208.36，7208.37，7208.38，7208.39，7208.90 九个。

此次调查立案由印度尼西亚当地钢铁巨头——国营钢铁公司印度尼西亚 Krakatau Steel 公司联合 Gunung Raja Paksi 公司发起。Krakatau Steel 公司在 2005 年秋对热轧板卷和厚板提出反倾销诉讼被印度尼西亚反倾销委员会拒绝后，于 2006 年 3 月，再次提出反倾销调查请求，指控一些进口钢铁产品的销售价格低于当地价格，对当地生产商造成了实质性损害并导致了重大损失，请求得到了批准。2006 年 6 月 28 日，印度尼西亚反倾销委员会正式开始立案调查，调查期为 2006 年 6 月 28 日~2008 年 2 月 28 日。一般情况下，印度尼西亚方面会在反倾销立案调查 60 天后，出台临时性的反倾销措施。涉案产品详细信息如表 3-40 所示。

表 3-40　　　　印度尼西亚诉"武钢"倾销案涉案产品结构特征

HS 编码	规　　格
7208.10	In coils, not further worked than hot-rolled, with patterns in relief 轧有花纹的热轧卷材 （除热轧外未进一步加工）
7208.25	Of a thickness of 4.75mm or more 厚≥4.75mm 其他经酸洗的热轧卷材 （除热轧外未进一步加工，宽≥600mm，未包、镀、涂层）
7208.26	Of a thickness of 3mm or more but less than 4.75mm 4.75mm＞厚≥3mm 其他大强度热轧卷材 （经酸洗，宽≥600mm，屈服强度大于 355 牛顿/平方毫米）

HS 编码	规　　格
7208. 27	Of a thickness of less than 3mm 1.5mm≤厚＜3mm 的其他热轧卷材 （经酸洗，宽≥600mm，未包、镀、涂层）
7208. 36	Of a thickness exceeding 10mm 厚度＞10mm 的其他热轧卷材 （除热轧外未进一步加工，宽≥600mm，未包、镀、涂层）
7208. 37	Of a thickness of 4.75mm or more but not exceeding 10mm 10mm≥厚≥4.75mm 的其他热轧卷材 （除热轧外未进一步加工，宽≥600mm，未包、镀、涂层）
7208. 38	Of a thickness of 3mm or more but less than 4.75mm 4.75mm＞厚度≥3mm 的大强度卷材 （宽≥600mm，屈服强度大于 355 牛顿/平方毫米）
7208. 39	Of a thickness of less than 3mm 1.5mm≤厚＜3mm 的其他热轧卷材 （除热轧外未进一步加工，宽≥600mm，未包、镀、涂层）
7208. 90	Other 其他热轧铁或非合金钢宽平板轧材 （除热轧外未进一步加工，宽≥600mm，未包、镀、涂层）

资料来源：世界贸易组织网（http：//i-tip. wto. org/Forms/TableView. aspx#）及中华人民共和国海关总署网（http：//www. customs. gov. cn/publish/portal0/tab9409/）。

3.3.2　印度尼西亚诉"武钢"反倾销案的运作流程分析

"武钢"应诉印度尼西亚反倾销共进行两次抗辩，历时八年，最终以全胜告终，获得出口印度尼西亚零税率裁决，是本案中唯一一家获得零税率的中国钢铁企业。此次胜诉对于"武钢"乃至中国钢铁业都具有重要意义：对于中国钢铁业而言，占领印度尼西亚市场是进入整个东南亚市场的关键所在；对于"武钢"而言，其海外出口的商业布局将会由于退出东南亚市场而受到直接影响，因此此次胜诉为"武钢"的国际化贸易战略奠定了坚实的基础。整个案件运作流程如表 3 - 41 所示。

表 3 - 41   印度尼西亚诉"武钢"反倾销案流程追踪

时间	事件	说明
2006. 6. 28	印度尼西亚反倾销委员会对多国（地区）热轧卷板等发起反倾销调查，"武钢"国贸公司的涉案金额为 160 万美元	"武钢"不应诉等同于接受对方关税制裁，放弃印度尼西亚市场
2006. 7. 3	中国五矿化工进出口商会收到立案调查通知，牵头组织各企业，准备进行"行业无损害抗辩"。"武钢"总共动用近 60 人进行应诉准备	"武钢"提供了大量的相关凭证、账目、法律证据进行抗辩
2007. 9. 27	印度尼西亚反倾销委员会初步裁决，"武钢"倾销幅度为 23.86%，其他企业反倾销税率为 32.18%	意味着"武钢"出口到印度尼西亚的相关产品，将被征收很重的关税
2007. 10. 29 ~ 2007. 11. 2	印度尼西亚方面调查人员到"武钢"进行实地核查	按规定，此次反倾销调查将于 2007 年 12 月 27 日做出裁决
2007. 11. 27	印度尼西亚在雅加达为中国应诉企业单独举行听证会，"武钢"等中国企业继续抗辩	
2007. 11. 28	印度尼西亚向"武钢"发送新的倾销幅度计算结果报告	该报告基本接受"武钢"的抗辩意见，将倾销幅度降到 3.23%，并给予"武钢" 7 天的抗辩期
2007. 12. 4	"武钢"再一次就新倾销幅度计算中的问题提出抗辩意见	
2007. 12. 19	2007 年 12 月，印度尼西亚对此案做出肯定性终裁，裁定征收反倾销税。此案措施于 2008 年 4 月正式启动	印度尼西亚反倾销委员会发布终裁报告，将"武钢"倾销幅度降到 1.47%，并对出口产品做出了不具备倾销的零税率仲裁，而其他企业税率为 25.28%
2008. 2	印度尼西亚决定对此案涉案企业征收 0% ~ 42.58% 的反倾销税	
2008. 4. 28	"武钢"收到印度尼西亚反倾销委员会的终审裁定，"武钢"集团出口的热轧卷板获得该国零税率	"武钢"历经两年艰苦维权，成为当时唯一一家在本案中获得零税率的中国钢铁企业

时间	事件	说明
2012.4.4	印度尼西亚对原产于中国、印度、俄罗斯、泰国等国家的热轧卷板进行反倾销日落复审①立案调查，并将"武钢"纳入日落复审范围	印度尼西亚反倾销委员会发布公告，对反倾销日落复审做出终裁，裁定继续对上述产品征收反倾销税，我国出口产品将被加征 0~42.58% 的反倾销税
2013.2.6	印度尼西亚对本案做出终裁披露，将"武钢"的反倾销税率从 2008 年终裁的 0% 提高到 16.32%	"武钢"积极参与日落复审，进行抗辩举证
2013.4.7	"武钢"集团国际经济贸易总公司收到印度尼西亚反倾销委员会（KADI）终裁公告：裁定中国"武钢"热轧卷产品重回零税率。至此，"武钢"八年内两次胜诉印度尼西亚反倾销案	在商务部和中钢协等的支持下，"武钢"以翔实的数据资料和无可辩驳的事实，应诉印度尼西亚热轧产品反倾销"日落复审"，在最后阶段取得胜利，反转 2 个月前印度尼西亚方面披露的终裁结果，最终被裁定为零税率

关于印度尼西亚对武钢裁定的反倾销税率（倾销幅度）变化如图 3－3 所示。

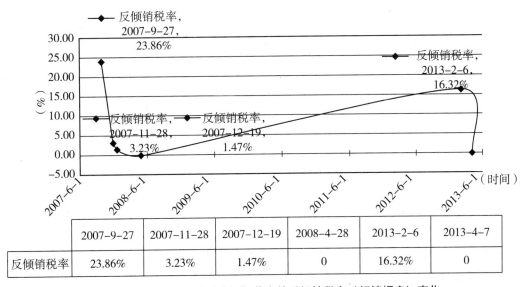

	2007－9－27	2007－11－28	2007－12－19	2008－4－28	2013－2－6	2013－4－7
反倾销税率	23.86%	3.23%	1.47%	0	16.32%	0

图 3－3　印度尼西亚对"武钢"裁定的反倾销税率（倾销幅度）变化

---

① 日落复审，即在征收产品反倾销税 5 年期满进行的行政复审，又称期满复审。根据世贸组织《反倾销协议》的规定，任何最终反倾销税，均应自征收之日起，或自涉及对反倾销和损害同时复审的最近一次行政复审之日起 5 年内终止。"日落复审"将决定反倾销是继续生效、延伸和提高税率，还是终止。

我们应当关注，表3-41印度尼西亚诉"武钢"反倾销案件运作程序和图3-3印度尼西亚对"武钢"裁定的反倾销税率（倾销幅度）变化中的关键事件，以及事件背后所蕴含的经济信息。数据显示，2004年印度洋海啸后，我国不少钢铁企业仍以低价格将热轧板卷销往东南亚国家，仅2005年中国向印度尼西亚出口的热轧板卷就有12.3万吨，与2004年相比增长了374%，表3-40印度尼西亚调查我国的9种产品的出口金额高达1 770万美元。

收到印度尼西亚反倾销委员会立案通告后，中国五矿化工进出口商会组织我国涉诉钢铁企业准备应诉，虽然"武钢"涉及的钢材出口量仅1 000多吨，但仍然决定与鞍钢、宝钢等国内钢铁企业共同参与应诉。"武钢"集团迅速召开反倾销工作会议，成立反倾销工作小组，副总裁彭辰参与其中，动用近60人进行应诉准备。准备工作全面进行，工作小组正确、灵活地运用世界贸易组织（简称WTO）规则，联合其他被诉企业，维护中国钢铁企业合法权益。"武钢"聘请了具有丰富反倾销实践经验的律师团队，代表"武钢"进行无损害抗辩应诉及全面反倾销应诉。10多个部门配合得当，提供了翔实的证据资料和相关材料，与律师充分沟通，在律师的指导下认真填写内容复杂的反倾销调查问卷，注意填写策略，确定最佳抗辩方案，准确提供了公司组织结构、财务制度、实际生产成本、出口和国内销售的详细交易记录等相关会计信息，为胜诉奠定了基础。

应对实地核查期间，"武钢"全面配合，将相关财务账目和凭证按照律师的要求进行详细归类存放，以备核查。印度尼西亚承认中国的市场经济国地位，在反倾销调查过程中侧重调查中国钢铁企业的生产成本。由于本次核查涉及9种产品，因此核查中需要提供的资料极为详细，涉及的方面比较广，公司准备的资料堆满整间屋子。核查工作在反倾销领导小组的指挥安排下，在集团公司计划财务部、股份公司计划财务部、企业管理部、销售中心、生产技术部、国贸总公司、物流管理公司等部门工作人员的积极配合下顺利开展。印度尼西亚调查官对"武钢"的配合和合作给予了明确的肯定，认可了"武钢"提交的数据资料，证实所提交的数据资料没有任何差异，"武钢"顺利通过实地核查。

2008年，"武钢"集团历时两年胜诉印度尼西亚反倾销案，其出口印度尼西亚的热轧卷板获得该国零税率裁决，成为当时唯一一家在本案中获得零税率的中国钢铁企业。本案也是当时国外对我国出口钢铁产品采取反倾销措施的调查案件中，唯一以零税率裁定结束的案件。

按照WTO相关规则的规定，在同一案件中，初审零税率企业不应纳入复审程序。然而，印度尼西亚于2011年修改了本国反倾销条例相关内容，并在世界贸易组织规定的反倾销税征收期限5年未满时，印度尼西亚反倾销委员会发布公告，于2012年4月4日对原产于中国的热轧板卷发起反倾销日落复审立案调查，将"武钢"纳入日落复审范围，以确定若取消反倾销措施，在合理的、可预见的期间内，涉案产品对印度尼西亚国内产业造成的实质性损害是否继续或再度发生。

"武钢"积极应对反倾销日落复审，历经八年维权，最终以零税率胜诉印度尼西亚反倾销调查。这一案件不仅为"武钢"应诉反倾销积累了丰富的经验，同时对于我国企业应对反倾销调查也具有可操作性参考。"武钢"胜诉也再一次证明，会计举证、会计抗辩是胜诉国外反倾销指控的关键，应对反倾销需要会计支持。

3.3.3 印度尼西亚相关反倾销法律法规刚性规制分析

财政部企业司司长（原会计司司长）刘玉廷教授（2011）认为，在当今国与国之间的经济竞争中，规则制定的制定权（或话语权）是经济竞争的关键，基于会计准则所产生的信息涉及国家之间利益和资源分配。美国等西方发达国家通过发展虚拟经济和掌控国际经济规则制定的话语权，从全球攫取了大量财富，这已是不争的事实①。为此，从印度尼西亚相关反倾销法律规定的刚性规制分析入手，揭示"武钢"胜诉印度尼西亚反倾销案背后的会计问题，不仅关系着我国企业应对（包括规避）反倾销的成败，同时也是维护我国企业自身合法权益和参与国际竞争，以及国家之间利益和资源分配的重大问题。

印度尼西亚负责反倾销调查的机构为印度尼西亚反倾销委员会，主要完成反倾销调查工作，反倾销委员会为内阁部门级别的跨部门专业委员会，海关总署、农业部、财政部协助进行反倾销调查工作。反倾销法规定散见于相关法律、条例以及有关规定中，包括《海关法》《海关法解释》《关于反倾销税和反补贴税的政府条例》以及《部长法令》等，其反倾销法律法规主要刚性规制涉及倾销和损害的确定，与倾销相关的概念界定，征收反倾销税的程序、有关倾销费用的处理，有关调查的程序、期限，证据与信息的收集，临时措施的目的、形式、期限及终止，价格承诺的规定，以及反倾销税和反补贴税额的确定等。

3.3.3.1 印度尼西亚关于倾销的刚性规制

（1）倾销和损害的确定。

印度尼西亚《海关法》第18条规定了对进口产品征收反倾销税的条件，包括：

① 刘爱东，杨轩宇.企业应对反倾销的会计信息证据效力保障机制研究——理论框架与研究构思 [J].财经理论与实践，2013（4）：25-28.

①倾销，即产品的出口价格低于其正常价值；②损害，即此类产品的进口：对国内生产类似产品的产业造成实质性损害；对国内生产类似产品的产业造成实质性损害或威胁；或者可能阻碍国内类似产品的行业的建立。

（2）国内产业的含义。

印度尼西亚《海关法解释》规定："国内产业"是指类似产品的全部国内厂商，或其生产代表有关产品全部生产的类似产品的国内厂商。"类似产品"指完全相同的同一产品或与有关进口产品具有类似物理、技术或化学特征的产品。

WTO《反倾销守则》中的"国内产业"一般是指国内生产同类产品的所有生产商，或者是指他们的总产量占国内同类产品总产量的主要部分的国内生产商。中国规定其总产量占国内同类产品全部总产量的50%以上，排除了类似产品的生产者，界定较为严格。而印度尼西亚的"国内产业"是指同类产品及类似产品的全部国内生产厂商，或其生产代表有关产品全部生产的类似产品的国内厂商。可见，由于印度尼西亚把类似产品的全部国内生产厂商也纳入"国内产业"，其范围更广泛，印度尼西亚这样规定的目的就是更有利于提起反倾销调查。

（3）关于"正常价值"。

"正常价值"一般指实际销售或应售的出口国国内市场通常贸易中用于消费的类似产品的价格。如果没有这样的出口国国内市场交易的类似产品，或者国内市场销售量相当小以致不能用作比较因素，则正常价值则指：①出口到第三国的类似产品的最高价格；②生产成本、管理成本、销售成本及正常利润的总和。而印度尼西亚《海关法》第19条规定，反倾销税在该法第12条第1款规定的进口税之外征收，征收数额依据该产品的正常价值和出口价格之间的最大幅度。《关于反倾销税和反补贴税的政府条例》指出，如果出现进口产品的出口价格低于正常价值并且该进口产品造成损害的情况，进口产品除被征收反倾销税外，仍应交纳进口税。反倾销税额应等于倾销幅度。

3.3.3.2　印度尼西亚反倾销调查流程

根据印度尼西亚反倾销法律法规相关要求和运作实践，印度尼西亚反倾销调查流程如图3-4所示。

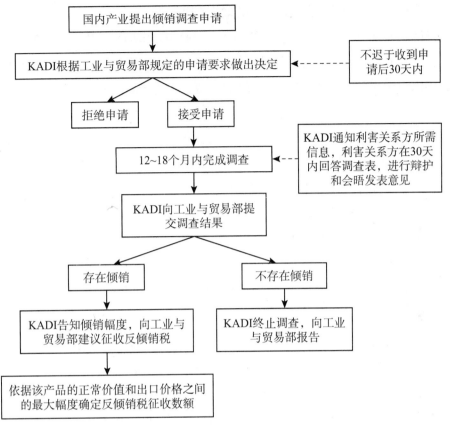

图 3 - 4　印度尼西亚反倾销调查流程

注：印度尼西亚反倾销委员会，简称 KADI。

图 3 - 4 所示的印度尼西亚反倾销调查流程中的关键在于倾销是否存在，以及确认的依据是什么。而 KADI 向工业与贸易部提交调查结果和与调查结果直接相关的反倾销调查问卷则是关注的焦点。

3.3.3.3　印度尼西亚反倾销调查问卷的会计需求分析

反倾销调查问卷是调查当局与被诉企业之间信息交流的重要途径，各国调查问卷都将倾销判定规则融入其中。印度尼西亚反倾销委员会的调查问卷结构由 A、B、C、D、E、F、G 七部分组成，各部分内容如下：

调查问卷 A 部分：关于公司结构和股权情况的问题。

调查问卷 B 部分：关于被调查产品是否在中国市场大量销售以及该销售占对印度尼西亚销售的被调查产品的百分比。

调查问卷 C 部分：要求公司提供调查期前 5 年的关于被调查产品生产、销售与库存的资料，为调查机构进行损害或损害威胁裁决提供依据。

调查问卷 D 部分：被调查产品在国内销售以及国外市场销售的基本情况。

调查问卷 E 部分：提供调查期间被调查产品在国内销售的详细数据。（如果被调查公司的国内销售符合调查问卷 B 部分的条件，则被调查产品的国内销售价格和有关的数据资料将作为正常价值核定的基础。）

调查问卷 F 部分：收集被调查公司的被调查产品向印度尼西亚销售的价格以及其他销售内容的详细情况。其中，出口价格资料将作为倾销幅度中出口价格的核定基础。

调查问卷 G 部分：收集被调查产品的实际成本，包括产品的分规格或分型号的成本核算。如果被调查产品的成本高于其国内销售的产品的价格，则有关产品国内销售的价格不能作为正常价值比照的依据。

不难看出，上述调查问卷的七部分内容，都需要会计信息支持，比如公司结构和股权情况，被调查产品销售占比，生产、销售与库存状况，实际成本、出口价格等。会计在调查问卷答复中的参与程度决定了会计信息在反倾销应诉中的核心作用，特别是调查问卷的填写时间短，若没有战略层面高质量会计管理支撑将难以满足印度尼西亚反倾销调查问卷的会计需求，则直接影响倾销是否成立的裁定结果。

3.3.4 "武钢"胜诉印度尼西亚反倾销案的会计启示

——应对反倾销内部会计控制机制构建

企业是应对反倾销的主体，应对国际反倾销的实践和理论研究表明，由于国别、会计标准、管理贸易的形式和手段以及应诉企业会计核心竞争力等方面的相对差异，致使会计管理水平亦存在相应差异。从企业应对反倾销看，会计核心竞争力背后所涉及的应当是反倾销战略层面的制度安排及其有效运行的保障机制。因此，从反倾销调查对成本核算的要求、实地核查的应对、反倾销调查对会计信息质量标准等层面考虑反倾销内部会计控制机制构建，将是一种新尝试。

反倾销应诉实践证明，在相关法律框架下，企业应对反倾销的成败，与涉案企业的应诉态度、行业协会和出口商会等中介组织的协调力度、政府主管部门（如商务部、公平贸易局等相关部门）的重视程度有着至关重要的关系，特别是应诉企业快速响应的制度安排和所提供会计信息（或会计数据）的证据效力[①]。而会计信息（或会计数据）的

---

① 刘爱东，梁洁. 1995～2009 年国外对华反倾销案件统计分析 [J]. 中南大学学报（社会科学版），2010 (8)：73－78.

证据效力则取决于企业应对反倾销所提供的会计信息质量。这是因为，企业应对反倾销的会计信息质量不仅受会计信息加工、生成与监管系统（包括会计法规制度、处理技术与方法、会计人员职业能力、企业会计治理水平、独立审计等）的影响，还体现在应对反倾销所涉及的"多元利益相关主体"（如指控方、应诉方、调查当局、行业协会、涉案产品上下游等）的决策有用性上[①]。描述会计信息过去、现在、未来不同时态关于质、量、度一般属性的质量特征，由于此时会计信息质量所服务"多元利益相关主体"各自的真正需求而异，这不仅要对会计信息质量的相关性、可靠性、可比性、重要性等财务会计理论中一般质量特征进行重新审视，赋予与主体需求相匹配的内容，能否被"多元利益相关主体"认可、采纳的会计信息质量特征——可采性，亦成为企业应对反倾销重点关注的会计信息质量问题[②]。根据 WTO 的规定，倾销与反倾销所需提供的会计资料应及时、可用，与特定产品和特定期间相关，并且资料完整、可靠，能够真实反映产品的成本和价格，同时满足产品可比和价格可比的特质等[③]。这就要求应诉企业规范日常会计核算，建立反倾销应诉会计信息平台，强化应对反倾销内部会计控制，提供高质量会计信息，为应诉企业快速响应进行有效的会计举证和会计抗辩提供相应的会计支持。

从微观市场主体企业反倾销战略层面，所思考的应对反倾销内部会计控制机制应是由特定人和机构参与，具有特定权利与义务的有机搭配系统，其正常有效运转，需要多种机制的相融与匹配。因此，我们所研究的应对反倾销内部会计控制机制，实际上是一个有特定目标的机制系列，或由若干子机制共同组成的有机体。考虑机制的目标性、非唯一性、系列性、协同性、层次性等属性，企业应对反倾销内部会计控制机制架构，如图 3 - 5 所示。

图 3 - 5 具体说明如下：

（1）基于应对反倾销的企业内部控制框架由目的、功能、控制要素三部分构成。

（2）基于应对反倾销的企业内部控制框架的首要目的是保证企业基本目标实现的基础上尽可能地减少反倾销被诉风险。

（3）首要目标具体化为该内部控制的功能，定位为规避、预警、举证、抗辩、降幅。

① 刘爱东，卜珂. 我国企业反倾销调查申请中的会计问题分析——以太阳能级多晶硅反倾销调查申请书为例 [J]. 会计之友，2013（7 中）：11 - 16.

② 赵金玲，刘爱东. 企业应对反倾销会计信息质量影响因素的实证研究 [J]. 湖南大学学报（自然科学版），2012（4）：87 - 92.

③ 刘爱东，曾辉祥. 基于 TCD 和 ADI 测度的 11 国对华反倾销案件实证分析 [J]. 湖南财政经济学院学报，2013（3）：24 - 31.

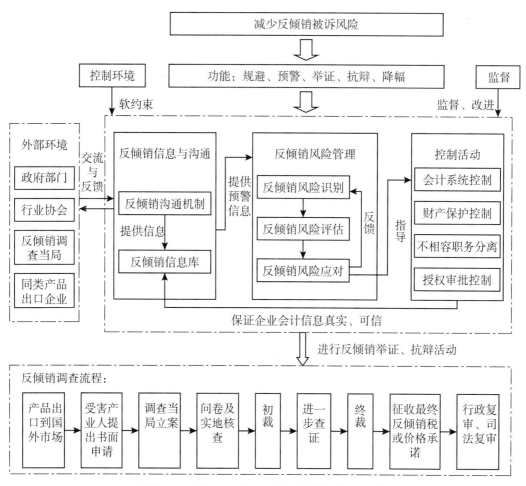

图 3-5　企业应对反倾销内部会计控制机制架构

（4）控制要素是功能的具体落实。基于应对反倾销的企业内部控制体系的控制要素包括：控制环境、反倾销信息与沟通、反倾销风险管理、控制活动和监督。①反倾销信息与沟通要素包括反倾销信息沟通机制和反倾销信息库。反倾销信息沟通机制主要是与政府、行业协会、反倾销调查当局、其他同类产品出口企业以及企业内部的信息交流；反倾销信息库是反倾销信息沟通机制交流的结果，这些信息不仅为反倾销预警提供数据支持，而且是反倾销举证、抗辩活动的有力保障。②反倾销风险管理包括风险识别、风险评估和风险应对三步骤，主要体现的是应对反倾销的企业内部控制的规避和预警功能。其中，反倾销风险识别以反倾销预警为核心，需要反倾销信息库提供大量的预警信息支持。同时反倾销风险应对决策会影响反倾销控制活动的控制标准，对控制活动具有指导作用。③控制活动要素主要包括会计系统控制、财产保护控制、不相容职务分离控制、授权审批控制等控制形式，它们作用于企业生产的全过程，为能够提供高质量的会计信息打下坚实的基础。④控制环境包括企业诚信和道德价值观、管理哲学、人力资源政策等子要素，实现对内部控制其他要素的软约束。⑤监督要素包括对内部控制的监督和外部审计对财务报告的监督。其中，按通用会计准则对企业会计报表进行独立审计是企业取得市场经济地位认可的要素之一。上述也是"武钢"胜诉印度尼西亚反倾销案给予我们的重要启示。

第 4 章

公司治理结构对应对反倾销会计信息
证据效力的影响研究

反倾销会计信息证据效力直接决定了反倾销应对的成败，而反倾销会计信息证据的生成、监管和甄选都是在公司治理的大环境背景下进行的，公司治理结构通过影响会计信息质量进而制约反倾销会计信息证据效力。本章首先通过资本结构对反倾销应诉企业会计稳健性的影响分析，指出反倾销涉案企业会计信息质量的提高离不开融资环境的改善①，在此基础上研究公司治理结构对会计信息证据效力的影响机理，最后实证分析公司治理结构对应对反倾销会计信息证据效力的影响②。旨在从优化公司治理结构的角度保障企业应对反倾销会计信息证据效力，提升企业反倾销应诉水平，增强企业国际竞争力。

4.1　资本结构对反倾销应诉企业会计稳健性的影响分析

4.1.1　研究假设的提出

作为各种契约集合体的公司，契约各方均有会计信息及时性和可验证性方面的需求，而公司经营管理者与契约当事人之间存在信息不对称、报酬不对称及有限责任等因

---

① 所指导的2015届研究生周琼、曾辉祥对本部分实证内容有贡献。研究成果《资本结构与会计稳健性——以2002～2013年中国反倾销涉案企业为例》于2016年3月获得2015年度湖南省财政厅、湖南省社会科学界联合会和湖南省会计学会优秀会计学术论文一等奖，并在《中南大学学报》（社会科学版）2015年第2期发表。

② 所指导的2013届研究生熊倩对本部分实证内容有贡献。

素，容易产生道德风险，稳健性原则作为重要的会计准则之一，能够有效缓和这种道德风险。可见，这种制约机制可以提高债务契约、薪酬契约及投资意愿的监督效率，有助于事前保护资本所有者——债务人或股东的利益。资本结构有广义和狭义之分，广义的资本结构是指企业债务资本和权益资本之间的构成比例，狭义的资本结构是企业各种长期资金来源的比例关系。本节选取债务资本、股权资本和留存收益资本作为反映企业资本结构的指标，并采用账面价值对资本结构进行度量。

在债务契约中，债务投资者相对于股权投资者更关注企业的负债水平和偿债能力。对债权人而言，债务人超出债权金额之上的净资产并不能给其带来额外收益，在进行债务投资之前，需要根据债务人的会计信息质量来决定投资决策。然而，债务人的会计信息受管理层利润操控的影响，债务投资者为了保证自己的利益不受损害，开始关注债务人收益和净资产的"底线"，这就产生了对会计稳健性的需求。以确保在负债比例过高、面临财务风险的情况下，企业管理层操纵利润和高估企业盈余的行为能受到约束，避免债务投资者因此而承受不必要的风险。沃茨（Watts，2003）认为，经济契约、法律和政治制度等因素会促使企业做出稳健的财务报告，以降低违反债务契约的可能性，节约在债务融资过程中产生的契约成本，提高公司偿还债务的能力[①]。尼古拉耶夫（Nikolaev，2010）将会计稳健性增强企业债务契约效率水平的情况分为三类：一是公司出现意外时，债权人能够及时地掌握企业决策权；二是在债务契约中增加相关的保护性或者限制性条款，以便减少债权人与股东之间的代理冲突；三是加强企业债务契约中保护性或者限制性条款信号传递作用的发挥[②]。这说明债务人为了缓解潜在的逆向选择问题，也需要主动提供稳健的会计信息。徐昕和沈红波（2010）通过实证研究银行贷款对会计稳健性的影响发现，上市公司贷款比例越高会计稳健性也越高[③]。以上分析说明，企业的负债资本比率将促使债权人去约束债务人的行为。由此，提出如下假设：

H1：企业的债务资本比率与会计稳健性正相关，即债务资本比率越高，对会计稳健性的需求越大。

尽管债权人与股东同为公司的投资者，由于目标利益函数不同，二者之间存在潜在的利益冲突。相对于债权人而言，股东的目标利益更侧重于资金的收益性，更关注公司的盈利能力和持续经营状态下的价值，股东希望通过稳健的会计政策来约束经理层的机

---

① Watts, R. L. . Conservatism in accounting part II: evidence and research opportunities [J]. Accounting Horizon, 2003, 17 (4): 287 – 301.

② Nikolaev, V. . Debt Covenants and Accounting Conservatism [J]. Journal of Accounting Research, 2010, 48 (1): 137 – 175.

③ 徐昕，沈红波 . 银行贷款的监督效应与盈余稳健性——来自中国上市公司的经验证据 [J]. 金融研究，2010, (2): 102 – 111.

会主义行为。然而，股权契约使得公司的控制权落入少数大股东手中，加之所有权与经营权的分离，以及股权契约的不完整性，股东与直接进行公司管理的职业经理人之间的契约关系也存在着代理冲突。股东与管理层之间存在信息不对称，股东不能及时获得准确获得公司的经营状况等信息，很大程度上依赖于财务报表所传递的信息。相反，管理层拥有的信息比股东更加及时全面，管理层在执行契约的过程中容易出现过度消费、隐瞒亏损项目、过度投资等机会主义行为；在对外进行信息披露时，管理层难免会通过操纵会计盈余数字，根据自身利益而有选择性地披露。皮克、扩吉尔斯和博因克（Peek、Cuijpers 和 Buijink，2010）的研究指出，公司上市导致股东权益分散，严重的信息不对称使得股东更加依赖财务报告，对会计稳健性提出了更高的要求①。此外，拉丰（LaFond，2008）认为会计稳健性能降低不确定性和信息不对称，会计稳健性与管理层持股的比率呈负相关关系，股东和债权人对会计稳健性具有更高的需求②。综上，股东为了保护自身利益不受侵占，会要求管理层根据稳健性原则及时确认和充分披露有关风险和损失，以抑制管理层的机会主义行为。于是，提出假设：

H2：企业的股本资本比率与会计稳健性正相关，即股本资本比率越高，对企业会计稳健性的要求越高。

除了债券资本和股权资本外，留存收益作为主权资本的一部分，也是公司进行权益筹资的重要渠道。可以将留存收益视为股东对企业的追加投资，其资本成本低于普通股的资本成本，企业通常可以运用股利分配政策将留存收益进行合理的再投资，以进一步增强企业自我积累的能力。以留存收益为基础的内源融资方式不仅可以为债权人提供保障，增强公司的偿债能力，而且相对于其他的筹资方式，筹资成本更低，更不会稀释原始股的每股收益和控制权。然而，由于企业盈余是契约和考核标的物，其确认、计量与管理人员的动机密不可分。从盈余管理的角度来看，管理者具有利用会计稳健性实现亏损公司"洗大澡"的动机③。但是，会计稳健性通过抑制利益相关者之间的信息不对称和利益冲突，又加重了管理层操纵盈余的代价，有效遏制了进行盈余管理的动机。可见，留存收益资本在使用上具有较大的随意性，外部投资者对其制约缺乏刚性。陈旭东和黄登仕（2006）运用上市公司的数据实证分析发现，会计稳健性并非独立于当期的盈余水平，盈余水平高的公司会增加对好消息的确认，降低对坏消息的确认，会计稳健性

① Peek, E., Cuijpers, R., Buijink, W.. Creditors' Demand for Accounting conservatism in Public Versus Private Firms: Evidence from Europe [J]. Contemporary Accounting Research, 2010 (3): 49 – 91.

② LaFond R., Roychowdhury S.. Managerial Ownership and Accounting Conservatism [J]. Journal of Accounting Research, 2008, 46 (1): 101 – 135.

③ 李远鹏，李若山. 是会计盈余稳健性，还是利润操纵？——来自中国上市公司的经验证据 [J]. 中国会计与财务研究，2005 (3): 41 – 56.

水平较低；相反，盈余水平低的公司会增加对坏消息的确认，降低对好消息的确认，会计稳健性较高①。基于上述分析，假设如下：

H3：企业的留存收益资本比率与会计稳健性负相关，即留存收益比率越高，外部投资者对企业会计稳健性的要求会降低。

4.1.2　研究设计

4.1.2.1　样本选择

在反倾销调查中，涉案企业的会计信息质量直接影响反倾销裁决的结果。本节通过世界银行反倾销数据库和中国贸易救济信息网共收集到 2002～2013 年的 1 396 个反倾销涉案企业样本，考虑到数据的可获得性，进一步选取该期间的反倾销涉案上市公司（瑞思数据库），并按以下原则进行剔除：（1）当年 IPO 或 ST 的上市公司。（2）重复遭遇反倾销的样本。（3）数据缺失的样本。经过上述处理后得到 82 个样本公司，为了便于对遭遇反倾销前后的会计稳健性进行比较，收集了反倾销前后 2 年的数据，5 年共计 395 个样本点。本节借助 EViews6.0 软件进行数据分析。

4.1.2.2　模型构建

本节借助"会计收益—股票逆回归"模型（Basu 模型）② 和"应计—现金流关系"计量法（ACF 模型）③ 进行会计稳健性度量。Basu 模型以有效市场假说为前提，通过会计收益在正面和负面两种环境下的不对称反映来表示会计稳健性，即采用公司股票市场回报率作为"好消息"和"坏消息"的确认程度，若会计盈余对"坏消息"的反应比"好消息"更加及时，则说明存在会计稳健性。ACF 模型认为，应计项目的随机性将导致不同时间序列特征的现金流，亦即时间序列上负相关的现金流与正相关的现金流。其中，负相关的现金流使得现金流中包含更多的噪音，会计应计项目应减少经营活动现金流中的噪音。本节分别用公司股票市场回报率、经营活动现金流作为"好消息"与"坏消息"的替代变量，基本的会计稳健性计量模型（Basu 模型、ACF 模型）可以表

① 陈旭东，黄登仕. 会计盈余水平与会计稳健性——基于分量回归的探索分析 [J]. 管理科学，2006（8）：52 - 61.

② Basu, S. The Conservatism Principle and the Asymmetric Timeliness of Earnings [J]. Journal of Accounting and Economics，1997（25）：1 - 34.

③ Ball, R. , L. Shivakumar. Earnings Quality in UK Private Firms：Comparative Loss Recognition Timeliness. Journal of Accounting and Economics，2005（24）：3 - 38.

示为：

$$EPS_{i,t}/p_{i,t-1} = \beta_0 + \beta_1 R_{i,t} + \beta_2 DR_{i,t} + \beta_3 R_{i,t} DR_{i,t} + \varepsilon \quad [\text{Basu}(1)] \quad (4-1)$$

$$ACC_{i,t} = \alpha_0 + \alpha_1 CFO_{i,t} + \alpha_2 DR_{i,t}^* + \alpha_3 DR_{i,t}^* CFO_{i,t} + \varepsilon \quad [\text{ACF}(1)] \quad (4-2)$$

Basu（1）中，$EPS_{i,t}$ 表示 i 公司披露的 t 年的每股盈余；$P_{i,t-1}$ 表示 i 公司在 $t-1$ 年底的股票收盘价；$R_{i,t}$ 表示 i 公司 t 年度的股票收益率；$DR_{i,t}$ 为哑变量。ACF（1）中，$ACC_{i,t}$ 表示 i 公司 t 年初总资产平减后的应计项目；$CFO_{i,t}$ 为 i 公司 t 年初总资产平减后的经营活动现金流；$DR_{i,t}^*$ 为哑变量。β_1、α_1 分别度量会计盈余与正的公司股票年度收益率、应计项目与正经营活动现金流量之间的关系；$\beta_1+\beta_3$、$\alpha_1+\alpha_3$ 分别表示会计盈余与负的公司股票年度收益率、应计项目与负经营活动现金流量之间的关系，即坏消息得到确认的及时性；β_3、α_3 是稳健性指数，表示与好消息相比，坏消息确认的增量反应，$\beta_3 > 0$ 或 $\alpha_3 > 0$，则说明存在会计稳健性，数值越大表明会计稳健性越好。

此外，当评价不同样本的总体会计稳健性时，需要借助比较稳健倍数 BASU 的大小来判断会计稳健程度的强弱，其中：$BASU = ARCTAN(\beta_1+\beta_3) - ARCTAN(\beta_1)$，或 $BASU = ARCTAN(\alpha_1+\alpha_3) - ARCTAN(\alpha_1)$。

参照刘运国（2010）[1]、杜兴强（2009）[2]、鲍尔（Ball，2005）[3] 等人采用的方法，分别在 Basu 模型和 ACF 模型中加入 ALR（债务资本比率）、EAR（股本资产比率）和 RAR（留存收益率）三个替代变量，建立新的会计稳健性计量模型。此外，根据卡恩（Khan）和沃茨（Watts）的研究[4]，影响会计稳健性的主要因素包括公司规模（SIZE）、账面市价比（MTB）和资产负债率（LEV），同时为了避免变量自相关，更清楚地探讨三种资本属性对会计稳健性的影响，本节将 SIZE 和 MTB 作为控制变量，并分别用 industry 和 year 表示行业虚拟变量和年度虚拟变量。为了避免模型结构形式相同，增强研究的可靠性，分别借鉴谭燕（2013）[5] 构建 Basu 扩展模型（如 Basu（2）-（4）所示）和赵燕（2013）[6] 构建 ACF 扩展模型的方法（如 ACF（2）-（4）所示）。

① 刘运国，吴小蒙，蒋涛. 产权性质、债务融资与会计稳健性——来自中国上市公司的经验证据 [J]. 会计研究，2010（1）：43-50.

② 杜兴强，雷宇，郭剑花. 政治联系、政治联系方式与民营上市公司的会计稳健性 [J]. 中国工业经济，2009（7）：87-97.

③ Ball R, Robin A, Sadka G. Is Accounting Conservatism Due to Debt or Equity Markets [R]. An International Test of "Contracting" and "Value Relevance" Theories of Accounting SSRN, 2005.

④ Khan M., Watts R. L. Estimation and Empirical Properties of a Firm - year Measure of Accounting Conservatism [J]. Journal of Accounting and Economics, 2009, 48（2-3）：132-150.

⑤ 陈艳艳，谭燕，谭劲松. 政治关联与会计稳健性 [J]. 南开管理评论，2013，16（1）：33-40.

⑥ 赵燕. 社会责任战略与会计稳健性 [J]. 山西财经大学学报，2013，35（9）：104-115.

$$EPS_{i,t}/P_{i,t-1} = \beta_0 + \beta_1 R_{i,t} + \beta_2 DR_{i,t} + \beta_3 R_{i,t} DR_{i,t} + \beta_4 X_{i,t} + \beta_5 X_{i,t} R_{i,t} + \beta_6 X_{i,t} DR_{i,t}$$
$$+ \beta_7 X_{i,t} R_{i,t} DR_{i,t} + \beta_8 SIZE_{i,t} + \beta_9 SIZE_{i,t} R_{i,t} + \beta_{10} SIZE_{i,t} DR_{i,t}$$
$$+ \beta_{11} SIZE_{i,t} R_{i,t} DR_{i,t} + \beta_{12} MTB_{i,t} + \beta_{13} MTB_{i,t} R_{i,t} + \beta_{14} MTB_{i,t} DR_{i,t}$$
$$+ \beta_{15} MTB_{i,t} R_{i,t} DR_{i,t} + \beta_{16} industry + \beta_{17} year + \varepsilon \quad [Basu\ (2)-(4)]$$

$$(4-3)$$

$$ACC_{i,t} = \alpha_0 + \alpha_1 CFO_{i,t} + \alpha_2 DR_{i,t}^* + \alpha_3 CFO_{i,t} DR_{i,t}^* + \alpha_4 X_{i,t} + \alpha_5 X_{i,t} CFO_{i,t} +$$
$$\alpha_6 X_{i,t} DR_{i,t}^* + \alpha_7 X_{i,t} CFO_{i,t} DR_{i,t}^* + \sum \gamma CON + \varepsilon \quad [ACF\ (2)-(4)]$$

$$(4-4)$$

Basu（2）-（4）中，当 $X_{i,t}$ 分别为 $ALR_{i,t}$、$EAR_{i,t}$ 和 $RAR_{i,t}$ 时，从而依次构成 Basu（2）、Basu(3) 和 Basu(4)；同理，得到 ACF(2)、ACF(3) 和 ACF(4)，CON 为控制变量。交叉项 $X_{i,t} R_{i,t} DR_{i,t}$（或 $X_{i,t} CFO_{i,t} DR_{i,t}^*$）的系数 β_7（或 α_7）均表示所添加替代变量对会计稳健性的影响程度。若 $\beta_7 > 0$（或 $\alpha_7 > 0$），说明替代变量会增强企业的会计稳健性，且 β_7（或 α_7）值越大，其影响程度越强；反之，则表明替代变量会削弱企业的会计稳健性。

4.1.2.3 变量定义

本节的实证研究所涉及变量的名称、符号和具体定义如表4-1所示。

表4-1　　　　　　　　　　　　变量定义

变量类型	变量名称	变量符号	变量定义
被解释变量	会计收益	EPSi, t/Pi, t-1	每股盈余/年初股票价格
	会计应计利润	ACCi, t	（营业利润－经营活动现金流量）/总资产
解释变量	股票收益率	Rit	考虑现金红利的年股票收益率
	经营活动现金流	CFOi, t	经营活动现金流量/总资产
	股票收益率哑变量	DRit	Rit < 0 时，DRit = 1；Rit > 0 时，DRit = 0
	经营活动现金流哑变量	DRit*	CFOi, t < 0 时，DRit* = 1；CFOi, t > 0 时，DRit* = 0
	债务资本比率	ALRi, t	负债总额/资产总额
	股本资本比率	EARi, t	实收资本（股本）总额/资产总额
	留存收益率	RARi, t	（盈余公积＋未分配利润）/资产总额

变量类型	变量名称	变量符号	变量定义
控制变量	企业规模	SIZEi，t	企业期末总资产的对数
	账面市价比	MTBi，t	股权市值/股权账面值 = ［A 股收盘价 * A 股合计 + B 股收盘价 * 人民币外汇牌价 * B 股合计 + （总股数 − A 股 − B 股）* 每股净资产］/净资产总额
	行业虚拟变量	industry	反倾销涉案企业主要为制造业，根据制造业分类标准，模型中共 11 个行业变量
	年度虚拟变量	year	涉及反倾销前后 5 年共 4 个变量

4.1.3　实证结果及分析

4.1.3.1　描述性统计

表 4 - 2 对 Basu 模型和 ACF 模型中的主要变量进行了描述性统计。表 4 - 2 显示，会计收益（EPS/P）的均值为 0.0171，最大值为 0.5556，最小值为 − 0.5803；会计应计利润（ACC）的均值为 − 0.0209，中位数是 − 0.0190，表明大部分企业的应计会计利润为负。从整体波动性来看，股票收益率 R 的标准差是 1.3557，远远大于会计收益指标 EPS/P 的标准差（0：0593），表明市场的波动率远大于会计数据，进一步印证了鲍尔（Ball，2000）等人对新兴国家资本市场特征的预期。ALR、EAR 与 RAR 指标反映了样本企业的资本结构，其标准差表明我国上市公司的资本结构具有显著差异。总样本的 ACC 小于 0，左偏，且 CFO 大于 0，右偏，说明样本企业应该存在会计稳健性，EPS/P 与 R 的偏度也验证了这一点。此外，主要变量间的 Pearson 相关性检验结果显示，各解释变量之间不存在显著的相关性，即不存在严重的多重共线问题。

表 4 - 2　　　　　　　　　　全样本描述性统计

variable	Min	Max	Mean	std	p25	Median	p75	Skewness	N
EPS/P	− 0.5803	0.5556	0.0171	0.0593	0.0052	0.0166	0.0323	− 1.4340	395
ACC	− 0.6863	0.2627	− 0.0209	0.0856	− 0.0574	− 0.0190	0.0232	− 1.239	395
R	− 0.7744	21.4200	0.2404	1.3557	− 0.3086	− 0.0674	0.4745	10.3440	395

variable	Min	Max	Mean	std	p25	Median	p75	Skewness	N
CFO	−0.1685	0.5143	0.0495	0.0814	0.0079	0.0453	0.0869	1.0790	395
DR	0	1	0.5400	0.4990	0	1	1	−0.1580	395
DR*	0	1	0.2300	0.4220	0	0	0	1.2860	395
ALR	0.0471	1.5607	0.5443	0.1888	0.4190	0.5665	0.6792	−0.0620	395
EAR	0.0264	0.8588	0.1327	0.0873	0.0786	0.1090	0.1617	2.5220	395
RAR	−0.9392	0.5690	0.1146	0.1154	0.0710	0.1235	0.1679	−2.3490	395
SIZE	19.5892	26.1661	22.4751	1.4178	21.4163	22.2560	23.4219	0.5060	395
MTB	0.2564	55.4150	2.9187	3.3391	1.4687	2.1922	3.5521	10.4750	395

4.1.3.2 实证分析

本节首先运用基本的 Basu 模型和 ACF 模型检验了全样本的会计稳健性是否存在，结果如表 4−3 中 BASU(1) 和 ACF(1) 所示。Basu(1) 的回归结果显示，股票收益率 R 的系数是 0.1568，在 10% 水平上显著，交互项 R * DR 的系数是 1.5078，在 1% 的水平上显著，坏消息的反映系数是好消息的 10.62 倍 [(1.5078 + 0.1568)/0.1568]，表明我国反倾销涉案企业财务报告具有一定的会计稳健性。在 ACF(1) 的回归结果中，交叉项 CFO * DR* 的系数为 0.5926，在 1% 的水平上显著，与 BASU 模型检验的结论一致，进一步验证了会计稳健性的存在。

（1）假设检验。

为了考察资本结构对会计稳健性的影响，将资本结构的替代变量、债务资本比率（ALR）、股本资本比率（EAR）和留存收益资本比率（RAR）分别放入 BASU 模型和 ACF 模型，表 4−3 汇总了假设检验结果。

表 4−3　　　　　　　　　　　　假设检验结果

模型	BASU(1)	BASU(2)	BASU(3)	BASU(4)	ACF(1)	ACF(2)	ACF(3)	ACF(4)
R（CFO）	0.1568*	−0.1195	−0.0730	−0.1745**	−0.5012***	−0.3336**	−0.1673*	−0.5416***
DR（DR*）	0.2318	0.2610	−0.1330	0.0216	−0.0101	0.0366**	0.0456**	0.0139
R * DR（CFO * DR*）	1.5078***	1.5141***	−0.2094*	0.6398**	0.5926***	−0.8090*	−1.1496***	−0.5019*
ALR		−0.0443**				−0.0621		
ALR * R		0.0168*				−0.3036**		

模型	BASU(1)	BASU(2)	BASU(3)	BASU(4)	ACF(1)	ACF(2)	ACF(3)	ACF(4)
ALR * DR		0.0379				−0.0338 *		
ALR * R * DR		0.1477 **				0.7527 **		
EAR			−0.0603				−0.0246	
EAR * R			−0.0793				−1.6717 ***	
EAR * DR			0.2831 **				−0.2101 ***	
EAR * R * DR			1.3187 ***				3.4535 **	
RAR				0.1178 **				0.2268 ***
RAR * R				0.0290				0.4720 **
RAR * DR				−0.1322 *				0.0303
RAR * R * DR				−0.6247 ***				−0.3125 *
SIZE	−0.0027	−0.0005	−0.0035	−0.0033	−0.0050 **	−0.0010 *	−0.0095 ***	−0.0065 **
SIZE * R	0.0074 *	0.0055	0.0041	0.0081 **				
SIZE * DR	−0.0108	−0.0129	0.0030	−0.0014				
SIZE * R * DR	−0.0643 ***	−0.0682 ***	0.0017 *	−0.0258 *				
MTB	−0.0026 **	−0.0019	−0.0021 *	−0.0014	−0.0018 *	−0.0004 *	−0.0014	−0.0006
MTB * R	0.0009	0.0004	0.0005 *	0.0005				
MTB * DR	0.0019	0.0024	0.0057	0.0078				
MTB * R * DR	0.0296 *	−0.0283 *	−0.0135 **	−0.0027 *				
C	0.0860	0.0470	0.1107	0.0801	0.1125 **	0.0533 **	0.2101 ***	0.1143 **
industry	控制	控制	控制	控制	控制	控制	控制	控制
year	控制	控制	控制	控制	控制	控制	控制	控制
N	395	395	395	395	395	395	395	395
F	4.1424	3.8240	7.2798	12.3200	58.7488	37.9763	42.2358	62.0000
Adj. R2	0.0806	0.0971	0.1929	0.3011	0.4229	0.4579	0.4851	0.5821

注：篇幅限制，表中省略 T 值，*** 、** 、* 分别表示在 1%、5%、10% 水平上显著，下同。

　　模型 BASU（2）的回归结果显示，ALR * R 的系数为 0.0168，在 10% 的水平下显著，ALR * R * DR 的系数为 0.1477，在 5% 的水平下显著，说明债务资本对会计稳健性起到了增强作用，假设 1 成立。模型 BASU（3）考察了企业股本资本率与会计稳健性之间的关系，其 EAR * R * DR 的系数是 1.3187，并且在 1% 的水平下显著为正，这一结果表明在我国反倾销涉案的上市企业中，股本资本比率越高会计稳健性越好，这也验证了假设 2。模型 BASU（4）检验了留存收益资本对会计稳健性的影响，RAR * R * DR

的系数为 - 0.6247，在 1% 的水平下显著为负，与假设 3 中的预期相同。通过比较交叉项的系数，$|1.3187| > |-0.6247| > |0.1477|$，也就是与债务资本和留存收益资本相比，股本资本对会计稳健性的作用更为显著。另外，控制变量中除了行业虚拟变量和年度虚拟变量外，账面市价比（MTB）与企业规模（SIZE）均对会计稳健性具有较为显著的影响，其中 MTB 与 EPS/P 呈负相关，说明投资风险影响企业的会计收益，企业的投资风险越大，其会计收益越差。

模型 ACF（2）-（4）依次报告了 3 种资本（债务资本、股权资本和留存收益）对会计稳健性的影响。债务资本（ALR）对会计稳健性影响的交叉项 Xit * CFO * DR* 系数是 0.7527，在 5% 的水平下显著为正；就股权资本（EAR）而言，Xit * CFO * DR* 系数为 3.4535，也在 5% 的水平下显著为正。债务资本与股权资本对会计稳健性影响的回归结果与 BASU 模型中的检验结论一致，验证了假设 1 和假设 2。此外，留存收益资本（RAR）的回归结果（Xit * CFO * DR* 系数为 - 0.3125，在 10% 水平下显著）也与前文中 BASU 模型的检验结论吻合，进一步验证了假设 3。

经过 BASU 和 ACF 两种模型的检验，其检验结果均支持原假设，从而证明研究结论是稳定、可信的。

（2）会计稳健性的分组检验。

上述实证结果已表明，反倾销涉案企业的负债资本、股权资本和留存收益资本都是会计稳健性的影响因素，且不同的资本类型对稳健性的影响存在差异。对反倾销涉案上市公司而言，稳健的会计信息证据是进行申辩、反驳和表明自身立场的重要武器。据此，本节以反倾销涉案年度为标准，将反倾销前 2 年和反倾销后 2 年作为子样本期，分被反倾销前和被反倾销后两组，并分组检验资本结构对会计稳健性的影响程度，此处仅列示运用 BASU 模型进行会计稳健性分组检验的结果，如表 4 - 4 所示。

表 4 - 4　　　　　　　　　　　BASU 分组检验结果

变量	被反倾销前			被反倾销后		
	Xit = ALR	Xit = EAR	Xit = RAR	Xit = ALR	Xit = EAR	Xit = RAR
R	- 0.1006	- 0.0340	- 0.1371	- 0.2081	0.4893	- 0.2580*
DR	- 0.4950***	- 0.6323**	- 0.7493***	0.7578**	- 0.0278	0.0708
R * DR	- 0.7610**	- 0.9755*	- 0.7289*	3.7023***	- 2.0312*	0.6831*
Xit	- 0.0153	0.0036	0.0662	- 0.0849*	- 0.0241	0.1335*
Xit * R	- 0.0064*	- 0.0792*	0.0806	0.0114	- 0.2687*	0.0574
Xit * DR	0.1462*	- 0.1955	- 0.1547	0.0786	0.4339**	- 0.0320

续表

变量	被反倾销前			被反倾销后		
	Xit = ALR	Xit = EAR	Xit = RAR	Xit = ALR	Xit = EAR	Xit = RAR
Xit * R * DR	0.2578*	0.0317	-0.3924	0.4452**	2.4588***	-0.5688***
SIZE	-0.0013	-0.0012	-0.0037	0.0052	0.0084	-0.0001
SIZE * R	0.0058	0.0032	0.0069	0.0101	-0.0219	0.0123*
SIZE * DR	0.0241**	0.0251**	0.0301**	-0.0345**	-0.0027	-0.0039
SIZE * R * DR	0.0195	0.0353*	0.0269	-0.1646***	0.0805*	-0.0256*
MTB	-0.0044	-0.0041	-0.0042	0.0039	-0.0052**	0.0011
MTB * R	-0.0001	-0.0009	-0.0003	-0.0028	0.0121*	-0.0054
MTB * DR	0.0542***	0.0494***	0.0490***	-0.0087	0.0024	0.0043
MTB * R * DR	0.0799***	0.0717**	0.0707**	-0.0786**	-0.0450*	-0.0083
C	0.0593	0.0479	0.0941	-0.0560	-0.1499	0.0015
industry	控制	控制	控制	控制	控制	控制
year	控制	控制	控制	控制	控制	控制
N	162	162	162	151	151	151
F	2.6452	2.7926	2.8140	5.0723	7.0754	11.6973
Adj. R2	0.1329	0.1431	0.1446	0.2894	0.3779	0.5168

由表 4 - 4 中的分组检验结果可知，反倾销前后资本结构与会计稳健性的关系与研究假设吻合，但被反倾销前资本结构对会计稳健性影响的置信度低于反倾销后。具体而言，我们可以借助 BASU 指数来比较反倾销前后会计稳健性的变化。其中，从债务资本（ALR）来看，反倾销前后其 BASU 指数分别为 0.2517 和 0.4169；同理，可得到股权资本（EAR）会计稳健性模型中反倾销前后的 BASU 指数分别为 0.0316 和 1.4050。这表明企业在遭遇反倾销后会计稳健性水平有所提高，债务资本和股权资本对会计稳健性的影响更为明显。在留存收益资本（EAR）会计稳健性模型中，被反倾销前其 BASU 指数为 - 0.3827，被反倾销后该指数为 - 0.5301，表明被反倾销后留存收益资本对会计稳健性的负影响更加显著。综上，被反倾销后三种资本结构对会计稳健性的影响更加明显，且涉案企业在反倾销后的会计稳健性整体优于反倾销前。

4.1.3.3 稳健性检验

为了进一步验证实证结果的可靠性，本节进行了稳健性检验。首先，在计量方法上，运用 White 检验进行了异方差分析，其结果验证了计量模型的有效性。此外，为了避免由于模型选择偏差对结论产生影响，在采用 BASU 模型和 ACF 模型度量的基础上引入由罗伊乔杜里（Roychowdhury）和沃茨（Watts）提出的累积盈余—股票报酬计量模型（CAT）①，进行替代检验，即用累计股票收益报酬率代替年股票收益率，用累计每股盈余代替年每股盈余，全样本会计稳健性检验和分组检验结论与 BASU 模型、ACF 模型的结论一致，再次验证了本节的研究结论具有稳健性。

4.1.4　结论与启示

本节以 2002～2013 年我国遭遇反倾销的上市公司为研究样本，从资本结构的属性出发，通过构建扩展的 BASU 模型和 ACF 模型实证检验了各种资本来源所占比率对会计稳健性的影响程度。实证结果表明：（1）债务资本比率、股本资本比率与会计稳健性呈显著正相关关系，且股本资本比率对会计稳健性的影响程度明显高于债务资本比率对会计稳健性的影响程度。（2）留存收益资本比率越高，上市公司的会计稳健性水平越低。（3）遭遇反倾销后，涉案上市公司的会计稳健性水平明显优于遭遇反倾销前，且各种资本来源比率对会计稳健性的影响愈加显著。可见，反倾销涉案上市公司的资本结构属性对会计稳健性有着重要影响，而会计稳健性是产生高质量会计信息的必要条件，应当关注、挖掘实证结论所蕴含的深层次理论问题，思考、探讨提高会计信息质量和我国企业应对反倾销的相应对策，构建企业应对反倾销的会计战略②。

上述研究结论进一步表明，提高反倾销涉案企业会计信息质量离不开融资环境的改善，反倾销涉案企业应该将被动遵循会计稳健性原则转化为主动的内在需求，通过减少外部资本干预、提高债务治理效率等措施改善融资环境，同时发挥留存收益资本对稳定债务投资者和股权投资者对会计稳健性诉求的杠杆功能，实现资本结构优化。此外，反倾销涉案企业应加强自身会计制度的稳健性处理，建立应对反倾销会计信息证据效力保障机制。

4.2　公司治理结构对会计信息证据效力的影响机理分析

当前我国的公司治理结构正处于摸索阶段，在很多方面有待完善和改进。譬如，当

---

① Roychowdhury, S., R. L. Watts, Asymmetric Timeliness of Earning, Market – to – Book and Conservatism in Financial Reporting. Journal of Accounting and Economics, 2007 (44): 2 – 31.

② 刘爱东，赵金玲. 我国企业应对反倾销的会计联动机制研究 [J]. 会计研究，2010 (12)：24 – 28.

前的许多上市公司是通过国企改制形成，公司内部的股东大会、董事会和经理层的权责设置不合理，国有产权不能发挥应有的监督、管理职能，产生"内部人控制"，从而导致监管与约束机制的缺位，影响了企业的会计信息质量。

4.2.1 股权结构对反倾销调查中会计信息证据效力的影响

股权结构是指公司的股权持有人形成的投资关系，包括两个层面的解释：一是股权构成，即公司总股本中的各持股人的投资比例及形成的股权关系；二是股权集中度，即因投资比例的不同表现出来的集中和分散程度。因此，通常用国家股、法人股、流通股比例、第一大股东持股比例等指标来表示股权结构，本节主要用国家股比例、流通股比例、第一大股东持股比例对其进行实证分析。

4.2.1.1 控股股东的"一股独大"助长了操纵会计信息行为

股东持股的基础是享有监督权力并享受经营成果，持有不同比例股权的投资者享有不同的权力，因此在监督和提高应对反倾销会计信息证据效力的过程中发挥的影响力也不相同。一般情况下，管理层的决策会影响到持股人享有的权益大小，股东有动机去监督管理层的决议，并激励董事会监督管理层的经营情况，促使管理层提高会计信息质量，真实地反映公司的经营成果。目前我国上市公司流通股多为个人散户，管理层的决策对其利益的影响较小，出于监督管理成本效益的考虑，参与公司治理的积极性不高，致使其监督管理职能缺位。这种情况造成了控股股东一股独大，出于自利原则，有机会对企业的经营、运作进行控制以追求自身利益最大化，管理层受到压力变相地成为控股股东的代言人，缺乏监督机制。这种偏向性的公司治理很可能导致控股股东只提供符合自身利益的会计信息，难以保证企业会计信息的真实可靠，直接影响企业会计信息的质量。

应对反倾销会计信息证据效力由反倾销调查机关裁定，根据国际规范和以往案例可知，反倾销调查机关强调的是会计信息证据已经严格遵守了出口国的会计准则，能够全面真实地反映涉案产品的成本。控股股东的一股做大，使得会计信息的处理可能偏向于有利控股股东自身利益的方向，会计信息被人为操纵的可能性增大。具有偏向性的会计信息在反倾销会计举证、会计抗辩、实地核查等环节都难以满足反倾销调查机关的要求，会计信息被采纳和采信的程度降低。

4.2.1.2 "内部人控制"加剧了会计信息失真

我国由国有企业改制而来的上市公司占大多数，因此，改制后国有股股权仍占不小比例。国有股的强势控制，使得董事会和监事会形同虚设，造成对管理层的监督不力，导致"内部人控制"现象的发生。此种情况下，公司的经营方向偏离股东意图，管理者追求自身利益最大化，损害股东利益。内部人通过控制会计信息的形成与披露，将会计信息变为董事或者经理层直接操纵并反映其意志的工具，将个人意志上升为公司决议，甚至出现粉饰报表、财务造假现象，直接影响会计信息的质量。同时内部人控制还降低了外部审计的质量。实际掌握公司控制权的董事和经理将取代股东大会做出对外部审计机构聘任或解聘的决议，导致外部审计机构直接受控于管理层，难以保持其经济独立性，审计质量大大降低。

管理层作为公司内部直接负责反倾销应对的主体，其行为直接影响到反倾销应对的成败。在内部人控制现象存在的公司中，管理层与股东的利益函数出现差异，管理层实际控制了内部会计信息生成的财务部门以及会计信息质量监督的外部审计机构，会计信息的质量难以保证。在面对反倾销调查时，管理层无法提供准确、客观的会计信息，直接降低了反倾销调查机关的信任度，给予调查机关裁决高额反倾销税率的机会。

4.2.1.3　激励约束机制的不健全为虚假会计信息提供了生存空间

当股东大会、董事会、监事会、管理层的内部制衡机制因管理者的绝对控制权而失效，同时控制权市场、经理人市场的外部监控力量薄弱时，对管理者的约束除了依靠脆弱道德机制外，只能通过事先建立的一系列财务指标，如利润总额、净资产利润率等。这就使得管理者出于完成考核要求，获取奖励的动机，选择财务指标造假这一简单有效的办法。既阻碍了现有投资者对管理者受托责任履行的客观评价，又导致了企业会计信息脱离真实的经济活动，不能全面、客观地反映企业的经营状况。

缺乏健全有效的激励约束机制，导致股东对董事会、董事会对管理层、管理层对财务部门的监督管理弱化，难以保证会计人员对会计信息确认、计量、记录的合法合规性，进而使应对反倾销会计信息证据在初始生成环节就被降低了效力，造成反倾销调查当局不予采纳，而采用"最佳可获得信息（BIA）"规则，使出口企业处于被动地位，直接影响后续应对反倾销的结果。

4.2.2　董事会对反倾销调查中会计信息证据效力的影响

董事会是公司所有者的代理人，代表着所有者行使经营决策职能并对经理人员进行评价和监督。其职能的发挥直接影响企业应对反倾销会计信息证据效力，决定了公司的治理水平。董事会对经营活动的决策和监督职能中包括了对会计信息的监督，监督的有效性取决于董事会的特征，如董事会规模和董事会的独立程度。

4.2.2.1 董事会的规模

董事会的规模具体是指董事会成员的多少。董事会的规模对董事会职能发挥的相关性目前尚存在争议。有些学者认为，成员较多的董事会通常会存在"搭便车"现象，一些董事缺乏积极主动的参与管理和监督的动力。此外，董事会的规模较大可能会导致沟通和协调上的困难，降低决策效率。然而有些学者持相反观点，他们认为董事会的规模越大，董事会整体的专业知识和经营提议会更全面，能有效治理公司的财务失败。

应对反倾销会计方案需要董事会制定，董事会成员的多少直接影响到公司的协调和应变能力。一方面，规模较大的董事会，组织召开董事会会议相对困难，通过董事会决议的人数相应增加，在时间有限的反倾销程序内，可能影响到应对反倾销会计信息证据提供的及时性。另一方面，成员较少的董事会，受到经验和知识水平的限制，在日常的经营管理中对会计信息质量监督管理的职能难以充分发挥，而且在面临倾销控诉时，反倾销相关的知识和应对经验有限，难以制定有效的应对方案。

4.2.2.2 董事会的独立程度

独立性是董事客观行使表决权、做出经营决策的重要保证。董事会中独立董事的比例、董事长与总经理是否由一人兼任等指标可以用来衡量董事会的独立程度。董事会的独立性越强，其监督职能发挥越有效，会计信息质量越高。

独立董事是指具有某一方面专长，具备监督管理能力的专家，所谓的独立是指其不在公司担任除董事以外的任何职务，且其与受聘公司及主要股东之间不存在其他经济利益牵扯关系，在决策控制与监督方面能依据自身的职业能力做出客观、公正的决定。外部投资者由于专业能力以及时间、空间的限制往往不直接参与公司的管理和决策，只能通过会计信息资料对公司的经营状况进行评价，制定独立董事制度重要目的是为了更好地保护相关投资者的利益，利用与管理层无直接利益关系的独立董事，发挥其专业技能，监督企业会计信息的生成和披露过程，使会计信息在最大程度上真实地反映企业的经营情况。独立董事越多，对公司会计信息的监督管理越到位，在会计信息证据的生成环节就能保障效力的实现，进而提高企业应对反倾销的胜诉率。

董事会与总经理之间存在委托代理关系，董事会聘任总经理，负责企业的日常经营活动。如果由董事长兼任总经理，会造成董事会对总经理的制约机制失效，会计信息监督职能削弱，产生内部人控制现象。为虚假会计信息提供温床，进而影响反倾销调查机关对会计信息证据的采纳和采信。

4.2.3　监事会对反倾销调查中会计信息证据效力的影响

监事会是上市公司治理结构中专门行使监督权的机构，直接对股东大会负责，对董事会和经营者的行为进行监督管理。监事会一个重要的职能就是监督企业的经营活动、检查财务状况。因此，健全有效的监事会是高质量会计信息证据的重要保证。

从图 4-1 可以看出，董事会和监事会是同属于股东大会之下的平级机构，都代表公司所有者行使权力。监事会对董事会职能的行使进行监督管理，同时又和董事会一起对经理层的日常管理进行监督管理。股东大会设立监事会的目的是为了和董事会、管理层进行制衡，确保公司的持续发展。可见，监事会监督职能的发挥直接影响到公司治理的有效性。

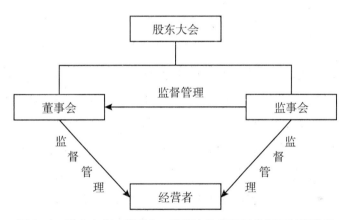

图 4-1　股东大会、董事会、监事会和经理层的相互制衡关系

在有关法律中明确规定，监事会的主要职能是对公司财务进行检查，对董事、管理者的违法违规行为进行监督，监事会的职能发挥有助于减少会计舞弊行为，保证企业会计信息质量。然而，在我国资本市场实际运作中，监事会的作用往往被忽视。首先，监事会获取公司治理信息的一般途径是通过出席董事会会议、查看董事会报告、询问董事及经理人员等，其知情权受到一定的制约。其次，在国有股东一股独大和所有者缺位的背景下，监事会成员的聘任可能直接由董事会、经理层决定，损害了监事执行监督职能时所需的独立性要求。最后，我国《公司法》并没有对监事的任职能力提出相关要求，导致一部分监事在法律、财务、审计方面的专业知识和管理经验低于其他管理人员，对其职能的发挥造成障碍，不利于会计信息质量的提高。

反倾销调查对会计信息证据提出了特殊的内容和质量要求，不仅要求出口企业提供与涉案产品相关的所有会计凭证、核算依据等，还要求提供的会计资料严格遵守本国的会计准则，具有真实性、客观性、一致性。监事会对公司财务状况监督职能的发挥直接影响了反倾销调查中会计信息证据的效力，如果监事会对会计人员执业的合法合规性、会计资料的真实可靠性进行了有效的监督，并采取有效的措施进行保证，那么在公司面临反倾销调查时，企业在会计举证、会计抗辩等阶段都能够有力证明自身立场，推翻倾销认定或降低反倾销税率的裁决。

4.2.4　经理人市场对反倾销调查中会计信息证据效力的影响

经理人作为董事会的委托代理者，承担着公司日常经营管理的责任。董事会通过制定相应的激励考核机制，评价经理层的受托责任履行情况。经理人市场中的竞争选聘机制起到约束经理人行为的作用。经理人获取职位和报酬高低依据的是其自身价值，而其自身价值是由过去和当前的业绩决定，这种累计定价力量促使经理人勤勉尽责，努力提高企业价值，保持良好的业绩记录。在这种背景下，经理人员如果通过会计舞弊等不正当的会计行为保持业绩记录，很可能对其自身市场价值产生严重后果，使得其苦心经营的声誉毁于一旦，失去谋求更好职位与更高报酬的机会。但只有经理人市场必须足够成熟，才能有效遏制经理人通过会计信息造假实现业绩。

目前我国的经理人市场有效性较低，相关制度并不完善。在国有控股的公司中往往由政府直接指派经理人员，缺乏相应的竞争机制。另有一些公司绕过经理人市场，直接从内部选拔经理人员，使得经理人员的权力不断强化，为经理人员操作会计信息提供机会。经理人员的选拔缺乏公开、公平、公正的科学程序，经理人员的激励、管理机制也不健全，造成部分经理人员滥用职权，制造利好的会计信息获取收益，而不需要承担太多成本。同时也可能存在经理对公司内部的业务流程和会计核算管理不到位等问题，造成会计信息质量低下。

经理人作为对会计处理、会计信息质量监管最直接的管理者，对应对反倾销会计信息证据效力产生的影响较大，经理人对财务人员的有效指导和管理能够保证会计处理符合有关法律法规，从根源上保障应对反倾销会计信息证据效力的实现。因此，建立对经理人员有效的约束和激励机制，是保障应对反倾销会计信息证据效力的重要途径。

4.3　公司治理结构影响应对反倾销会计信息证据效力的实证分析

应对反倾销会计信息证据效力既涉及企业提供的会计信息是否相关及时，又涉及企业会计准则是否严格遵守等问题。应对反倾销会计信息证据的生成、管理、使用环节都受到公司股权结构、董事会特征、监事会、管理层的影响。公司治理结构包含内部治理和外部治理，外部治理是内部治理的前提，内部治理监督和管理的有效性依靠外部市场充分激烈的竞争。外部治理基于内部治理的结果进行事后的奖惩，无法在事前控制会计信息证据质量。因此，内部治理才是应对反倾销会计信息证据的主要影响因素，对会计信息证据的产生到报告过程产生影响。基于重要性原则，本节所讨论的公司治理结构是指内部治理结构。

4.3.1　研究假设

4.3.1.1　股权结构特征对应对反倾销会计信息证据效力的影响

国内外学者对股权结构特征通常选用国家股、法人股、流通股比例、第一大股东持股比例等指标来表示，根据 4.2 的具体分析，本节选取国家股比例、流通股比例、第一大股东持股比例对其进行实证分析。

（1）国家股比例对应对反倾销会计信息证据的影响。

国家股的产权主体是各级政府和行业主管部门，由于政府经营追逐非营利性等特点，缺乏足够的经济利益动力监督和管理经营者，出现所有者职能的缺位。国有股比例较大时，国有股产权代理人与经理层之间信息不对称，对公司事务的沟通和协调出现问题，国有股产权代理人难以有效地发挥其外部控制职能，此时经理层的个人意志上升为公司决议，容易造成其利用失真的会计信息以达到自身利益最大化，侵害其他股东的利益。刘立国（2003）等人的研究结论表明，国有股为第一大股权的上市公司发生会计数据造假的可能性更高[①]。反倾销调查机构要求企业的会计信息证据符合出口国的企业会计准则，并能够真实客观地反映经济活动，国有股产权所有者的职能定位不清，对经理层的监督管理不力，直接降低了涉案企业应对反倾销会计信息证据的效力。据此，提出假设 1。

H1：国家股所占比例与应对反倾销会计信息证据效力负相关。即国家股所占比例越大，涉案企业提供的会计信息证据越难被调查机关采纳和采信。

（2）流通股比例对应对反倾销会计信息证据的影响。

流通股即能够在交易场所流通的股份，主要根据股票市场的成交价格决定增持或减

---

① 刘立国，杜莹. 公司治理与会计信息质量关系的实证研究 [J]. 会计研究，2003（2）：28 – 36.

持股份，进而影响上市公司的股权分布，实现管理监督权力。目前我国上市公司中流通股相较国有股和法人股而言比例较低，流通股股东参与公司管理监督的能力和权力受到限制。他们只能通过"用脚投票"来抛售或拒绝购买公司的股票，通过影响股票价格来达到制约经营管理者的目的。同时，流通股的比例增大，会降低国家股和法人股的比例，有效地防止内部人控制和一股独大现象，从另一角度减少了财务造假的可能。财务造假的减少，会计信息质量相应提高，从会计信息中甄选出的应对反倾销会计信息证据效力得到一定程度的保证。据此，提出假设2。

H2：流通股比例与应对反倾销会计信息证据效力正相关。

（3）第一大股东持股比例对应对反倾销会计信息证据的影响。

股权集中度维持在适当水平能保证各方利益相关者的利益趋同，增强公司治理效率。在股权集中度较低时，股东与经理人之间的信息不对称情况加剧，股东远离公司的治理权核心，同时，各个持股人会出现"搭便车"行为，将监督经理人的责任推给那些愿意付出成本行使职能的股东，造成外部监督的弱化。在这种情况下，经理人实际掌握了公司的控制权，通过选择经营策略和操纵会计处理系统来追求自身的经济利益。施莱佛和维什尼（1986）通过研究发现，当股权集中在大股东手中时，监督管理层、减少会计操纵的动力会增加，企业的经营发展及股东权益能够得到更好的保障，但同时他们指出，过大的股权比例会导致绝对控股股东的出现，形成一股独大现象，容易造成控股股东与管理层对分散的小股东负责，控股股东在追求自身利益的过程中可能通过利润操纵侵害中小股东的权益①。哈特（Hart，1995）也提出股权的过度集中会导致缺少与之相制衡的股东，大股东的行为受到的制约较小，会计信息质量受到大股东对会计处理的影响。而那些股权适度集中的公司，股东既不会因为股份较低而放弃对经理人的监督管理，又不会因为股权过大，产生控制公司经营决策、会计数据的现象。此时的会计信息质量由于各方的制衡关系得到保障②。会计信息质量又直接决定了应对反倾销会计信息证据的效力，据此，提出假设3。

H3：第一股东持股比例与应对反倾销会计信息证据效力呈倒U形关系，持股比例过高或过低都会降低应对反倾销会计信息证据效力。

4.3.1.2　董事会特征对应对反倾销会计信息证据效力的影响

董事会是公司治理结构的重要组成部分，其重要职能之一就是监督管理经理层，确

---

① Shleifer A. and Vishny R. Large shareholders and corporate control ［J］. Journal of Political Economy. 1986 （94 - 3）：461 -488.

② Hart, Oliver, Corporate Governance: Some Theory and Implications, The Economic Journal, 1995 （5）：678 - 689.

保会计信息的完整、可靠。本节选取董事会规模、独立董事比例、董事会年度会议次数及董事长、总经理两职合一来表示董事会的特征。

（1）董事会规模对应对反倾销会计信息证据的影响。

董事会规模是指董事会董事人数的多少。延森（Jensen，1993）发现，董事会成员之间的沟通协调受到董事会规模的影响。董事会规模越大，由于沟通和协调花费的成本较多，很多董事存在"搭便车"行为，对经理层的监督管理不到位[①]。查干提等（1995）提出相反的观点，他们认为董事会的大规模对公司治理能产生正效应，董事会的规模越大，整体的专业知识和管理经验越全面，能够提供的服务范围越大，做出的管理决策具有更高的权威性[②]。因此，笔者认为董事会规模对企业应对反倾销会计信息证据效力的影响取决于正负效应的大小。据此，提出假设4。

H4：董事会规模对应对反倾销会计信息证据效力产生影响，影响方向不确定。

（2）独立董事比例对应对反倾销会计信息证据的影响。

董事会的内部结构对其监督职能的发挥有着重大影响。证监会在2001年发布的针对独立董事制度建立的部门规章中明确要求："上市公司建立独立董事制度，其人数应当至少占董事会成员的三分之一，且至少有一名具有高级会计职称或注册会计师资格的会计专业人员"。独立董事存在的意义有两方面，一方面，制度上杜绝独立董事与管理层的经济利益关系，使其能够以独立客观的身份对企业的进行监督管理，形成对其他董事和管理层的制衡机制，另一方面，制度规定了独立董事需具备一定的专业知识和管理经验，确保了其监督管理的有效性，代表独立的第三方保护大多数股东特别是中小股东的权益。比斯利（1996）通过经验证据证明独立董事比例与公司会计数据造假发生的可能性呈负相关关系[③]。皮斯诺等（1998）认为独立董事的存在，在一定程度上减少了公司的盈余管理行为[④]。由此可见，独立董事的比例越大，对其他董事和管理层的制约作用越大，会计信息质量越高，能够有力保证应对反倾销会计信息证据的效力。据此，提出假设5。

H5：独立董事比例与应对反倾销会计信息证据效力正相关。

---

① Jensen, M. C. 1993. The modem industrial revolution, exit, and the failure of internal control systems. The Journal of Finance, July: 831 – 880.

② Chaganti, R. S., Mahajan, V., Sharma, S. Corporate board size, composition and corporate failures in retailing industry. Journal of Management Studies, 1985（22）: 400 – 417.

③ Beasley. An Empirical Analysis of the Relation between the Board of Director Composition and Financial Statement Fraud [J]. The Accounting Review, 1996, 71（4）: 443 – 465.

④ Peasnell. KV, lope. P. F and S. Young. Outside directors, board effectiveness, and earnings management. www. ssm. com. 1998.

（3）董事会年度会议次数对应对反倾销会计信息证据的影响。

董事会会议是董事参与公司监督管理最直接的方式，其召开次数反映出董事会的工作强度，董事会召开的会议次数越多，董事对公司经营活动的决策、对经理层的监督越有效。然而瓦费斯（Vafeas，1999）通过实证研究发现董事会会议召开的次数越多，公司进行盈余管理的现象越少。这是因为董事会在面对危机时会召开大量的会议，董事会会议的定位倾向于危机处理的"灭火器"，而不是在事前进行有效治理①。相反，利普顿和洛尔施（Lipton 和 Lorsch，1992）认为，充分的董事会会议次数有助于董事之间加强沟通联系，交换监督管理意见，越多的会议次数，董事会的职能发挥的越有效，对会计信息质量的保障性越强②。由于反倾销调查属于突发事件，侧面考验公司在有效时间内的组织协调能力，笔者认同会议次数的增多能够有效组织协调各方人员，保证应对反倾销会计信息证据的及时性，据此，提出假设6。

H6：董事会年度会议次数与应对反倾销会计信息证据效力正相关。

（4）董事长与总经理两职合一对应对反倾销会计信息证据的影响。

股东大会将公司的决策控制权授予董事会，董事会将决策执行权授予总经理。董事会对公司的经营决策和经理层行为负责，总经理对董事会决策的执行程度负责。董事长和总经理两职合一表示着总经理执行自己的决定，监督自己的行为，严重损害了董事会的独立性，大大削减了董事会的监控职能，进而导致总经理的权力过大，做出会计舞弊获取自身利益的行为。西蒙和王（Simon 和 Wong，2001）利用香港上市公司数据，实证研究了两职合一对信息披露质量的影响，研究发现，两职合一公司的会计信息披露质量远低于董事长和总经理不兼任的公司③。刘立国和杜莹（2003）以及王斌和梁欣欣（2008）通过对上海证券交易所和深圳证券交易所的数据进行实证研究，印证了上述结论。而会计信息质量的降低直接影响了企业应对反倾销会计信息证据的真实性和客观性。据此，提出假设7。

H7：董事长与总经理两职合一与应对反倾销会计信息证据效力负相关。

4.3.1.3 监事会规模对应对反倾销会计信息证据效力的影响

监事会是由股东大会设立的，对董事会和管理层进行管理的内部机构，与董事会平级。《公司法》中规定，监事会由股东代表和公司职工代表组成，至少不少于3人，其

---

① Vafeas, N. Board meeting frequency and firm performance. Journal of Financial Economics, 1999, 53 (1): 113 - 142.

② Lipton M. and Lorsch J.. A modest proposal for improved corporate governance [J]. Business Lawyer, 1993 (1): 79 - 81.

③ Simon, S. M. Ho, Kar Shun Wong. A Study of the Relationship between Corporate Governance Structures and the Extent of Voluntary Disclosure. Journal of International Accounting, Auditing&Taxation, 2001 (10): 139 - 156.

中职工代表由职工代表大会选举产生。监事会代表股东和职工行使检察公司财务等职能，发现违法违规情况可直接向股东大会报告，在一定程度上遏制会计数据操控行为的发生。但在实际情况中，监事绝大部分由公司内部产生，与管理层存在利益关系，缺乏独立性，而且其专业知识和监督管理经验远不如其他管理组织，难以有效地发挥其监督管理职权。监事会对公司财务状况监督职能的缺位直接影响了反倾销调查中会计信息证据的效力，如果监事会不能对会计人员执业的合法合规性、会计资料的真实可靠性进行有效的监督，公司在反倾销调查中会计举证、会计抗辩等阶段将处于被动的不利地位，难以证明自身立场，推翻倾销认定。据此，提出假设 8。

H8：监事会规模与应对反倾销会计信息证据效力负相关。

4.3.1.4　管理层持股对应对反倾销会计信息证据效力的影响

管理层持股意味着管理人员成为企业的股东，有更大的动力勤勉尽责地工作，实现企业价值最大化和股东权益最大化。沃菲尔德（Warfield）等（1995）发现，管理层持股比例越高，委托代理成本越低，经理层进行会计数据造假的可能性越小[①]。姚等人（2002）利用新加坡上市公司的数据，研究了股权激励对会计信息质量的影响，得出管理层持股比例与会计信息质量呈倒 U 形关系，持股比例过高或过低，都会降低会计信息质量[②]。杜兴强和周泽将（2007）以中国上市公司为样本，发现管理层持股比例与会计信息质量不存在显著的相关关系[③]。笔者认可股权激励对会计信息质量的正效应，当管理层持股比例越多时，其余外部股东的利益趋同，能够做出正确的管理决策，保证会计处理符合有关法律法规，提高会计信息质量，从根源上保障应对反倾销会计信息证据效力的实现。据此，提出假设 9。

H9：管理层持股与应对反倾销会计信息证据效力正相关。

4.3.2　研究设计

4.3.2.1　样本选择与数据来源

本节的研究主体是我国出口企业应对反倾销会计信息证据的效力，分析公司治理结

---

①　Warfield, D., Wild, J. J, Wild, K. L. Managerial ownership, accounting choices, and informativeness of earnings. Journal of Accounting and Economics. 1995 (20)：61–91.

②　Yeo G. H., P. M. S. Tan, K. W. Ho, and S. Chen. Corporate ownership structure and the informativeness of earnings [J]. Journal of Business Finance &Accounting. 2002, 9：1023–1046.

③　杜兴强，周泽将. 会计信息质量与公司治理：基于中国资本市场的进一步经验证据 [J]. 财经论丛. 2007 (3)：71–79.

构对效力的影响。根据研究对象的需要，进行如下筛选：（1）由于应对反倾销是在进口国企业提起反倾销诉讼时才发生，会计信息证据也只有在出口企业选择应诉时才需要向调查机关提供，否则调查机关将仅依据进口企业提供的信息做出反倾销税的判定。因此本节样本的横向范围界定在被国外调查机关立案的反倾销案件中涉及的应诉企业。（2）我国于2001年12月正式加入世界贸易组织，考虑到出口贸易发展的阶段性及数据收集的可行性，本节将选取样本的纵向时间范围界定在2002～2012年。加入世界贸易组织后，我国的对外贸易从此得到蓬勃发展，经济环境有所改善，与此同时，国外对我国的反倾销指控形势日渐严峻。因此，本节选择加入世界贸易组织后进行反倾销应诉的企业作为研究对象。（3）基于公司治理结构信息的可获得性，进一步选取2002～2012年进行反倾销应诉的上市公司作为研究对象，上市公司的财务报告年报中有专门的部门进行公司治理结构的披露，使研究具有可行性。

本节的数据分为两阶段收集，第一阶段是确定2002～2012年参与反倾销应诉的出口企业名单，这一部分数据通过国家商务部网站（http：//www.mofcom.gov.cn/）和世界银行反倾销数据库（http：//econ.worldbank.org/ttbd/gad/）进行收集，第二阶段是筛选出企业名单中的上市公司，并通过巨潮咨询网（http：//www.cninfo.com.cn/）下载其涉案年度的财务会计报告。

4.3.2.2 研究变量设计

（1）因变量的确定。

本节选取的因变量的企业应诉反倾销的终裁结果，即反倾销税率，记为ADD（Anti-dumping Duties）。原因如下：企业应对反倾销会计信息证据效力没有直接有效的衡量指标，反倾销调查机关对应诉企业提供的反倾销会计信息证据的采信程度没有专门地进行披露。会计信息证据作为调查机关判断是否存在倾销及倾销幅度的依据，其效力的大小直接决定了反倾销的应诉结果。因此，应诉企业可以通过调查机关公布的终裁结果间接地得知应对反倾销的会计信息证据是否发挥了作用。反倾销终裁结果中最重要的指标是进口企业对涉案产品决定征收的反倾销税率，反倾销税率越高，表示调查机关对应诉企业提供的会计信息证据认可度低，认为其没有公允地反映企业的真实交易和事项，导致会计信息证据的效力较低。反倾销税率越低甚至为零，表示调查机关肯定应诉企业提供的会计信息资料，认定其倾销幅度较低或不存在反倾销行为，此时会计信息证据充分发挥其效力。

（2）自变量的确定。

如表4-5所示，根据上文提出的研究假设，将公司结构分为四大部分，分别为股权结构、董事会特征、监事会规模和管理层持股。相应地，设计以下自变量指标：国家股比例、流通股比例、第一大股东持股比例、第一大股东持股比例的平方、董事会规模、独立董事比例、董事会年度会议次数、董事长和总经理两职合一、监事会规模、管理层持股。

（3）控制变量的选取。

实证部分主要研究公司内部治理结构对应对反倾销会计信息证据效力的影响，在模型中还考虑了其他影响因素，包括：公司规模、盈利水平和财务杠杆。①公司规模：规模较大的公司往往面临高度复杂的市场和信息环境，存在由于管理者行为的不可预测性所带来的更严峻的代理问题。同时外部的利益相关者众多，受到了更多的关注和严格的监管。公司为了减少代理成本、保持信誉往往对会计信息质量的要求更高。因此笔者认为规模越大的公司，其应对反倾销会计信息证据效力越高。②盈利水平：一方面，公司的盈利水平越高，越有能力和资源对会计信息证据的内容和质量进行监督管理。另一方面，盈利高的公司为了降低反倾销裁决税率的影响，维持现有市场，有动机积极应诉，高效率地进行会计举证和会计抗辩。因此一般认为盈利水平高的公司会计信息证据效力越高。③财务杠杆：由于债权人和经营者之间存在信息不对称，经营者可能存在侵害债权人利益的情况，为此，债权人在合同中通常会附加限制性条款，这些条款通常以债务人的会计数据为基础。财务杠杆越大，资金使用限制条款越多，管理当局为减少约束存在会计数据造假增加盈余的动机。因此，笔者认为财务杠杆越大，会计信息证据效力越低。变量的具体定义如表4-5所示。

表4-5 变量定义

变量类型	变量名称	变量代码	变量定义	预期影响方向
因变量	反倾销税率	ADD	反倾销终裁中判定的反倾销税率	
自变量	国家股比例	GJG	年末国有股数量/公司总股数	+
	流通股比例	LTG	年末流通股数量/公司总股数	-
	第一大股东持股比例	YDG	年末第一大股东持股数/公司总股数	-
	第一大股东持股比例的平方	YDG^2	（年末第一大股东持股数/公司总股数）2	+
	董事会规模	DSH	董事会人数	?
	独立董事比例	DDB	独立董事人数/董事会人数	
	董事会年度会议次数	DHY	一个会计年度内召开的董事会会议数	
	董事长和总经理两职合一	LZH	董事长是否兼任总经理，兼任取1，不兼任取0	+
	监事会规模	JSH	监事会人数	+
	管理层持股	GLC	年末高层管理人持股数/公司总股数	-

变量类型	变量名称	变量代码	变量定义	预期影响方向
控制变量	公司规模	LNSIZE	Ln（涉案年度年末总资产数）	–
	盈利能力	ROE	净利润/净资产	–
	财务杠杆	LEV	总负债/总资产	+

注：因为反倾销税率与应对反倾销会计信息效力呈负相关，因此各自变量与因变量的影响方向与研究假设中相反。

4.3.2.3　研究模型设计

本节选用多元线性回归模型进行检验，建立如下多元回归模型：

$$ADD = \alpha + \beta_1 GJG + \beta_2 LTG + \beta_3 YDG + \beta_4 YDG^2 + \beta_5 DSH + \beta_6 DDB + \beta_7 DHY$$
$$+ \beta_8 LZH + \beta_9 JSH + \beta_{10} GLC + \beta_{11} LNSIZE + \beta_{12} ROE + \beta_{13} LEV + \delta_i \quad (4-5)$$

其中，β_1，β_2，β_3，β_4，β_5，β_6，β_7，β_8，β_9，β_{10}，β_{11}，β_{12}，β_{13} 为回归系数，α 为常数项，$\delta_i \sim N(0, \sigma^2)$。

4.3.3　数据处理与结果分析

通过对研究样本和研究变量的定义，从相关网站收集到2002～2012年反倾销应诉中的上市公司共76家，下载其涉案年度的年报，并手工摘录公司治理结构相关指标数据，对其进行实证分析。本节采用的统计分析软件是SPSS19.0。

4.3.3.1　描述性统计分析

对变量进行描述性统计分析的目的是了解变量数据的分布特征，如表4-6所示。

表4-6　　　　　　　　研究变量的描述性统计结果

变量	N（样本量）	极小值	极大值	均值	标准差
ADD	76	0.000	266%	48.7822%	0.6451
GJG	76	0.00	81.81%	21.0092%	0.2397
LTG	76	0.00	89.03%	53.7914%	0.2913
YDG	76	8.77%	77.23%	42.5565%	0.1601
YDG^2	76	0.77%	59.65%	20.6381%	0.1427

续表

变量	N（样本量）	极小值	极大值	均值	标准差
DSH	76	6	17	9.71	2.107
DDB	76	0.00	50.00%	36.0608%	0.0669
DHY	76	3	18	8.34	3.059
LZH	76	0	1	0.27	0.448
JSH	76	3	7	3.86	1.183
GLC	76	0.00	2.24%	0.0470%	0.1733
LNSIZE	76	19.5434	23.7102	22.0451	0.7518
ROE	76	0.0021	0.4212	0.0169	0.0563
LEV	76	0.1001	0.7512	0.3529	0.1347

从表 4-6 可知，反倾销税率的极大值为 266%，极小值为 0，均值为 48.7822%，表明国外反倾销调查机构认为我国出口企业存在较严重的反倾销行为，对应诉企业的反倾销税裁定较高。极大值与极小值之间相差很大，表明对我国涉案企业的反倾销裁定存在巨大的弹性空间，如果应诉企业提供的会计信息证据充分，能够推翻反倾销指控，反倾销税率可将为 0，相反，如果调查机关不认可应诉企业提供的会计信息证据，认为其不能反映涉案产品的真实情况，可征收高额的反倾销税率，这对于出口企业无疑是重大的打击。

在股权结构方面，国家股比例的极小值为 0，极大值为 81.81%，均值为 21.0092%，近 40% 的上市公司持有国家股，其中，持股比例超过 40% 的样本公司占 45.23%，表明虽然国有股已经退出很多上市应诉公司，但是在尚未退出的企业中持股比例较大。流通股比例的极小值为 0，极大值为 89.03%，平均值为 53.7914%。第一大股东持股比例极小为 8.77%，极大值为 77.23%，平均值为 42.5565%，表明在样本企业中，第一大股东的持股比例较高，一股独大现象严重。

董事会特征方面，样本企业的董事会平均人数为 9.71 人，人数最多的为 17 人，最少为 6 人，完全符合《公司法》规定的董事会最佳规模（5~19 人）。独立董事比例的平均值为 36.0608%，在 0 到 50.00% 的区间变动，表明还存在个别样本企业在涉案年度未按规定设置独立董事，但样本整体上符合证监会关于独立董事人数至少占董事会 1/3 的要求。董事会年度会议次数的平均值为 8.34，最少的召开过 3 次董事会，最多的召开次数达 18 次，表明董事会参与公司监督管理的工作强度较大。董事长兼任总经理的均值为 0.27，表明有 72.86% 的样本企业实行两职分离。

监事会规模方面，样本企业监事会的平均人数为 3.86 人，在 3~7 人变动，满足《公司法》监事会成员不得少于 3 人的规定。

在股权激励方面，样本企业的管理层持股平均比例为 0.0470%，持股比例最少的为 0，最大的为 2.24%，管理层持股比例普遍较低，近 48.57% 的样本企业管理层持股比例为 0。

4.3.3.2　相关性分析

为了检验自变量与因变量之间的相关程度，需要对变量进行相关性分析，本节采用 SPSS19.0 中的 Pearson 相关性双侧检验对各变量指标进行检验，具体结果如表 4 - 7 所示。

从表 4 - 7 中可以看出，国家股比例（GJG）和董事长与总经理两职合一（LZH）在 95% 的置信度下与反倾销终裁税率（ADD）显著正相关，说明反倾销应诉企业中国家股比例较低的企业，能够有效地监督管理企业日常的经济财务活动，提供更有效力的应对反倾销会计信息证据，从而获得较低的反倾销税率。对于董事长与总经理两职合一的情况，董事长不兼任总经理有利于应诉企业加强管理，防止财务舞弊行为的发生，提交的会计信息证据更能够获得反倾销调查机关的认同，最终为自己争取有利的应诉结果。其他的自变量，如流通股比例（LTG）、第一大股东持股比例（YDG）、董事会规模（DSH）、独立董事比例（DDB）、董事会年度会议次数（DHY）、监事会规模（JSH）、管理层持股比例（GLC）与因变量反倾销税率（ADD）之间没有显著的相关关系。

从控制变量来看，反倾销终裁税率与财务杠杆在 95% 的置信度下呈显著的正相关关系，而与公司规模和盈利水平的相关性不显著。从自变量之间的相关关系来看，可以发现国家股比例与董事会规模、第一大股东持股比例、监事会规模在 95% 的置信度下显著正相关，国家股比例与董事会会议次数、管理层持股在 99% 的置信度下显著负相关。监事会规模与流通股比例在 99% 的置信度下显著正相关，与董事会规模在 95% 的置信度下正相关性显著。管理层持股与流通股比例在 95% 的置信度下显著负相关。但各自变量之间的相关系数绝对值最大为 0.338，小于 0.5，因此可以得出自变量之间的相关性较弱，不存在严重的多重共线性问题，不需要过多关注。

4.3.3.3　回归结果分析

由于本节研究的是一个因变量受到多个自变量的影响关系，因变量和自变量的变量类型符合多元线性回归方法的要求，因此，建立多元线性回归模型，运用 SPSS19.0 统计分析软件对它们之间的关系进行检验，如表 4 - 8 所示。

表 4 - 7　　变量的相关性分析结果（Pearson 双侧检验）

	ADD	GJG	LTG	YDG	DSH	DDB	DHY	LZH	JSH	GLC	SIZE	ROE	LEV
ADD	1												
GJG	0.109* (0.044)	1											
LTG	-0.017 (0.890)	0.162 (0.180)	1										
YDG	-0.117 (0.334)	0.290* (0.015)	0.033 (0.784)	1									
DSH	0.010 (0.932)	0.282* (0.018)	-0.050 (0.682)	-0.205 (0.089)	1								
DDB	-0.024 (0.846)	-0.101 (0.405)	0.178 (0.140)	-0.006 (0.961)	-0.125 (0.303)	1							
DHY	-0.072 (0.554)	-0.322** (0.006)	-0.073 (0.551)	-0.151 (0.212)	-0.093 (0.446)	0.203 (0.092)	1						
LZH	0.042* (0.028)	-0.061 (0.616)	0.025 (0.838)	0.045 (0.708)	-0.086 (0.481)	0.019 (0.878)	0.206 (0.087)	1					
JSH	0.089 (0.464)	0.306* (0.010)	0.309** (0.009)	0.091 (0.452)	0.257* (0.032)	-0.128 (0.290)	-0.194 (0.107)	0.074 (0.541)	1				
GLC	-0.006 (0.962)	-0.338** (0.004)	-0.279* (0.019)	-0.185 (0.125)	0.000 (0.998)	0.054 (0.658)	0.060 (0.621)	0.199 (0.098)	-0.221 (0.066)	1			
SIZE	-0.036 (0.058)	0.129 (0.174)	0.198 (0.164)	0.023 (0.222)	0.064 (0.072)	0.135 (0.473)	0.043* (0.025)	-0.113 (0.342)	0.191 (0.163)	0.226 (0.093)	1		
ROE	-0.140 (0.073)	0.043 (0.326)	0.173* (0.032)	0.179 (0.110)	0.054 (0.069)	-0.128 (0.177)	0.036 (0.382)	-0.482 (0.685)	0.168 (0.593)	0.015 (0.431)	-0.329* (0.041)	1	
LEV	0.136* (0.030)	-0.124* (0.041)	0.237 (0.532)	0.002 (0.621)	0.004 (0.445)	0.033 (0.129)	0.349 (0.842)	0.013 (0.755)	0.132* (0.042)	-0.052 (0.653)	0.239* (0.024)	-0.407* (0.036)	1

注：* 表示在 0.05 水平（双侧）上显著相关，** 表示在 0.01 水平（双侧）上显著相关。

表 4 – 8   模型汇总

模型	R^2	Adjusted R^2	F – statistic	Prob（F – statistic）
1	0.247706	0.238632	2.673148	0.059158

从模型汇总结果（表 4 – 8）可以看出，Adjusted R^2 为 0.238632，Prob（F – statistic）为 0.059158，小于 0.1，表明模型在 10% 显著性水平上各解释变量在整体上对被解释变量的影响显著，模型的拟合程度较好。

表 4 – 9 显示了多元线性回归结果。

表 4 – 9   多元线性回归结果

模型	预期影响方向	非标准化系数		标准系数	t	Sig.
		B	标准误差	试用版		
（常量）		0.232	0.794		0.292	0.772
GJG	+	2.636	1.297	0.235	2.033	0.047
LTG	–	– 0.002	0.003	– 0.125	– 0.842	0.403
YDG	–	– 2.254	0.942	– 0.284	– 2.392	0.020
YDG^2	+	2.637	1.254	0.276	0.2557	0.013
DSH	?	0.002	0.011	0.022	0.153	0.879
DDB	–	– 0.037	0.038	– 0.149	– 0.969	0.337
DHY	–	– 1.875	0.857	– 0.237	– 2.188	0.033
LZH	+	0.371	0.162	0.251	2.286	0.026
JSH	+	0.124	0.066	0.283	1.892	0.064
GLC	–	– 0.055	0.101	– 0.021	– 0.556	0.563
LNSIZE	–	– 0.043	0.211	– 0.214	– 2.472	0.023
ROE	–	– 0.356	1.304	– 0.307	– 2.734	0.019
LEV	+	0.594	0.892	0.421	6.491	0.014

注：因变量为 ADD。

从表 4 – 9 可以看出，国家股比例的 B 值为 2.636，t 值为 2.033，说明国家股比例与反倾销案件终裁中的反倾销税率在 95% 的置信水平上呈现显著的正相关关系，支持假设 H1。其原因在于我国国家股不上市流通，其产权主体为各级政府和行业主管部门，这些主体的管理重点的是控制力和社会性而非营利性，缺乏足够的动机去监督管理者的财务造假行为，与经理人的沟通协调出现问题，产生较大的信息不对称。此时，经理层只需满足国有股东是行政需求，就可以将公司的实际控制权掌握在手中，容易造成经理层操纵会计数据，追求自己的利益最大化，侵害国有股东的利益。最终造成公司的会计数据不能真实客观的反映经济活动，一旦面临反倾销调查，提供的会计信息证据不被反倾销调查机关采信，处于应诉的被动地位。

流通股比例与反倾销案件终裁中的反倾销税率的回归系数为 -0.002，t 值为 -0.842，与假设 H2 提出的负相关一致，但关系不显著。可能的原因如下：一方面，我国的资本市场尚不成熟，没有完全发挥股东的监督管理作用。在流通股比例较大的公司，中小股东往往由于监督管理消耗的成本与获得的收益不成比例而放弃对管理层的外部监督，内部管理人受到的约束较小，忽视中小股东的权益，造成内部管理人意志高于中小股东意志，无法保障会计信息的真实、客观、完整。另一方面，流通股中的一大部分小股东存有"搭便车"心理，妄图将监督管理的职责交予其他股东，导致外部监督虚化。

第一大股东持股比例回归系数为 -2.254，t 值为 -2.392，第一大股东持股比例的平方回归系数为 2.637，t 值为 0.2557。说明第一大股东持股比例与反倾销案件终裁中的反倾销税率在 95% 的置信水平上负相关，且第一大股东持股比例的平方与反倾销案件终裁中的反倾销税率在 95% 的置信水平上正相关，即第一大股东持股比例与应对反倾销会计信息证据效力先呈现正相关后呈现负相关，形成倒 U 形关系，符合假设 H3。由此可知，第一大股东持股过高或过低都会降低应对反倾销会计信息证据的效力。

董事会规模的回归系数是 0.002，t 值是 0.153，即董事会规模与反倾销终裁税率正相关，但相关性不显著，不支持假设 H4。样本企业中董事会人数集中在 6~17 人，平均 9.71 人，符合《公司法》对董事会人数 5~19 人的规定。董事会人数的多少一般依据企业规模而定，但规模大小与管理监督作用的发挥可能并无关系，规模越大的董事会，成员之间的沟通协调困难，成员可能存在"搭便车"心理，管理监督决策的执行效率不高。同样规模小的董事会决策效率高，但管理监督决策可能不全面，董事合谋造成决策偏向的可能性较大，对管理层的监督可能有所疏忽。实证结果说明，我国公司董事会人数的多少对应对反倾销会计信息证据效力的影响很小。

独立董事比例回归系数是 -0.037，t 值是 -0.969，未通过检验，说明独立董事比例与反倾销税率呈负相关，即独立董事越多，反倾销会计信息证据效力越强，但这种相关性并不显著。可能的原因如下：第一，独立董事的机制尚不健全，独立董事的核心价值——独立性无法保障，缺乏有效的监督激励机制，独立董事对公司事务的知情权得不到保证等；第二，从描述性分析中可以看出，样本企业独立董事的平均比例维持在

36.0608%，在收集数据的过程中发现，绝大部分样本企业将独立董事比例维持在33.33%，可见其目的仅仅是为了满足证监会关于独立董事人数至少占董事会1/3的要求，并未真正重视独立董事的作用，未给予其足够的表决权。因此，导致了独立董事在参与公司监督管理的过程中存在障碍，抑制虚假会计信息证据的能力较弱。

董事会年度会议次数的回归系数是 −1.875，t 值为 −2.188，说明董事会年度会议次数与反倾销案件终裁中的反倾销税率在95%的置信水平上呈现显著的负相关关系，即董事会年度会议次数越频繁，企业应对反倾销的会计信息证据效力越强，支持假设H6。其原因在于反倾销属于突发情况，董事会在面临反倾销指控时被迫进行高频率的活动，包括召开董事会议商讨会计应对对策，组织协调财务会计人员尽快调取与涉案产品相关的会计信息资料，收集进口国竞争对手的成本资料，支持反倾销会计举证和会计抗辩。此外，会议的频繁召开，一定程度上表明了董事会参与公司管理监督的积极性，是董事会机制运行有效的良好保证，减少了会计信息被恶意操作的情形。

董事长与总经理两职合一的回归系数是0.371，t 值是2.286，说明董事长与总经理两职合一与反倾销案件终裁中的反倾销税率在95%的置信水平上呈现显著的正相关关系，即董事长与总经理两职合一会降低企业应对反倾销的会计信息证据效力，支持假设H7。原因如下：董事长和总经理两职合一造成了总经理自己做决策，自己执行，自己监督，公司对其行为缺乏有效的监控，损害了公司管理监督的有效性，容易导致总经理不勤勉尽职甚至逆向选择的道德风险，最终形成总经理的"一言堂"，出现操纵财务会计数据的现象。这在很大程度上影响了企业应对反倾销会计信息证据的真实性和可靠性。

监事会规模的回归系数为0.124，t 值为1.892，说明监事会规模与反倾销案件终裁中的反倾销税率呈正相关，但其相关性不显著。原因如下：一方面监事会的成员大多数情况下由公司内部产生，与管理层存在或多或少的利益关系，无法保障其自身的独立性；另一方面，监事会成员的专业水平和经验能力普遍低于其他组织机构，造成了其发挥监督职能的障碍。监事会职能的缺失和弱化，使得企业会计信息证据缺乏全面有效的监督，降低了会计信息质量，损害了会计信息证据的效力。

管理层持股的回归系数为 −0.055，t 值为 −0.556，即管理层持股与反倾销终裁税率呈负相关，但相关性不显著。在对样本企业数据的收集过程中，发现管理层持股普遍较低，很多企业管理层持股为零，持股最多的企业也才达到2.24%。可见虽然部分样本企业实行股权激励政策，但管理层持有的股权比例极低，难以达到其激励目的。管理层不会因为其拥有的极低股权，按照股东的意愿勤勉尽责地经营管理，反而当其通过会计信息资料操纵能获得更高的个人收益时，管理层很可能会选择对自己有利而损害股东权益的行为。这种逆向选择增加了会计信息虚构的风险，降低了企业会计信息质量，从而影响了应对反倾销的会计信息证据效力。

在控制变量方面，公司规模与反倾销终裁税率呈负相关关系，说明公司规模越大，应对反倾销会计信息证据效力越高；盈利能力与反倾销终裁税率呈负相关关系，说明公司盈利水平越高，应对反倾销会计信息证据效力越高；财务杠杆与反倾销终裁税率呈正相关关系，说明公司的资产负债率越高，应对反倾销会计信息证据效力越低。这与本节的预期影响方向一致，也进一步证明了控制变量选取的正确性。

表 4 - 10 根据以上实证结果，归纳了本节研究假设的验证情况。

表 4 - 10　　　　　　　　　　研究假设验证情况

假设	假设内容	实证检验结果
H1	国家股所占比例与应对反倾销会计信息证据效力负相关	支持
H2	流通股比例与应对反倾销会计信息证据效力正相关	不支持
H3	第一股东持股比例与应对反倾销会计信息证据效力呈倒 U 形关系，持股比例过高或过低都会降低应对反倾销会计信息证据效力	支持
H4	董事会规模对应对反倾销会计信息证据效力产生影响，但影响方向不确定	不支持，无显著关系
H5	独立董事比例与应对反倾销会计信息证据效力正相关	不支持
H6	董事会年度会议次数与应对反倾销会计信息证据效力正相关	支持
H7	董事长与总经理两职合一与应对反倾销会计信息证据效力负相关	支持
H8	监事会规模与应对反倾销会计信息证据效力负相关	不支持
H9	管理层持股与应对反倾销会计信息证据效力正相关	不支持

4.3.3.4　稳健性检验

为了使实证结果更稳健可靠，本节同时手工收集了样本公司在遭受反倾销调查前一年内的公司治理结构数据，并采用线性多元回归模型进行检验。具体的实证检验结果如表 4 - 11 所示。

表 4－11   稳健性检验结果

模型	预期影响方向	非标准化系数		标准系数	t	Sig.
		B	标准误差	试用版		
（常量）		0.321	0.668		0.314	0.813
GJG	+	2.140	1.009	0.205	1.983	0.049
LTG	−	−0.001	0.002	−0.114	−0.942	0.348
YDG	−	−2.771	0.893	−0.316	−2.113	0.034
YDG^2	+	2.007	1.129	0.256	0.2017	0.022
DSH	?	0.001	0.316	0.001	0.003	0.998
DDB	−	−0.059	0.047	−0.136	−0.944	0.349
DHY	−	−1.537	0.777	−0.224	−2.045	0.048
LZH	+	0.367	0.164	0.247	2.279	0.029
JSH	+	0.104	0.055	0.242	1.640	0.075
GLC	−	−0.041	0.131	−0.032	−0.436	0.559
LNSIZE	−	−0.042	0.210	−0.213	−2.372	0.024
ROE	−	−0.237	1.264	−0.287	−2.510	0.026
LEV	+	0.551	0.903	0.426	6.432	0.013

注：因变量为涉案年度的 ADD，解释变量数据取自涉案前一年。

由上述稳健性检验结果可知，样本公司反倾销调查前一年的公司治理结构数据与反倾销涉案当年的公司治理结构数据回归结果基本一致。国家股比例的 B 值为 2.140，t 值为 1.983，Sig. 值为 0.049，说明国家股比例与反倾销案件终裁中的反倾销税率在 95％ 的置信水平上呈现显著的正相关关系。流通股比例与反倾销案件终裁中的反倾销税率的回归系数为 −0.001，t 值为 −0.942，Sig. 值为 0.348，说明流通股比例与反倾销案件终裁中的反倾销税率在 95％ 的置信水平上不存在显著的负相关关系。第一大股东持股比例回归系数为 −2.771，t 值为 −2.113，Sig. 值为 0.034，第一大股东持股比例的平方回归系数为 2.007，t 值为 0.2017，Sig. 值为 0.022，说明第一大股东持股比例与应对反倾销会计信息证据效力先呈现正相关后呈现负相关，形成倒 U 形关系。董事会规模的回归系数是 0.001，t 值是 0.003，Sig. 值为 0.998，说明董事会规模与反倾销终裁税率不存在显著的正相关关系。独立董事比例回归系数是 −0.059，t 值是 −0.944，Sig. 值为 0.349，说明独立董事比例与反倾销税率不存在显著的负相关关系。董事会年度会议次数的回归系数是 −1.537，t 值为 −2.045，Sig. 值为 0.048，说明董事会年度会议次数与反倾销案件终裁中的反倾销税率存在显著的负相关关系。董事长与总经理两职合一的回归系数是 0.367，t 值是 2.279，Sig. 值为 0.029，说明董事长与总经理两职合一与反倾销案件终裁中的反倾销税率呈现显著的正相关关系。监事会规模的回归系数为 0.104，t 值为 1.640，Sig. 值为 0.075，说明监事会规模与反倾销案件终裁中的反倾销税率不存在显著的正相关关系。管理层持股的回归系数为 -0.041，t 值为 -0.436，Sig. 值为 0.559，即管理层持股与反倾销终裁税率不存在显著的负相关关系。在控制变量方面，稳健性检验的结果也与之前的实证检验一致。由上述结论可知，实证检验结果是比较稳健的。

4.3.4　结论与启示

本节从公司治理结构角度，运用多元回归方法分析了股权结构、董事会特征、监事会规模、管理层持股对应对反倾销会计信息证据效力的影响，得出了以下结论：

（1）国家股比例与应对反倾销会计信息证据效力在 95% 的置信水平上呈现显著的负相关关系。原因在于我国国家股产权主体与经理人之间存在较大的信息不对称。导致经理层有机会操纵会计数据，追求自己利益最大化，侵害国有股东的利益。最终造成公司的会计数据不能真实客观地反映经济活动，一旦面临反倾销调查，提供的会计信息证据不被反倾销调查机关采信，处于应诉的被动地位。

（2）第一大股东持股比例与应对反倾销会计信息证据效力在 95% 的置信水平上呈倒 U 形关系。原因是过大的股权比例会导致绝对控股股东的出现，形成一股独大现象，控股股东在追求自身利益的过程中可能通过利润操纵侵害中小股东的权益。而股权过度分散时，股东与经理人之间的信息不对称情况加剧，股东远离公司的治理权核心，且各个持股人会出现"搭便车"行为，造成外部监督的弱化。

（3）董事会年度会议次数与应对反倾销会计信息证据效力在 95% 的置信水平上呈显著正相关关系。原因在于反倾销属于突发情况，董事会在面临反倾销指控时被迫进行高频率的活动。此外，会议的频繁召开，一定程度上表明了董事会参与公司管理监督的积极性，是董事会机制运行有效的良好保证，减少了会计信息被恶意操作的情形。

（4）董事长与总经理两职合一与应对反倾销会计信息证据效力在 95% 的置信水平上呈显著负相关关系。原因如下：董事长和总经理两职合一造成了总经理自己做决策，自己执行，自己监督，公司对其行为缺乏有效的监控，损害了公司管理监督的有效性，容易导致总经理出现操纵财务会计数据的现象，影响企业应对反倾销会计信息证据的真实性和可靠性。

第 5 章

企业应对生态反倾销的会计 监控机制研究

近年来，频繁的反倾销指控已成为我国企业走出国门实现国际化战略的重要障碍，全球气候和环境的变化致使"生态倾销"成为制约我国企业走向国际市场的又一股新生力量。有效规避进口国对华设置的重重绿色贸易壁垒，为我的出口产品在国际市场上争取有利地位，或提升应诉反倾销的水平，已成为出口企业能否持续发展壮大的关键。本章以国际贸易中的隐含碳转移为背景，探讨以贸易内嵌碳成本为代表的环境成本对生态反倾销应对的作用机制，旨在构建会计学视角下的生态反倾销监控机制，对提高我国出口企业的反倾销应诉水平、打破绿色贸易壁垒具有重大现实意义①。

5.1 反倾销涉案产业碳转移测度及效应分析

国际贸易作为全球产业分工的产物，已成为影响一国或地区能源利用与碳排放问题的主要诱因之一。也就是说，全球贸易一体化使得贸易成为各国国内碳排放产生和增加的主要原因，同时也是碳转移的重要载体。国际贸易中隐含了大量的碳排放，即产品在生产或提供服务的过程中直接和间接排放的二氧化碳。在"全球低碳标准"背景下，中国作为世界第一大贸易国，欧美等发达国家频频以"碳标签"为突破口在国际贸易中对中国出口产品及其行业设置绿色壁垒，中国以"高碳"为标签的制造业如何有效规避反倾销问题已不容小觑。尤其是制造业领域中的石油加工、化学纤维制造等行业，大规模的外贸顺差是以日益严重的污染排放及资源消耗来维系的，在出口规模效应日趋

---

① 所指导的 2015 届研究生曾辉祥对本章内容有贡献。

显著的同时，也招致频繁的反倾销诉讼。

5.1.1　反倾销涉案产业碳转移量的测算

5.1.1.1　隐含碳转移测算的 IOA 框架

在国际贸易碳排放研究中，投入产出分析法（Input – output Analysis，简称 IOA）的引入为其奠定了理论基础。该方法由美国经济学家瓦西里·列昂惕夫（W. Leontief）于 1936 年在论文《美国经济制度中投入产出的数量关系》中提出，是在投入产出表的基础上，利用线性代数建立数学模型研究某一经济体系内各部门间投入与产出的平衡关系、依存关系的一种结构方法。通常包括四种分析模型：静态与动态投入产出模型（按分析时间），报告期与计划期投入产出模型（按编制时期），国家、区域及部门投入产出模型（按编制范围），价值型、实物型与混合型投入产出模型（按计量对象）。

投入产出表作为投入产出模型框架的基础，基本结构如表 5 – 1（价值型）所示，是以矩阵或表格形式显示在固定时期内物质产品和劳务在国民经济各个部门之间的投入来源和使用去向的流动情况①。

表 5 – 1　　　　　　　　　　　　　　　价值型投入产出表

投入＼产出		中间使用				最终使用				总产出
		部门 1	部门 2	…	部门 n	消费	资本形成	出口	最终使用合计	
中间投入	部门 1	x11	x12	…	x1n	c1	k1	e1	y1	x1
	部门 2	x21	x22	…	x2n	c2	k2	e2	y2	x2
	⋮	⋮	⋮	［Ⅰ］	⋮	⋮	⋮	［Ⅱ］	⋮	⋮
	部门 n	xn1	xn2	…	xnn	cn	kn	en	yn	xn
增加值	劳动者报酬	w1	w2	［Ⅲ］	wn					
	营业盈余	m1	m2	…	mn					
	增加值合计	v1	v2	…	vn					
	总投入	x1	x2	…	xn					

---

① 夏明，张红霞. 投入产出分析：理论、方法与数据 ［M］. 北京：中国人民大学出版社，2013. 3.

　　根据投入产出表的布局和结构形式可以将其分为第 I 、第 II 和第 III 三个象限。第 I 象限中的元素 x_{ij} 在列向上表示 j 产品生产中对 i 产品的消耗量，行向表示 i 产品分配给 j 产品生产的使用量，是对国民经济各行业相互提供劳动对象以供生产和消费过程的直观描述；第 II 象限中的元素表示某产品作为最终产品使用的各种用途，第 II 象限是第 I 象限在水平方向上的延伸，第 I 、II 象限反映国民经济各行业的中间使用和最终使用数量；第 III 象限中，列向表示构成该部门不同类型初始投入在总投入中的比重，行向表示某种类型的收入在不同部门的分配情况，第 III 象限是第 I 象限在垂直方向上的延伸。

　　根据关系等式"中间使用 + 最终使用 = 总产出"和"中间投入 + 初始投入 = 总投入"，将表 5 - 1 中行向量关系转换成方程组即为：

$$\begin{cases} x_{11} + x_{12} + \cdots + x_{1n} + y_1 = x_1 \\ x_{21} + x_{22} + \cdots + x_{2n} + y_2 = x_2 \\ \qquad\qquad\vdots \\ x_{n1} + x_{n2} + \cdots + x_{nn} + y_n = x_n \end{cases} \qquad (5-1)$$

　　化简后可以表示为：

$$\sum_{j=1}^{n} x_{ij} + y_i = x_i \quad (i = 1, 2, \cdots, n) \qquad (5-2)$$

　　可用矩阵形式表示：

$$Z_i + y = x \qquad (5-3)$$

　　其中，Z 表示中间流量矩阵；x、y 分别表示总产出与最终产品的列向量；i 为元素全部为 1 的列向量。

　　同理，列向关系的数量关系式可以表示为：

$$\sum_{i=1}^{n} x_{ij} + v_j = x_j \quad (j = 1, 2, \cdots, n) \qquad (5-4)$$

　　用 Z 表示中间流量矩阵后：

$$i'Z + v = x' \qquad (5-5)$$

　　其中，v 为初始投入行向量；i'、x' 表示向量 i 与向量 x 的转置。

　　将投入产出表中行与列的核算转化为投入产出分析模型还需要引入投入产出表的各种系数，主要系数及其计算方法如下：

　　（1）直接消耗系数。

　　直接消耗系数，通常用 $a_{ij}(i, j = 1, 2, \cdots, n)$ 表示，指 j 部门每单位产出直接消耗 i 产品的价值量。直接消耗系数主要反映技术水平，价值型投入产出表还受不同产品相对价格变化的影响。其计算方法为：

$$a_{ij} = x_{ij}/x_j \qquad (5-6)$$

分子 x_{ij} 为价值表第 I 象限的元素，表示 j 部门生产中对 i 产品所消耗的价值量；分母 x_j 是价值表列向合计，表示 j 部门的总投入。在价值表中，$0 \leqslant a_{ij} < 1$，表示投入不超过产出。

引入直接消耗系数后，其矩阵形式为：

$$A = \begin{bmatrix} a_{11} & a_{12} & \cdots & a_{1n} \\ a_{21} & a_{22} & \cdots & a_{2n} \\ \vdots & \vdots & \vdots & \vdots \\ a_{n1} & a_{n2} & \cdots & a_{nn} \end{bmatrix} \tag{5-7}$$

且 x 与 y 分别为总产品与最终产品列向量，即：

$$x = \begin{bmatrix} x_1 \\ x_2 \\ \vdots \\ x_n \end{bmatrix}, \quad y = \begin{bmatrix} y_1 \\ y_2 \\ \vdots \\ y_n \end{bmatrix} \tag{5-8}$$

于是，投入产出模型可以表示为：

$$Ax + y = x \tag{5-9}$$

通过变形得到：$(I-A)x = y$ 或 $x = (I-A)^{-1}y$。其中，$(I-A)^{-1}$ 为列昂惕夫逆阵（Leontief inverse matrix），I 是单位矩阵。

（2）完全消耗系数。

完全消耗系数（b_{ij}）是指产品 j 生产单位最终产品量对另一产品 i 的完全消耗量，完全消耗系数是对应的直接消耗系数与全部间接消耗系数之和。假定产品 j 在生产中直接消耗 1，2，3，…，n 种产品，而这些产品又直接或间接消耗 i 产品，用 $b_{in}a_{nj}$ 表示 j 产品通过 n 种产品对 i 产品的全部间接消耗，则

$$b_{ij} = a_{ij} + b_{i1}a_{1j} + b_{i2}a_{2j} + \cdots + b_{ii}a_{ij} + \cdots + b_{in}a_{nj} \tag{5-10}$$

可进一步简写为：

$$b_{ij} = a_{ij} + \sum_{k=1}^{n} b_{ik} \cdot a_{kj} \tag{5-11}$$

可以将各个行业的完全消耗系数以完全消耗系数表或完全消耗系数矩阵（B）的形式来表示，即：

$$B = A + BA \tag{5-12}$$

$$或 \; B = A(I-A)^{-1} \tag{5-13}$$

$$或 \; B = (I-A)^{-1} - I \tag{5-14}$$

综上，将投入产出模型引入非经济领域，用来衡量单位产出变化所产生的外部性。

若引入行向量 e, 它的元素 e_j 表示 j 部门每单位产出 x_j 的直接 CO_2 排放量, 则为满足最终使用 y 而产生的 CO_2 直接排放量和完全排放量可以分别表示如下:

$$直接 CO_2 排放量: E = e(I - A)^{-1} y \tag{5-15}$$

$$完全 CO_2 排放量: E = e[(I - A)^{-1} - I] \tag{5-16}$$

5.1.1.2 出口隐含碳转移测算模型

隐含碳, 又称为转移排放, 是指产品在整个生产链条中所排放的二氧化碳, 包括直接碳排放和间接碳排放。从隐含碳排放的来源来看, 主要有两个途径: 一是产品生产过程中由于消耗能源而导致的直接碳排放和间接碳排放, 即生产隐含碳; 二是工业生产过程和产品消费所产生的碳排放, 即消费隐含碳。基于上述分析, 本节的隐含碳测算主要包括两部分: 能源耗费视角下反倾销涉案产业的隐含碳排放和工业生产过程中反倾销涉案产业隐含碳排放。

(1) 基于能源消费的隐含碳排放测算。

产品生产阶段的隐含碳测算, 需要计算各个产业的完全碳排放系数 (单位产值的完全碳排放量), 根据前文的分析, 主要包括单位产能的直接碳排放系数 (单位产值的直接碳排放量) 和单位产能的间接碳排放系数 (单位产值的间接碳排放量)。

①直接碳排放量测算。

根据前文中关于直接碳排放系数的计算原理, 直接碳排放量可以表示为:

$$\begin{cases} ce_j^{E,d} = g_j \cdot a_{ij} \\ a_{ij} = x_{ij}/x_j \\ g_j = \sum_{k=1}^{m} \varepsilon_k \cdot \mu_{kj} \end{cases} \tag{5-17}$$

式 (5-17) 中, $ce_j^{E,d}$ 表示单位产值的直接隐含碳排放量; g_j 表示 j 产业的能源碳排放系数 (tCO_2/标准煤, 下文中将 "标准煤" 简记为 "tce"); a_{ij} 表示 j 产业单位产值的能源消耗量 (万 tce/万元); x_{ij} 表示 j 行业的能源消耗总量 (万 tce); x_j 表示 j 产业的总产出 (万元); ε_k 表示 k 种能源的碳排放系数 (tCO_2/tce); μ_{kj} 表示 j 行业的能源消费总量中第 k 种能源的消费比重。

于是, 单位产值的直接隐含碳排放量可以表示为:

$$ce_j^{E,d} = g_j \cdot a_{ij} = \frac{x_{ij}}{x_j} \cdot \sum_{k=1}^{m} \varepsilon_k \cdot \mu_{kj} \tag{5-18}$$

②间接碳排放量测算。

根据投入产出表中的完全消耗系数, 间接碳排放量可以表示为:

$$\begin{cases} ce_j^{E,id} = g_j \cdot \left(\sum_{k=1}^{m} b_{ik} \cdot a_{kj} \right) \\ g_j = \sum_{k=1}^{m} \varepsilon_k \cdot \mu_{kj} \\ \sum_{k=1}^{m} b_{ik} \cdot a_{kj} = b_{i1}a_{1j} + b_{i2}a_{2j} + \cdots + b_{ii}a_{ij} + \cdots + b_{in}a_{nj} \end{cases} \quad (5-19)$$

式（5-19）中，$ce_j^{E,id}$ 即为间接碳排放系数表达式，亦即单位产值的间接碳排放量（万吨 CO_2/万元）；$\sum_{k=1}^{m} b_{ik} \cdot a_{kj}$ 是间接消耗系数。

③完全碳排放量测算。

根据直接碳排放量的测算及间接碳排放量的测算，完全碳排放量 ce_j^E 可以表示为：

$$ce_j^E = ce_j^{E,d} + ce_j^{E,id} = g_j \cdot a_{kj} + g_j \cdot \left(\sum_{k=1}^{n} b_{ik} \cdot a_{kj} \right) = g_j \cdot \left(a_{ij} + \sum_{k=1}^{n} b_{ik} \cdot a_{kj} \right) = g_j \cdot b_{ij}$$

$$(5-20)$$

通过上述计算，由式（5-20）中的完全碳排放系数（单位产值的完全碳排放量）与各个产业部门出口额的乘积，便可以计算出能源耗费视角下反倾销涉案产业的隐含碳排放量。

（2）基于工业生产过程的隐含碳排放测算。

同理，测算各产业在工业生产阶段的隐含碳排放时，需要首先求出各产业工业生产过程隐含碳排放系数 ce_j^{ip}。于是：

$$\begin{cases} ce_j^{ip} = h^{ip} \cdot b_{ij}, \quad i \neq j \\ ce_j^{ip} = h^{ip} + h^{ip} \cdot b_{ij}, \quad i = j \\ h^{ip} = \dfrac{\omega_i \cdot Q_i}{x_i} \end{cases} \quad (5-21)$$

式（5-21）中，ce_j^{ip} 表示由于 j 部门消耗 i 产业产品，进而导致 j 产业单位产值的工业生产过程隐含碳排放量；h^{ip} 表示 i 产业产品的工业生产过程中的直接碳排放系数（吨 CO_2/万元）；$h^{ip} \cdot b_{ij}$ 代表 i 产业因为消耗其他产业的产品，而其他产业的产品又消耗 i 产业产品所引发的 i 产业单位产品的工业过程间接碳排放；此外，在 h^{ip} 的计算过程中，ω_i 代表 i 产业单位产量在工业过程中的二氧化碳排放（吨二氧化碳/吨产品），Q_i 代表 i 产业的产品总产量（万吨），x_i 代表 i 产业的总产出（万元）。

综合 $i \neq j$ 和 $i = j$ 两种情形，工业生产过程隐含碳的完全碳排放系数 ce_j^{ip} 可以表示为：

$$ce_j^{ip} = h^{ip} \cdot C_{ij} \quad (5-22)$$

式（5-22）中工业生产过程隐含碳的完全碳排放系数与各产业部门出口额即可求得各产业的工业生产过程出口隐含碳排放量。

综上，基于能源耗费视角下反倾销涉案产业隐含碳排放系数和工业生产过程中反倾销涉案产业隐含碳排放系数，反倾销涉案产业出口隐含碳排放系数即二者之和，用 ce_j 表示。则

$$ce_j = (ce_j^{E,d} + ce_j^{E,id}) + ce_j^{ip} = g_j \cdot b_{ij} + h^{ip} \cdot C_{ij} \qquad (5-23)$$

通过以上分析，各反倾销涉案产业的出口隐含碳排放量合计可以记为：

$$CE_j = ce_j \cdot y_i \qquad (5-24)$$

在式（5-24）的基础上，反倾销涉案产业的出口额（万元）记为 y_i，则所有反倾销涉案产业的出口隐含碳排放量合计可以表示为：

$$CE = \sum_{j=1}^{n} CE_j = \sum_{j=1}^{n} ce_j \cdot y_i \qquad (5-25)$$

5.1.1.3　数据来源及处理

根据前文中的理论模型分析，研究反倾销涉案产业的出口隐含碳需要以下几方面的数据：各产业的能源碳排放系数（g_j）、完全消耗系数（b_{ij}）、各产业工业生产过程直接碳排放系数（h^{ip}）、投入产出数据、能源消费数据以及各产业出口贸易统计数据（y_i）等。

本节在测算出口隐含碳的过程中所需数据的来源路径不统一，比如出口贸易额来自于《中国对外经济贸易统计年鉴》（1996～2013 年），投入产出数据来自《中国投入产出表》（1997 年、2002 年、2005 年和 2007 年），能源耗费数据来自《中国能源统计年鉴》（1996～2013 年）等。但是，它们的行业分类标准并不一致。因此，在进行反倾销涉案产业出口隐含碳测算之前，需要统一产业部门划分标准的口径。笔者以《国民经济行业分类标准》（2011 版（GB/T4754—2011））为基准，进一步将反倾销涉案产业归并为以下 11 个产业，如表 5-2 所示。

表 5-2　　　　　　　　　　　　反倾销涉案产业合并

序号	《中国对外经济贸易统计年鉴》	《中国能源统计年鉴》	《中国投入产出表》	《国民经济行业分类标准》
1	1～15 章	农、林、牧、渔、水利业	农林牧渔业	农副食品加工业
2	50～63 章	纺织业	纺织业	纺织业
3	44～49 章	木材加工及木、竹、藤、棕、草制品业；造纸及纸制品业	木材加工及家具制造业；造纸印刷及文教体育用品制造业	木材加工和木、竹、藤、棕、草制品业；造纸和纸制品业
4	27 章	石油加工、炼焦及核燃料加工业	石油加工、炼焦及核燃料加工业	石油加工、炼焦和核燃料加工业

续表

序号	《中国对外经济贸易统计年鉴》	《中国能源统计年鉴》	《中国投入产出表》	《国民经济行业分类标准》
5	28~38 章、39~40 章	化学原料及化学制品制造业；橡胶制造业、塑料制造业	化学工业	化学原料和化学制品制造业；橡胶和塑料制品业
6	68~71 章	非金属矿物制品业	非金属矿物制品业	非金属矿物制品业
7	72~83 章	金属制品业	金属制品业	金属制品业
8	84~85 章	专用设备制造业	通用、专用设备制造业	专用设备制造业
9	86~89 章	交通运输设备制造业	交通运输设备制造业	铁路、船舶、航空航天和其他运输设备制造业
10	90~92 章	电气机械及器材制造业	电气机械及器材制造业	电气机械和器材制造业
11	94~96 章	工艺品及其他制造业	工艺品及其他制造业	其他制造业

（1）能源消费量。

本节主要测算二氧化碳排放量，二氧化碳排放主要来自化石燃料的燃烧及水泥、石灰钢铁等工业生产过程。众所周知，中国既是世界能源生产大国，也是能源消费大国，中国能源供应仍以煤为主，原油、天然气核能、水电、再生能源等资源相对短缺。就能源消费结构而言，《中国能源统计年鉴》统计结果显示，中国主要以污染严重的煤炭燃料为主，平均消费比重约为 75%，原油的平均消费比重约为 20%，天然气的平均消费比重约为 3%。目前，世界上二氧化碳排放量通常是通过化石能源消费量推算得到，因此，本节也主要以原煤、原油和天然气 3 种消耗量较大的一次能源为基准核算中国反倾销涉案产业的二氧化碳排放量。各产业对这三种能源的消费量数据可由《中国能源统计年鉴》获得。

此外，计算各产业的能源碳排放系数，需要用到各种能源的碳排放系数（ε_k），目前关于碳排放系数的界定尚未统一。基于此，笔者在查阅参考文献的基础上，收集相关能源消耗的碳排放系数，并进行比较计算，最终确定以平均值为各能源消耗碳排放系数，如表 5-3 所示。

表 5-3 各能源的碳排放系数（ε_k）

数据来源	原煤（tCO_2/t）	原油（tCO_2/t）	天然气（tCO_2/t）
日本能源经济研究所	0.7560	0.5860	0.4490
DOE/EIA	0.7020	0.4780	0.3890
国家科技部气候项目	0.7260	0.5830	0.4090
国家环保局温室气体控制项目	0.7480	0.5830	0.4440
国家发展和改革委员会能源研究所	0.7476	0.5825	0.4435
祁神军，张云波	0.7250	0.5400	0.4270
平均值	0.7341	0.5588	0.4269

（2）能源消费系数。

能源消费系数包括两部分，即直接消费系数和间接消费系数，二者合计为完全消费系数，各产业的能源消费系数均由《中国投入产出表》与《中国能源统计年鉴》中所提供的数据计算而得。在本节的研究时间序列内，根据所采用的四年的投入产出表数据，由式（5-17）可以计算出反倾销涉案各产业的能源消费直接系数（单位产值直接碳排放），由式（5-19）可以计算出反倾销涉案各产业的能源消费间接系数（单位产值间接碳排放）。表 5-4 是通过计算得出的四年的反倾销涉案各产业的能源消费系数。

表 5-4 各产业的能源消费系数 单位：吨 CO_2/万元

产业代码	直接消耗系数				间接消耗系数			
	1997 年	2002 年	2005 年	2007 年	1997 年	2002 年	2005 年	2007 年
1	0.455	0.455	0.460	0.455	1.082	0.704	0.730	0.480
2	0.683	0.683	0.717	0.455	1.982	1.528	1.165	1.217
3	0.911	0.683	0.617	0.455	2.146	1.218	0.811	2.773
4	5.009	3.188	1.497	0.911	0.802	0.478	0.372	0.750
5	2.960	2.049	1.551	1.139	3.184	2.075	2.072	1.642
6	0.683	0.911	0.863	0.455	1.720	1.028	1.090	1.026
7	0.455	0.455	0.480	0.455	5.092	1.749	1.064	2.389
8	0.683	0.455	0.293	0.228	3.661	1.421	1.112	1.987
9	0.683	0.455	0.251	0.228	3.691	1.463	1.238	1.864
10	0.228	0.228	0.165	0.228	4.659	1.713	1.390	2.375
11	1.366	1.366	0.781	0.455	2.615	1.557	1.021	1.578

注：表中产业代码所代表的产业名称参照表 5-2。

（3）工业生产过程碳排放系数。

基于工业生产过程的隐含碳测算也包含工业过程的直接碳排放和工业过程间接碳排放。根据式（5-15）中关于直接碳排放系数和间接碳排放系数的测算方法，直接碳排放系数（h^{ip}）的计算是关键。考虑到计算过程的繁琐性，在直接碳排放系数（h^{ip}）的计算过程中，各产业单位产量在工业生产过程中的二氧化碳排放（ω_i）直接参考国家温室气体排放清单的推荐数据。结合 1997 年、2002 年、2005 年及 2007 年的投入产出表，经过计算，各产业的工业生产过程碳排放系数如表 5-5 所示。

表 5-5　　　　　　　　　　各产业的工业生产过程碳排放系数　　　　　单位：吨 CO_2/万元

产业代码	1997 年	2002 年	2005 年	2007 年
1	0.029	0.042	0.033	0.048
2	0.037	0.056	0.054	0.092
3	0.060	0.083	0.125	0.258
4	0.051	0.046	0.124	0.116
5	0.076	0.086	0.123	0.155
6	2.496	2.458	2.860	6.458
7	0.134	0.148	0.278	0.209
8	0.096	0.113	0.376	0.174
9	0.105	0.113	0.468	0.186
10	0.168	0.164	0.552	0.268
11	0.245	0.382	0.999	0.627

注：表中产业代码所代表的产业名称参照表 5-2。

（4）投入产出数据及其延伸。

通常一国的生产结构和技术在短期内变化不大，大部分国家每 5 年编制一次投入产出表。本节所选取的投入产出表分别为 1997 年、2002 年、2005 年与 2007 年的数据，且 2012 年的投入产出表还未出台。于是，对于其他年份的数据，本节采用最近年份的表代替，即 1995 年、1996 年的用 1997 年的代替，1998 年、1999 年、2000 年与 2001 年的用 2002 年的代替，2003 年、2004 年的用 2005 年的代替，2006 年、2008 年、2009 年、2010 年、2011 年与 2012 年的用 2007 年的代替。通过上述处理，可以将投入产出数据延伸至 1995~2012 年整个时间序列。

5.1.1.4 测算结果及分析

根据前文中的测算方法及数据，可以测出 11 个反倾销涉案产业在 1995～2012 年的出口隐含碳排放总量及隐含碳的产业分布情况。

（1）反倾销涉案产业出口隐含碳总量分析。

经测算，1995～2012 年反倾销涉案产业出口隐含碳排放总量如表 5－6 中的第二列所示。

表 5－6　　　　　　　1995～2012 年中国反倾销涉案产业出口隐含碳及贸易规模

年份	出口隐含碳 （万吨）	出口隐含碳环比 增长速度（%）	出口贸易额 （亿元）	出口贸易环比 增长速度（%）	单位出口额隐含碳 （万吨/亿元）
1995	20 121.22	—	10 773.19	—	1.87
1996	20 057.94	－ 0.31	10 794.14	0.19	1.86
1997	24 656.18	22.92	13 202.06	22.31	1.87
1998	17 387.06	－ 29.48	13 395.81	1.47	1.30
1999	17 365.97	－ 0.12	12 832.01	－ 4.21	1.35
2000	23 499.28	35.32	18 445.19	43.74	1.27
2001	24 878.16	5.87	19 674.44	6.66	1.26
2002	30 800.35	23.80	24 348.66	23.76	1.26
2003	51 363.47	66.76	33 181.77	36.28	1.55
2004	70 368.30	37.00	45 422.09	36.89	1.55
2005	90 739.08	28.95	58 149.10	28.02	1.56
2006	118 703.99	30.82	72 324.64	24.38	1.64
2007	141 268.12	19.01	87 277.41	20.67	1.62
2008	154 208.10	9.16	94 885.27	8.72	1.63
2009	127 219.70	－ 17.50	77 089.19	－ 18.76	1.65
2010	169 338.58	33.11	100 737.24	30.68	1.68
2011	208 752.75	23.28	115 832.68	14.98	1.80
2012	238 738.57	14.36	121 264.92	4.69	1.97

此外，可以借助图 5－1 分析出口隐含碳与出口贸易规模的变化趋势。

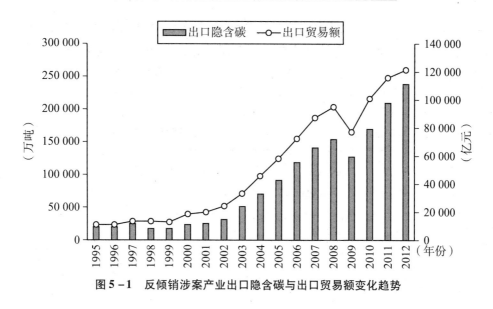

图5-1　反倾销涉案产业出口隐含碳与出口贸易额变化趋势

图5-1与表5-6表明，1995~2012年中国反倾销涉案产业的出口隐含碳排放量与其出口贸易额在总体上呈相同趋势。出口隐含碳排放经历了一个先平稳下降后急剧上升的过程，其中2009年的出口隐含碳与出口贸易额均迅速回落。1995年，中国11个反倾销涉案产业的出口隐含碳为20 121.22万吨，1997年增加到24 656.18万吨后开始下降，到1999年降低至17 365.97万吨。直到2000年，出口隐含碳开始逐渐回升，尤其是在2002年以后，随着出口贸易额的增加，出口隐含碳也开始迅速增加，2008年增加至154 208.10万吨，相对于1995年的出口隐含碳排放量，增加了666.40%。由于受世界经济危机的影响，2009年11产业的出口贸易额相对于2008年下降了18.76%，其对应的出口隐含碳也降低了17.50%。此后，出口隐含碳一直保持两位数增长。可见，因为出口而增加的隐含碳排放在我国碳排放中占据了不容忽视的地位。另外，从表5-6中的数据还可以看出，出口隐含碳除了在1996年、1998年及2009年为负增长之外，其他年份均保持正增长趋势；反倾销涉案产业的出口贸易额除了在1999年和2009年为负增长外，其他年份也保持强劲的增长态势。从单位出口贸易额所承载的隐含碳排放量来看，其年均单位出口额隐含碳为1.59万吨/亿元，1995~1997年一直保持1.8万吨/亿元的承载水平，1998~2002年呈下降趋势，2003~2012年呈逐年上升的走势，且各年单位出口贸易额的隐含碳承载量都维持在1.2万吨/亿元以上。

从世界总体来看，全球与能源相关的 CO_2 排放量在2013年已达到360亿吨，国际能源署（IEA）的报告估计，2030年将突破400亿吨，随之全球气温将继续上升，据估计全球平均气温将比工业化前升高5℃。可见，改变工业革命以来的发展轨迹，发展绿色经济、绿色能源，才能使碳排放与经济增长脱钩。从 CO_2 排放的历史数据来看，尽管各国政府和国际社会都在努力采取措施稳定大气中的温室气体浓度，而温室气体排放却一直在增加。根据美国能源情报署（EIA）的测算结果，中国及世界在 1995～2012 年 CO_2 排放量如表 5-7 所示。

表 5-7　　　　中国反倾销涉案产业出口隐含碳对中国及世界 CO_2 排放的影响

年份	中国 CO_2 排放（亿吨）	世界 CO_2 排放（亿吨）	中国反倾销涉案产业出口隐含碳（亿吨）	反倾销涉案产业出口隐含碳占中国碳排放	反倾销涉案产业出口隐含碳占世界碳排放
1995	28.85	222.19	2.0121	6.97%	0.91%
1996	29.17	227.23	2.0058	6.88%	0.88%
1997	31.07	231.47	2.4656	7.94%	1.07%
1998	29.91	230.79	1.7387	5.81%	0.75%
1999	29.09	233.91	1.7366	5.97%	0.74%
2000	28.72	238.77	2.3499	8.18%	0.98%
2001	29.92	240.38	2.4878	8.31%	1.03%
2002	34.92	247.58	3.0800	8.82%	1.24%
2003	41.02	259.72	5.1363	12.52%	1.98%
2004	51.32	276.20	7.0368	13.71%	2.55%
2005	55.58	284.71	9.0739	16.33%	3.19%
2006	58.62	290.41	11.8704	20.25%	4.09%
2007	62.47	298.73	14.1268	22.61%	4.73%
2008	68.10	315.11	15.4208	22.64%	4.89%
2009	74.26	310.98	12.7220	17.13%	4.09%
2010	83.33	331.58	16.9339	20.32%	5.11%
2011	88.76	339.92	20.8753	23.52%	6.14%
2012	91.04	344.28	23.8739	26.22%	6.93%

资料来源：中国和世界 CO_2 排放量数据来源于美国能源情报署（EIA）。

通过表 5-7 对中国 CO_2 排放、世界 CO_2 排放及中国反倾销涉案产业出口隐含碳的比较发现，1995 年中国反倾销涉案产业出口隐含碳为 2.0121 亿吨，占中国 CO_2 排放总量的 6.97%；1995～2001 年，反倾销涉案产业出口隐含碳占中国碳排放的比重以保持在 10% 以内；2002 年以来，该比重逐渐上升，到 2012 年达到 26.22%。从中国反倾销涉案产业出口隐含碳占世界碳排放总量的比重来看，从 1995 年的 0.91% 持续增长到

2012 年的 6.93%。中国出口隐含碳表示世界其他国家因从中国进口而减少的碳排放，从表 5 - 7 可以看出，随着中国反倾销涉案产业出口量的增加，其他国家因从中国进口而减少的 CO_2 从 1995 年的 2.0121 亿吨增长到 2012 年的 23.8739 亿吨，这 18 年间，其他国家通过从中国进口而减少了 154.9467 亿吨。换言之，若这些产品均在其他国家生产，其国内的 CO_2 排放量将远远大于其现有的排放量。因此可知，出口贸易增加了中国和世界的碳排放。

（2）反倾销涉案产业出口隐含碳部门分析。

根据 11 个产业的投入产出数据及其出口贸易数据，可以测算出 1995～2012 年 11 个反倾销涉案产业的出口隐含碳，结果如表 5 - 8 所示。

表 5 - 8　　　　　　　各反倾销涉案产业出口隐含碳排放量　　　　　单位：万吨

产业代码	1995 年	1996 年	1997 年	1998 年	1999 年	2000 年	2001 年	2002 年	2003 年
1	548.89	517.28	583.53	436.88	409.64	464.86	463.47	513.48	617.13
2	2 267.85	2 186.37	2 697.98	2 327.34	2 373.88	2 836.89	2 862.74	3 323.50	3 602.40
3	396.68	371.08	424.58	262.01	286.10	373.31	402.23	486.41	532.23
4	1 255.58	1 381.85	1 625.64	761.42	683.78	1 151.59	1 232.07	1 236.47	1 057.27
5	3 082.52	3 083.95	3 642.27	2 654.31	2 733.45	3 280.06	3 535.76	4 126.20	5 035.84
6	3 645.79	3 198.96	4 099.12	3 646.63	4 103.15	4 539.69	4 556.24	5 728.24	8 097.49
7	1 699.48	1 446.96	1 859.76	824.91	827.41	1 091.26	1 057.49	1 242.25	1 936.28
8	4 416.38	4 905.47	6 035.44	3 352.44	2 619.50	5 594.60	6 515.17	8 898.01	19 337.41
9	549.58	551.99	695.12	414.28	426.60	604.43	607.21	682.82	1 956.95
10	714.49	779.70	948.83	439.25	462.49	572.20	568.02	639.02	1 815.59
11	1 543.98	1 634.33	2 043.91	2 267.57	2 439.98	2 989.80	3 077.75	3 923.95	7 374.88
产业代码	2004 年	2005 年	2006 年	2007 年	2008 年	2009 年	2010 年	2011 年	2012 年
1	621.27	720.67	637.37	703.30	705.49	738.67	933.57	1 084.17	1 033.82
2	4 359.81	5 249.47	6 983.93	7 995.95	8 006.34	6 985.20	8 584.42	9 905.96	9 836.07
3	710.29	907.02	3 175.96	3 709.37	3 638.19	3 116.98	3 793.23	4 524.34	4 697.08
4	1 377.48	1 664.32	1 435.47	1 536.83	2 260.71	1 408.41	1 833.09	2 123.05	1 980.18
5	6 726.78	8 875.34	8 876.09	11 002.60	12 792.12	10 140.51	13 957.68	17 530.02	17 886.00
6	10 923.58	13 980.89	30 163.61	33 866.77	36 775.35	32 258.05	45 468.90	67 352.94	90 498.53
7	3 371.61	4 368.37	8 263.39	10 669.46	12 287.98	6 392.82	9 130.64	11 431.73	11 414.98

产业代码	2004 年	2005 年	2006 年	2007 年	2008 年	2009 年	2010 年	2011 年	2012 年
8	27 803.58	35 870.35	41 917.90	51 051.67	54 462.40	46 518.38	60 163.21	65 912.24	69 079.49
9	2 635.58	3 539.89	3 271.62	4 463.25	5 301.45	4 377.74	6 436.66	7 564.04	7 293.00
10	2 644.34	3 905.79	3 990.48	4 350.89	4 697.13	4 081.70	5 396.33	6 020.46	7 030.28
11	9 194.00	11 656.97	9 988.17	11 918.03	13 280.95	11 201.24	13 640.85	15 303.81	17 989.13

注：表中产业代码所对应的产业参照表 5 - 2。

从表 5 - 8 可以看出，专用设备制造业（产业代码为 8）、非金属矿物制品业（产业代码为 6）、工艺品及其他制造业（产业代码为 11）、化学原料及化学制品制造业、橡胶制造业与塑料制造业（产业代码为 5）和纺织业（产业代码为 2）是主要的出口隐含碳部门，这 5 个产业部门的隐含碳出口量占隐含碳总出口量的 85% 以上。其中，专用设备制造业历来都是出口隐含碳的主要部门，从 1995 年的 4 416.38 万吨（占当年隐含碳出口总量的 21.95%）增长到 2012 年的 90 498.53 万吨（占当年隐含碳出口总量的 18.91%）；非金属矿物制品业从 1995 年的 3 645.79 万吨（占当年隐含碳出口总量的 18.12%）增长到 2012 年的 11 414.98 万吨（占当年隐含碳出口总量的 53.44%）；其次是工艺品及其他制造业，从 1995 年的 1 543.98 万吨（占当年隐含碳出口总量的 7.67%）增长到 2012 年的 17 989.13 万吨（占当年隐含碳出口总量的 9.37%）；化学原料及化学制品制造业、橡胶制造业与塑料制造业从 1995 年的 3 082.51 万吨（占当年隐含碳出口总量的 15.32%）增长到 2012 年的 6 342.55 万吨（占当年隐含碳出口总量的 3.94%），虽然在总量中的比重降低，但 2012 年的隐含碳绝对量在 1995 年的水平上翻了一番；与 1995 年相比，纺织业的出口隐含碳所占的比重呈下降趋势，从 1995 年的 11.27% 下降到 2012 年的 2.37%，这与近年来增速逐渐放缓的出口贸易额相一致。

从上述隐含碳出口量较大的产业分布来看，隐含碳出口主要集中于技术密集型行业、低附加值的劳动密集型产业和资源密集型产业。其中，纺织业是我国传统的出口贸易优势产品，专用设备制造业、工艺品及其他制造业等技术型产业，在生产过程中需要大量的中间投入品，化学原料及化学制品制造业、橡胶制造业与塑料制造业是典型的资源密集型产业。这也从侧面反映了我国出口商品结构不合理，仍然是以低附加值、高能耗和高污染的出口为主。

5.1.2　出口贸易内嵌碳成本的影响效应分析

"碳"作为经济增长的副产品，全球气候异常变化引起了人们对其更为广泛的关注，被视为人类社会的重要威胁。为此，各国在追求经济发展的同时，普遍将"低碳经济""碳排放""碳交易"以及"碳市场"作为考核社会可持续发展的重要指标。在国际贸易中，碳排放转移不仅减轻了发达国家的减排义务，还为发达国家在"生产者负责原则"下向发展中国家实施新型绿色壁垒提供了依据。本节讨论出口贸易中的"内嵌碳成本"对优化发展中国家的贸易结构和构建低碳贸易政策具有积极的政策借鉴。

5.1.2.1　出口贸易内嵌碳成本理论模型

出口贸易"内嵌碳"是一个广义概念，是指一国为满足出口贸易需求的能耗，以及生产过程中的"三废"。从目前关于"碳"的研究来看，学术界普遍将 CO_2 视为碳排放的约当量。国际贸易内嵌碳成本的形成机理主要体现在贸易双边国家因环境标准和进出口产品类别差异而导致的碳转移。具体而言，发达国家较高的环境标准迫使其将高污染产业转移至环境标准相对较低的发展中国家，然后再通过产品进口满足本国消费需求，发展中国家沦为发达国家的"工厂"和"污染避难所"；在产品进出口贸易中，出口产品在发展中国家生产，在消费国内能源的同时也将碳排放在国内，发达国家进口的产品在国外生产，既不消费本国的能源，也不会将碳排放在本国。据此可见，发展中国家的贸易顺差是以环境逆差和能源逆差为代价的。因此，出口贸易内嵌碳成本应该包括单位能耗和单位排放两方面。

基于上述分析，我们可以借鉴李真（2013）的研究成果建立出口贸易内嵌碳成本的政治经济学模型，用于分析内嵌碳成本变化的驱动因素和影响机制。假定 W_{it} 是行业 i 在 t 期所生产的商品价值总量，则根据政治经济学价值理论可以表示为：

$$W_{it} = c_{it} + \mu_{it} + m_{it} = c_{it} + (m_i' + 1)\mu_{it} \tag{5-26}$$

其中，c_{it} 表示生产价值量为 W_{it} 的产品需要投入的不变资本价值总量，例如机器、厂房、燃料等部分流动资本；μ_{it} 为投入的劳动力价值总量，通常用工人工资表示；m_{it} 为行业所创造的剩余价值，且 m_i' 为行业平均剩余价值量。

结合前文中的隐含碳测算，能源消费主要包括两个环节：生产性消耗和消费性消耗。生产性消耗即发生在商品生产环节，投入的各类资本所产生的直接消耗和间接消耗，消费性消耗即为消费环节的能耗。于是，在不考虑产品出口因素时，结合式（5-26）可以构建单位价值量视角下的内嵌碳成本模型：

$$E_{it} = \frac{\alpha_{it}c_{it} + n_{it}\bar{e}_v}{c_{it} + (m_i'+1)\mu_{it}} \tag{5-27}$$

E_{it} 代表单位价值能耗或单位价值 CO_2 排放，$\alpha_{it}c_{it}$ 代表生产性能耗或碳排放，α_{it} 为 t 期的能耗系数或排放系数；$n_{it}\bar{e}_v$ 表示消费性能耗或排放，n_{it} 代表 i 行业 t 期所雇佣的劳动力数量，$\bar{e}_v$ 代表单个劳动力的平均能耗或碳排放，一定时期内相对稳定，视为常量。

进一步假定在基期 $t=0$ 时，行业 i 的不变资本初始量为 c_{i0}，且在考察期内 i 行业内部可变资本价值量总和保持相对稳定（$\mu_{it}=\mu_{i0}$）。如此一来，行业内雇佣劳动力人数与单位劳动力成本（ω_{it}）之间负相关，随着平均工资率的提高，行业对劳动力数量的需求也随之降低。此外，引入技术进步因素（θ_{it}），当某一行业的技术水平越高时，单位价值的能耗和单位碳排放将会降低，亦即 θ_{it} 与 α_{it} 负相关，不妨记为 $\frac{z_{i0}}{\theta_{it}} = \alpha_{it}$。（5-27）式（5-27）可以变形为：

$$E_{it} = \frac{a_{it}\beta_{it}c_{i0} + \dfrac{\bar{e}_v\mu_{i0}}{\omega_{it}}}{\beta_{it}c_{i0} + (m_i'+1)\mu_{i0}} = \frac{\dfrac{\alpha_{it}z_{i0}c_{i0}}{\theta_{it}} + \dfrac{\bar{e}_v\mu_{i0}}{\omega_{it}}}{\beta_{it}c_{i0} + (m_i'+1)\mu_{i0}} \tag{5-28}$$

其中，β_{it} 为固定资本增长率。正如前文所述，出口贸易是国内污染排放的"三大引擎"之一，贸易结构变化对商品生产价值总量、能耗及碳排放都会产生影响。因此，构建出口贸易内嵌碳成本理论模型还应在式（5-28）的基础上考虑出口产品结构因素。

本节定义 s_{it} 为 t 时期的贸易结构，并定义 $f(s_{it})$ 为出口结构引起的生产投入乘数，$g(s_{it})$ 为出口结构引起的能耗及碳排放乘数。$f(s_{it}) > 1$，说明 s_{it} 对商品生产价值总量具有正向拉动效应，$\dfrac{df(s_{it})}{f(s_{it})} > 0$。同理，$g(s_{it}) > 1$ 时，也说明 s_{it} 对内嵌在产品内的能耗及碳排放有拉动效应，但拉动效应的方向不确定，这取决于 s_{it} 对能耗及碳排放有拉动效应是价值量拉动产生的数量效应$\left(\text{此时}\dfrac{dg(s_{it})}{d(s_{it})} < 0\right)$，还是内部结构拉动产生的质量效应$\left(\dfrac{dg(s_{it})}{d(s_{it})} > 0\right)$。因此，考虑出口贸易结构因素后的内嵌碳成本模型可以表示为：

$$E_{it} = \frac{f(s_{it})g(s_{it}) + \dfrac{\alpha_{it}z_{i0}c_{i0}}{\theta_{it}} + \dfrac{\bar{e}_v\mu_{i0}}{\omega_{it}}}{g(s_{it})\beta_{it}c_{i0} + (m_i'+1)\mu_{i0}} \tag{5-29}$$

式（5-29）即为出口贸易内嵌碳成本理论模型。

5.1.2.2　出口贸易内嵌碳成本因素分解

研究碳转移视角下生态反倾销的会计监控机制，需要对内嵌在出口贸易中的碳成本进行分解，进一步挖掘背后深层次的原因。从式（5-29）可以看出，内嵌碳成本受能耗系数或排放系数（α_t）、固定资本增长率（β_{it}）、单位劳动力成本（ω_{it}）及技术进步因素（θ_{it}）等多因素的影响。对式（5-29）各变量求偏导，可以得到：

$$\frac{\partial E_{it}}{\partial \omega_{it}} = -\frac{1}{\omega_{it}^2} \times \frac{\bar{e}_u \mu_{i0}}{g(s_{it})\beta_{it}c_0 + (m_i'+1)\mu_{i0}} \tag{5-30}$$

$$\frac{\partial E_{it}}{\partial \theta_{it}} = -\frac{1}{\theta_{it}^2} \times \frac{f(s_{it})g(s_{it})\beta_{it}c_{i0}z_0}{g(s_{it})\beta_{it}c_0 + (m_i'+1)\mu_{i0}} \tag{5-31}$$

$$\frac{g(s_{it})\theta_{it}\mu_{it}c_{i0}\mu_{i0}[f(s_{it})\omega_{it}z_0(m_i'+1) - \theta_{it}\bar{e}_u\mu_{i0}]}{[g(s_{it})\beta_{it}c_0 + (m_i'+1)\mu_{i0}]^2(\theta_{it}\omega_{it})^2} \tag{5-32}$$

$$\frac{\partial E_{it}}{\partial s_{it}} = \frac{f'(s_{it})[g(s_{it})c_{i0} + (m_i'+1)\mu_{i0}]g(s_{it})\omega_{it}z_0 - g'(s_{it})[\theta_{it}\bar{e}_v - f(s_{it})\omega_{it}z_0(m_i'+1)]\mu_{i0}}{[g(s_{it})\beta_{it}c_0 + (m_i'+1)\mu_{i0}]^2(\theta_{it}\omega_{it})^2}$$

$$\tag{5-33}$$

式（5-30）至式（5-33）反映了出口贸易内嵌碳成本与各项分解因素的关系，其中 $\frac{\partial E_{it}}{\partial \omega_{it}}<0$，说明 t 期单位价值能耗和单位价值碳排放与当期的行业平均劳动力成本负相关，即行业平均劳动力成本越低，单位价值能耗和排放水平越高；同理，$\frac{\partial E_{it}}{\partial \theta_{it}}<0$，科技水平越低，单位价值能耗和碳排放水平越高；反之亦然。式（5-32）反映了单位价值能耗和碳排放水平与不变资本价值量的关系，当 $f(s_{it})\omega_{it}z_0(m_i'+1) > \theta_{it}\bar{e}_u\mu_{i0}$ 时，$\frac{\partial E_{it}}{\partial \beta_{it}}>0$，单位价值能耗和碳排放水平与不变资本价值量正相关；当 $f(s_{it})\omega_{it}z_0(m_i'+1) < \theta_{it}\bar{e}_u\mu_{i0}$ 时，$\frac{\partial E_{it}}{\partial \beta_{it}}<0$，单位价值能耗和碳排放水平与不变资本价值量负相关。

从式（5-33）可以看出，由于出口结构引起的碳成本乘数 $g(s_{it})$ 存在数量效应和质量效应，因此单位价值能耗和碳排放水平与出口贸易结构之间的关系也不唯一。

（1）若 $g(s_{it})>1$，$\frac{dg(s_{it})}{d(s_{it})}>0$ 时，即出口结构存在质量效应时，此时的一阶边际值为：

$$\frac{f'(s_{it})}{g'(s_{it})} = \frac{[\theta_{it}\bar{e}_v - f(s_{it})\omega_{it}z_0(m_i'+1)]\mu_{i0}}{[g(s_{it})c_{i0} + (m_i'+1)\mu_{i0}]g(s_{it})\omega_{it}z_0} = \varepsilon \tag{5-34}$$

而 $f'(s_{it})>0$ 且 $g'(s_{it})>0$，还应满足 $\theta_{it}\bar{e}_v - f(s_{it})\omega_{it}z_0(m_i'+1)>0$，即：

$$\theta_{it}\bar{e}_v > f(s_{it})\omega_{it}z_0(m_i'+1) \tag{5-35}$$

式（5-35）为 $\frac{dg(s_{it})}{d(s_{it})}>0$ 时使 $\frac{\partial E_{it}}{\partial s_{it}}>0$ 的边界条件。也就是说当 $\frac{f'(s_{it})}{g'(s_{it})}>\varepsilon$ 且 $\theta_{it}\bar{e}_v >$

$f(s_{it})\omega_{it}z_{i0}(m'_i+1)$ 时，满足 $\dfrac{\partial E_{it}}{\partial s_{it}}>0$；当 $\dfrac{f'(s_{it})}{g'(s_{it})}<\varepsilon$ 时，满足 $\dfrac{\partial E_{it}}{\partial s_{it}}<0$。

（2）若 $g(s_{it})>1$，$\dfrac{\mathrm{d}g(s_{it})}{\mathrm{d}(s_{it})}<0$ 时，即出口结构存在数量效应时，根据式（5-34），而此时 $f'(s_{it})>0$ 且 $g'(s_{it})<0$，同时还需满足：

$$\theta_{it}\bar{e}_v<f(s_{it})\omega_{it}z_{i0}(m'_i+1) \tag{5-36}$$

式（5-36）为 $\dfrac{\mathrm{d}g(s_{it})}{\mathrm{d}(s_{it})}<0$ 时使 $\dfrac{\partial E_{it}}{\partial s_{it}}>0$ 的边界条件。也就是说当 $\dfrac{f'(s_{it})}{g'(s_{it})}<\varepsilon$ 且 $\theta_{it}\bar{e}_v<$

$f(s_{it})\omega_{it}z_{i0}(m'_i+1)$ 时，满足 $\dfrac{\partial E_{it}}{\partial s_{it}}>0$；当 $\dfrac{f'(s_{it})}{g'(s_{it})}>\varepsilon$ 时，满足 $\dfrac{\partial E_{it}}{\partial s_{it}}<0$。

综上，通过上述模型分解，说明出口贸易内嵌碳成本受固定资本投资、贸易结构、劳动力成本以及技术进步4个因素的影响，劳动力成本、技术进步与单位出口价值量能耗及排放负相关，而固定资本量与出口贸易结构的影响关系并不明确，需要考虑不同情形下的边界条件。

5.1.3 碳转移诱发生态反倾销的动因分析

随着全球对环境保护的重视和低碳贸易的呼声高涨，环境保护在贸易政策上具体表现为贸易政策与碳转移挂钩，各国纷纷制定或实施了一系列低碳贸易措施，具体形式有生态反倾销、低碳技术性法规壁垒及碳关税等。然而，这也进一步被部分发达国家所利用，演化为生态导向下的贸易保护主义，单方面制定与碳减排相关的贸易措施，借此来改变本国长期的贸易逆差，重新确立本国的贸易优势。针对碳转移背景下的生态反倾销指控，笔者可以将其动因归纳为出口减少驱动、碳避风港驱动和国家利益驱动三点，如图5-2所示。

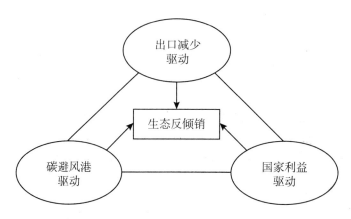

图 5-2　碳转移视角下的生态反倾销驱动

结合图 5 - 2，碳转移触发生态反倾销的具体动因如下：第一，出口减少驱动。对环境标准较高的发达国家而言，环境规则增加了产品出口的成本，与环境标准较低的国家相比，产品失去价格优势，导致制造业出口贸易额减少，尤其是污染密集型产业，出口减少可能对国内就业、经济安全等方面构成威胁。第二，碳避风港驱动。相对于发达国家，发展中国家宽松的环境政策具有明显的"环境比较优势"，从而形成"产业外逃"，亦即发达国家的生产商将工厂迁至发展中国家。然而，高碳排放产业转移并未减少全球的碳排放总量。于是，为了避免出现碳避风港，其他国家通常会对没有或环境规则相对宽松的国家采取生态反倾销等贸易救济规制措施。第三，国家利益驱动。生态反倾销发起国（以发达国家为主）主要有两种获利途径：一方面，发达国家制定严格的环境标准逼迫贸易伙伴提高进口产品的环境指标，否则采取经济措施（税收、补贴、交易许可及配额等）进行制裁；另一方面，环境变化赋予贸易保护主义新的寓意，气候变化规则作为"公平贸易"指标被纳入贸易壁垒，低劣的环境规则意味着变相补贴，对碳密集型进口产品征收边境调节税显得有据可依。综上，生态反倾销是国际贸易中各国利益博弈的产物，是维护贸易公平的借口，实则是新型贸易保护主义。

5.2　内嵌碳成本视角下遭遇反倾销调查的实证分析

基于前文中对出口贸易内嵌碳成本的分析，本节以中国遭遇反倾销指控的案件数量以及中国内部因素为基础，从出口国内部因素方面的视角研究中国遭遇反倾销的影响因素，通过实证分析进一步甄别碳成本对中国遭遇反倾销调查的影响。

5.2.1　研究设计

5.2.1.1　理论分析与变量选取

从研究中国遭遇反倾销影响因素的已有文献（詹姆士，2000[①]；江，2003[②]；普吕

[①]　James, William E. The Rise of Anti - dumping: Does Regionalism Promote Administered Protection? [J] A sian - Pacific Economic Literature, 2000, 14 (2): 14 - 26.

[②]　Jiang, Bin and Ellinger, Alexander. Challenges for China——the Worlds' Largest Antidumping Target [J]. Business Horizons, 2003, 46 (3): 25 - 30.

萨，2005[①]；沈国兵，2007[②]；王根蓓，2012[③]；孙余骁，2014[④]；等等）来看，对变量的选取各异，最终得到的结论也不同。笔者在借鉴已有研究的基础上，将内嵌碳成本纳入到实证模型中，从中国内部视角探究各种因素对中国遭受反倾销调查的影响，除了出口贸易内嵌碳成本因素外，还涉及中国的经济贸易状况和中国的国际地位三方面。

（1）出口贸易内嵌碳成本。

根据前文基于政治经济学价值理论所构建的行业出口贸易内嵌碳成本模型，本节将单位价值能耗（ECPV）和单位价值碳排放（CEPV）综合为内嵌碳成本指标。

单位价值能耗（ECPV）根据各产业的能耗（万吨标准煤）与制造业出口数据计算所得，表示亿元制造业出口消耗的标准煤当量，单位为万吨标准煤/亿元人民币。一国出口单位价值产品所需投入的能源数量越多，说明其能源效率越低；反之亦然。因此，"亿元制造业出口消耗的标准煤当量"越大，表示生产过程所内嵌的碳成本越高。单位价值碳排放（CEPV）由各产业的碳排放量[⑤]与制造业出口数据计算所得，表示亿元制造业出口的 CO_2 排放量，单位为万吨 CO_2/亿元人民币。一般而言，生产单位制造业出口所产生的副产品 CO_2 排放量越多，其废料处理技术和环境效率越差；反之则越好。然而，环境效率与单位碳排放成本负相关，因此"亿元制造业出口的 CO_2 排放量"越多，生产过程所内嵌的碳成本越高。

（2）中国的经济贸易状况。

较多指标可以用来反映中国经济贸易情况，笔者在借鉴前人文献（周灏，2011[⑥]；沈国兵，2012[⑦]）的基础上根据本节研究的特点，选取的反映中国的经济贸易状况的指标是中国 GDP 增长率、中国制造业二位数分行业的出口增长率和进口增长率。

GDP 增长率反映了中国国内的经济景气状况和生产能力扩张与及生产效率水平，我国出口产品的价格会随着生产率水平的提高而获得明显的比较优势，在价格方面的竞争优势也更容易招致进口国的反倾销调查。另外，作为代表性的发展中国家，随着我国经济增速逐步高升，经济实力不断壮大，西方国家将中国视为威胁，势必对中国实施政治

---

① Prusa, Thomas. Anti – dumping: A Growing Problem in International Trade [J]. The World Economy, 2005, 28 (5): 683 – 700.

② 沈国兵. 美国对中国反倾销的宏观决定因素及其影响效应 [J]. 世界经济, 2007 (1): 11 – 23.

③ 王根蓓. 出口补贴、企业所有权与外国对华的反倾销调查——基于 Poisson 模型的理论与实证分析 [J]. 财经研究, 2012, 38 (4): 26 – 37.

④ 孙余骁. 贸易公平还是贸易保护: 对多国遭受反倾销次数的回归分析 [J]. 国际商务研究, 2014, 35 (7): 5 – 17.

⑤ 各产业的碳排放量见本书 6.2 的计算结果。

⑥ 周灏. 中国"非市场经济地位"问题及其对反倾销裁决的影响——基于美国对华反倾销裁决的实证分析 [J]. 国际贸易问题, 2011 (9): 95 – 105.

⑦ 沈国兵. 显性比较优势: 中国产品遭受美国反倾销的魔咒吗? [J]. 财经研究, 2012, 38 (8): 122 – 134.

打压和贸易报复。中国产品的大量出口将对反倾销调查国内市场的同类产品产生替代效应，使其国内厂商面临更为激烈的竞争，增加了国外企业向其政府寻求贸易保护的可能性，反过来则增加了中国产品遭遇反倾销的可能性。本节选取制造业出口增长率（EXP）作为考察变量，该指标越高说明中国产品的出口规模扩大，对世界市场的冲击越大，国外对华反倾销的可能性越大。中国对同产业产品的进口增长率，反映了国外对中国市场的依赖，中国针对该产品发起反倾销报复的余地更大，反倾销报复能有效牵制国外对华反倾销。本节选取制造业进口增长率（IM）作为中国进口方面的考察变量，该指标越高说明我国主动发起反倾销攻击的能力越大，相应地他国对华进行反倾销的可能性越小。

（3）中国的国际地位。

本节选取中国加入WTO、中国的"非市场经济地位"及2008年的经济危机三个指标来衡量中国的国际地位。

中国2001年加入WTO，按常理在入世后对国外的反倾销抵抗能力会加强，同时他国也完全可以借助WTO合法权益来解决贸易纠纷。本节将中国是否加入WTO作为虚拟变量，用于反映入世前后的变化（2000年及以前，WTO = 0；2001年及以后，WTO = 1）。非市场经济地位意味着在反倾销诉讼中确定产品的正常价值时，调查机构会拒绝使用中国企业本身的内销价格和成本资料，而会采用第三国的替代价格与中国的产品出口价格作比较，确定倾销幅度。2004年新西兰率先承认中国的市场经济地位，意味着中国将面临一个更加公平、公正的反倾销裁决环境，从而抑制国外对华反倾销。本节设置虚拟变量（SCJJ）来考察"非市场经济地位"对中国遭遇反倾销的影响（2003年及以前，SCJJ = 0；2004年及以后，SCJJ = 1）。此外，2008年世界经济危机的爆发大大减少了世界贸易，中国受其影响较小，他国日益扩大的贸易逆差可能招来对中国的贸易壁垒。本节通过对是否发生经济危机设置虚拟变量JJWJ来研究经济危机对反倾销的影响（2008年及以前，JJWJ = 0；2009年及以后，JJWJ = 1）。

5.2.1.2　研究设计

（1）模型构建。

本节选取的因变量是1995～2012年11个产业的反倾销数据（AD，反倾销调查记为ADI，采取反倾销措施记为ADM），但是国外对华反倾销的数量是一个非负的离散型随机变量，需要采用计数模型（Count Model）进行拟合。Poisson模型是最常用的方法，本节也采用Poisson模型来分析。

ADt记为国外在t年对华反倾销数量，则Poisson模型的分布函数为：

$$P(AD_t = y_t | X_t) = \exp(-\lambda_t) \times \frac{\lambda_t^{y_t}}{y_t!}, \quad (y_t = 0, 1, 2, \cdots, n; \lambda_t > 0) \quad (5-37)$$

λ_t 表示世界在 t 年对中国发起反倾销指控的平均概率，是一个指标变量。λ_t 和 X_t 存在以下关系：

$$\lambda_t = \exp(X_t\beta) = \exp(\beta_0 + \beta_1 X_{1t} + \beta_2 X_{2t} + \cdots + \beta_k X_{kt}) \quad (5-38)$$

根据 Poisson 分布的特点，因变量的期望值和方差满足以下关系：

$$E(AD_t = y_t | X_t) = Var(AD_t = y_t | X_t) = \lambda_t = \exp(X_t\beta) \quad (5-39)$$

变化之后得到：

$$E(AD_t = y_t | X_t) = \exp(\beta_0 + \beta_1 X_{1t} + \beta_2 X_{2t} + \cdots + \beta_k X_{kt}) \quad (5-40)$$

因为指数函数 exp（D）大于零，于是对上式两边取对数后得到：

$$\ln[E(AD_t = y_t | X_t)] = \beta_0 + \beta_1 X_{1t} + \beta_2 X_{2t} + \cdots + \beta_k X_{kt} \quad (5-41)$$

在研究实践中，由于负二项模型考虑了过度离差现象，是 Poisson 模型的普遍选择。负二项模型引入了个别没关注到的影响因素 v_t 进入条件均值 μ_t，负二项回归模型的表达式为：

$$\ln[E(AD_t = y_t | X_t, v_t)] = \ln\mu_t = \ln\lambda_t + \ln v_t \quad (5-42)$$

t 年国外对华发起反倾销指控的负二项回归模型为：

$$\ln[E(AD_t = y_t | X_t, v_t)] = \beta_0 + \beta_1 X_{1t} + \beta_2 X_{2t} + \cdots + \beta_k X_{kt} + \varepsilon_t \quad (5-43)$$

其中，$\varepsilon_t = \ln v_t$，上式对数线性回归模型可估计国外 t 年对华反倾销的国内因素的影响效应，变量系数即为自变量对因变量的影响效应。据此，设立本节的模型：

$$\ln[E(ADI_t / ADM_t) = y_t | X_t, v_t] = \beta_0 + \beta_1 ECPV_{it} + \beta_2 CEPV_{it} + \beta_3 GDP_t + \beta_4 SCJJ_t +$$
$$\beta_5 WTO_t + \beta_6 JJWJ_t + \varepsilon_t \quad (5-44)$$

其中，下标 i 表示行业，下标 t 代表年份。

（2）数据来源及说明。

本节用到的 1995～2012 年的反倾销数据（包括反倾销调查案件数据、采取反倾销措施案件数据及行业反倾销数据）均来自 WTO 反倾销数据库。GDP 及制造业进出口贸易数据分别来自《中国统计年鉴》和《中国贸易外经统计年鉴》。此外，各产业的能源消耗量及 CO_2 排放数据由 5.1 测算所得。

5.2.2　数据处理与结果分析

本节研究的是 1995～2012 年中国 11 产业遭遇反倾销调查和反倾销措施的影响因

素，解释变量包括碳排放成本、出口贸易额、进口贸易额、GDP 增长率以及市场经济地位、经济危机、加入 WTO 等。本节计量分析的数据属于面板模型，借鉴王根蓓（2012）的思路，我们首先采用不区分固定效应和随机效应的 GEE 模型，即一般估计方程进行回归分析，结果如表 5 - 9 所示。

表 5 - 9 　　　　　　　　　　　　　　基于 GEE 效应的估计

模型	1	2	3	4	5	6	7	8
EXP	- 0. 0052b (- 2. 4629)	0. 0018b (1. 0623)	- 0. 0050b (- 2. 2863)	0. 00211b (1. 2280)	- 0. 0050b (- 2. 2988)	0. 0017b (0. 9841)	- 0. 0050b (- 2. 2904)	0. 0017b (1. 0280)
IM	0. 0003 (0. l1338)	0. 0002 (- 0. 0009)	- 0. 0032 (- 0. 0166)	- 0. 0003 (- 0. 2282)	0. 0037c (0. 0197)	0. 0081c (0. 0540)	- 0. 0020c (- 0. 011)	- 0. 0002c (- 0. 1541)
GDP	0. 3794a (49. 8796)	0. 3386a (56. 1808)	0. 3779a (47. 0128)	0. 33670a (52. 9403)	0. 3780a (46. 2092)	0. 3391a (52. 2984)	0. 3782a (46. 0644)	0. 3402a (53. 4463)
SCJJ	- 0. 96696a (- 8. 0693)	- 0. 8387a (- 8. 8341)	- 0. 9641a (- 8. 0252)	- 0. 8352a (- 8. 7863)	- 0. 9644a (- 8. 0223)	- 0. 8397a (- 8. 8135)	- 0. 9647a (- 8. 0080)	- 0. 8417a (- 9. 0140)
WTO	0. 5843a (5. 3545)	0. 4452a (5. 1495)	0. 5897a (5. 3765)	0. 4519a (5. 2071)	0. 5908a (5. 3588)	0. 4426a (5. 0645)	0. 58660a (5. 2882)	0. 4199a (4. 8836)
JJWJ	1. 0323a (9. 6744)	1. 0881a (12. 8710)	1. 0300a (9. 6300)	1. 0853a (12. 8239)	1. 0302a (9. 6270)	1. 0889a (12. 8378)	1. 0305a (9. 6084)	1. 0901a (13. 1132)
ECPV			0. 0018c (0. 5948)	0. 0022b (0. 9256)			0. 0033c (0. 4297)	0. 0176a (2. 9762)
CEPV					0. 0049c (0. 4634)	0. 0002c (0. 2316)	0. 0059c (0. 2155)	0. 0060a (2. 8329)
因变量	ADI	ADM	ADI	ADM	ADI	ADM	ADI	ADM
Ad R^2	0. 5084	0. 5047	0. 5092	0. 5059	0. 5094	0. 5122	0. 5105	0. 4524
对数 似然数	- 143. 9437	- 97. 8436	- 143. 7605	- 97. 4005	- 143. 8325	- 97. 8158	- 143. 7363	- 93. 3048

注：括号内为 t 值，a、b、c 分别表示 1% 、5% 和 10% 的统计显著性。

表 5 - 9 显示了分别以反倾销调查和反倾销措施为因变量，除碳成本因素外的其他自变量为基础变量进行逐步回归的结果。结果表明，8 个模型中国际地位因素（SCJJ、WTO 和 JJWJ）与反倾销之间均具有显著的相关性，说明市场经济地位的获取对中国遭遇反倾销有明显的抑制作用，加入 WTO 和世界经济危机反而加剧了中国被反倾销指控。

在经济贸易方面，中国 GDP 增长率对反倾销存在一致性的正向影响，进口贸易增长率的影响并不显著，而出口贸易增长率和进口贸易增长率对反倾销的影响不一致。其中，出口贸易增长率对遭遇反倾销调查有明显的负向影响（如模型 1、3、5、7），而对遭遇反倾销措施具有较为显著的正向作用（如模型 2、4、6、8）。碳成本对反倾销的影响是本节最为关心的，模型总体显示，单位价值能耗（CEPV）和单位价值碳排放（CEPV）与反倾销调查和反倾销措施均存在正相关关系。从模型 3、5、7 可以看出，单位价值能耗（CEPV）和单位价值碳排放（CEPV）对反倾销调查的影响效果并不明显，显著性水平均为 10%；在模型 4 中单位价值能耗（CEPV）的显著性水平为 5%，模型 6 中单位价值碳排放（CEPV）的显著性水平为 10%，综合模型 8 中单位价值能耗（CEPV）和单位价值碳排放（CEPV）的显著性水平明显提高，均为 1%，这也表明碳成本因素对反倾销调查和反倾销措施具有不可忽略的影响。

GEE 模型的回归结果显示，部分变量（EXP 等）的结果并没有给出一致性解释，为研究结论提供可靠的数据支持。为了防止随时间不同而变化的不可观察因素对反倾销的影响，进一步采用随机效应模型（RE 模型）进行分析，但结果并不显著，不再列示估计结果。此外，为了预防忽略另外一些对华反倾销调查产生影响并且不随时间变化的不可观察因素的影响，我们采用 FE 模型再次进行逐步增加解释变量的计量分析，结果如表 5 - 10 所示。

表 5 - 10 　　　　　　　　　　基于 FE 效应的估计

模型	1	2	3	4	5	6	7	8
EXP	- 0. 0045a (- 4. 7874)	0. 0030a (3. 6268)	- 0. 0049a (- 5. 0825)	0. 0029a (3. 4428)	- 0. 0044a (- 4. 5850)	0. 0028a (3. 0203)	- 0. 0047a (- 4. 9834)	0. 0027a (3. 3179)
IM	0. 0007 (0. 9454)	0. 0001 (0. 1742)	0. 0007 (0. 8693)	0. 0001 (0. 1555)	0. 0008 (0. 9325)	0. 0002 (0. 2451)	0. 0006 (0. 7597)	0. 0003 (0. 3971)
GDP	- 0. 0164 (- 1. 2197)	0. 0301b (2. 5725)	- 0. 0151 (- 1. 1247)	0. 0303b (2. 5848)	- 0. 0175b (- 1. 2859)	0. 0353a (3. 0931)	- 0. 0184 (- 1. 3703)	0. 0359a (3. 1742)
SCJJ	0. 1930a (3. 0612)	0. 0597 (1. 0911)	0. 1859a (2. 9595)	0. 0583 (1. 0610)	0. 1962a (3. 0959)	0. 0440 (0. 8269)	0. 1930a (3. 0959)	0. 0461 (0. 8760)
WTO	0. 4611a (10. 0650)	0. 3503a (8. 8169)	0. 4414a (9. 4109)	0. 3464a (8. 4455)	0. 4673a (9. 9453)	0. 3198a (8. 1124)	0. 4501a (9. 6432)	0. 3315a (8. 4112)
JJWJ	- 0. 0744 (- 1. 2901)	0. 2326a (4. 6553)	- 0. 0785 (- 1. 3692)	0. 2318a (4. 6242)	- 0. 0755 (- 1. 3074)	0. 2383a (4. 9186)	- 0. 0868 (- 1. 5237)	0. 2460a (5. 1138)

续表

模型	1	2	3	4	5	6	7	8
ECPV			0.0091c (1.7529)	0.0018c (0.3943)			0.0169a (2.6450)	0.0115b (2.1419)
CEPV					0.0006c (30.0636)	0.0028a (3.5812)	0.0024b (2.0674)	0.0041a (4.1832)
因变量	ADI	ADM	ADI	ADM	ADI	ADM	ADI	ADM
Ad R²	0.6132	0.6853	0.6175	0.6838	0.6118	0.7046	0.6244	0.7104
对数似然数	34.7284	62.9038	36.4040	62.9893	34.9335	69.7178	38.7402	72.2231
Prob（F）	0.0000	0.0000	0.0000	0.0000	0.0000	0.0000	0.0000	0.0000

　　注：括号内为 t 值，a、b、c 分别表示 1%、5% 和 10% 的统计显著性。

　　从表 5-10 可以看出，出口贸易增长率（EXP）和进口贸易增长率（IM）的估计结果进一步印证了 GEE 模型的回归结果，而在 FE 模型中 GDP 增长率与反倾销对策负相关，而与反倾销措施正相关。在国际地位因素方面，市场经济地位（SCJJ）与反倾销调查在 1% 的显著性水平上正相关，而与反倾销措施不存在显著性正相关关系；WTO 因素与 GEE 模型的结果一致，对反倾销存在显著正向影响，经济危机因素加剧了国外对华的反倾销制裁。从加入了碳成本因素的模型 2 至模型 8 可以看出，单位价值碳排放（CEPV）和单位价值碳排放（CEPV）的结果与 GEE 模型一致，碳成本对反倾销具有显著正相关关系。

5.2.3　结论与启示

　　本节重点关注碳成本视角下中国遭遇反倾销的影响因素，表 5-9 和表 5-10 中的结果一致表明，碳成本加剧了中国遭遇反倾销的可能性，这说明国际贸易中内嵌在产品内的碳成本成为诱发贸易摩擦的一个重要原因。这些经验证据也从另一个角度启示我们，在关注其他宏观因素的同时，也应将降低产品内嵌碳成本作为化解我国遭遇反倾销指控的一个重要途径。上述研究结论所隐含的主要启示如下：

　　第一，产品成本信息是应对反倾销的主要会计信息证据，既有会计信息这种特殊产品自身特质的体现（会计信息这种特殊产品本身就是一系列公认会计政策选择的结果），又受其生成、获取、使用过程中的价值标准导向、各种制度约束等因素的影响。应对反倾销涉及"多元利益相关主体"的不同诉求与扰动，致使会计信息证据效力处于不确定性状态中，企业应对生态反倾销的会计监控机制是保证会计信息证据"刚性"

（可采性、决策有用性）的立身之本①。因此，应当从会计管理的战略高度，思考反倾销涉案企业会计制度建设等问题。

　　第二，探索反倾销涉案企业应对反倾销会计信息决策有用性的联动方案。企业应对反倾销的成败，取决于应诉企业快速响应的态度和所提供会计信息（或会计数据）的支持效力②。其中，企业应对反倾销的会计信息质量受会计信息加工、生成与监管等多方面因素的影响，但单纯的会计信息只能解决企业应对反倾销在技术层面的可操作问题，还需要从反倾销会计规避、会计定价控制及会计决策视角建立一个完整、有效的反倾销会计联动机制模型，实现会计信息证据在国际反倾销中，所具有的市场经济地位获得，反倾销调查中定案、定价、定性、幅度确定，以及应诉中会计举证和会计抗辩等不可替代的重要功能。

5.3　生态反倾销会计监控机制的框架设计与运行

　　生态反倾销是发达国家在国际碳排放转移背景下对发展中国家兴起的低碳贸易壁垒，以中国为代表的发展中国家如何有效应对生态反倾销成为当务之急。但从本质上讲，生态反倾销只不过是环境保护谎言下的特殊反倾销手段。因此，从会计学角度分析，应对生态反倾销在某种意义上仍旧是相应法律制度框架下的"成本数据战"，尤其是应对生态反倾销过程中的环境成本核算信息收集和整理、分析以及举证等工作，将对应诉生态反倾销举证和抗辩起到雪中送炭的功效。碳排放等环境成本不同于传统成本核算项目，环境成本项目的外部化成为当前我国企业健全成本核算体系和进行产品成本举证的主要障碍。可见，构建应对反倾销导向下的环境成本核算体系，对完善我国企业成本核算制度和提升反倾销应对能力具有重大意义。据此，本节将以应对国外对华的生态反倾销指控为导向，构建生态反倾销会计监控机制的理论框架。

5.3.1　生态反倾销会计监控机制设计的目标与原则

5.3.1.1　生态反倾销会计监控机制的设计目标

　　系统控制论认为，目标是行为的导向和指南，引导着系统的行为，同时也是系统构

---

　　①　刘爱东，杨轩宇. 企业应对反倾销的会计信息证据效力保障机制理论框架研究 [J]. 财经理论与实践，2013 (4)：68 - 71.
　　②　赵金玲，刘爱东. 企业应对反倾销会计信息质量影响因素的实证研究 [J]. 湖南大学学报（自然科学版），2012 (4)：87 - 92.

建的出发点和落脚点。生态反倾销会计监控机制作为一种人工机制，必定有其现实目标。会计学视角下的生态反倾销监控机制的最终目标在于通过对出口隐含碳转移的会计计量，降低所需承担的碳减排责任额度，揭穿发达国家对华实行反生态倾销的政治阴谋，规避国外对华的反倾销指控，避免和降低因反倾销调查带来的利益损害。

中国是贸易大国和制造业大国，世界各地消费了其生产的大部分商品，只看中国国内生产导致的二氧化碳排放总量，不考虑中国出口导致的隐含转移排放，将国际隐含碳排放转移带来的气候责任全部推给中国是极不合理的。作为一个生产、出口高碳密度中间产品和最终产品的国家，中国变相承担了大量本应在进口国开展生产活动而排放的二氧化碳，所以需将静态碳排放核算体系改为动态核算方式，以生产活动为基准改为以最终需求为标准，来合理计算其中碳排放的转移量。让人痛心的是，碳转移的净输出国在消费中国出口产品的同时，则以中国宽松的环境管制标准和环境成本外部化为由采取反倾销手段，且在反倾销起诉过程中，以我国为非市场经济国家为由拒绝采纳我国提供的成本信息资料，认为我国产品成本核算中环境成本严重缺位，在确定产品的正常价值时不具有参考价值。因此，生态反倾销会计监控机制的具体目的包括以下几个方面：

第一，在保护自己利益的基础上，通过碳定价提供能为反倾销调查机构采信的会计信息，以证明出口的产品没有构成倾销（也即出口价格没有低于产品的正常价值）和对进口国的产业没有构成损害。

第二，在申请市场经济地位时，将碳成本归入会计信息系统，以此证明企业会计信息记录已经严格遵守国家的相关会计准则或国际会计准则，其经营行为完全符合市场经济要求，不受政府控制等。

第三，提供为反倾销应诉企业选择合适"替代国"的依据。目前还有一部分西方国家不承认我国的市场经济地位，在计算我国涉案产品正常价值时采用替代国制度，这样就忽略了对相关环境成本的计量。由此可知，能否选择合适的替代国对我方能否胜诉有决定性作用。在选择替代国的抗辩中，如果我方能为选择那些在国内售价较低的市场经济国家为替代国提供充分证据，并促使裁决部门采纳，这将非常有利于我方胜诉。

第四，以应对国外对华生态反倾销为契机，借助低碳发展理念，引导国内企业对环境问题的重视，将"绿色管理"理念融入产品设计、产品生产及内部管理中，矫正企业片面追求经济利益而忽视外部环境污染和环境破坏的经营方式。同时，加快转变经济发展方式，加速优化升级产业结构，努力提高产业的竞争力。

5.3.1.2　生态反倾销会计监控机制的设计原则

以上几方面的具体目标赋予了生态反倾销会计监控机制更加明确的使命，同时也对生态反倾销会计监控机制的系统性和科学性提出了更高要求。生态反倾销会计监控机制是一项较为复杂的系统工程，应该遵循以下基本原则：

（1）开放性原则。机制设计和运行需要在开放、动态的环境中进行不断的更新和完善，即使在外部环境发生变化时也能不断地自我诊断、自我修正和完善。生态反倾销监控存在于国际贸易活动中，不仅仅是企业内部控制问题，也依存于企业外在的社会网络系统和开放的国际经济环境。因此，在设计生态反倾销监控机制的过程中，需要坚持开放性原则，及时根据外部环境的变化，来调整机制本身相关要素的设置与长远战略，保证相关主体在机制运行过程中顺利实现信息传递。

（2）系统性原则。会计视角下的监控机制是一个系统，包含会计核算模块、成本管理模块、市场销售模块以及司法举证模块等，是由多个子系统集成的大系统，各个子系统之间相互联系、相互制约。从另一个角度来看，生态反倾销会计监控机制也只是反倾销应对机制的一个部分，服从于反倾销应对机制的终极目标。每个子系统自身具有特定的结构，需要对各子系统进行有机整合才能实现各构成部分单独所不能具备的整体功能。

（3）应对反倾销导向原则。应对反倾销虽是企业遇到的偶发性管理活动，但一旦涉诉反倾销指控，应诉时间的紧迫、应诉材料的完备都会加重应诉工作的难度，因此出口企业应该做到有备无患、功在平时。尤其是对中小企业而言，需要积极建立反倾销响应机制，应对反倾销导向原则并非要求企业完全按照反倾销调查的流程和模式进行组织重构，而是在企业现有的基础上对其进行适当的调整和优化，使之能基本满足企业应对反倾销的要求。成本核算管理模块作为应诉反倾销的核心工作，在不妨碍正常经营活动的基础上，成本的范围、计量和分摊方面应尽量趋同国际会计准则的要求。

（4）成本效益原则。对企业而言，任何一项监控机制的设计都离不开一定的人力、财力和物力的投入，生态反倾销会计监控机制的设计也不例外。但是该机制所带来的收益是隐性的，短期内无法精确地计量经济收益。正因如此，对于一些特殊的反倾销调查目标群体——较少遭遇反倾销指控的企业或者中小型出口企业而言，完全按照反倾销调查的运作模式来设计企业的会计监控机制，不仅不符合成本效益原则，还可能使企业的成本信息失去与历史同行的可比性，甚至会影响企业部分成本管理功能的发挥。目前，尽管我国会计准则与国际会计准则趋同，但仍存在一定差距，并未得到完全的认同。此外，各国的反倾销规则各异，确定正常价值的方法也各有差异，因而构建出一种能普遍适用于不同行业、不同性质企业的生态反倾销会计监控机制较为困难。对应诉主体而言，反倾销应诉决策本来就是应诉成本与应诉收益的博弈，反倾销涉案企业应该通过成本收益分析来决定参与应诉与否或参与程度（刘爱东，2014）①。

（5）环境适应原则。生态反倾销会计监控机制的设计和运行依托于《WTO 反倾销协议》、国际《反倾销协定》《关税与贸易总协定》《反倾销条例》及《中华人民共和国反倾销条例》等一系列法律规章，同时还受到国际贸易环境、国际政治等多因素的共同作用，该理论框架是对复杂外部因素的会计学语言转换，并每时每刻都与外界环境进行信息交换。因此，为了避免影响机制整体功能的充分发挥，实现其预期目标，需要根据不断变化的外部环境，适时调整相应的策略，满足反倾销应对的需求。

5.3.2　生态反倾销会计监控机制的理论框架

本节以反倾销调查流程为主线，先不考虑各个利益主体的角色定位，结合生态反倾销会计监控机制的系统性，从生态反倾销会计监控机制的目标、功能、环节出发，尤其是应对生态反倾销的环境成本核算体系对整个会计监控机制的支撑作用，构建了如图 5 - 3 所示的理论架构。

由图 5 - 3 可知，生态反倾销会计监控机制框架模型主要由目标、功能、核心环节以及成本核算体系四部分组成。从产品正常出口、遭遇反倾销指控到最后的日落复审，会计监控机制在不同的阶段分别发挥了反倾销预警、反倾销规避和反倾销抗辩的作用。生态反倾销会计监控机制的首要目标是保证应诉企业在面对突如其来的生态反倾销调查时，通过快速的会计响应证明产品的出口价格不低于正常价值，未对进口国产业造成损害。但所有环节都离不开成本核算对整个机制运行的支撑，将环境成本项目纳入到产品成本的核算需要科学的计量分摊和披露，环境成本核算体系是生态反倾销会计监控机制功能的具体落实。

生态反倾销中会计信息的完整性、可采性、可靠性、相关性、可比性和及时性等要求，决定了企业可靠的成本信息是企业、政府、行业协会等相关利益主体相互配合、协作的产物。会计监控机制的系统性、完整性、相对独立性和适应性特征（杨孟，1997），也表明生态会计监控机制是各个利益相关主体相互联系、相互依存、相互制约和影响的有机整体，但各个组成部分之间又相对独立、功能稳定，不受或很少受外界因素的干扰和影响。在生态反倾销会计监控机制中，主要相关利益主体之间既相互依存又相互独立，各个主体之间的作用机制如图 5 - 4 所示。

---

① 刘爱东，曾辉祥. 基于动态博弈分析的企业反倾销应诉"成本—收益"决策模型研究［J］. 江西财经大学学报，2014（3）：109 - 133.

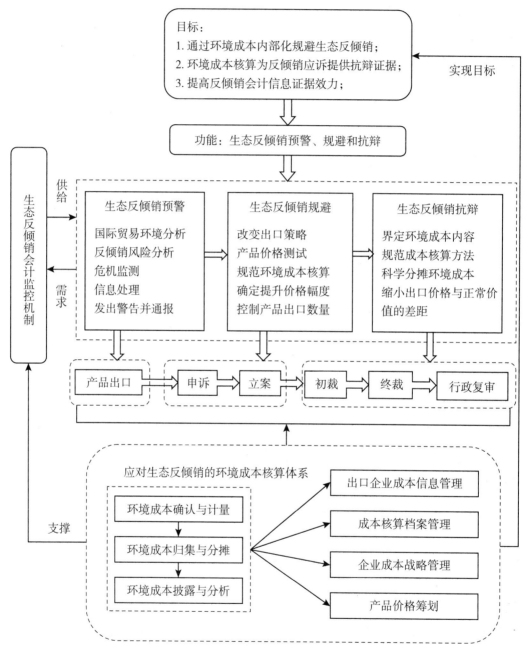

图 5－3　生态反倾销会计监控机制的理论框架

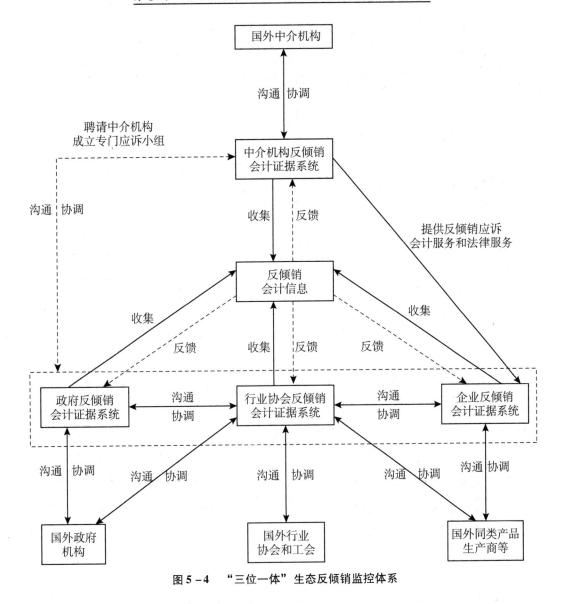

图 5 - 4 "三位一体"生态反倾销监控体系

此外,鉴于生态反倾销会计监控机制中的相关利益主体关系,其整体效能的发挥必然受到不同层级战略(国家战略、产业战略和企业战略)的推动和影响(如图 5 - 5 所示),生态反倾销会计监控机制只是具体到企业层面的战略表现形式。

长期以来,我国企业所经历的反倾销诉讼案件表明,产品成本是反倾销调查取证的重要内容,成为影响正常价值和出口价格的重要因素,是认定存在倾销与否的重要依据。这与我国企业的成本管理现状密切相关,还没有将成本会计信息化建设放在一个战略高度,由于会计目标的制约,产品成本核算仅限于为管理当局提供信息决策支持,完全属于内部会计信息。其中,产品成本核算采用制造成本法,三项费用(管理费用、销

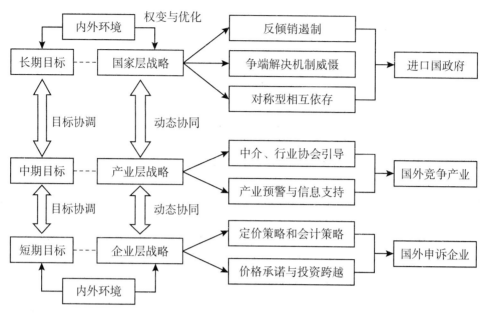

图 5 - 5　各级主体应对生态反倾销战略的发生路径

售费用和财务费用）的核算针对整个企业，而不具体到个别产品，与《反倾销协定》的规定存在出入。尤其是环境成本的外部化，加剧了反倾销国家选取"替代国"的随意性，如果选择环保标准较高的国家作为替代国，必然扩大了我国产品出口价格与正常价值的差额。生态反倾销会计监控机制仅仅是出口企业规避反倾销的一种会计措施，并不能解决发倾销应诉中的所有问题。本章确立了生态反倾销会计监控机制设计的目标与原则，引入贸易内嵌碳成本指标，并实证检验了贸易内嵌碳成本对我国遭遇反倾销指控的影响，通过构建生态反倾销会计监控理论框架，进一步揭示了会计监控对应对生态反倾销的紧迫性。

5.3.3　生态反倾销会计监控机制的运行机理分析

生态反倾销会计监控机制的有效运行离不开政府、行业协会和企业三者的良性互动。具体来讲：①政府首先需要根据我国现行的会计核算体系，确立环境成本内部化的法律依据，并强制在企业核算中推行，保证环境成本计量体系能得到有效执行，以便政府在应对生态反倾销过程中正确引导和帮助行业协会与企业的行为。②行业协会作为协调业内企业联合应诉生态反倾销的组织，不仅需要从行业高度把握环境成本内部化对规避反倾销的战略性作用，还需要充分调动企业的积极性，把环境成本核算提升到应对反倾销的战略高度，遏制行业内部出口企业的机会主义行为。③企业是整个会计监控机制的主角，贯彻环境成本核算法律法规是进行事前预警、事中应对和事后反馈跟踪的基础，完整的会计核算是进行会计监控的首要条件，也是整个机制发挥功能的保证。本节主要从企业视角介绍应对生态反倾销导向下的环境成本控制机理。

5.3.3.1　生态反倾销会计控制的环境成本内容

WTO 的《反倾销协定》与《国际反倾销法》规定，"产品成本不仅包括生产成本，还要包括环境成本"。所谓环境成本，是指根据对环境负责的原则，因企业的活动对环境造成的影响而采取的或被要求采取措施而付出的代价，以及因企业执行环境目标和要求而付出的其他成本。也就是企业因改进企业的环境质量而增加的成本。具体到反倾销调查中，则是指如果反倾销应诉企业的涉案产品在生产过程中产生污染，那么消除污染和处置污染物的成本也要合理地计入调查产品成本，欧美反倾销调查机构通常对此依照国际环保标准来执行。我国企业普遍环境成本意识淡薄，一些企业存在环境污染成本只是部分计入或是根本没有计入产品成本。如此一来，调查机关在反倾销调查中，若发现被诉企业的环境成本明显低于经正常推算应承担的标准，那么反倾销调查机关有权选择不采纳此成本数据。因为未被量化的企业环境成本影响了成本数据的完整性使倾销判定无法进行。因此，企业作为微观层面上环境控制的主体，企业为达到环境标准，妥善可靠地处理好废物，必须运用现代环境科学和管理学理论制定内部的环境管理和规章制度，形成"原料—生产—运输—消费—废物排放—废物利用"全过程的管理体系。企业加强环境成本的核算，不仅有利于应对反倾销诉讼，而且也有助于资源环境的有效利用与保护。

应对生态反倾销导向下的会计监控，需要根据成本动因从生态学的角度关注产品生命周期的成本信息。本节以制造业为例，考量基于生命周期法下的环境成本核算内容，环境成本的界定内容包括研发设计、材料采购、生产销售及服务直至产品消耗和废弃全部过程的环境支出费用，既优化了企业产品的整个价值链，也体现了企业先进的信息化管理理念。制造业环境成本如表 5 – 11 所示。

表 5 – 11　　　　　　　　　　　　制造业环境成本分析

阶段	环境成本	成本内容
设计开发	环境事业费	主要是产品在环保方面的研究支出、环保包装费等
原材料获取	资源消耗成本	采购环保原材料、绿色能源所增加的成本，即采购中选用有利于环保措施所支出的成本

续表

阶段	环境成本	成本内容
生产加工	环境治理费	主要包括废水、废气及固体废弃物处理费用，环保设备的折旧费和清洁费
	环境补偿费用	废水超标排污费、废气超标排污费及固体废弃物超标排污费
	环保事业费	环保培训费、环境负荷检测费及环境管理体系支出
	环境防治费用	环保包装材料支出
销售使用	企业形象成本	环保产品的广告宣传费、环境信息披露成本
	环境损害成本	运输过程中的环境污染支出
	与环境相关的其他费用	环境认证费、环境审计费
回收利用	环境控制成本	再生循环项目投资支出、废品处置加工支出、废弃物焚烧填埋支出

产品生命周期分析法下，企业可以将可能发生的环境成本扩展到产品价值增值的整个过程，完整地计算企业环境影响的代价，有利于反倾销调查当局充分了解企业履行环境保护责任的情况，容易被反倾销调查当局认可。此外，根据《反倾销协议》，如果通过改进使产品的物理特性、消费者效用、最终用途和贸易渠道等方面与被指控商品不同，或者提供了一种以上不同于已被裁定倾销商品的主要功能，就可使该商品避免被列入反倾销指控的范围。

基于表5-11中的环境成本内容框架，企业可以选择基于职能的环境成本分配法或作业成本法进行分配。如果采用基于职能的环境成本分配法，环境成本必须先被单独列入一个环境成本池中，再根据产量水平动因分配进入各个产品的成本。然而，对于多元化的企业而言，根据"成本对象消耗作业，作业消耗资源"为指导思想的作业成本法更适宜产品多元化的企业，有助于避免企业各种产品成本信息的扭曲，提升环境成本信息的质量，使其在应对反倾销诉讼中更具可采性。

5.3.3.2 生态反倾销会计监控模型

产品环境成本监控需要财务人员在IT环境中，利用现代化技术手段和大量信息对产品生产过程进行实时对比和实时分析，以财务信息的全程监控代替事后检查，通过指导、调节、约束和促进等手段，达到实时控制环境成本的目的。查理·戴明的PDCA模型使企业将环境成本控制在较低水平成为可能，让企业尽可能降低环境质量，并增加利润，为企业进行持续改进提供了动力①，如图 5 -6 所示。

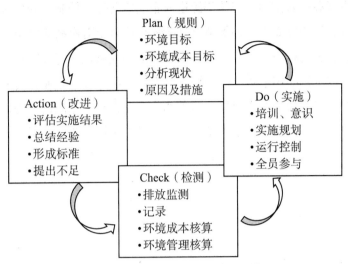

图 5 -6　环境成本控制的 PDCA 模型

PDCA 模型是一个周而复始、不断提高的动态循环过程。P 阶段通过对企业目前实际环境成本支出的分析，制定本期改进目标；D 阶段强调树立降低环境成本的意识，并对整个实施计划进行严格的控制；C 阶段检测企业环境排放及企业成本核算；A 阶段总结改进成果并制定标准。

基于产品成本举证视角下的生态反倾销会计监控机制，不仅仅是对环境成本的合理内部化，还需要通过监控进行持续优化，解决社会环境成本与企业环境成本之间的分配，从长远目的出发解决企业本身的环境成本最小化问题。环境成本的持续优化和持续改进主要涉及预防成本、检测成本等内容，持续优化体系如图 5 -7 所示。

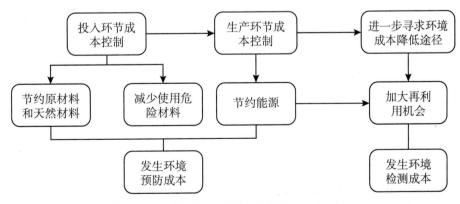

图 5 -7　企业环境成本控制的持续优化内容体系

应对反倾销导向下的环境成本持续优化体系重点主要放在预防和检测两个阶段。预防阶段主要是指资源投入控制，即从资源进入企业之前进行控制，开始于材料和能源的采购，在投入量和结构方面力求环保节能。检测阶段是指对商品流出企业时对资源损失的控制，会计在整个过程中要起到对追加成本的准确计量，如实反映到产品的成本核算中。目前，欧盟、美国等国家的反倾销调查问卷中已经有关于企业履行社会责任及企业环境保护方面的项目。如果调查当局认为被调查企业存在生态倾销行为，就会拒绝授予被调查企业的市场经济地位，否定被调查企业的成本数据，从而使用"替代国价格"。

第 6 章

企业应对反倾销会计信息证据效力
保障机制的设计与运行

会计信息证据在国际反倾销中，具有市场经济地位获得，反倾销调查中定案、定价、定性、幅度确定，以及应诉中会计举证和会计抗辩等不可替代的重要功能，关系着企业应对反倾销的成败。而这些功能的实现，又取决于企业应对反倾销的会计信息证据效力。为此，本章从企业战略层面及相应的制度配置与协调上，研究与企业应对反倾销相适应的会计信息证据效力保障机制，包括概念基础和整合理论体系研究，保障机制的设计与模型构建，机制运行效率实现的途径等。旨在拓展会计理论创新，完善我国企业应对反倾销战略支持体系，提升我国企业的国际竞争力，为我国政府宏观引导、行业协会协调治理，企业快速应对反倾销提供新的战略运作思路和理论支持。

6.1 企业应对反倾销会计证据保障机制的属性定位

企业是应对国外反倾销的主体，从微观市场主体企业应对反倾销战略层面，本书所思考的应对反倾销会计信息证据效力保障机制，须综合运用应对反倾销的会计信息决策有用性理论、信息生成理论、管理贸易理论、机制设计等理论为指导，符合一个有效经济机制的三个要件，即能实现资源有效利用与配置，其运行耗费尽可能低的成本信息和能协调参与者利益达成一致。具体来说，应对反倾销会计信息证据效力保障机制应当由特定当事人和机构参与，具有特定权利与义务的有机搭配系统，其正常有效运转，需要多种机制的激励相融与适配。因此，我们所研究的企业应对反倾销会计信息证据效力保障机制，实际上是一个具有特定目标的机制系列，或由若干子机制共同组成的有机体。该机制需满足目标性、非唯一性、系列性、协同性、层次性等一般属性，同时着重考虑机制的特有属性,即其所面临外部环境的复杂多变性、内生因素的交互作用与自利性、服务相关利益主体的多元性与相关利益主体导向性(即以我国合法权益的维护和应对反倾销整体战略布局所涉及的相关利益主体),可能存在的不稳定性和动态转换性。

应对反倾销所涉及的"多元利益相关主体"主要有指控方、应诉方、调查当局、行业协会、涉案产品上下游等目标组织。"多元利益相关主体"的不同诉求与扰动,都有可能使保障机制存在不稳定性和动态转换性,甚至失灵风险。这正是该机制相关利益主体分析的必要性所在,其分析框架如图6-1所示。

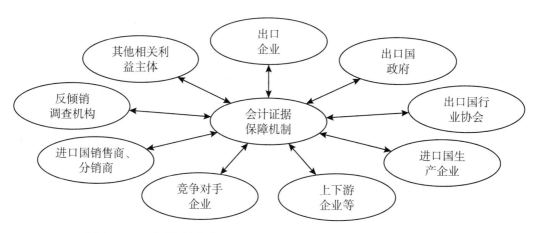

图6-1 应对反倾销会计信息证据效力保障机制相关利益主体分析框架

6.2 企业应对反倾销会计信息证据效力保障机制的总体构思

6.2.1 企业应对反倾销会计信息证据效力保障机制的目标与原则

企业应对反倾销会计信息证据效力保障机制,是保障应对反倾销会计信息证据在企业应对反倾销时充分发挥其效力的平台。现在大多数出口企业没有建立起完整的应对反倾销会计信息证据效力保障机制,企业一般存在的会计信息生成机制,在发起反倾销预警方面更是无能为力,在面对反倾销指控时存在大量缺陷和漏洞,难以在反倾销调查机构规定的时间内提供相应会计信息证据,或者提供的会计信息证据效力不足,不能满足应对反倾销的要求,制约了企业应对反倾销的效果。因此,出口企业有必要对反倾销导向下会计信息证据效力保障问题深思,结合企业自身特点,发挥企业独有优势,构建应对反倾销会计信息证据效力保障机制，规避企业出口遭受反倾销的潜在风险，减少国外反倾销调查所带来的企业利益受损。

本书所涉及的企业应对反倾销会计信息证据效力保障机制，除了会计理论创新的拓展和企业国际竞争力提升完善外，最直接的实践价值在于为我国企业应对反倾销提供新的战略思路和运作指导。当面对越来越多突如其来的国外反倾销指控、调查和保障措施等纠纷（甚至是官司）时，应诉企业能在政府的宏观引导、行业协会的自律协调下快速响应，并按"多元利益相关主体"（如指控方、应诉方、调查当局、行业协会、涉案产品上下游等）的诉求，及时提供具有支持效力的会计证据，获取应对反倾销的胜利，维护我方的合法权益，这是所设计保障机制效率的综合体现。

鉴于以上分析，应对反倾销会计信息证据效力的保障机制的设计要符合以下原则：

（1）目标导向性原则。

目标导向性是指要清晰地以应对反倾销为目的构建应对反倾销会计信息证据效力的保障机制，目标模糊或者没有目标会使得行动乱序。一旦被裁定倾销成立且造成进口国产业损害，出口国涉案企业所判定倾销的产品就会被征收高额反倾销税，使得出口国国内以出口该类商品的企业完全退出国际市场，甚至还诱发继发性的贸易保护效应。出于帮助企业积极应对反倾销调查和减少反倾销措施对企业伤害的目的，构建应对反倾销会计信息证据效力保障机制。

（2）系统整体性原则。

系统整体性原则是指机制内全部子系统能够通过一定的方式，使得具有不同职能的各子系统相互配合、相互协调共同为实现整个机制的整体功能做出贡献。应对反倾销会计信息证据效力保障机制由多个要素构成，在多层级结构中，各要素间存在紧密关联性。因此，机制设计要考虑内部要素结构、层级、运行等设计的系统性，保障各部分的效能充分发挥。

（3）时效性原则。

根据《国际反倾销法》和 WTO 相关协议的规定，从反倾销调查立案、调查问卷的发放填写，以及实地核查、初裁与终裁结果的判决都必须依照相应的法律流程，这要求企业应诉各流程的完成都有明确的时间限制。例如，欧盟反倾销调查程序规定，填写四套反倾销调查问卷的时间为 30 天，美国商务部在初裁前仅给出 60 天让应诉企业提供相关的会计信息证据，时间紧迫，业务量大，技术要求又高。在应对反倾销中具备效力的会计信息证据，如果基于一般会计信息生成机制进行生成并输出，企业反倾销调查问卷的填写以及会计信息证据的提供，在规定时间内几乎难以完成。因此，应对反倾销会计信息证据效力保障机制的设计，就一定要重视机制平时运行的时效性，生成和输出的会计信息证据的效率，尽可能减少信息空间维数，依照时效性原则，充分发挥机制的功能，使得企业在应对反倾销会计信息证据效力能及时有效地提供需要的会计信息证据。

（4）成本效益原则。

成本效益原则是经济学中最基本的理性概念，表现为理性经济人总是以较小成本获得更大效益，被认为是人类经济活动中普遍性原则和约束条件。作为经济管理领域的机制设计，这一原则的约束性同样适用于应对反倾销会计信息证据效力保障机制。从经济学角度考虑，应对反倾销会计信息证据效力保障机制的收益，可以凭借该机制设计总体目标的最终实现程度来衡量，具体表现为：该机制下应对反倾销会计信息证据的效力水平，通过该机制运作后提供的反倾销预警会计信息证据是否为企业规避了潜在的反倾销风险；所保障的会计信息证据效力是否提高了反倾销应诉率与胜诉率，保护了企业利益等。而机制设计成本则包括机制各要素结构设置和运转的耗费、相关措施实施等所发生的各种成本。

（5）激励相容原则。

机制设计理论中，激励相容是赫尔维茨1972年提出的非常重要的概念，他认为任何经济机制设计中，如果机制的设计者与制定者不能够获取参与个体真实信息的情况下，所设计的机制要能够给参与者有效激励，促使参与者在实现个人目标的同时完成机制设计目标，这时可称为激励相容。应对反倾销会计信息证据效力保障机制作为经济机制的一种，设计过程中也需要依照激励相容原则，对生产机制中各种不同层级的信息需求者和利益相关者进行充分的激励，使得他们个体目标能够在机制运转中实现，并尽可能地使其利益最大化，基于这一原则进行机制设计，才能充分调动机制参与个体积极性，保障机制良性运转。

6.2.2 企业应对反倾销会计信息证据效力的层级结构

根据所设计保障机制的目标和属性，我们可将企业应对反倾销会计信息证据效力保障机制理论模型描述为：

$$JZ = \{S, C, G, T, D\}$$

其中，S是应对反倾销会计信息证据效力保障机制属性描述；C是机制的层级结构与逻辑关系描述；G为机制要素的功能定位与交互作用机理描述；T是会计信息证据效力保障机制的环境等约束条件描述；D表示机制设计的驱动力描述。这些参数都有其特定内涵和研究域界。综上，我们可将企业应对反倾销会计信息证据效力保障机制模型构建的技术路线，用图6-2所示。

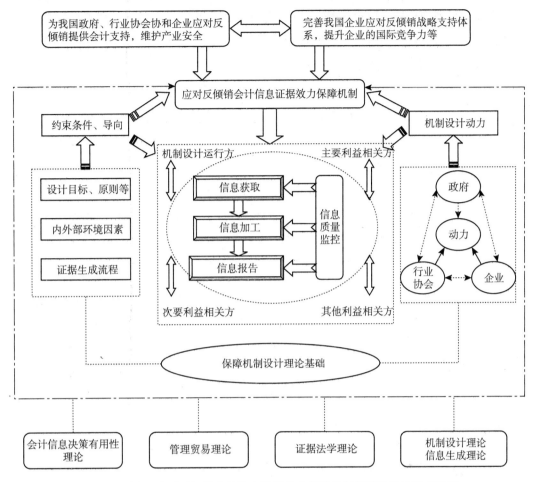

图 6 - 2　企业应对反倾销会计信息证据效力保障机制模型构建的技术路线

6.3　企业应对反倾销会计信息证据效力保障机制的运行

——以"XG 公司"ERP 管理会计信息平台建设为例

　　ERP 环境下反倾销管理会计信息平台的建设，不仅是我国企业应对反倾销战略体系创新的客观要求，也是当下我国推进会计强国战略，落实《关于全面推进管理会计体系建设的指导意见》（简称《指导意见》）的重要组成内容。为此，研究总结案例企业"XG 公司"①应对美商复审案（即 XG 公司输美定尺碳素钢板新出口商复审案的简称，下同）的缘起、运作流程、胜诉美商管理会计信息平台支持的经验启示，对于应对国外

----

　　① 为保护公司机密，该案例所属公司以代号"XG 公司"代替公司全称。

对华提起的反倾销指控，探讨 ERP 环境下我国企业反倾销管理会计信息平台（ERP 管理会计信息平台）的建设问题，提高应对反倾销会计信息证据效力，维护我国企业自身的合法权益将提供重要实证支持①。

6.3.1 XG 公司胜诉美商复审案管理会计信息平台支持分析

该新出口商复审案缘起 1996 年 12 月 3 日，美国商务部对原产于中国的定尺碳素钢板等近 20 余种涉案产品进行反倾销调查，并于 1997 年 11 月 20 日，对该案做出反倾销终裁，裁定中国涉案企业的倾销幅度为 17.33% ~ 128.59%，致使我国各大型钢铁集团公司的板材面临被逼出美国市场的险境。

XG 公司面对美国对定尺碳素钢板的反倾销贸易壁垒，做出了应对美国第二大钢铁生产商对其指控反击抉择。从 2006 年下半年开始策划新出口商复审，2007 年 11 月 30 日向美国商务部正式递交了新出口商复审申请，美国商务部 2007 年 12 月 27 日初步裁定 XG 公司的申请不符合要求，XG 公司又迫使美国商务部重新于 2008 年 1 月 17 日正式启动新出口商复审程序，历时两年多终于争来了应对美国反倾销指控的胜利曙光。我们将对 XG 公司新出口商复审案运作流程及管理会计信息平台支持问题进行探究。

6.3.1.1 XG 公司新出口商复审案运作流程分析

关于 XG 公司新出口商复审案的运作流程追踪如表 6-1 所示。

表 6-1　　　　　　　　　　　XG 公司新出口商复审案运作流程

时间	事件	说明
2007.11.30	XG 公司向美国商务部提出新出口商复审申请	有计划的试销，主动申请新出口商复审，直面反倾销贸易壁垒，开拓海外市场
2007.12.27	美国商务部初步裁定申请不符合要求	焦点集中于新出口商资格问题，特别是因政府控制问题质疑与涉案企业有关联关系，XG 公司据理力争，指出与涉案企业并无实际联系，不在国有资产管理委员会的普遍控制之下

---

① 所指导的 2016 届研究生潘霞对本部分内容有贡献。案例研究成果《ERP 环境下企业反倾销会计管理信息平台建设研究——基于 XG 公司应对美商复审案的启示》于 2015 年 12 月获得湖南省社会科学界联合会、湖南省社会科学界学术年会组织委员会优秀学术论文特等奖以及湖南省财务学会优秀论文一等奖，并在《财务与会计》2016 年第 5 期发表。

续表

时间	事件	说明
2008.01.17	美国商务部最终决定立案进行新出口商复审调查	迅速建立应诉工作领导小组，要求包括生产、物流、财务、采购、销售、管理、后勤等各相关部门为反倾销应诉工作提供服务
2008.03.05	XG 公司向美商务部提交第一次问卷答复（A 卷）	申请单独税率，提交了中国《公司法》《国有资产管理暂行条例》等相关法律法规以及营业执照、公司章程、定价与合同协商机制，并附上了其与美国客户的合同与往来函件，以及企业管理层的任命方式等，明确在法律上、事实上均不受政府控制
2008.03.12	XG 公司向美商务部提交第二次问卷答复（C 卷）	确定出口价格，提交了大量关于出口销售的详细信息，如销售、运送日期，销售数量、毛利、折扣，各种直接、间接销售费用
2008.03.14	XG 公司向美商务部提交第三次问卷答复（D 卷）	确定产品的生产成本，涵盖各生产要素，XG 公司依靠完善的 ERP 系统迅速回应，准确反映出钢铁企业产、供、销各个流程环节的成本、利润等
2008.04.28	XG 公司向美商务部提交第四次问卷答复（补充 A 卷）	再次问询政府控制问题
2008.05.28	XG 公司向美商务部提交第五次问卷答复（补充 D 卷）	再次问询副产品问题
2008.10.17	XG 公司向美商务部提交第六次问卷答复（补充 A、C、D 卷）	
2008.11.13	新出口商复审初裁（税率 133.38%）	美国商务部认为公司副产品未予抵扣成本，直接导致初裁结果过高
2008.12.15	XG 公司向美商务部提交第七次问卷答复（补充 D 卷）	聚焦副产品和自产原材料问题
2009.04.08	美国商务部将本新出口商复审转为年度复审继续进行调查	本案涉及的政府控制问题和副产品问题非常复杂
2009.06.04	XG 公司向美商务部提交第八次问卷答复（补充 AD 卷）	明确指出副产品对产品成本的影响

续表

时间	事件	说明
2009.07.13	XG 公司向美商务部提交第九次问卷答复（补充 A 卷）	
2009.08.10	年度复审初裁（零税率）	积极应诉、迅速响应，内容细化、数据翔实，初裁获得了在美的唯一零税率
2010.02.24	年度复审终裁（零税率）	在商务部和中钢协等支持下，XG 公司以翔实的数据资料和无可辩驳的事实，取得了最终零税率，退还交纳的 16.8 万美元反倾销税，获得了开拓美国市场的机会

表 6-1 所示 XG 公司新出口商复审案实践中的每一环节（事件），都与 XG 公司重视反倾销管理会计信息平台建设，充分发挥会计支持作用密切相关。XG 公司应诉工作领导小组成立于 2005 年末第一起反倾销案时，设办公室，由 XG 公司常务副总经理兼总法律顾问亲自担任办公室主任，财务部部长、进出口部部长、法律部部长担任办公室副主任。同时，XG 公司建立了应诉反倾销工作网络，责成各下属单位一名领导负责此事，并确定一名联络员负责与应诉反倾销工作办公室联系与协调。2006 年年底，在该领导小组及办公室的组织下，策划了向美国申请热轧板材的新出口商复审。

为了促使美国商务部启动新出口商复审程序，XG 公司事先对相关法律条款进行了详细的研究，确定了美国判定新出口商程序中所要求的合理出口价格。"正常"价格是指该出口价格不高于任何来自中国的出口商的价格，而合理出口价格是在根据前期案件的成本分析并善意确定正常价格的基础上确定的价格。XG 公司根据翔实的调查，在该价格范围内出口了一批板材，获得了新出口商资格。

然而，接下来面临的一大难关，就是美国商务部对 XG 公司市场经济地位的审查。美国原告公司抓住 XG 公司的国企身份不放，并就 XG 公司由集团间接持股问题大做文章，将国资委问题无限扩大，并连带提出集团内所有关联公司均需进行调查。因此，美国商务部对此问题非常谨慎，就 XG 公司是否政府控制的问题进行多轮问卷调查，XG 公司就此提出了大量事实证据，以具体股实的财务信息证明了 XG 公司的进出口价格为自主定价，受市场调控，是在新出口商复审案中获得零税率关键而重要的一步。

美国商务部的问卷主要有 A、C、D 卷及其补充问卷。A 卷是有关应诉企业本身基本情况的问卷，目的是确定选用替代国，涉案企业可以申请单独税率。C 卷是应诉企业对美国出口销售的具体情况，目的是确定出口价格。D 卷是应诉企业生产被调查产品成本要素的具体情况，其目的是确定产品的生产成本。在美国商务部做出初裁前，XG 公司及时高效地向美国商务部进行了六次问卷答复，其中问卷提交最短间隔时间仅为两天，然而由于其大量程序计算错误及对案件事实的错误判断，认为公司副产品未予抵扣成本，美商务部就新出口商复审案做出初裁，导致初裁税率高达 133.38%。

XG 公司并未因此败阵，在对初裁公告进行分析后，指出了美国商务部事实认定与计算上的错误，积极提出抗辩。在 XG 公司的积极抗辩下，美国商务部认为本案涉及的政府控制问题和副产品问题非常复杂，转为年度复审，将终裁日期推迟，给予美国商务部更多时间做出相应决定。

这代表着案件将从头来过，美国商务部就公司政府控制问题、副产品和自产原材料问题相继发了补充问卷，XG 公司也再次提供相应答卷。XG 公司应诉工作领导小组带领着 10 多个部门通力合作，依赖完善的财务和数据管理系统，向美国商务部提交了大量的数据材料，充分证明了副产品对于产品成本的影响，驳斥了美国原告公司的控诉，指出宽厚板生产经历各道不同工序，公司对在各个阶段产生的副产品（如废钢、高炉渣等）均回收利用，并在成本系统中完整考虑了这些因素，导致计算过程比较复杂。这直接促成了在年度复审初裁中获得零税率，也为终裁中零税率的获得打下了坚实的基础。

从初裁之后到终裁之前，XG 公司提交了替代价值信息、评论意见和中国对钢板实行出口许可证的事实信息，并分别于 2009 年 10 月 1 日和 13 日提交了案件陈述和反驳陈述，并针对原告所提出的对 XG 公司不利的事实提出了反驳意见，XG 公司最终以大量翔实可采的会计信息证据获得了新出口商复审的胜利。XG 公司新出口商复审案胜诉的实践亦验证，企业应对（包括规避）反倾销的成败，从某种意义上讲，取决于应诉企业快速响应的态度和所提供会计信息（或会计数据）的支持效力[①]。而会计信息（或会计数据）的支持效力，又与应诉企业的管理会计信息平台能够快速、精确地复制或还原其生产经营过程，保证涉案产品会计信息（如成本信息）的真实性有关。由于国别、会计标准、管理贸易的形式和手段以及应诉企业会计核心竞争力等方面的相对差异，致使管理会计信息平台差异所生成的会计信息必然存在质量上的差异。实际上，企业管理会计信息平台已构成其充分市场竞争的重要组成内容，从企业应对反倾销看，会计核心竞争力背后所涉及的应是反倾销战略层面及其与之相适应的制度体系安排[②]。

---

① 刘爱东，赵金玲. 我国企业应对反倾销的会计联动机制研究——理论框架与研究构思 [J]. 会计研究，2010，12：24 - 28.

② 刘爱东，卜珂. 我国企业反倾销调查申请中的会计问题分析——以太阳能级多晶硅反倾销调查申请书为例 [J]. 会计之友，2013（7 中）：11 - 16.

6.3.1.2 XG 公司胜诉美商复审案管理会计信息平台的功能分析

XG 公司 ERP 环境下管理会计信息平台建设启动于 2001 年，由 40 多个子信息系统组成，现已形成基层、中层、高层立体交互运行，快速、精确地反映其生产经营过程，为 XG 公司全方位运营适时地发挥着支持功能，这也是 XG 公司胜诉美商复审案的关键所在。XG 公司 ERP 环境下管理会计信息平台如图 6 – 3 所示。

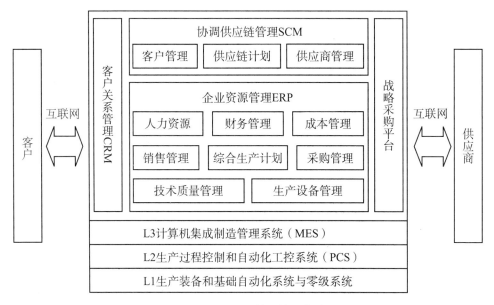

图 6 – 3　XG 公司 ERP 环境下管理会计信息平台

图 6 – 3 说明，纵向上，底层的 PCS 和 MES 为 ERP 提供基础数据及信息，通过接口形成一个集成的信息平台：基层的 PCS（生产控制系统）用于自动化生产，监控现场设备和工艺参数，向管理人员提供现场检测和统计数据；中层的 MES 是面向车间层的生产管理技术与实时信息系统，自动化采集数据、检化验数据的实际值与冶金规范标准、内控标准、工艺参数自动比对。这表明，ERP 系统对整个生产流程和资源消耗进行及时控制，基于现有成本制度更理想地满足包括成本形态在内的成本结构分析。横向上，ERP 注重供应链管理，前向的客户与后向的采购均纳入了 ERP 体系中，采购模块与销售模块与具体业务联系紧密，为销售与采购数据的真实与完整提供保证。

XG 公司胜诉美商复审案管理会计信息平台功能主要体现在：①ERP 扩展了信息结构，特别是成本核算方面，能更好地满足反倾销调查中的成本结构分析，比如，反倾销基础调查问卷的填答之前大部分都需要临时手工加工整理，而 ERP 体系能及时准确地提供任何一周期内明细产品成本的历史数据和各种报表；②ERP 环境下，财务与业务联系更紧密，一方面更真实地反映经济业务活动，另一方面从财务角度或从业务角度都能够快速进行相互跟踪，能更好地满足反倾销会计信息相互印证的要求，使反倾销会计信息更可信；③决策支持是 ERP 的终极目标，主要由会话系统（人机接口）、数据库、模型库、方法库和知识库及其管理系统组成，决策支持中的模型库、方法库可与反倾销会计信息加工所需模型库、规则库合并使用，并在反倾销会计信息基础上，对是否有反倾销风险、是否应诉做出决策，构成反倾销管理会计信息平台的前端，这正是 XG 公司胜诉美商复审案的会计核心竞争力所在。

6.3.2　ERP 环境下我国企业反倾销管理会计信息平台建设构思

6.3.2.1　ERP 环境下我国企业反倾销管理会计信息平台设计

（1）ERP 环境下我国企业反倾销会计信息输出原理。

ERP 是一个高度集成的信息系统，它的核心管理思想就是实现对整个供应链的有效管理。一般而言，ERP 财务模块包括总账、应收、应付、资产、现金、库存、成本，财务模块与相关业务模块衔接，所有模块集成于总账模块，形成 ERP 网络。在 ERP 数据平台支撑下，反倾销会计信息证据的输出较传统会计信息系统更具效率，因为 ERP 是面向流程管理，销售模块主要输出出口销售情况，成本模块主要输出成本要素情况，总账模块主要输出财务报表及其他补充销售、成本信息，信息高度集成，数据来源清晰易追溯。ERP 架构下反倾销会计信息输出，如图 6 - 4 所示。

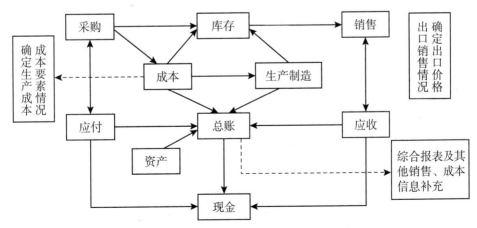

图 6 - 4　ERP 环境下反倾销会计信息输出原理

ERP 环境下的反倾销会计信息输出特点：①基础会计核算业务由系统自动进行，反应式功能减弱，能动式功能加强①；②ERP 以企业业务流程为主导，大部分业务流程能够实现系统管理，企业信息高度集成共享；③ERP 系统可以全过程、从不同侧面反映企业经济活动的信息，能实时地收集、加工、处理会计数据，全面、系统地揭示经济活动价值变化的过程，信息更易追踪。

（2）ERP 环境下我国企业反倾销管理会计信息平台架构。

ERP 环境下反倾销管理会计信息平台如图 6 - 5 所示。ERP 环境下反倾销管理会计信息平台以 ERP 体系为依托，在应对反倾销会计信息需求的驱动下，通过原始数据信息获取、信息加工存储、信息报告等环节相互协同性、耦合性与开放性的运作，实现可采性反倾销会计信息的输出，并最终达成预警、降幅、举证、抗辩等功能。ERP 环境下反倾销管理会计信息平台既用于信息支持，又兼具管理控制，应内嵌于基于价值的组织管理活动之中②。

6.3.2.2　ERP 环境下我国企业反倾销管理会计信息平台运行机理

图 6 - 5 所示的 ERP 环境下我国企业反倾销管理会计信息平台运行机理，我们将从反倾销会计信息获取、加工及反倾销会计信息共享等层面进行诠释。

（1）反倾销会计信息获取。

如图 6 - 5 所示，信息获取是反倾销管理会计信息平台的基础性组成部分，主要功能是对相关原始数据信息的鉴别、采集以及归类，企业内部需要明确原始数据信息获取与分类的规则。反倾销原始数据信息获取的来源可以分为企业内部与企业外部两个层面，企业内部借助原有的 ERP 等信息系统，构建反倾销导向的会计信息系统，成为内部信息源，结合互联网以及企业社会网络关系，成为获取原始数据信息的外部信息源，信息获取来源与信息类别对应关系如图 6 - 6 所示。

如图 6 - 6 所示，明确了信息获取来源，下一步就是对反倾销原始数据信息进行粗略的整合与归类。反倾销应诉属于突发性事件，反倾销管理会计信息平台一方面要做好预警工作，另一方面要做好突发的应诉准备工作。因此，根据反倾销管理会计信息平台的功能对反倾销原始数据信息进行分类，可以在反倾销预警会计信息项目大类下，先按照国别对信息分类，再根据敏感出口产品进行分类，当出口产品一旦遭遇反倾销，企业

---

① Kanellou A，Spathis C. Accounting benefits and satisfaction in an ERP environment ［J］. International Journal of Accounting Information Systems，2013，14（3）：209 - 234.

② 王斌，顾惠忠. 内嵌于组织管理活动的管理会计：边界、信息特征及研究未来 ［J］. 会计研究，2014（1）：13 - 20.

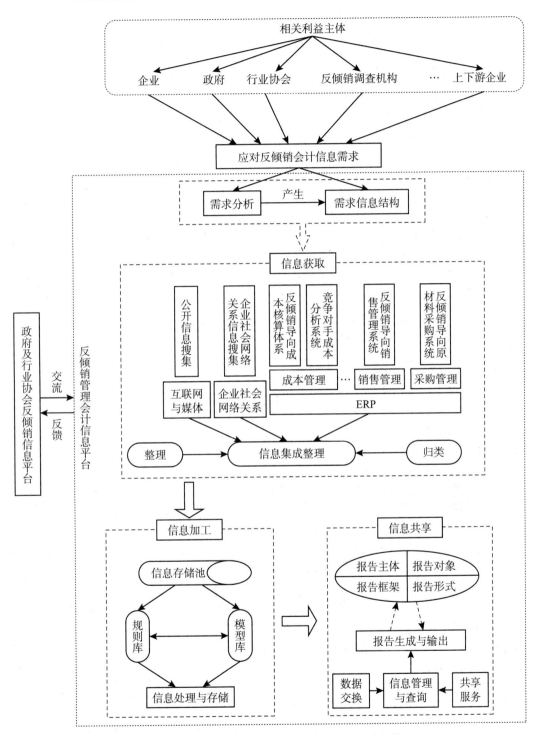

图 6 – 5　ERP 环境下反倾销管理会计信息平台架构

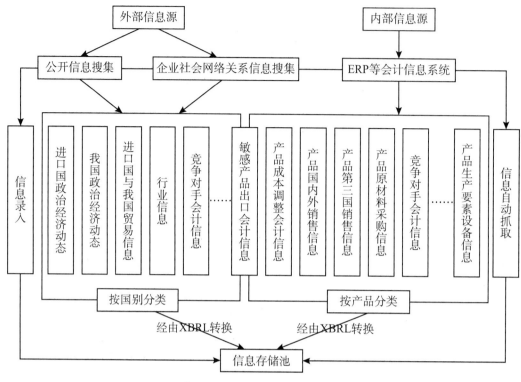

图 6 - 6 反倾销会计信息获取

能够迅速反应，输出所需反倾销会计信息。

（2）反倾销会计信息加工。

信息加工是反倾销管理会计信息平台的核心构成要素，通过信息处理与信息存储来使获取的信息发生质变并添加信息增量，具体而言，就是按照信息处理的不同规则要求，依据相应模型，进行信息加工，从而改变原有信息结构，达到需求信息结构，并将处理后符合要求的信息按照不同的类别，以不同的形式在平台上存储。借助 ERP 系统中已有的模型库与方法库，反倾销管理会计信息平台模型库中囊括了企业风险评估模型、市场预测模型、产品成本优化模型等运算模型和数据挖掘方法、风险分析方法、关联分析、预测方法等加工处理的方法；规则库则主要包括信息转换规则与描述规则两大类，使之符合应对反倾销要求，如对产品成本的追溯、按国际会计准则调整具体会计科目等具体规则。当应对反倾销原始数据信息经过 XBRL 转换进入数据库存储，反倾销会计信息处理人员可以调出数据库中的数据信息，并选择模型库、规则库中的模型、方法与规则，对原始数据信息进行加工处理。

（3）反倾销会计信息共享。

信息共享是反倾销会计信息平台的对外接口，主要功能是通过企业应对反倾销会计信息报告对象的确定、报告框架与报告模式的设计，以及报告方式的选择来进行信息的披露与传导，进而满足相关利益主体的需求。反倾销会计信息共享的对象包括企业自身、政府、行业协会、上下游企业等多维主体，通过反倾销会计信息交换、共享信息查询与共享服务使多维主体紧密联系起来，形成反倾销管理会计信息平台的交互空间。由于涉及自身商业机密及在维护企业利益的前提下，反倾销会计信息与各利益主体的共享程度是有选择性的，反倾销会计报告应作为企业内部管理报告的一种，而对其他相关利益主体应选择性呈报。另外，企业反倾销管理会计信息支持适度地不是以正式信息为基础，而是以非正式信息为基础，正式与非正式的反馈同样重要[①]。企业可以基于原有的 Internet 或 Intranet 网站建立交互数据库，构建对各利益主体设置权限，通过反倾销会计信息的上传与下载来实现数据交换与共享。

6.3.3　ERP 环境下反倾销管理会计信息平台的实施思考

ERP 环境下反倾销管理会计信息平台有效运行，还需要相应的配套措施。比如，构建具有反倾销导向的 ERP 体系，提升 ERP 系统内企业经营活动、企业财务活动和会计信息结构之间的对称性，使 ERP 系统内输出的原始数据信息与应对反倾销需求信息结构匹配度更高；从制度安排与技术支持上，设置分散式与核心式相融合的适配的信息平台组织结构，运用数据库、XBRL 等先进的信息技术，加强人员素质、能力的培训与提升。

6.3.3.1　构建具有反倾销导向的 ERP 体系

"反倾销导向"是指企业的 ERP 体系并不完全需要按照反倾销调查流程和模式进行重构，而是在企业目前的基础上对其进行适当的调整和优化。

成本信息是反倾销会计信息的重点，应对现有成本核算体系进行改进和完善，使之具备反倾销应对功能。对于制造业来说，ERP 体系里的基础成本信息来自底层计量系统，因此具有反倾销导向的 ERP 体系。首先，应梳理现有计量体系，完善基础计量工作，确保单位之间、单位内部小工序之间能够清晰计量，注重现场取数的基础管理，辅之以精确的计量系统，加强原始数据导入 ERP 系统，对各生产流程数据变化实时监控，实现基础数据规范录入、实时可控。其次，细化成本费用核算。从反倾销实践可知，企

---

① Pitkolnen H, Lukka K. Three Dimensions of Formal and Informal Feedback in Management Accounting [J]. Social Science Electronic Publishing, 2010, 22 (2): 125 - 137.

业在填答问卷时精细的成本信息资料必不可少，并需详尽说明原材料、人工、能耗等各项生产要素的具体组成。我国企业应将出口产品的成本费用进行更详细的核算，为不同型号的出口产品配置明确的二级科目，甚至是三级科目和更细的子科目，让企业在反倾销应诉时能快速找到涉案产品相对应的成本资料。最后，建立竞争对手成本分析系统，特别是国外竞争对手成本分析。钢铁企业对标挖潜即是国内竞争对手成本分析的一种形式，可以协调同业在全球市场上的竞争，有助于规避反倾销；而钢铁企业及其他出口企业均缺乏国外竞争对手成本分析，通过监测境外竞争对手销售情况，可以起到反倾销规避和预警的作用，并且平时积累的境外竞争对手成本资料，为"替代国"的选择提供了强有力的证据支持，可以起到反倾销举证和抗辩的作用。

出口销售信息直接确定出口价格，对反倾销幅度的确定有极其重要的影响。反倾销导向的 ERP 体系应在企业原有的销售管理系统基础上，对出口产品进行严格的登记备案制度，使之与国内销售加以区分，并能保障出口产品在不同出口国销售的基本信息以及产品销售费用等信息的完备性与准确性。XG 公司在销售部设置了财务科室，销售部财务科下另设国内板材销售中心、国内线材销售中心与出口销售中心，很好地将国内销售与出口销售加以区分，为反倾销预警与举证提供了良好的数据支持。

6.3.3.2 设置分散式与核心式融合的信息平台组织结构

分散式结构即职能部门既是管理工作机构，又承担所在部门中信息收集和传递的任务，核心式结构即企业中存在专门的信息加工中心，将其设置在具有较强情报收集和分析能力的职能部门中。可以看到，企业 ERP 体系以总账模块为信息集合点，其他各模块可以完成信息收集与初步处理的工作，而加强总账模块加工、处理、分析信息的能力，以总账模块为信息平台核心，根据信息需求分散到其他模块，形成企业内部管理会计信息平台网络型的组织结构。

6.3.3.3 先进信息技术集成与运用

信息技术是反倾销会计信息平台的有力技术支撑。XBRL 可以解决信息的标准化问题，满足信息使用者对信息的批量需求，结构化后的信息可以一次输入、多次使用，大大提高信息使用效率。数据库技术可以解决信息的存储与调用问题，方便查询与加工，经过格式转化后的数据存储在数据库中，数据库技术通过数据之间的关联关系可快速调出相关反倾销会计信息，大大提高信息加工效率。

6.3.3.4 重视反倾销人才培养，优化企业会计人员知识结构

反倾销应诉需及时准确地做好会计陈述、会计举证、会计抗辩等工作。而缺乏优秀

反倾销应诉会计人才，主管部门和行业协会与企业沟通不够、指导仍需加强，不了解应诉过程和应诉成本过高等问题，反映了我国企业反倾销应诉不力的主要原因和基本现状。企业会计人员知识结构的优化，包括熟悉国际反倾销的相关法律、惯例等，懂得国际贸易理论与实务，至少通晓一门外语，有扎实的经济管理理论基础和良好的会计专业知识，体现了知识的配置基本结构和应诉获胜的重要程度①。

①　刘爱东. 会计准则趋同对我国企业应对反倾销影响的调查分析 [J]. 会计研究, 2008 (9): 33 – 38.

第 7 章

反倾销涉案产业应对机制研究

——基于出口隐含碳转移和全要素生产率影响的分析

在国际气候谈判中，我国面临着巨大的减排考验，与此同时，我国出口产业形势严峻，在对抗传统贸易保护主义的同时，又需应对环境贸易壁垒的威胁，这都加剧了我国相关产业应对反倾销的难度。本章将首先对中国反倾销涉案产业出口隐含碳排放的测算及因素分解，然后构建隐含碳转移背景下中国反倾销涉案产业的应对机制①。最后，作为本章的补充性研究，拟从发起方的角度探究我国提起反倾销对化工企业全要素生产率的影响路径，为企业应对反倾销提供补充性的经验数据。这在目前尚属于一种创新性的研究。该研究在完善企业应对反倾销战略体系、拓展低碳理论等方面具有重大理论价值与现实意义。

7.1 出口隐含碳转移视角下反倾销涉案产业应对机制设计目标与原则

机制设计是一个复杂的过程，目标制定为机制设计提供了导向与指南。反倾销应对机制的目的是规避和减少国外对我国出口产品提起反倾销调查，提高企业应对反倾销应诉率与胜诉率，进而实现企业应对反倾销成效的最大化。

本章是在经济学与管理学意义上进行研究，此处的机制指有机系统中组成结构要素的内在体系、运作原理以及调控规律与方式，也就是事物发展变化的内部机能。其以信息输入、输出、反馈等形式贯穿于整个有机系统的运行过程中，对实现目标有决定性的

---

① 所指导的 2014 届博士生刘文静对本章 7.1 至 7.3 有贡献。

作用。

7.1.1　博弈主体识别下反倾销涉案产业应对机制的内涵

7.1.1.1　博弈理论及其要素

博弈论（Game Theory），也称"对策论"，是应用数学的分支学科，主要探讨模型化的激励结构间的主体互动，运用数学理论方法分析具有竞争或者合作特征的行为结果。博弈论研究对抗中的主体对对手的预期及行为选择，考虑其中可能的优化方法。一个完整的博弈包含以下基本要素：决策人、博弈策略、博弈次序、博弈得失。20世纪50年代早期，约翰·纳什提出了关键概念"纳什均衡"，并开创了有关讨价还价的博弈研究。之后不久，博弈论开始应用于经济学和政治学，心理学家也开始研究人类在实验性博弈中的行为。70年代，博弈论首次作为工具应用于进化生物学。随后，博弈论逐渐在微观经济学普及，并运用到社会行为学的各个领域。代表人物如纳什、海萨尼、泽尔腾在1994年获得了诺贝尔经济学奖。

博弈论对经济问题的研究包含了如价格歧视问题、成本竞争问题、研发投资问题、拍卖问题等众多领域。从国际经济学角度进行的博弈分析开始集中在对关税博弈的研究，后来随着世界贸易自由化的推进和普遍关税水平的降低，以反倾销贸易保护为首的救济措施关注度提升，使得很多的学者从博弈方面开展有关反倾销的研究，例如对低于成本倾销的博弈分析、反倾销申诉企业学习效应的博弈分析、反倾销条件下企业的产出策略行为博弈分析、反倾销裁决方式的博弈分析等。而在我国国内，也有不少学者基于博弈论对反倾销的申诉与产业特点、反倾销税率的裁定、应诉反倾销过程中面临的囚徒困境、国际反倾销的逆向选择、一国一税和分别税率的博弈、反倾销申诉中的信号博弈等方面进行了分析，这些研究充分说明，无论是国外对华反倾销还是我国政府、行业、企业的应对策略，博弈论方法都是一个非常重要的研究工具。与一般经济理论模型分析和计量分析相比，在研究应对反倾销的问题上，博弈分析可能揭示很多其他分析方法所不能反映的各个主体微观决策的细节问题。故本研究以博弈要素中的主体间关系为切入，研究反倾销应对机制的内涵。

7.1.1.2　应对机制中的博弈主体识别

机制设计中的显示性原理及实施原理的博弈性成为其显著特点。显示原理指社会资源配置的规则，如能被某个机制所达到，也一定存在一个直接机制实现资源配置的规则，而且在直接机制中理性参与人会说真话。机制设计时就可直接考虑被"显示"的机制，在最一般化显示原理中行为人拥有私人信息，不仅在采取观测不到的行动（道德风险）时是有效的，在机制有多重阶段时也是有效的①。学者格罗伍兹、莱亚德、赫维茨和舒梅勒认为，某些情况下构建使所有纳什均衡都是帕累托最优的机制是可能的②，出现了均衡解最优的问题。马斯金以此为研究焦点，提出了实施理论。他认为一些条件下，能实现社会目标的机制是可被构建的，而且机制运作产生的结果与社会目标有一致性，而且多被选择并被执行的社会选择规则具有一定单调性。单调性是指某些设计在一定约束条件下容易被选择，在另外环境中也能得到大部分人认可。贝叶斯均衡、完美均衡等行为假设下，单调性还是社会选择规则被执行的必要条件。此外，马斯金还通过论证得出，三人或三人以上参与博弈过程中，单调性与无否决权条件构成了充分条件。所谓无否决权是如果某设计被大部分人选择，最多一人例外，这个方案应成为社会选择。马斯金在实施理论完善了显示原理涉及的多均衡问题，威廉姆斯、瑞普罗进一步证明了马斯金这一理论③。

在进一步深入分析反倾销应对机制的博弈主体前，有必要对该机制相关利益主体进行系统性识别，确保研究对象的准确性。反倾销应对机制，是以产业为主体，以满足应对反倾销需求为目标，通过国内碳市场驱动促进产业结构优化升级的经济机制。某种意义上，由于碳市场中环境成本的"外部经济效应"，导致反倾销应对机制博弈主体的多元化。

（1）出口企业不仅是反倾销应对机制设计的主体，也是该机制最大的受益者。出口企业设计、构建该机制的最主要目的是要满足企业应对反倾销的各种需求，包括：反倾销预警阶段能够有效地识别，并通过警报方式提醒企业规避反倾销的风险；反倾销应诉阶段则需要能够及时获得高质量会计信息，以此提高会计举证与抗辩效力，成功避免国外反倾销制裁。由上面可以看出，该应对机制的设计和运作直接影响企业是否能够成功应对反倾销，与企业的利益密切相关。与此同时，该机制也需要企业为其提供生态环境与信息技术条件等方面的支撑。因此，我们说，作为反倾销应对机制设计的主体，出口企业也是其最大的利益相关方。

（2）反倾销应对机制的运行与政府、行业协会的利益息息相关。作为国家权力的

① R. Myerson. Multistage Games with Communication [J]. Econometrica, 1986 (54). 23 – 35.
② Groves, T. and Ledyard, J. Optimal allocation of public goods: A solution to the free rider problem [J]. Econometrica 1977 (45): 783 – 809.
③ S. Williams. Realization and Nash Implementation – Two Aspect S of Mechanism Design [J]. Eeonomet flea, 1986, (54): 139 – 151.

执行部门，政府有责任制定宏观产业政策，并维护产业安全；作为行业内维护企业利益的组织者与代表人，行业协会在反倾销应对过程中有协调价格与组织相关企业联合应诉的职责。但是，政府与行业协会职能的实现需要以相关企业提供的反倾销会计信息为基础，而反倾销应对机制的运行能够为其提供所需信息，满足政府与行业协会的需求。与此同时，政府和行业协会同样也是该机制运行中的信息来源渠道之一。

（3）作为反倾销调查机构的反倾销申诉国相关裁决部门，如美国的商务部、欧盟贸易委员会等，是反倾销诉讼过程中对反倾销会计信息的重要需求者，一般会根据本国的相关反倾销诉讼流程收集涉案企业的信息，包括调查问卷、实地核查等程序，在此基础上判断被诉企业是否存在倾销行为，以及裁定反倾销税率。而反倾销应对机制可以在企业接受调查问卷、实地核查等环节时及时提供所需会计信息。所以，二者之间的利益紧密相关。

（4）出口企业与进口国的销售商、分销商等利益主体间存在利益相关性。当出口企业遭遇反倾销并被裁定征收反倾销税时，通常会采取减少对反倾销发起国的相关产品输出或者提高产品的出口价格，此举会增加进口国销售商、分销商的成本，从而导致其销售利润降低，利益受损。然而，如果进口国的销售商与分销商能及时获取出口企业应对反倾销的会计信息，进行相关预测，在风险来临前及时调整策略，就可以有效避免损失。另外，由于拥有共同利益，进口国销售商与分销商也可以及时将相关的反倾销信息传递给出口企业，为应对机制生成反倾销诉讼的会计信息提供信息来源。

（5）在反倾销应对机制中，竞争对手企业与上下游企业也是重要的利益相关方。进口国发起反倾销调查，通常是进口国的同类产品生产商，即国外的竞争对手或潜在竞争对手向相关部门提起的反倾销调查申请，经批准后才进行立案调查。为了自身的利益和长远发展，竞争对手会时刻关注被诉的目标企业，以及时获取相关信息。另外，如果裁决结果要对该生产价值链的上游产品征收保护性反倾销税，这会提高下游用户的成本，导致其利润空间缩小，因此，上下游产业间也存在利益链。作为庞大社会系统的一部分，反倾销应对机制存在着利益相关程度较弱的相关主体。构建反倾销应对机制，便于出口企业为自身及其他利益相关主体提供所需的信息。出口企业的各利益相关方也是提供其原始数据信息的重要渠道。

7.1.1.3　博弈主体识别下的反倾销应对机制内涵

在识别博弈主体的应对机制框架下，博弈主体包括了出口国、进口国等多个利益主体，表现出多层次、多元化的特征。各主体的重要性与影响力并不相同。从博弈要素中的主体出发，反倾销的申诉、调查和裁决以及应诉的整个过程蕴含了不同层面众多参与主体的策略互动关系。例如，进口国政府和立法机构、进口国产业利益集团、在进口国投资的外国企业、反倾销授权机构以及被指控国政府、出口商、产业利益集团、未被指控国企业、政府等角色之间的关系复杂，在不同研究视角下，将形成不同的博弈类型。此外，由于反倾销运作程序分为多个阶段，所以反倾销主体间博弈关系呈现动态特征。同时，反倾销过程中各参与方信息获取程度的差别，各程序阶段裁决的不确定性，导致反倾销应对机制具有不完全信息博弈的性质。

反倾销的起诉和应诉，反映了日益政治化的国际市场竞争环境下国内企业与国外企业之间的利益博弈行为。从企业层面上看，无论是应对发达国家，还是应对发展中国家的起诉，成功率都不高。这反映了我国企业不善于利用博弈策略来维护自身经济利益。从政府层面上看，我国对外反倾销实践时间较短，经验较为缺乏，我国的对外反倾销如何对外国反倾销进行战略制衡，政府如何有效地处理好与贸易伙伴间的国际经济政治关系，如何科学引导企业的出口行为和经营方式，都需要从博弈策略层面进行谋划。综上所述，对应问题的不同角度，选择合适的博弈理论方法进行研究，对于我们正确识别国外政府和企业反倾销战略、意图和运作规律，我国政府构造自身战略应对体系，以及我国企业调整自身国际市场经营策略，都具有重要的理论和实践意义。

7.1.2 反倾销涉案产业应对机制设计目标

按照系统控制论，目标是行为的导向，是行动的指南，并引导着系统的行为。国内碳市场驱动反倾销涉案产业的应对机制设计目标为：有效应对国外反倾销以避免国外反倾销给我国产业带来的损害；同时利用国内碳市场驱动，先发制人，利用国内碳市场的碳交易国内循环，减少对外出口隐含碳转移，科学地降低所需承担的碳减排责任额度，规避发达国家试图对中国征收"碳关税"的政治阴谋。

中国作为世界碳排放量第一的国家，在国际气候谈判中一直承受着巨大的减排压力。以欧盟、美国为代表的发达国家反复苛责中国在经济发展中二氧化碳的排放，并硬性分配给中国刚性减排指标。然而，分配国际气候变化的责任不仅要考虑二氧化碳的生产排放、总量排放以及历史排放，也要看碳的隐含转移排放。中国是贸易大国和制造业大国，世界各地消费了其生产的大部分商品，将国际隐含碳排放转移带来的气候责任全部推给中国是极不合理的。作为一个生产、出口高碳密度中间产品和最终产品的国家，中国变相承担了大量本应在进口国开展生产活动而排放的二氧化碳，所以需要静态碳排放核算体系改为动态核算方式，以生产活动为基准改为以最终需求为标准，来合理计算其中碳排放的转移量。同时，我国应以积极姿态参与到国际气候政策和低碳规则制定中，以"经济大国能源与气候论坛"、集团峰会和国家能源科技部部长会议等重要国际会议和高层领导会晤为契机，强调精确核算碳排放转移量的重要性，并以此为突破口，参与国际气候政策与规则的制定，从而避免承担不合理的气候责任。

因此，国内碳市场驱动反倾销应对机制的具体目标包括：①在保护自己利益的基础上，通过碳市场的碳定价提供能为反倾销调查机构采信的会计信息，以证明出口的产品没有构成倾销（也即出口价格没有低于产品的正常价值）和对进口国的产业没有构成损害。②在申请市场经济地位时，将碳市场交易后的碳成本归入会计信息系统，以此证明企业会计信息记录已经严格遵守国家的相关会计准则或国际会计准则，其经营行为完全符合市场经济要求，不受政府控制等。③提供为反倾销应诉企业选择合适"替代国"的依据。目前还有一部分西方国家不承认我国的市场经济地位，在计算我国涉案产品正常价值时采用替代国制度，这样就忽略了对相关环境成本的计量，由此可知，能否选择合适的替代国对我方能否胜诉有决定性作用。在选择替代国的抗辩中，如果我方能为选择那些在国内售价较低的市场经济国家为替代国提供充分证据，并促使裁决部门采纳，这将非常有利于我方胜诉。④通过碳市场驱动的反倾销涉案产业应对机制的构建，借助低碳发展良机，加快转变经济发展方式，加速优化升级产业结构，同时努力提高产业的竞争力，从而借助碳交易渠道，真正参与制定国际行业规则，提升我国未来在行业标准和技术标准制定的话语权。

7.1.3 反倾销涉案产业应对机制设计原则

国内碳市场驱动反倾销涉案产业的应对机制的本质既可能是技术的、组织的，也可能是社会的和制度的，它包含了国内外环境、经济、社会等三个维度，该应对机制以碳市场交易为其核心的组成部分，出口产业应结合产业特色，发挥优势，构建反倾销应对机制，利用高质量应对反倾销会计信息，规避企业出口产品遭遇进口国反倾销的潜在风险，减少国外发起反倾销调查给本企业带来的利益损失。国内碳市场驱动的反倾销涉案产业应对机制设计，应符合以下原则：

（1）开放性原则。

有效的机制设计是指其本身可以在开放、动态环境中进行不断地自我更新和完善，在外部环境发生变化时，能及时发现问题并解决问题，实现自我修正和提升。作为动态有机体的低碳经济系统自组织，存在于开放的社会经济环境中，它不仅寓身于企业的内部系统，又依存于企业外在的社会网络系统。所以，在设计应对机制时，必须坚持开放性的原则，及时地根据外部环境的变化，来调整机制本身相关要素的设置与长远战略，保证自组织在自我创新过程中实现与社会环境中的物质流、能量流和信息流交换，使得机制能随时实现自身动态优化，顺利完成创新路径设计。

（2）系统性原则。

反倾销涉案产业的应对机制是一个由多个子系统构成的大系统，各个子系统之间相互联系、相互制约。应对机制自身具有特定的结构，通过对各子部分进行有机的组织与整合实现各构成部分单独不能具备的整体功能与新的特性，这体现了局部与整体和外部环境相互作用的结果。所以，若应对机制框架在总体设计上不全面，缺乏整体性，各个子系统之间的有机联系也就不复存在了，其整体功能的实现也会大大减小。

（3）激励相容原则。

赫尔维茨在1972年提出的激励相容原则，这在机制设计的理论中是非常重要的概念。他认为，在设计任何经济机制时，如果机制的设计者不能够获取参与个体的真实信息，那么其设计的机制至少要能够有效地激励参与个体，促使参与者将个人目标的实现与机制设计目标的完成相结合，这时就可称之为达到了激励相容原则。反倾销应对机制作为众多经济机制中的一种，也需要将经济机制设计的核心理念融入其设计过程中，因此，遵循激励相容原则，反倾销应对机制需要为信息获取者、要素执行者等主体设置充分的激励制度，使得个人目标能够在达到机制设计目标过程中同等实现并尽量利益最大化。只有基于激励相容原则设计应对机制，才可以充分调动参与个体的积极性，以保证机制的顺畅运行。

7.2　碳市场对反倾销涉案产业应对机制设计的驱动分析

7.2.1　出口隐含碳转移的测算

7.2.1.1　基于能源消费出口隐含碳转移的测算

出口隐含碳转移在产品生产阶段的测算，需要计算各个产业的完全碳排放系数（单位产值的完全碳排放量），主要包括单位产能的直接碳排放系数（单位产值的直接碳排放量）和间接碳排放系数（单位产值的间接碳排放量）。

（1）直接碳排放系数测算。

基于直接碳排放系数的计算原理，直接碳排放系数可以表示为：

$$\begin{cases} ce_j^{E,d} = g_j \cdot a_{ij} \\ a_{ij} = x_{ij}/x_j \\ g_j = \sum_{k=1}^{m} \varepsilon_k \cdot \mu_{kj} \end{cases} \tag{7-1}$$

式（7-1）中，$ce_j^{E,d}$ 表示单位产值的直接隐含碳排放量（直接碳排放系数）；g_j 表示 j 产业的能源碳排放系数（tCO_2/标准煤，下文中将"标准煤"简记为"tce"）；a_{ij} 表示 j 产业单位产值的能源消耗量（万 tce/万元）；x_{ij} 表示 j 行业的能源消耗总量（万 tce）；x_j 表示 j 产业的总产出（万元）；ε_k 表示 k 种能源的碳排放系数（tCO_2/tce）；μ_{kj} 表示 j 行业的能源消费总量中第 k 种能源的消费比重。

于是，单位产值的直接隐含碳排放量（直接碳排放系数）可以表示为：

$$ce_j^{E,d} = g_j \cdot a_{ij} = \frac{x_{ij}}{x_j} \cdot \sum_{k=1}^{m} \varepsilon_k \cdot \mu_{kj} \tag{7-2}$$

（2）间接碳排放系数测算。

根据投入产出表中的完全消耗系数，间接碳排放系数可以表示为：

$$\begin{cases} ce_j^{E,id} = g_j \cdot \left(\sum_{k=1}^{n} b_{ik} \cdot a_{kj} \right) \\ g_j = \sum_{k=1}^{m} \varepsilon_k \cdot \mu_{kj} \\ \sum_{k=1}^{n} b_{ik} \cdot a_{kj} = b_{i1}a_{1j} + b_{i2}a_{2j} + \cdots + b_{ii}a_{ij} + \cdots + b_{in}a_{nj} \end{cases} \tag{7-3}$$

式（7-3）中，$ce_j^{E,id}$ 即为间接碳排放系数表达式，亦即单位产值的间接碳排放量（万吨 CO_2/万元）；$\sum_{k=1}^{n} b_{ik} \cdot a_{kj}$ 是间接消耗系数。

（3）完全碳排放系数测算。

根据直接碳排放系数的测算及间接碳排放系数的测算，完全碳排放系数 ce_j^E 可以表示为：

$$ce_j^E = ce_j^{E,d} + ce_j^{E,id} = g_j \cdot a_{ij} + g_j \cdot \left(\sum_{k=1}^{n} b_{ik} \cdot a_{kj} \right) = g_j \cdot \left(a_{ij} + \sum_{k=1}^{n} b_{ik} \cdot a_{kj} \right) = g_j \cdot b_{ij} \tag{7-4}$$

通过上述计算，由式（7-4）中的完全碳排放系数（单位产值的完全碳排放量）与各个产业部门出口额的乘积，便可以计算出能源耗费视角下反倾销涉案产业的隐含碳排放量。

7.2.1.2 基于工业生产过程的隐含碳排放测算

同理,测算各产业在工业生产阶段的隐含碳排放时,需要首先求出各产业工业生产过程隐含碳排放系数 ce_j^{ip}。于是:

$$\begin{cases} ce_j^{ip} = h^{ip} \cdot b_{ij}, \quad i \neq j \\ ce_j^{ip} = h^{ip} + h^{ip} \cdot b_{ij}, \quad i = j \\ h^{ip} = \dfrac{\omega_i \cdot Q_i}{x_i} \end{cases} \qquad (7-5)$$

式 (7-5) 中,ce_j^{ip} 说明部门 j 消耗 i 产业的产品,从而在工业生产过程中产生了 j 产业单位产值的隐含碳排放数量;h^{ip} 表示 i 产业产品的工业生产过程中的直接碳排放系数 (吨 CO_2/万元);$h^{ip} \cdot b_{ij}$ 代表在工业生产过程中 i 产业消耗了其他产业的产品,同时 i 产业产品又被其他产业的产品消耗而产生的 i 产业单位产品的间接碳排放。此外,在 h^{ip} 的计算过程中,ω_i 代表 i 产业在工业生产过程中单位产量的 CO_2 排放 (CO_2 吨/产品吨),Q_i 代表 i 产业的产品总产量 (万吨),x_i 代表 i 产业的总产出 (万元)。

综合 $i \neq j$ 和 $i = j$ 两种情形,工业生产过程隐含碳的完全碳排放系数 ce_j^{ip} 可以表示为:

$$ce_j^{ip} = h^{ip} \cdot C_{ij} \qquad (7-6)$$

于是,式 (7-6) 中表示各产业的工业生产过程出口隐含碳排放量为工业生产过程隐含碳的完全碳排放系数与各产业部门出口额的乘积。

7.2.1.3 出口隐含碳测算方法选择

反倾销涉案产业出口隐含碳转移系数即反倾销涉案产业能源消耗隐含碳排放系数与工业生产过程中的反倾销涉案产业隐含碳排放系数的二者之和,用 ce_j 表示。则

$$ce_j = (ce_j^{E,d} + ce_j^{E,id}) + ce_j^{ip} = g_j \cdot b_{ij} + h^{ip} \cdot C_{ij} \qquad (7-7)$$

通过以上分析,各反倾销涉案产业的出口隐含碳排放量合计可以记为:

$$CE_j = ce_j \cdot y_i \qquad (7-8)$$

在式 (7-8) 的基础上,反倾销涉案产业的出口额 (万元) 记为 y_i,则所有反倾销涉案产业的出口隐含碳排放量合计可以表示为:

$$CE = \sum_{j=1}^{n} CE_j = \sum_{j=1}^{n} ce_j \cdot y_i \qquad (7-9)$$

7.2.2　基于 Tapio – LMDI 出口隐含碳排放因素分解模型的构建

7.2.2.1　基础理论模型选取

（1）Tapio 脱钩模型。

"脱钩"（decoupling）理论源于物理学领域，意为"解耦"，使具有相应关系的两个或多个物理量之间的相互关系尽早分离。国外学者将这一理论引入社会经济研究领域，用于分析经济与环境压力的脱钩问题。经济合作与发展组织（OECD）最早提出脱钩概念，用来分析经济发展与资源消耗之间的相应关系。目前，存在两种形式的脱钩模型，即 OECD 脱钩模型和 Tapio 脱钩模型。Tapio 脱钩模型通过对总脱钩指标进行因果链分解，便于分析不同因素对目标变量的贡献程度，其脱钩指标不受统计量纲变化的影响，并将脱钩状态划分为 6 种，可以更精确地反映各因素与目标变量的脱钩关系。可见，相对于 OECD 脱钩模型，Tapio 脱钩模型更具实用性。

塔皮奥（Tapio）于 2005 年对欧洲 1970～2001 年的交通运输业经济增长与运输量、温室气体之间的脱钩情况进行了研究，引入弹性概念构建脱钩指标[①]。假定 C 为因变量，G 为自变量，R 为影响 X 的中间变量，Tapio 脱钩模型的表达式为：

$$t_{C,G} = \frac{\Delta C/C}{\Delta G/G} = \left(\frac{\Delta C}{C} \bigg/ \frac{\Delta R}{R}\right) \times \left(\frac{\Delta R}{R} \bigg/ \frac{\Delta G}{G}\right) \qquad (7-10)$$

其中，$t_{C,G}$ 表示 CO_2 排放量与经济发展的脱钩弹性指标；C 为 CO_2 排放量；ΔC 为现期相对于基期的 CO_2 排放量变化值；G 为当期的 GDP；ΔGDP 为现期相对于基期的 GDP 变化量。

另外，塔皮奥将弹性指数值根据脱钩或未脱钩划分为 6 种类型，分别为强脱钩、弱脱钩、强负脱钩、弱负脱钩、扩张性负脱钩、衰退性负脱钩。Tapio 脱钩指标本质上是一种弹性分析方法，其显著的优点在于不受统计量纲变化的影响，并且可以引入一个或多个中间变量对脱钩指标进行分解。

（2）LMDI 分解法。

因素分解法的基本思想是把一个变量的变化分解成若干个影响因素变化的组合，从而区分出各个因素的影响程度或贡献率。可以用数学语言表达其基本思想：

假定目标变量 V 受 n 个因素（x_1，x_2，$\cdots$，x_n）影响。于是 V 可以做出如下分解：

①　Tapio P. Towards a theory of decoupling: Degrees of decoupling in the EU and the case of road traffic in Finland between 1970 and 2001 [J]. Journal of Transport Policy, 2005（12）: 137 – 151.

$$V = \sum_i V_i, \quad V_i = x_1, x_2, i, \cdots, x_{n,i} \tag{7-11}$$

不妨设时间从 0 到 T，目标变量从 V^0 变化到 V^T，可以得出分解形式的基本表达式，分别用加法形式和乘法形式表示。

加法形式：$\Delta V = V^T - V^0 = \Delta V_{x1} + \Delta V_{x2} + \cdots + \Delta V_{xn} + \Delta V_{rsd}$

乘法形式：$D = V^T / V^0 = D_{x1} D_{x2} \cdots D_{xn} D_{rsd}$

其中，ΔV_{xi} 与 D_{xi} 分别为第 i 个影响因素的分解量，ΔV_{rsd}、D_{rsd} 分别为因素分解后的残差项。

目前，因素分解法有 10 余种，其中 Laspeyres 分解法、SDA 分解法及 LMDI 分解法最为常用。B. W. Ang 与 F. Q. Zhang 通过对具体算例的对比研究发现，由于 LMDI 分解法没有残差，更适合于对能源领域的问题进行研究[1][2]。

LMDI 分解法作为 Divisia 分解法的延伸，其基本思路是将目标变量分解出来的各个因素变量看成时间 t 的连续可微函数，然后对时间进行微分处理后得出的各个因素变量的变化对目标变量的贡献率。对目标变量的微分运算如下：

$$dV/dt = \sum_k \sum_i d(x_{1,i} x_{2,i} x_{3,i}, \cdots, x_{k,i}, \cdots, x_{n,i})/t = \sum_k \sum_i x_{1,i} x_{2,i} x_{3,i}, \cdots,$$
$$x_{k-1,i} x_{k+1,i}, \cdots, x_{n,i} x_{k,i}/dt = \sum_k \sum_i V_i d(\ln x_{k,i})/dt \tag{7-12}$$

对式（7-12）两边同时对时间积分可以得到：

$$\int_0^T dV/dt = \int_0^T \sum_k \sum_i V_i d(\ln x_{k,i})/dt = \sum_k \int_0^T \sum_i V_i d(\ln x_{k,i})/dt \tag{7-13}$$

$$\Delta x_{k,i} = \int_0^T \sum_i V_i d(\ln x_{k,i})/dt \tag{7-14}$$

对式（7-14）两边同除以 V^T，通过指数运算可以得到其乘法形式：

$$Dx_{k,i} = \exp\left\{\int_0^T \sum_i \omega_i d(\ln x_{k,i})/dt\right\} \tag{7-15}$$

从式（7-15）可以看出，其计算求解过程比较复杂，通常采用 LMDI（Logarithmic Mean Divisia Index Method）和 AMDI（Arithmetic Mean Divisia Index Method）分解法进行近似计算。本章主要介绍 LMDI 分解法，其加法和乘法形式如下：

加法形式：

$$\Delta x_k = \sum_i \frac{V_i^T - V_i^0}{\ln(V_i^T/V_i^0)} \ln(x_{k,i}^T / x_{k,i}^0) \tag{7-16}$$

---

① Zhang, F. Q., Ang, B. W.. Methodological issues in cross-country/region decomposition of energy and environment indicators. Energy Economics, 2001, 23 (2): 179-190.

② Ang, B. W.. Decomposition analysis for policymaking in energy: which is the preferred method? Energy Policy, 2004 (9): 1131-1139.

乘法形式：

$$Dxk = \exp\left\{\sum_i \frac{(V_i^T - V_i^0)\ln(V_i^T/V_i^0)}{(V^T - V^0)\ln(V^T/V^0)}\ln(x_{k,i}^T/x_{k,i}^0)\right\} \tag{7-17}$$

本章沿用 Tapio 脱钩模型和 LMDI 因素分解法，选取可量化的反倾销涉案产业出口隐含碳影响因素，在 Tapio 脱钩模型的基础上结合 LMDI 因素分解法构建反倾销涉案产业出口隐含碳脱钩弹性分解量化模型，即 Tapio – LMDI 模型。

7.2.2.2　Tapio – LMDI 因素分解模型的建立

李小平（2010）等认为，中国对主要发达国家的出口变量与 CO_2 排放量正相关，体现了出口贸易对环境影响的规模效应。鉴于此，本章基于 Tapio 脱钩模型，通过相应变量变换，首先可以构建碳转移量与出口贸易额的脱钩模型，对 1995 ~ 2012 年中国反倾销涉案产业出口隐含碳转移量与出口贸易额之间的脱钩关系进行测度。模型如下：

$$t_{CE,EXP} = \frac{\Delta CE/CE}{\Delta EXP/EXP} \tag{7-18}$$

式（7 – 18）中，$t_{CE,EXP}$ 为出口隐含碳转移量与出口贸易额的脱钩弹性指标；CE 为反倾销涉案产业出口隐含碳转移量；ΔCE 为现期相对于基期的出口隐含碳排放量变化值；EXP 为当期反倾销涉案产业出口贸易额；ΔEXP 为现期相对于基期的出口贸易额变化量。根据塔皮奥对弹性指数的划分，本章将弹性指数值根据脱钩或未脱钩划分为 6 种类型，分别为强脱钩、弱脱钩、强负脱钩、弱负脱钩、扩张性负脱钩、衰退性负脱钩。其中，强脱钩是可持续发展状态，也是实现低碳经济的最佳状态；强负脱钩为最不利状态；弱脱钩为相对乐观状态，其余均为不可持续状态，各类脱钩状态的详细解释见表 7 – 1。

表 7 – 1　　　　　　　　　　　各类脱钩状态的含义

序号	脱钩状态	出口隐含碳排放与出口贸易额增长的脱钩状态特征
I	强脱钩	出口贸易额增长率为正，出口隐含碳排放增长率为负
II	强负脱钩	出口贸易额增长率为负，出口隐含碳排放增长率为正
III	弱脱钩	出口贸易额增长率为正，出口隐含碳排放增长率为正，出口隐含碳排放增长率的幅度小于出口增长率
IV	扩张性负脱钩	出口贸易额增长率为正，出口隐含碳排放增长率为正，出口隐含碳排放增长率的幅度大于出口增长率
V	弱负脱钩	出口贸易负增长，出口隐含碳排放下降，出口隐含碳排放下降率小于出口贸易衰退的速度
VI	衰退性脱钩	出口贸易负增长，出口隐含碳排放下降，出口隐含碳排放下降率大于出口贸易衰退的速度

当出口贸易额保持持续增长（即 $r_{EXP} = \Delta EXP/EXP > 0$）时，$t_{CE,EXP}$ 值越小说明脱钩关系越显著，同时也越有利于可持续发展。本章为探究反倾销涉案产业出口贸易增长与出口隐含碳排放脱钩的特征，构建了出口贸易额增长与出口隐含碳排放脱钩的度量模型，如图 7–1 所示。

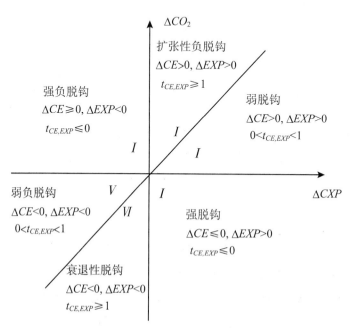

图 7–1 出口贸易与出口隐含碳转移脱钩度量模型

根据式（7–18）所构建的反倾销涉案产业出口隐含碳排放量与出口贸易额之间的脱钩模型，可得：

$$t_{CE,EXP} = \frac{\Delta CE}{CE} \times \frac{EXP}{\Delta EXP} = \Delta CE \times \frac{EXP}{CE \times \Delta EXP} \qquad (7-19)$$

在 7.2.2.1 中，出口隐含碳排放量的测算结果基于十一个反倾销涉案产业在能源消费阶段和工业生产过程中对原油、煤炭和天然气三种化石燃料的消耗所得。鉴于此，本章基于吴立波等人的 LMDI 分解法，通过改进和调整，参照所得数据资料，将反倾销涉案产业出口隐含碳转移的排放量分解为十一个反倾销涉案产业对三种能源消耗所产生的二氧化碳的总和。

日本教授茅阳一（Yoichi Kaya）曾提出了著名的 Kaya 恒等式[①]，建立起了经济、政

---

① Kaya Yoichi. Impact of carbon dioxide emission on GNP growth: interpretation of proposed scenarios [R]. Paris: Presentation to the Energy and Industry Subgroup, Response Strategies Working Group, IPCC, 1989.

策及人口等因素与碳排放之间的关系。鉴于本章引入国际贸易的相关变量，且 Kaya 恒等式考虑的因素较少，本章将对 Kaya 恒等式进行扩展。于是，通过 Kaya 恒等式扩展，本章式（7-9）中的 CE 可以表示为：

$$CE = \sum_{i=1}^{11} \sum_{j=1}^{3} CE_{ij} = \sum_{i=1}^{11} \sum_{j=1}^{3} \frac{CE_{ij}}{E_{ij}} \times \frac{E_{ij}}{E_i} \times \frac{E_i}{EXP_i} \times \frac{EXP_i}{EXP} \times \frac{EXP}{Y_Z} \times \frac{Y_Z}{GDP}$$
$$\times \frac{IM}{GDP} \times \frac{EXP}{IM} \times \frac{GDP}{EXP} \times GDP \qquad (7-20)$$

其中，$i = 1, 2, \cdots, 11$，分别代表十一个反倾销涉案产业；$j = 1, 2, 3$，分别代表原煤、石油、天然气三种能源。

式（7-20）中，进一步整理得：

$$CE = \sum_{i=1}^{11} \sum_{j=1}^{3} CE_{ij} = \sum_{i=1}^{11} \sum_{j=1}^{3} F_{ij} \times ES_{ij} \times EEI_i \times AS_i \times ZES \times ZGI \times IM \times EI \times GE \times GDP$$
$$(7-21)$$

式（7-20）和式（7-21）中，各个变量的含义见表7-2。

基于式（7-21），报告期相对于基期的隐含碳排放量可以表示为"和"的形式和"积"的形式：

$$\Delta CE = CE^t - CE^0$$
$$= \sum_{i=1}^{11} \sum_{j=1}^{3} (F_{ij} \times ES_{ij} \times EEI_i \times AS_i \times ZES \times ZGI \times IM \times EI \times GE \times GDP)^t -$$
$$\sum_{i=1}^{11} \sum_{j=1}^{3} (F_{ij} \times ES_{ij} \times EEI_i \times AS_i \times ZES \times ZGI \times IM \times EI \times GE \times GDP)^0$$
$$= \Delta CE_F + \Delta CE_{ES} + \Delta CE_{EEI} + \Delta CE_{AS} + \Delta CE_{ZES} + \Delta CE_{ZGI} + \Delta CE_{IM} + \Delta CE_{EI} +$$
$$\Delta CE_{GE} + \Delta CE_{GDP} + \Delta CE_{rsd} \qquad (7-22)$$

$$D = \frac{CE^t}{CE^0} = D_F D_{ES} D_{EEI} D_{AS} D_{ZES} D_{ZGI} D_{IM} D_{EI} D_{GE} D_{GDP} D_{rsd} \qquad (7-23)$$

其中，ΔCE_F、D_F 为能源碳排放强度因素；ΔCE_{ES}、D_{ES} 为能源结构因素；ΔCE_{EEI}、D_{EEI} 为出口能源强度因素；ΔCE_{AS}、D_{AS} 为出口结构因素；ΔCE_{ZES}、D_{ZES} 为制造业出口效应因素；ΔCE_{ZGI}、D_{ZGI} 为制造业的 GDP 贡献率因素；ΔCE_{IM}、D_{IM} 为进口效应因素；ΔC_{EEI}、D_{EI} 为贸易条件效应因素；ΔCE_{GE}、D_{GE} 为出口反效应因素；ΔCE_{GDP}、D_{GDP} 为经济规模因素；ΔCE_{rsd}、D_{rsd} 为分解残差。

表 7 - 2   模型中变量的符号及其代表的含义

变量	表示的含义	变量	表示的含义
CE	出口隐含碳转移的排放总量	F_{ij}	能源碳排放强度，即消费第 j 种能源的隐含碳排放量，$F_{ij} = \dfrac{CE_{ij}}{E_{ij}}$
CE_{ij}	第 i 个反倾销涉案产业消费第 j 种能源的隐含碳排放量	ES_{ij}	能源结构，即第 j 种能源在第 i 产业能源总消费中所占比重，$ES_{ij} = \dfrac{E_{ij}}{E_i}$
E_{ij}	第 i 个反倾销涉案产业第 j 种能源消费总量	EEI_i	出口能源强度，即第 i 产业单位出口的能源消费量，$EEI_i = \dfrac{E_i}{EXP_i}$
E_i	第 i 个反倾销涉案产业能源消费量	AS_i	出口结构，即第 i 产业的出口额在总出口中所占的比重，$AS_i = \dfrac{EXP_i}{EXP}$
EXP_i	第 i 个反倾销涉案产业的出口额	ZES	制造业出口效应，即总出口额与制造业总产出的比重，$ZES = \dfrac{EXP}{Y_z}$
EXP	总出口额	ZGI	制造业的 GDP 贡献率，即制造业总产出与 GDP 的比重，$ZGI = \dfrac{Y_z}{GDP}$
Y_z	制造业总产出	IM	进口效应，$IM = \dfrac{IM}{GDP}$
GDP	国民生产总值	EI	贸易条件效应，$EI = \dfrac{EXP}{IM}$
IM	总进口额	GE	出口反效应，$GE = \dfrac{GDP}{EXP}$

LMDI 因素分解法既可以采用"乘积分解"，也可以"加和分解"，不同学者实证研究的结果表明，这两种方法得出的结果一致。根据洪明生（B. W. Ang）提出的方法选择四条准则：理论基础、适用性强、运算简单和容易理解，本章从易于理解的角度选择"加和分解"形式。

基于式（7 - 21），采用洪明生等人提出的 LMDI 分解方法，对式（7 - 21）进一步分解，各因素的分解结果如下：

$$\Delta CE_F = \sum_{i=1}^{11} \sum_{j=1}^{3} W* \times \ln \frac{F_{ij}^t}{F_{ij}^0}, \ \Delta CE_{ES} = \sum_{i=1}^{11} \sum_{j=1}^{3} W* \times \ln \frac{ES_{ij}^t}{ES_{ij}^0},$$

$$\Delta CE_{EEI} = \sum_{i=1}^{11} \sum_{j=1}^{3} W* \times \ln \frac{EEI_i^t}{EEI_i^0}, \ \Delta CE_{AS} = \sum_{i=1}^{11} \sum_{j=1}^{3} W* \times \ln \frac{AS_i^t}{AS_i^0},$$

$$\Delta CE_{ZES} = \sum_{i=1}^{11} \sum_{j=1}^{3} W* \times \ln \frac{ZES^t}{ZES^0}, \ \Delta CE_{ZGI} = \sum_{i=1}^{11} \sum_{j=1}^{3} W* \times \ln \frac{ZGI^t}{ZGI^0},$$

$$\Delta CE_{IM} = \sum_{i=1}^{11} \sum_{j=1}^{3} W* \times \ln \frac{IM^t}{IM^0}, \ \Delta CE_{EI} = \sum_{i=1}^{11} \sum_{j=1}^{3} W* \times \ln \frac{EI^t}{EI^0},$$

$$\Delta CE_{GE} = \sum_{i=1}^{11} \sum_{j=1}^{3} W* \times \ln \frac{GE^t}{GE^0}, \ \Delta CE_{GDP} = \sum_{i=1}^{11} \sum_{j=1}^{3} W* \times \ln \frac{GDP^t}{GDP^0}$$

其中，$W* = \dfrac{CE_{ij}^t - CE_{ij}^0}{\ln CE_{ij}^t - \ln CE_{ij}^0}$，因而：

$$\Delta CE_{rsd} = \Delta CE - (\Delta CE_F + \Delta CE_{ES} + \Delta CE_{EEI} + \Delta CE_{AS} + \Delta CE_{ZES} + \Delta CE_{ZGI} + \Delta CE_{IM}$$
$$+ \Delta CE_{EI} + \Delta CE_{GE} + \Delta CE_{GDP})$$

$$= CE^t - CE^0 - \sum_{i=1}^{11} \sum_{j=1}^{3} W* \left(\ln \frac{F_{ij}^t}{F_{ij}^0} + \ln \frac{ES_{ij}^t}{ES_{ij}^0} + \ln \frac{EEI_i^t}{EEI_i^0} + \ln \frac{AS_i^t}{AS_i^0} + \ln \frac{ZES^t}{ZES^0} + \ln \frac{ZGI^t}{ZGI^0} \right.$$

$$\left. + \ln \frac{IM^t}{IM^0} + \ln \frac{EI^t}{EI^0} + \ln \frac{GE^t}{GE^0} + \ln \frac{GDP^t}{GDP^0} \right)$$

$$= CE^t - CE^0 - \sum_{i=1}^{11} \sum_{j=1}^{3} W* \ln \frac{F_{ij}^t ES_{ij}^t EEI_i^t AS_i^t ZES^t ZGI^t IM^t EI^t GE^t GDP^t}{F_{ij}^0 ES_{ij}^0 EEI_i^0 AS_i^0 ZES^0 ZGI^0 IM^0 EI^0 GE^0 GDP^0}$$

$$= CE^t - CE^0 - \sum_{i=1}^{11} \sum_{j=1}^{3} W* (\ln CE_{ij}^t - \ln CE_{ij}^0)$$

$$= 0 \tag{7-24}$$

于是，报告期相对于基期的隐含碳排放量可以表示为：

$$\Delta CE = CE^t - CE^0$$
$$= \Delta CE_F + \Delta CE_{ES} + \Delta CE_{EEI} + \Delta CE_{AS} + \Delta CE_{ZES} + \Delta CE_{ZGI} + \Delta CE_{IM}$$
$$+ \Delta CE_{EI} + \Delta CE_{GE} + \Delta CE_{GDP} + \Delta CE_{rsd} \tag{7-25}$$

结合式（7-25）和式（7-19）即可建立 Tapio-LMDI 模型：

$$t_{CE,EXP} = \frac{\Delta CE}{CE} \times \frac{EXP}{\Delta EXP} = \Delta CE \times \frac{EXP}{CE \times \Delta EXP}$$

$$= (\Delta CE_F + \Delta CE_{ES} + \Delta CE_{EEI} + \Delta CE_{AS} + \Delta CE_{ZES} + \Delta CE_{ZGI} + \Delta CE_{IM} + \Delta CE_{EI} + \Delta CE_{GE}$$

$$+ \Delta CE_{GDP}) \frac{EXP}{CE \times \Delta EXP}$$

$$= \frac{\Delta CE_F}{\Delta EXP} \frac{CE}{EXP} + \frac{\Delta CE_{ES}}{\Delta EXP} \frac{CE}{EXP} + \frac{\Delta CE_{EEI}}{\Delta EXP} \frac{CE}{EXP} + \frac{\Delta CE_{AS}}{\Delta EXP} \frac{CE}{EXP} + \frac{\Delta CE_{ZES}}{\Delta EXP} \frac{CE}{EXP}$$

$$+ \frac{\Delta CE_{ZGI}}{\Delta EXP} \frac{CE}{EXP} + \frac{\Delta CE_{IM}}{\Delta EXP} \frac{CE}{EXP} + \frac{\Delta CE_{EI}}{\Delta EXP} \frac{CE}{EXP} + \frac{\Delta CE_{GE}}{\Delta EXP} \frac{CE}{EXP} + \frac{\Delta CE_{GDP}}{\Delta EXP} \frac{CE}{EXP}$$

$$(7-26)$$

根据 Tapio 脱钩模型的原理,式(7-26)可以表示为:

$$t_{CE,EXP} = t_F + t_{ES} + t_{EEI} + t_{AS} + t_{ZES} + t_{ZGI} + t_{IM} + t_{EI} + t_{GE} + t_{GDP} \qquad (7-27)$$

式(7-27)即为本章所构建的反倾销涉案产业出口隐含碳排放与出口贸易之间的 Tapio - LMDI 模型因素分解模型。其中,t_F、t_{ES}、t_{EEI}、t_{AS}、t_{ZES}、t_{ZGI}、t_{IM}、t_{EI}、t_{GE}、t_{GDP} 分别是反倾销涉案产业出口隐含碳转移所对应的脱钩弹性指标。因此,出口隐含碳转移与出口贸易之间的脱钩弹性指标 $t_{CE,EXP}$ 可以分解为能源碳排放强度脱钩弹性(t_F)、能源结构脱钩弹性(t_{ES})、出口能源强度脱钩弹性(t_{EEI})、出口结构脱钩弹性(t_{AS})、制造业出口效应脱钩弹性(t_{ZES})、制造业的 GDP 贡献率脱钩弹性(t_{ZGI})、进口效应脱钩弹性(t_{IM})、贸易条件效应脱钩弹性(t_{EI})、出口反效应脱钩弹性(t_{GE})、经济规模脱钩弹性(t_{GDP})。

7.2.2.3 数据选取及来源

本章研究模型选取 1995 ~ 2012 年时间序列数据,以《中国能源统计年鉴》《中国对外经济贸易统计年鉴》和《中国统计年鉴》等统计年鉴所载数据为准,其中主要包括 11 个反倾销涉案产业对三种能源的消耗量、11 个反倾销涉案产业的出口额、各年度中国的 GDP 和制造业总产出、11 个反倾销涉案产业的出口额和进口额等。11 个反倾销涉案产业的出口隐含碳转移量根据 7.2.1 中的方法计算所得。此外,由于原煤、原油、天然气三种能源的计量单位差异,本章为了测度各个产业的能源消费结构需将其折算为标准煤,折算系数如表 7-3 所示。

表 7 - 3　　　　　　　　　　　　标准煤折算系数

能源种类	原煤(千克)	原油(千克)	天然气(立方米)
折算系数	0.7143 千克标准煤/千克	1.4286 千克标准煤/千克	1.3300 千克标准煤/立方米

资料来源:《中国能源统计年鉴》,并经计算整理。

11 个产业对三种一次能源的表观消费量及折算后的能源消费总量(标准煤)如表 7 - 4 所示。除此之外,根据统计年鉴还获取国民生产总值、产业出口额、出口总额、进口总额、制造业年产值等数据。

表 7 - 4　　　　　　　　　1995 ~ 2012 年 11 产业的能源消费总量数据

年份	原煤 （万吨）	原油 （万吨）	天然气 （亿立方米）	能源消费总量 （万吨标准煤）
1995	43 243.80	12 481.30	90.83	48 731.91
1996	42 639.27	12 442.50	104.46	48 246.48
1997	40 224.40	11 777.14	95.49	45 569.81
1998	36 843.81	12 998.46	99.47	44 900.36
1999	34 321.52	14 254.06	104.77	44 893.15
2000	24 441.27	17 173.01	114.22	49 317.00
2001	32 943.42	17 263.63	121.95	49 681.09
2002	33 648.59	18 248.19	129.55	50 088.94
2003	40 318.17	20 071.13	164.33	57 458.61
2004	52 228.86	27 291.94	180.99	76 271.29
2005	57 408.25	28 551.39	215.38	81 772.48
2006	71 003.07	30 885.17	237.53	94 816.04
2007	73 448.91	32 641.82	278.82	99 074.99
2008	78 119.69	34 011.38	298.98	104 368.10
2009	79 808.35	36 880.47	279.78	109 665.37
2010	82 437.99	41 691.13	308.95	118 411.45
2011	89 601.77	42 856.62	417.97	125 205.96
2012	92 475.17	45 482.52	484.81	131 013.95

资料来源：《中国能源统计年鉴》，并经计算整理。

7.2.3　出口隐含碳转移影响因素分析

考察 1995 ~ 2012 年中国反倾销涉案产业能源消费引致的出口隐含碳转移，不仅要分别从产业整体和各产业部门两方面识别出口隐含碳转移与和出口贸易额之间的脱钩状态，同时分析出口隐含碳转移的变化趋势，还要借助脱钩指数，对 11 个反倾销涉案产业出口隐含碳转移的驱动因素进行分解，以揭示各个脱钩指标对出口隐含碳转移的贡献率。本章在运用 Tapio - LMDI 模型进行脱钩指数分解的过程中，将一年的时间作为间隔长度，将 1995 ~ 2012 年的每两年作为一个时段，进行对比分析。鉴于计算过程烦琐，求解过程此处省略，只给出最后的求解结果。

7.2.3.1 反倾销涉案产业的脱钩特征分析

根据图 7 - 1 的脱钩关系评价概念模型，对中国 11 个反倾销涉案产业出口隐含碳转移与出口贸易额之间的脱钩关系进行界定，其结果见表 7 - 5。

表 7 - 5　　　1995 ~ 2012 年中国出口隐含碳转移与出口贸易额之间的整体脱钩状态

年份	CE	CE　CE	EXP	EXP　EXP	t	脱钩状态
1995 ~ 1996	- 63. 2827	- 0. 0031	20. 9448	0. 0019	- 1. 6177	强脱钩
1996 ~ 1997	4 598. 2428	0. 2292	2 407. 9234	0. 2231	1. 0277	扩张负脱钩
1997 ~ 1998	- 7 269. 1285	- 0. 2948	193. 7484	0. 0147	- 20. 0891	强脱钩
1998 ~ 1999	- 21. 0836	- 0. 0012	- 563. 8029	- 0. 0421	0. 0288	弱负脱钩
1999 ~ 2000	6 133. 3079	0. 3532	5 613. 1823	0. 4374	0. 8074	弱脱钩
2000 ~ 2001	1 378. 8783	0. 0587	1 229. 2488	0. 0666	0. 8805	弱脱钩
2001 ~ 2002	5 922. 1916	0. 2380	4 674. 2256	0. 2376	1. 0020	扩张负脱钩
2002 ~ 2003	20 563. 1241	0. 6676	8 833. 1040	0. 3628	1. 8403	扩张负脱钩
2003 ~ 2004	19 004. 8306	0. 3700	12 240. 3240	0. 3689	1. 0030	扩张负脱钩
2004 ~ 2005	20 370. 7729	0. 2895	12 727. 0092	0. 2802	1. 0332	扩张负脱钩
2005 ~ 2006	27 964. 9138	0. 3082	14 175. 5397	0. 2438	1. 2642	扩张负脱钩
2006 ~ 2007	22 564. 1281	0. 1901	14 952. 7703	0. 2067	0. 9194	弱脱钩
2007 ~ 2008	12 939. 9814	0. 0916	7 607. 8564	0. 0872	1. 0508	扩张负脱钩
2008 ~ 2009	- 26 988. 3986	- 0. 1750	- 17 796. 0804	- 0. 1876	0. 9331	弱负脱钩
2009 ~ 2010	42 118. 8762	0. 3311	23 648. 0520	0. 3068	1. 0792	扩张负脱钩
2010 ~ 2011	39 414. 1732	0. 2328	15 095. 4363	0. 1498	1. 5532	扩张负脱钩
2011 ~ 2012	29 985. 8198	0. 1436	5 432. 2437	0. 0469	3. 0629	扩张负脱钩

从表 7 - 5 中的界定结果可知：近 18 年以来，中国出口隐含碳排放与出口贸易额总体上处于扩张负脱钩状态，即出口贸易额在保持正增长的同时，出口隐含碳转移也在持续地增长，并且出口隐含碳转移的环比增长速度大于出口贸易的环比增长速度，这说明出口隐含碳转移的强度在相对上升。除 1996 年和 1998 年二者呈最理想的强脱钩状态之外，其他年度呈现为不可持续状态，出口隐含碳转移强度的逆向上升说明中国出口贸易额的增长难于摆脱对高碳模式的依赖。

为了进一步明确各反倾销涉案产业的出口隐含碳转移与出口贸易额之间的解耦关

系，通过测算，得到了 11 个反倾销涉案产业在 1995～2012 年的脱钩状态，状态结果如表 7-6 所示。

表 7-6　　　　　1995～2012 年 11 产业出口隐含碳与出口贸易额之间的脱钩状态

产业代码	1	2	3	4	5	6	7	8	9	10	11
1995～1996	强负	强负	强负	扩张负	扩张负	强负	强负	扩张负	扩张负	扩张负	扩张负
1996～1997	强脱钩	强脱钩	强脱钩	强脱钩	强脱钩	强脱钩	强脱钩	强脱钩	强脱钩	强脱钩	强脱钩
1997～1998	弱负	衰退	弱负	强负	强脱钩	强脱钩	衰退	强脱钩	强脱钩	强脱钩	强脱钩
1998～1999	衰退	强脱钩	强脱钩	强负	强脱钩	强脱钩	强脱钩	弱负	扩张负	强脱钩	强脱钩
1999～2000	强脱钩	强脱钩	弱脱钩	弱脱钩	强脱钩	强脱钩	强脱钩	强脱钩	强脱钩	强脱钩	强脱钩
2000～2001	弱负	扩张负	强脱钩	弱脱钩	强脱钩	强脱钩	强负	强脱钩	扩张负	衰退	强脱钩
2001～2002	弱脱钩	强脱钩	弱脱钩	扩张负	强脱钩	强脱钩	强脱钩	强脱钩	强脱钩	强脱钩	强脱钩
2002～2003	弱脱钩	强脱钩	弱脱钩	强脱钩	强脱钩	扩张负	强脱钩	强脱钩	强脱钩	强脱钩	强脱钩
2003～2004	扩张负	扩张负	扩张负	扩张负	扩张负	弱脱钩	强脱钩	强脱钩	强脱钩	强脱钩	扩张负
2004～2005	扩张负	弱脱钩	强脱钩	强脱钩	强脱钩	强脱钩	强脱钩	强脱钩	强脱钩	强脱钩	强脱钩
2005～2006	扩张负	扩张负	弱脱钩	强负	强脱钩	扩张负	强脱钩	扩张负	强脱钩	扩张负	弱脱钩
2006～2007	扩张负	弱脱钩	强脱钩	弱脱钩	强脱钩	强脱钩	强脱钩	强脱钩	强脱钩	强脱钩	强脱钩
2007～2008	扩张负	强脱钩	强负	弱脱钩	强脱钩	强负	强脱钩	强脱钩	强脱钩	强脱钩	强脱钩
2008～2009	强脱钩	弱负	强负	强负	强负	强负	弱负	强负	强负	强负	弱负
2009～2010	扩张负	弱脱钩	强脱钩	弱脱钩	强脱钩	强脱钩	强脱钩	强脱钩	弱脱钩	强脱钩	强脱钩
2010～2011	扩张负	强脱钩	强脱钩	强脱钩	弱脱钩	强脱钩	强脱钩	强脱钩	强脱钩	扩张负	强脱钩
2011～2012	强负	衰退	弱脱钩	强负	强脱钩	强脱钩	强负	强脱钩	强负	强脱钩	扩张负

注：由于篇幅限制，"扩张负脱钩"用"扩张负"表示，"衰退性脱钩"用"衰退"表示，"弱负脱钩"用"弱负"表示，"强负脱钩"用"强负"表示。

表 7-6 说明，虽然 11 个产业在国外对华反倾销中处于高发状态，但各产业所承载的出口隐含碳转移却不尽相同，且具有明显的产业特征。从横向来看，农林牧副渔（产业代码为 1）主要以扩展负脱钩为主，木材加工业（产业代码为 3）和化学制品业（产业代码为 5）等呈弱脱钩状态，电气机械及器材制造业（产业代码为 10）及工艺品制造业（产业代码为 11）则呈现出强脱钩状态，这反映出我国产业结构差异所导致的能源利用效率不同。从纵向来看，部分产业出口隐含碳转移的增速逐渐趋近或小于出口贸易额增速，这反映出在政策效应和技术效应影响下，提高了产业的能源利用效率，使得脱钩状态会得到改善。

7.2.3.2 反倾销涉案产业出口隐含碳转移的驱动因素单个分析

脱钩关系从宏观层面反映了反倾销涉案产业出口隐含碳转移与出口贸易额之间的依存关系，但并不易于揭示影响出口隐含碳转移的深层原因。鉴于此，构建了 Tapio – LMDI 模型，分别从出口产业整体的角度和不同产业部门的角度对出口隐含碳转移进行驱动因素分解，以期发现出口隐含碳转移的更深层原因。

（1）出口产业的整体驱动因素分解。

将 11 个反倾销涉案产业视为一个整体，对出口隐含碳转移进行驱动因素分解时，驱动因素涉及能源结构、碳排放强度、能源效率和出口规模四个因素，不区分产业部门。于是，根据前文中 Tapio – LMDI 模型的原理，可以建立如下分解模型：

$$CE = \sum_{j=1}^{3} CE_j = \sum_{j=1}^{3} \frac{CE_j}{E_j} \frac{E_j}{E} \times \frac{E}{EXP} \times EXP \tag{7-28}$$

其中，CE、CE_j 代表出口隐含碳转移的总量；下标 j 表示能源种类，$j=1$，2，3 分别代表原煤、原油和天然气；E_j 表示第 j 中能源的消耗量；E 和 EXP 分别是能源消耗总量和 11 产业的出口贸易总额。于是，根据 Tapio – LMDI 模型的原理，采用加和分解方法可以将脱钩弹性指数分解为：

$$T_{CE,EXP} = T_a + T_b + T_c + T_d \tag{7-29}$$

上式中，$T_{CE,EXP} = T_a$、T_b、T_c 及 T_d 分别表示碳排放强度脱钩弹性、能源结构脱钩弹性、能源效率脱钩弹性和出口规模脱钩弹性。

1995～2012 年各年度脱钩指数的分解结果如图 7 – 2 所示。

从图 7 – 2 中可以看出能源效率（T_c）对出口隐含碳与出口贸易增长之间的脱钩关系起着主导作用，且对其产生反向拉升作用，出口规模（T_d）因素的影响次之，能源结构（T_b）和碳排放强度（T_a）因素的影响相对较弱。表 7 – 5 中的脱钩指数显示，1995～2012 年中国出口隐含碳排放与出口贸易额总体上呈扩张负脱钩状态（不可持续状态），这说明，若使中国出口隐含碳转移与出口贸易额之间呈现脱钩状态，应以提高能源利用效率为主要手段，通过适当控制出口规模来间接降低出口隐含碳转移的绝对排放量，并以改善能源结构和降低碳排放强度为必要补充，从而总体上实现出口隐含碳转移和出口贸易额之间的强脱钩。

（2）产业部门驱动因素分解。

由于文中的测算结果表明中国反倾销涉案产业的出口隐含碳转移在逐年增加，且各产业的脱钩状态一直处于不可持续状态，而这一情形对中国乃至世界的碳排放都会产生影响，要实现出口贸易的低碳化，有必要分析影响中国出口隐含碳转移的总量增长及出

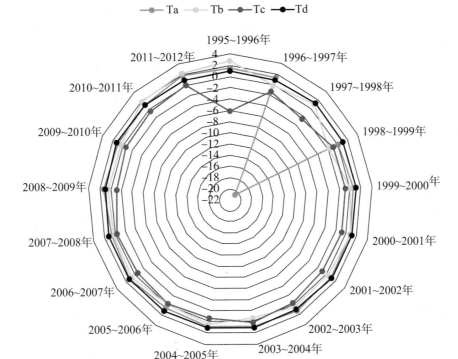

图 7 - 2   1995～2012 年出口隐含碳转移与出口贸易额之间的脱钩指数分解

口贸易与出口隐含碳转移脱钩的主要因素，从根源上寻找减少贸易隐含碳的途径。

根据 Tapio – LMDI 模型中的脱钩指数分解方法，对各影响因素进行求解，其中每个反倾销涉案产业每年都涉及 10 个分量数据，鉴于数据量较大，此处不一一罗列，仅给出 11 产业各分解指标的平均值，详见表 7 – 7 及图 7 – 3。

表 7 – 7（a）   11 产业各分解指标贡献值（1995～2012 年平均值）

产业代码	产业名称	能源碳排放强度 T_F	能源结构 T_{ES}	出口能源强度 T_{EEI}	出口结构 T_{AS}	制造业出口效应 T_{ZES}
1	农林牧渔业	- 4. 5382	40. 7804	4. 7713	- 3. 8367	- 2. 1085
2	纺织业	5. 7971	42. 6869	- 5. 7390	- 3. 1848	- 3. 9656
3	木材加工及家具制造业；造纸印刷及文教体育用品制造业	1. 2816	- 2. 2115	- 0. 8987	0. 3457	0. 4392
4	石油加工、炼焦工业	0. 7542	- 1. 0502	- 0. 4018	- 2. 3202	1. 5781
5	化学工业	4. 1068	- 0. 4494	0. 0858	- 0. 5872	- 0. 0214
6	非金属矿物制品业	1. 6040	4. 0685	- 1. 6475	- 0. 8910	- 1. 8807

产业代码	产业名称	能源碳排放强度 T_F	能源结构 T_{ES}	出口能源强度 T_{EEI}	出口结构 T_{AS}	制造业出口效应 T_{ZES}
7	金属制品业	14.8468	128.760	-13.719	-21.885	-0.7385
8	专用设备制造业	1.1283	0.2183	-1.5612	0.2809	-0.0792
9	交通运输设备制造业	-0.2531	-24.677	-0.0719	-0.5903	-2.7723
10	电气机械、器材制造业	-0.5695	3.0397	-1.4020	0.5603	1.0058
11	工艺品及其他制造业	2.2597	-1.8190	-2.2483	-0.0069	-0.2283

表 7-7（b）　　　　11 产业各分解指标贡献值（1995~2012 年平均值）

产业代码	产业名称	制造业 GDP 贡献率 T_{ZGI}	进口效应 T_{IGE}	贸易条件 T_{ZIE}	出口反效应 T_{GEE}	经济规模 T_{GDP}
1	农林牧渔业	1.6767	8.5093	-12.778	4.2684	5.7552
2	纺织业	0.4230	-12.720	5.9926	6.7274	7.7328
3	木材加工及家具制造业；造纸印刷及文教体育用品制造业	0.2657	0.0646	0.9860	-1.0506	-0.0545
4	石油加工、炼焦工业	0.1646	0.0220	-0.5996	0.5776	1.6123
5	化学工业	0.6501	0.1415	-0.0999	-0.0416	0.2644
6	非金属矿物制品业	1.6025	-7.4766	6.3075	1.1692	2.1571
7	金属制品业	-0.7385	10.3243	-6.7889	-3.5354	-2.5172
8	专用设备制造业	0.0476	-0.4500	0.5590	-0.2494	0.7699
9	交通运输设备制造业	0.6234	2.3560	-5.0952	2.7392	3.7614
10	电气机械、器材制造业	-0.7942	-0.9816	1.7536	-0.7720	0.2485
11	工艺品及其他制造业	0.2049	-0.5173	0.4871	0.0302	1.0284

由表 7-7 及图 7-3 的脱钩指数分解结果可以看出：

①影响各产业脱钩状态的主要正向因素和负向因素均不相同。例如，能源碳排放强度脱钩弹性（TF）对农副食品加工业、交通运输设备制造业及电气机械及器械制造业的脱钩状态具有明显负向影响，对其他产业的脱钩状态则具有正向影响；能源结构脱钩弹性（TES）对农副食品加工业、纺织业、金属制品业、电气机械及器械制造业的脱钩状态具有显著正向影响。

②同一因素对各产业的影响程度具有较大差异。譬如，影响金属制造业脱钩状态的主要指标是出口能源强度脱钩弹性（TEEI），平均贡献值高达 -13.7182，而该指标对其他产业的贡献值则相对较小；进口效应脱钩弹性（TIGE）在纺织业的众多弹性指标中

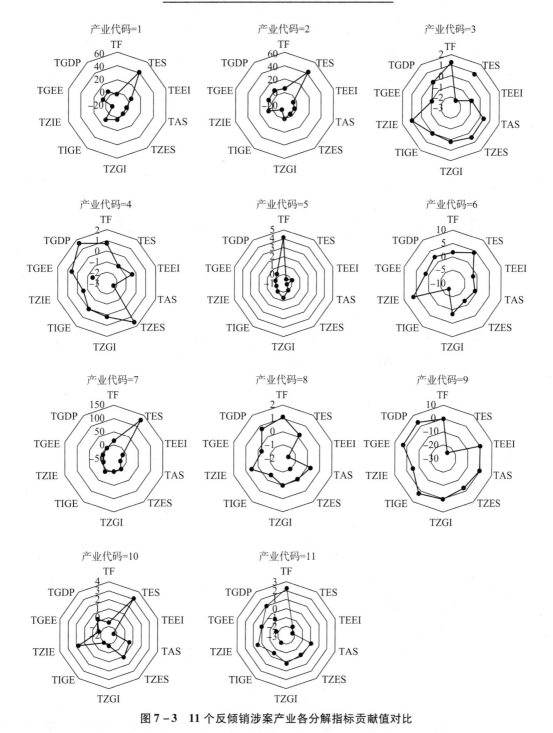

图 7-3　11 个反倾销涉案产业各分解指标贡献值对比

最高，达 -12.7199，说明其是该产业在总体上实现弱脱钩的主要因素，而该指标对其他产业的贡献值则相对微弱。

③从时间序列角度来看,不同时期影响各产业脱钩状态的主要驱动因素不尽相同。本章选取出口隐含碳转移居前两位的非金属矿物制品业和专用设备制造业为例进行说明(如图7-4及图7-5所示)。

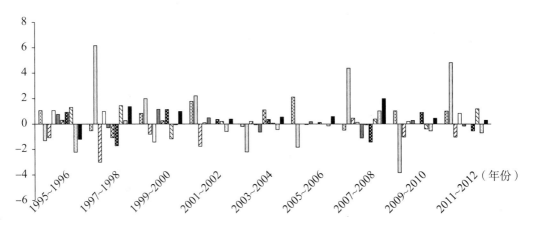

图7-4　1995~2012年非金属矿物制品业各弹性指标贡献值对比

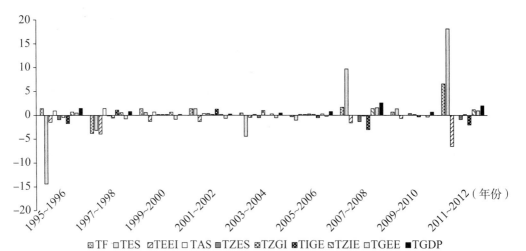

图7-5　1995~2012年专用设备制造业各弹性指标贡献值对比

从图7-4和图7-5中可以直观地发现,非金属矿物制品业在1995~1996年的脱钩状态明显受出口反效应(T_{GEE})的影响,而在1997~1998年、2003~2004年、2007~2012年则受能源结构效应(T_{ES})影响显著。就专用设备制造业而言,在1995~1996年、2007~2008年及2011~2012年,能源结构效应(T_{ES})对脱钩状态的影响突出,且逐渐从负向影响转化为正向影响,而在1997~2002年,出口能源强度效应(T_{EEI})的贡献比重较大。结合表 7-6 中对各时期各产业脱钩状态的判别表明，1995～2012 年非金属矿物制品业的脱钩状态始终在扩张负脱钩和强脱钩之间徘徊，而专用设备制造业则逐渐实现了由弱脱钩向强脱钩的转变。

7.2.3.3　反倾销涉案产业出口隐含碳转移的驱动因素分类分析

根据 Tapio - LMDI 模型的求解结果及各驱动因素自身的特点，本章将上述影响出口隐含碳排放的因素分为三类，即强度效应、结构效应和规模效应。详细分类情况如表 7-8 所示。

表 7-8　　　　　　　　　　　出口隐含碳排放影响因素分类

类别	因素名称	符号	11 产业贡献值变动情况	平均贡献值	累计贡献值
强度效应	能源碳排放强度	T_F	− + + + + + + − − +	2.4016	26.4178
	出口能源强度	T_{EEI}	+ − − − + − − − − −	− 2.0756	− 22.8315
结构效应	能源结构效应	T_{ES}	+ + − − + + + − + −	17.2133	189.3467
	出口结构效应	T_{AS}	− − + − + − + − + +	− 2.9195	− 32.1149
	进口效应	T_{IGE}	+ − + − + − + − + −	− 0.0662	− 0.7279
	出口反效应	T_{GEE}	+ + − + − + − − + +	0.8966	9.8630
	贸易条件效应	T_{ZIE}	− + + − − + − + − +	− 0.8432	− 9.2756
规模效应	经济规模效应	T_{GDP}	+ + − + + + + + − +	1.8871	20.7582
	制造业出口效应	T_{ZES}	− − + + − + + + − −	− 0.7974	− 8.7713
	制造业 GDP 贡献率	T_{ZGI}	+ + + + + + − − + +	0.3751	4.1259

从表 7-8 中的因素分类可以清晰地看出：主要的正向影响因素包括：能源碳排放强度、能源结构效应、出口反效应、经济规模效应及制造业 GDP 贡献率；主要的负向影响因素有出口能源强度、出口结构效应、进口效应、贸易条件效应及制造业出口效应。接下来将分别对三类效应进行具体分析。

（1）强度效应。

能源强度效应是指能源利用效率或物力产出之比。本章的强度效应包括能源碳排放强度和出口能源强度。能源碳排放强度，即能源利用效率，是指碳排放量与各种能源消费总量之比。出口能源强度是指单位出口额所耗费的能源量。从表 7-8 可以看出，能源碳排放强度对大部分产业的脱钩指数具有正向拉动作用（贡献值变动情况为"＋"）；相反，出口能源强度对大部分产业的脱钩指数具有反向拉动作用（贡献值变动情况为"－"）。能源强度效应更多地反映了能源的利用效率，而能源利用效率的提高依赖于技术进步，可见需要通过改善生产技术以实现减排目标。表7-8中能源强度效应对11个产业的影响表现出明显的产业差异性，这说明能源强度并非在所有产业中均发挥着一致性优势。当然，这也并不是说技术进步对所有产业都会产生正效应，而是说明技术进步对特定产业开发的专项技术具有一定的针对性。导致这样局面的原因可能是部分产业所推行的现行技术在注重提高生产率的同时忽略了环境质量的改善。

（2）结构效应。

本章中的结构效应是指贸易结构与能源结构变化对出口隐含碳转移的影响。表7-8中结构效应指标在各部门间的作用既有正向，也有负向。一方面是因为各部门对三种能源的消费比重不同；另一方面是因为存在有的部门出口比重上升而有的部门出口比重下降的现象。

就能源结构效应而言，本章所讨论的能源结构主要是原油、原煤和天然气三种燃料的结构比重，这三种化石燃料都属于高碳能源，增加消费量必然导致隐含碳排放的增加。然而，由于三种能源的碳排放系数相差悬殊（原煤 $0.7341tCO_2/t$、原油 $0.5588tCO_2/t$、天然气 $0.4269tCO_2/t$），因此通过调整能源消费结构，适当减少原煤的消费比重，适当增加原油和天然气的消费比重，在满足经济发展对能源需求的同时，也能达到减排目标。本章中，能源结构效应对11产业的平均贡献值为17.2133，累计贡献值为189.3467，在11个分解指标中居首位，这也凸显了调整能源结构对实现各产业低碳发展的重要地位。

国际贸易对出口隐含碳排放的影响包含了出口结构效应、进口效应、出口反效应及贸易条件效应，通常进口效应和出口效应对隐含碳排放的影响方向和力度有所差别。表7-8中，11产业的进口效应累计值为－0.7279，出口效应累计值为9.8630（出口效应累计值为1/9.8630）。相对于出口效应和进口效应指标，贸易条件效应指标更有利于全方位关注出口和进口对隐含碳排放的影响，避免高估或低估国际贸易对隐含碳排放的影响作用。从表7-8的累计贡献值可以看出，贸易条件对实现脱钩具有反向拉动效果，这也为碳减排指明了方向。相对于上述三个指标，出口结构（即 EXPi/EXP）对脱钩状态的影响更加显著，其累计贡献值为－32.1149。我国既是制造业大国，也是出口大国，出口贸易在拉动经济增长的同时，也是隐含碳排放的主要"助推器"。因此，在扩大出口规模的同时也应该兼顾资源环境的约束，适当调整出口产品结构，不能单纯为了出口贸易额的快速增长而放弃出口制造业良性发展的战略。

（3）规模效应。

本章将经济规模效应、制造业出口效应及制造业 GDP 贡献率对出口隐含碳转移的影响统称为规模效应。从表 7 - 8 可以看出，1995 ~ 2012 年，经济规模效应、制造业出口效应及制造业 GDP 贡献率对 11 产业脱钩指数的平均贡献值分别为 1.8871、-0.7974 和 0.3751，其中经济规模效应指标对脱钩指数的影响最大，其累计贡献值为 20.7582。出口贸易作为中国国民经济发展的"三驾马车"之一，尤其是对以制造业出口为主的中国而言，其地位不言而喻。统计表明，1995 年 11 产业的出口贸易额为 10 773.19 亿元，到 2012 年已经高达 121 264.92 亿元，增长了 10 倍有余。同样，出口贸易也喻为污染排放的"三大引擎之一"，在资源能源用度紧张、环境保护刻不容缓的今天，出口贸易日趋演变为一把双刃剑——中国出口贸易带来的隐含碳转移也在日趋攀升。本章计算结果显示，1995 年 11 个产业的出口隐含碳排放为 20 121.22 万吨（通过三种一次能源计算而得），2012 年已达到 238 738.57 万吨，增长了将近 11 倍。可见，在影响出口贸易的隐含碳转移因素中，贸易规模的扩大是主要因素之一。

7.2.4　出口隐含碳转移影响因素对反倾销涉案产业结构的效应分析

由 7.2.3 出口隐含碳转移的影响因素分析可得，反倾销涉案产业的能源碳排放强度对大部分产业的脱钩指数具有正向拉动作用；相反，出口能源强度对大部分产业的脱钩指数具有反向拉动作用。能源强度效应更多地反映了能源的利用效率，而提高能源的利用效率需要依靠技术的进步，由此可知，减排目标需要通过改善生产技术实现。而就能源结构效应而言，原油、原煤和天然气三种化石燃料都属于高碳能源，增加消费量必然导致隐含碳排放量的增长。若能够优化调整能源的消费结构，通过适当减少原煤的消费比重，增加原油和天然气的消费比重，在满足经济发展对能源需求的同时，就能达到减排目标。能源强度效应和规模效应中的"碳拉动"效应传导，以及出口隐含碳转移的结构"碳抑制"效应传导，一方面证明了碳市场交易标的物的流动性和公共性特性，另一方面，也说明了碳交易的必要性。对反倾销涉案产业出口隐含碳转移影响因素对国内碳市场驱动进行效应传导分析，为国内碳市场驱动反倾销涉案产业的应对机制构建提供证据支撑[①]。

如图 7 - 6 所示，反倾销涉案产业出口隐含碳转移影响因素的效应传导作用如下：

---

① 何凌云，林祥燕. 江苏省对外贸易中的碳排放转移效应研究 [J]. 华东经济管理，2012 (6)：9 - 13.

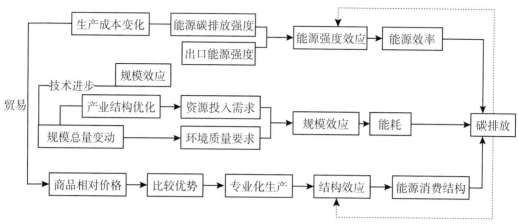

图 7 - 6　出口隐含碳转移影响因素对反倾销涉案产业的效应传导作用

7.2.4.1　"贸易—碳排放"出口隐含碳转移能源强度效应

从能耗视角来看，国家之间贸易带来的国家出口扩张会产生大量的产品生产需求。基于产品生命周期理论，出口商品生产的产业链，包括"原材料—中间产品—最终产品"三个环节，能耗分为两类：既指生产过程中的直接投入能耗，也包括投入原材料和中间产品的生产过程中发生的隐含间接能耗。由此可见，在贸易中有显性与隐性能耗两个渠道导致碳排放的增加，这就属于碳市场驱动中的"碳拉动"环节。

7.2.4.2　"贸易—产业总量—碳排放"出口隐含碳转移的规模效应

全球贸易的自由化促进了专业的分工与交换，由此产生了通过扩大经济活动规模带来的产出增长。根据环境库兹涅茨曲线理论，当产业结构技术水平不变时，扩大产业的经济规模可以增加对资源等生产要素投入的需求，同时也导致能耗的增加，也为"碳拉动"的节点。此外，环境保护的正收入弹性特点，使得单位产出能耗减少，这属于碳市场驱动中"碳抑制"节点。由于出口隐含碳转移的规模效应中"碳抑制"与"碳拉动"效力的最终抵消结果不同，因此不同国家的环境库兹涅茨曲线的具体形状也存在差异。

7.2.4.3　"贸易—产业结构—碳排放"出口隐含碳转移的结构效应

H - O 理论认为，资本、劳动力等要素禀赋不同使得各国的各个部门产品的相对价格发生变动，此外污染外部性会导致一国的生产可能集中呈现出非凸性的特征，这使得细微的价格变化将引起污染密集型产业的巨大扩张。由此，各国逐渐形成自己具有相对比较优势的劳动或资本密集型产业的专业化分工。从产业结构来看，不同的产业结构所包含的商品类型和服务也有所区别，故所消耗的能耗也不相同。从理论上说，一国产业结构中高低耗能部门之间的比例决定了结构效应对碳排放的拉动或抑制效力。

　　依据 7.2.3 的研究结论，能源结构效应对 11 个产业的平均贡献值为 17.2133，累计贡献值为 189.3467，在 11 个分解指标中居首位，这也凸显了调整能源结构对实现各产业低碳发展的重要地位。值得注意的是，1995 年 11 产业的出口贸易额为 10 773.19 亿元，到 2012 年已经高达 121 264.92 亿元，增长了 10 倍有余。表 7 - 8 的累计贡献值说明，贸易条件对实现脱钩具有反向拉动效果，即出口贸易在拉动经济增长的同时，也是隐含碳排放的主要"助推器"。规模效应中，制造业出口效应及贸易规模的扩大亦成为出口隐含碳转移的主要因素之一。国内产业经济学者周振华指出："产业结构优化是进行产业结构调整的中心内容。"产业结构优化并不是要求达到或一直稳定在国民产品供求结构的均衡状态，这是不现实的，因此，它是对这种均衡状态的趋近，产业结构优化既具有明确丰富的内容，又拥有衡量的标准。它包括两个基本点：产业结构的高度化和合理化。也就是说，通过产业结构的调整，不断提高产业结构的效率和水平。为了实现国民经济效益最优，我们应因地制宜，根据本国或本地区的资源优势、经济发展阶段、科学技术水平、人口规模与素质水平等具体特点，推动产业结构优化升级。基于出口隐含碳转移影响因素对反倾销涉案产业结构的效应分析，反倾销涉案产业结构的优化升级应在提高产业能源效率、改善能源结构、拉动内需、平衡贸易出口等方面做出应对对策。因此，在扩大出口规模的同时也应该兼顾资源环境的约束，适当调整出口产品结构，不能为了出口贸易额的快速增长而以牺牲出口制造业良性发展为代价。

7.2.5　国外碳市场发展经验的借鉴与启示

　　自 2005 年《京都议定书》正式生效以来，全球碳市场出现爆炸性增长，经过多年发展，碳交易市场日趋成熟，参与国地理范围不断扩展、市场结构向多层次化深化、交易标的不断创新。资料表明，全球碳交易市场规模达每年 500 亿欧元。到 2020 年，全球碳交易总额有望达到 3.5 万亿美元，并将超过石油市场，成为世界第一大交易市场[1][2]。本章节选取全球碳市场制度建设对我国借鉴意义较大的欧盟碳交易体系及澳大利亚的"碳定价机制"制度予以分析。

7.2.5.1　欧盟碳交易体系的交易制度

　　碳交易制度与碳交易实践存在辩证的相互促进的关系。欧盟碳交易体系是全球第一

---

[1] 全球碳交易规模将超过石油市场 [EB/OL]. 中国节能网 [2014 - 6 - 10]. http：//www.zgjn365.com/news/show - 18215.html.

[2] 张宁. 中国碳市场建设初探：理论、国际经验与中国的选择. [M]. 北京：中央编译出版社，2013 (7)：48.

个大规模企业间开展碳交易的实践，是目前全球碳交易市场的主要交易量和交易金额所在，是欧盟应对气候变化的旗帜性政策，也是其低碳发展政策的核心，其交易制度也成为市场构建的主要参考对象。欧盟于 2005 年建立了企业级的欧盟排放交易体系，即 EUETS，由每个成员国（例如 X）将其总量控制目标 UX 分为两部分，第一部分分配给 EUETS 体系的履约企业 M1、M2，第二部分由成员国进行管理。欧盟排放交易体系是一个对其覆盖范围内的履约企业可以实现绝对总量控制的市场。交易标的包括了欧盟排放配额（EUA）、JI 项目的减排单位（ERU）、CDM 项目的核证减排量（CER）以及上述交易标的期货期权形式。其交易流程见图 7 –7①。

　　如图 7 –7 所示，EUETS 的主体包括履约企业（M、P）、非履约企业（N1、N2、Q1、Q2）、金融中介（N3、Q3）以及非附件 I 国家的排放企业。具体的交易模式包括履约企业 M1 和本国履约企业 M2、履约企业 M1 和其他国家履约企业 P1，以及履约企业 M1 和金融中介 N3 之间的交易。根据碳交易制度主体关系分析模型的分析结果，履约企业之间以及履约企业与金融中介之间的交易都属于自由交易，政府不必干涉。

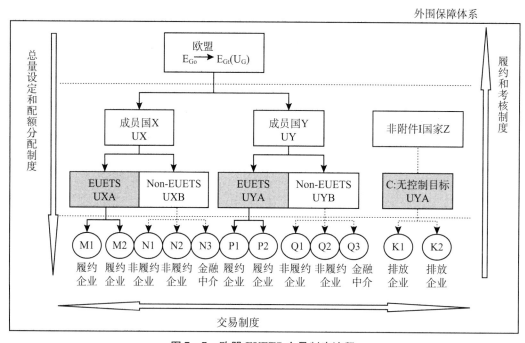

图 7 –7　欧盟 EUETS 交易制度流程

①　戴彦德，康艳兵，熊小平等. 碳交易制度研究［M］. 北京：中国发展出版社，2014（5）.

7.2.5.2　澳大利亚"碳定价机制"制度

澳大利亚的经济总量及温室气体排放量皆在全球中处重要位置，且因为其碳交易制度设计广泛参考了世界范围内多个碳交易体系的制度安排，被称为碳交易制度设计的"澳大利亚模式"，如表 7 - 9 所示。

表 7 - 9　　　　　　　　　　澳大利亚"碳定价机制"设计

	固定碳价阶段			浮动碳价阶段			
				限制浮动			完全浮动
时间	2012. 7 ~ 2013. 6	2013. 7 ~ 2014. 6	2014. 7 ~ 2015. 6	2015. 7 ~ 2016. 6	2016. 7 ~ 2017. 6	2017. 7 ~ 2018. 6	2018. 7
碳价（澳元）	23	24. 1	25. 4	下限：15，上限：高于国际预期 20			由市场决定
国家排放上限	无			有			
个体排放上限	无			有			
履约方式	购买固定价格的配额；通过免费发放获得			通过拍卖获得；通过免费发放获得；项目减排量：可使用 ACCU，可使用京都机制减排量			
存储预借	不允许			允许无限制存储，有限制预借			
罚款	固定价格的 1. 3 倍			当年平均价格的 2 倍			

2011 年 11 月澳大利亚政府通过了《清洁能源未来法案》，规定 2020 年在 2000 年的基础上减排5%。为实现此目标，澳大利亚从 2012 年 7 月开始实施清洁能源未来计划（即"碳定价机制"）。此计划分两个阶段实施，分别为（2012. 7 ~ 2015. 6）的固定碳价阶段及 2015 年 7 月后的浮动碳价阶段。其中，固定碳价阶段每吨二氧化碳的价格固定为 23 澳元，之后每年增长 2. 5%，三年间政府无上限向企业出售配额。浮动定价阶段是指政府将为碳价设定一个区间，每吨二氧化碳的价格在此区间内浮动，下限为 15 澳元并逐年增长 4%，上限在国际碳价的基础上增加 20 澳元。

7.2.5.3　国外碳市场经验对我国碳市场的启示

参考他国碳市场建设的经验，既有市场架构的蓝本意义，也有法律和制度组织建设及机制实施细节的借鉴意义。以上两个代表性较强的碳市场交易流程及定价机制以其特有的特点给我国的碳市场建设提供了宝贵的借鉴经验。

（1）交易制度设计进程及实施是循序渐进的。

以欧盟为例，欧盟排放交易体系的第一阶段从 2005 年 1 月 1 日至 2007 年 12 月 31 日，此阶段主要目的在于获得总量交易的经验，为后续阶段正式履行《京都议定书》奠定基础，且只包括能源产业、内燃机功率在 20MW 以上的企业、石油冶炼业、钢铁行业、水泥行业等。第二阶段从 2008 年 1 月 1 日至 2012 年 12 月 31 日，第三阶段从 2013 年至 2020 年，争取在此阶段以每年 1.74% 的速度降低碳排放量，以确保 2020 年温室气体排放比 1990 年至少低 20%。而澳大利亚第一阶段交易标的仅包括澳大利亚碳赏单位（ACCUs）。第二阶段在第一阶段的基础上，还包括京都机制的减排单位（ERU）、核证减排量（CER）以及清除单位（RMU）。

故我国的全国碳市场建设中，宜采取分阶段分标的循序渐进的建设方法。

（2）碳市场的迅速金融化。

以欧盟为例，欧洲气候交易所（ECX）自 2005 年成立之初就开始提供 EUA 期货交易服务，2006 年开始 EUA 期权交易，2008 年开始 CER 期权交易，2009 年又增加了 EUA 和 CER 当日期货（现货）合同交易。欧盟碳市场的迅速金融化为欧盟碳市场的发展及整个欧盟排放交易体系的建立发挥了重要作用。市场技术层面上，欧盟碳市场的迅速金融化吸引了大量的投资资本参与碳交易，增加了碳市场的流动性。战略层面上，碳市场的金融化对欧盟排放交易体系在低碳转型的作用起到肯定作用，也刺激了欧洲企业投资低碳技术的信心。碳市场作为低碳经济发展的实践市场，离不开金融资本的参与，我国的低碳经济转型亦离不开金融资本向低碳领域的转移与聚集。

（3）政策调控与市场机制结合的协同作用。

欧盟排放交易体系是在欧盟委员会政策推动下逐步建立起来的，政府和政策的支持在跨国界的交易市场建成过程中起到重大作用。同理，中国的宏观调控可以在企业的碳排放配额管理和配给过程中避免市场的盲目性，且在全国碳市场的顶层设计中发挥统一协调的主要作用。

7.2.6 碳市场驱动的模块设计

根据反倾销涉案产业的出口隐含碳转移的影响因素，结合国外碳市场的建设经验，将碳市场驱动设计为四个模块：供给管理、需求管理、价格管理、外部评价体系，如图 7-8 所示。供给管理包括反倾销涉案产业排放目标的设定、减排范围的划分，以及交易周期长度的设定，企业根据这些参数产生的配额进行排放权的分配。需求管理包括排放实体的界定，基准线计算，项目减排量的认定以及监测报告核查体系等。碳价格体现的是碳的社会成本和外部成本，因为相对合理的碳价格可以恰当地激励企业的减排行为，因而价格管理机制也是碳市场的重要组成部分。出口隐含碳转移导致的碳泄漏、对产业竞争力的评估及排放控制效率则包含于外部评价体系中①②。

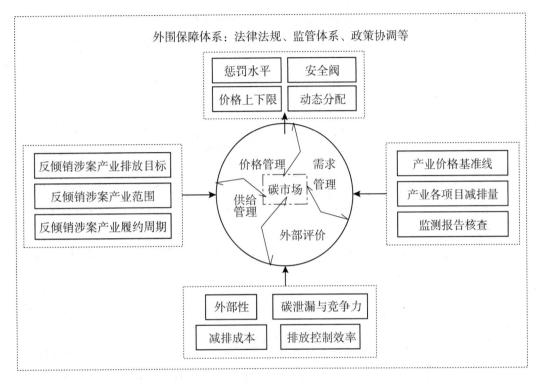

图 7 - 8　国内碳市场驱动的模块设计

7.2.6.1　供给管理

欧盟碳排放交易系统采用简化的比例和积分控制法，即确定一个交易期内的碳排放总量，分解到每一年，对每年的排放进行严格控制。而中国的能效考核指标采用的仅仅为比例控制法，即到 5 年规划的最后一年达到某一能效指标。故考虑根据参数确定不同涉案产业的排放配额，在此之前，先对涉案产业进行纳入分级。

根据每个指标对目标控制的贡献，首先，最重要的指标为碳排放量及比重，应当将排放贡献最大的产业首先纳入到交易体系中；其次，考虑年排放增速，将增速较快的产业纳入体系，以减少增量控制的压力；再次，考虑排放实体数量和规模，如果涉

---

① 戴彦德，康艳兵，熊小平等. 碳交易制度研究 [M]. 北京：中国发展出版社，2014 (5).
② 陈波. 碳排放权交易市场的设计原理与实践研究 [M]. 北京：中国经济出版社，2014 (1)：61 - 63.

案产业内排放过于分散，规模较小，则不纳入交易系统内；最后，根据减排潜力、减排成本等估算信息，选择减排潜力大、减排成本较低的产业纳入，具体产业选择标准如表 7 – 10 所示。

表 7 – 10　　　　　　　　反倾销涉案产业纳入碳市场交易体系分级标准

类别	指标	采用标准
一类指标	排放量及比重	将排放量和比重最大的产业纳入
	排放增速	将增速较快的产业纳入
二类指标	排放实体数量和规模	将过于分散、实体规模较小的产业排除
	减排潜力	将减排潜力较大的产业纳入
三类指标	平均减排成本、总减排成本	将减排成本较低的产业纳入
其他指标	管理成本、数据不确定性等	—

如表 7 – 10 所示，对加入碳交易体系排放实体的反倾销涉案产业进行逐级准入，利于涉案产业碳市场的分布启动。

7.2.6.2　需求管理

需求管理的首要任务在于基准线的确定及项目的减排量。基准线的确定需根据产业的技术水平（单位产品能耗与碳排放量）和产业出口的产品数量，并结合政府减排任务而分配到的碳排放权配额。将项目减排量按照一定比例加入到碳交易体系中，对市场的总体供求关系产生缓冲和调节作用。

碳排放量的监测报告核查机制（即 MRV 机制）数据度量基础的运用，使得加入企业对自身碳排放进行监测、报告，并由第三方机构进行核查，企业在此基础上要严格承诺并履行自身的减排目标。

7.2.6.3　价格管理

碳市场的交易价格是反映市场内碳配额稀缺程度的晴雨表，并对各投资减排者形成不同的利益激励和预期。价格管理的主流方式包括惩罚价格、安全阀机制、价格上下限、动态分配、碳基金等。为充分发挥市场配置资源的作用，碳价格的形成一般由市场的供需平衡决定。其中，惩罚价格被广泛使用，作为排放实体无法交付相应排放权的处罚。此价格对市场价格有参考作用，也是碳价格的最高上限。安全阀机制的本质是通过调整项目减排量的使用来缓解价格过高的情况。价格上下限则是一种非常直接的价格管理手段，即直接规定碳价格允许的最高价格和最低价格。其优点是能够严格控制碳价格的过高或过低，但是不如动态分配具有市场性。动态分配是指当交易价格出现异常时，政府修正配额供给曲线，调整供求结构，从而直接影响市场价格。

7.2.6.4　外部评价

对分配体系的评价主要是评估事前分配方案是否与事后实际排放相一致，通常检验实际排放量与发放配额数的差额频数是否符合正态分布。成本问题包含两个方面，一是实施碳交易后企业需要额外承担的减排成本；二是碳价格信号对资源配置进行调整之后，企业之间碳成本的流动和再分配，及成本转移。对碳排放控制效果最直接的方式是计算碳强度和总减排量。碳强度用来衡量单位 GDP 产出的碳排放效率。

碳泄漏本质即不同区域环境规制效力不等所导致的碳排放转移。碳价格的信号会导致市场企业重新调整其生产活动，外部性的作用在于能效不同的企业可能会造成不同的产业竞争格局。

7.2.6.5　外围保障体系

外围保障体系的主要作用是为碳交易制度建设和碳交易市场平稳运行提供外围保障，主要包括法律法规体系、市场监管体系、与其他政策的协调衔接体系等内容。监管体系是整个碳交易市场顺畅运行的重要保障。通过法律形式确定碳交易制度和碳市场交易的监管主体、监管对象、内容及方法，推动碳交易市场信息的透明公开，提高整个碳交易制度体系的运行效率。

我国应努力使得人民币成为碳交易计价的主要结算货币。这有利于打破美元、欧元等货币的制衡，实现人民币国际化。与此同时，我国还应积极争取在全球能源金融新博弈中的主动权与话语权，深化对碳资源价值的认识，培育碳交易多层次的市场体系，加快开发与各种低碳相关金融衍生品的金融创新，如：低碳掉期交易、低碳证券、低碳期货、低碳基金等，力求提高我国在全球碳市场价值链中的地位。

7.2.6.6　我国碳市场顶层设计

由以上模块设计，得出我国碳市场的顶层设计（见图 7-9）。

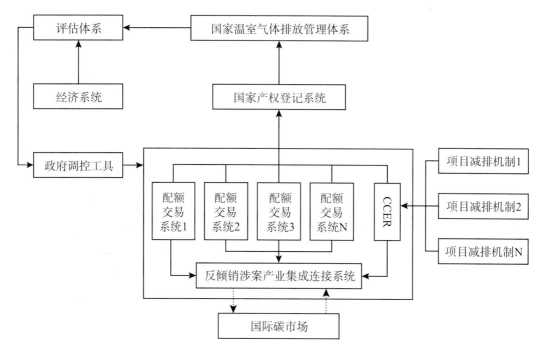

图7-9 反倾销涉案产业碳市场交易顶层设计

如图7-9所示，国内碳市场的顶层设计，其作用表现在反倾销涉案产业的信息集中中转机构，促进碳交易价格信号融合符合中央计划者构建全国碳市场的核心目标。实现此目标需达到两个要求：第一，在尽可能减少外部冲击和机构性破坏的情况下，循序渐进地推动全国统一碳市场的形成；第二，开发宏观调控工具，建立"系统的系统"，以应对单一碳市场失灵的问题。

从系统学的角度来看，全国碳市场是一个包含着多个子系统的控制体系，这一体系的目标是在各个子系统正常运行的情况下，通过一个反馈实现多系统协同运行，并逐步调整系统结构，向单一的系统平稳转换。通常情况下，各子系统应当有效且独立地运行，无须政府的干预。但由于各个子系统同处一个经济体内，存在普遍性的系统失灵或者扭曲本国产业的公平竞争环境。因此，全国碳市场的构建需要加强子系统之间的信息交流，提升协同性，解决机制失灵的共性问题。中央计划者建立各个子系统的信息交换机制并进行协调管理。碳市场的交易商品具有特殊的产权性质且是一种虚拟商品，需要在国家层面进行界定、记录和管理，其本质上是一种产权系统。由于碳排放权的交易需要建立在高度发达的信用体系之上，而碳市场的运行也需要国家相关法律法规的保障，因此，我国应加快构建促进全国形成统一碳市场的法律法规体系，提高下级政府对碳交易的认知以及碳资产管理能力。交易所也应该积极设定交易机制，为交易双方及相关中介机构提供良好的信息交易平台。鼓励排放权交易所、CDM 服务中心等现有机构充分发挥作用以及全国各地区，特别是长江三角洲和珠江三角洲等经济发达地区积极建立区域碳交易市场，为构建全国统一的碳市场提供基础。对于东部经济发达地区实施比较激进的、接近于发达国家的节能减排政策，促进这些地区快速实现产业的优化升级。西部地区则采用温和的减排政策，在不影响地区经济发展的前提下，鼓励产业结构向低碳方向发展。

7.2.7　碳市场对反倾销涉案产业应对机制设计的驱动原理

我国反倾销涉案产业在出口过程中存在碳泄漏的问题。结合国外碳市场对碳交易标的的设计及配额管理，对反倾销涉案产业的配额管理提出动态管理的方式，即如果反倾销涉案产业以企业为单位进入碳市场进行交易，可通过对碳配额的动态管理实现对出口产品的成本控制，以实现产业在被诉反倾销过程中的动态应对与规避。

7.2.7.1　反倾销涉案产业碳配额的动态分配

二氧化碳排放配额（以下简称"配额"），是指排放单位在特定区域、特定时期内可以合法排放二氧化碳的总量限额，代表的是各企业（单位）在相应履约年度的二氧化碳排放权利，是碳排放权市场交易的主要标的物。以吨为单位，精确到个位。将反倾销涉案企业的年度二氧化碳排放配额总量设计为免费发放配额及配额调整量两部分。计算公式为：

$$W = F + \Delta$$

W 为反倾销涉案企业年度二氧化碳排放配额总量，单位为吨二氧化碳；

F 为反倾销涉案企业免费二氧化碳排放配额，单位为吨二氧化碳；

Δ 为企业可支配的配额碳市场交易调整量，单位为吨二氧化碳。

动态管理的依据为，在出口产品被诉反倾销的进程中，基于免费碳排放配额，在我国出口产品的正常市场价值与国外市场同类产品的均价之间，通过碳市场交易，改变调整量 Δ 的数量，从而实现碳配额总量的变化，实现出口产品稳定价格区间内的微调，以定价策略改变进一步被诉反倾销的调查。

7.2.7.2　碳配额对反倾销涉案产业的定价驱动原理

产业应诉反倾销的动态定价流程如图 7 - 10 所示。

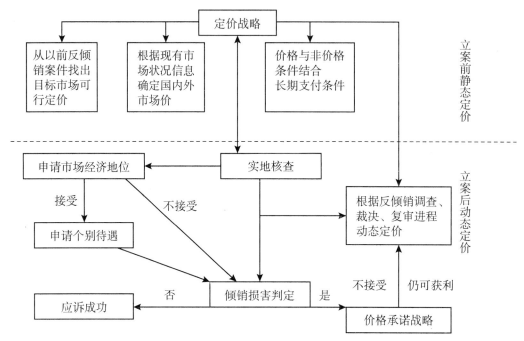

图 7 – 10　产业应诉反倾销的动态定价流程

产业应诉反倾销的动态定价采用案前、案后两种定价模式。

（1）立案前静态定价模式。

首先，企业应考虑的问题是产品定价问题。价格因素是各国反倾销调查的核心内容，各国反倾销机构确定倾销边际、损害边际以及反倾销税率都与我国国内价格和出口价格有关，因此反倾销预防战略的第一步就是定价战略。

其次，出口厂商特别是具有人才和规模条件的厂商，可在内部设立专门机构或人员，或者在东道国市场设立代表处，或者求助于预警系统，收集和研究国外市场中同类产品的相关信息，为企业产品出口数量和价格方面的决策提供依据；这些信息包括国外市场同类产品的价格、替代品价格、市场竞争情况以及市场前景等。

最后，我国出口商可采用下列方法，使国外厂商难以辨别倾销情况或难以对我国厂商提出倾销控诉，从而降低可能被指控倾销的风险：提供较长的支付期限或提供较有利的非价格条件，以取代较低的定价；将产品销售的全部或一部分转化为非合同价格，例如相互采购协议，使指控方不易发现我国厂商的实际销售价格；在第三国生产同类出口产品，增加指控方收集每一出口国之市场价格及有关的损害数据所需要负担的费用；在不低于生产成本的情况下，尽可能降低国内市场定价，并将出口售价调整至高于国内市场的出厂价；此外，当人民币汇率有实质变动时，厂商应特别注意汇率变动可能造成倾销边际的实质增加以预防倾销的发生；在确定出口价格时，与进口商协调将一般负担的无形要素费用，例如，为消费者提供的售后服务、知识产权、在当地的营销、计算机、运输等费用划入出口价格，以减低倾销边际。

（2）碳成本影响下的根据反倾销进程的动态定价模式。

动态定价战略指随着反倾销进程，根据反倾销调查、裁决、复审的结果及时调整定价以实现利润最大化。假定我国企业在隔离的国内外市场上通过价格歧视销售产品。假定某一产品在我国市场的定价为 Pd，在出口目标国市场的定价为 Pff，$Pf = Pe + PCO_2$。其中，Pe 为不考虑碳交易成本时的产品出口价格；PCO_2 为碳交易成本，即出口产业所拥有的碳配额（W）除以出口产品的数量（Q）。于是，Pf = Pe + W/Q。当我国产品的出口价格低于国内市场销售价格时，将被外国政府裁定倾销。

若 Pd > Pf，即 Pd > Pe + W/Q，则存在反倾销，我们进一步假定企业将被征收的反倾销税 T（根据价格差额征收），其中，

$$T = \frac{P_d - (P_e + W/Q)}{P_d} \qquad (7-30)$$

也就是说，我国企业目前阶段的定价将影响到未来可能遭受到的反倾销税率的高低，继而又会影响到未来我国企业的出口价格、出口量和利润水平。由于反倾销税裁定后还有日落复审，在这两阶段之间企业仍然可以动态调整价格影响未来的税率和价格、利润。因此，企业将面临一个如何跨期选择定价的问题，以实现跨期经营收益的最大化。其中，企业在每一期的将面临的税率水平将由前一期定价决定。即

$$T_t = \frac{P_{t-1}^d - P_{t-1}^f}{P_{t-1}^d} = \frac{P_{t-1}^d - (P_e + W/Q)_{t-1}}{P_{t-1}^d} \text{其中，} t = 0, 1, 2, 3\cdots \quad (7-31)$$

考虑到反倾销可重复发起，可把 t 扩展到无限多期。我国产品的国内价格 P_d 假定不变（考虑到我国遭遇反倾销的出口产业多为生产同质化产品的完全竞争厂商，在国内为价格接受者，而在国外可利用市场隔离和成本优势调整定价）。

7.3　碳市场驱动反倾销涉案产业应对机制的运行

反倾销应对机制是一个存在于产业系统内部并不断与外界环境进行资源、能量交换的复杂系统。按照西蒙的理解，复杂系统会表现出层级结构。在经济学范畴中结构由于自身功能性的差异化，可在系统内部作用与地位表现为一定的等级秩序性，它是系统内部各要素的排列组合方式。系统的层级性是组成系统整体的各部分也就是系统要素，经济机制中的层级结构指机制内部各个组成部分（要素）是构成它们下一级组分的系统，

而同时又是它们上一级组分的组成部分（要素）①。其复杂性主要表现为机制内部各单元（要素）之间的联系广泛而紧密，形成一个网络，且因此每一个单元（要素）的变化都会受到其他单元（要素）变化的影响，并引起其他单元（要素）的变化②。这就要求机制构建不仅要按照机制内部要素的功能与作用划分其层级结构，而且要注重各要素间的相互耦合性与协同效应的发挥，以达到最大限度保障机制整体功能的有效性。

7.3.1 反倾销涉案产业应对机制层级架构

在反倾销应对机制设计的动力推动下，遵循相应的指导思想与基本原则，在出口隐含碳影响因素的效应下，综合考量国内碳驱动的模块设计及反倾销涉案产业的结构优化，从多维层面构建了反倾销涉案产业应对机制层级架构，具体如图 7 - 11 所示。

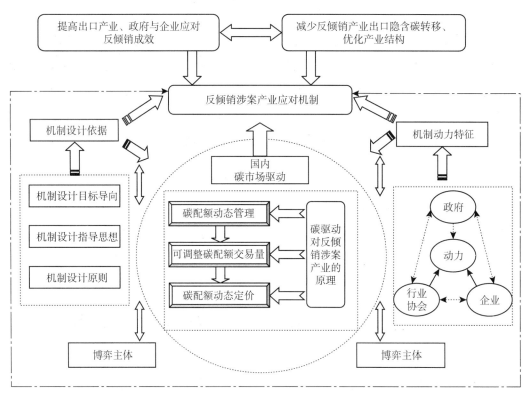

图 7 - 11　反倾销涉案产业应对机制层级架构

---

①　刘永清，周传世. 广东省产业系统的层级结构模型及其应用 [J]. 系统工程理论与实践，1999 (3)：116 - 125.

②　王毅，吴贵生. 基于复杂理论的企业动态核心能力研究 [J]. 管理科学学报，2007 (1)：34 - 37.

图 7-11 表明，涉案产业应对反倾销机制设计的主要目的，在于提升应对反倾销成效，同时减少反倾销产业出口隐含碳转移、优化产业结构。考虑应对反倾销所涉及的"多元利益相关主体"（如指控方、应诉方、调查当局、行业协会、涉案产品上下游等）的诉求和国内外动态环境，从企业战略层面及相应的制度配置与协调上，构建与应对反倾销相适应的国内碳市场驱动反倾销涉案产业应对机制。以涉案产业作为机制设计与运行的主体，同时考虑各利益相关方，依靠国内碳市场驱动和涉案产业出口隐含碳转移影响因素的效应分析，构建产业结构优化升级下的多维有机系统，从而达到有针对性的效应改善。

该机制设计与运行不仅受到微观企业内在利益驱动的影响，同时也受到宏观层面政府的引导作用、中观层面行业协会的推动作用的影响，三者之间的交互性效应构成了产业应对反倾销机制设计的动力支撑，促进了该机制的设计与构建。结合该机制设计的特定要求与生态环境，从机制设计的目标、指导思想与设计原则三个维度构建了该机制设计的目标导向与约束条件，为机制设计提供了基本依据。

7.3.2　反倾销涉案产业应对机制的运行机理

反倾销应对机制作为产业系统的有机组成，其效能发挥必然受到利益主体和动力的作用与影响，动力是促使该机制产生与运行的重要推动机能。因此，可将反倾销应对机制设计的动力理解为激发该机制设计和有效运行的重要力量。以产业为界面，这种力量同时来自产业内部和外部。

7.3.2.1　反倾销涉案产业应对机制设计的运行特征

融合国家、企业、产业多元利益主体所建立的"三位一体"的反倾销应对机制，如图 7-12 所示，其主要有以下动力特征：

（1）多元化。

反倾销应对机制设计动力的多元化，是指动力来源与施力主体的多样性。不同相关利益主体能由该机制中获取自身所需信息。各主体为满足自身需求，结合自身角色的特点，由不同施力方向为该机制的设计提供了动力支撑。

（2）合力性。

反倾销应对机制设计动力的合力性，指该动力来源并不单一，而是由不同主体，不同施力方向多种力量的合成。反倾销应对机制具有开放性特点，与企业内部系统和企业外部环境进行着资源、能量的交换，因而在这一生态环境下所受到的影响因素很多。其

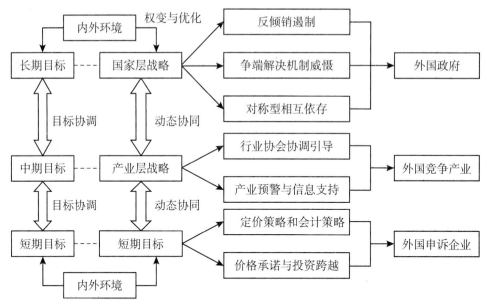

图7-12　反倾销涉案产业应对机制博弈主体的"三位一体"发生路径

动力源主要是政府的引导力、行业协会的推动力、企业的内驱动力，这些动力要素对该机制构建产生推动作用，称之为"分力"。物理学上单一分力的强度远低于多股力量形成合力的强度，而且现实中来自三方面的动力要素也并不孤立存在，而是相互融合、相互作用的，三个分力形成了一股合力。所以说，反倾销应对机制设计动力具有合力特性。

（3）层次性。

反倾销应对机制设计动力的层次性，具有双层次的内涵。一方面该动力要素中既有主要的驱动力量，也存在次要的推动力。出口企业作为该机制设计与运作的主体，其内在的驱动力才是该机制动力中最根本的要素，企业如果没有进行机制设计的愿望，即便外在推动力度非常强大也无济于事，相应的政府引导力与行业协会的推动力则是该动力中的次要驱动力量。另一方面，动力层次性是指动力要素中既有来自于宏观层面——国家的引导力、中观层面——行业协会的推动力，同时还有来自微观层面——出口企业的内在驱动力，在施力主体上存在着层次性的差异。

（4）协同性。

"协同"性指的是各方面密切且有机地配合与协调。对事物而言，协同的结果使个体获益，整体加强，共同发展。促使事物间属性增强、向积极方向发展的相干性即为协同性。对协同性的研究激发了协同理论的产生，1971年德国科学家哈肯提出了统一的系统协同学思想，他认为一切研究对象都是由组元、部分或子系统构成的系统，这些子系统彼此间会通过物质、能量、信息交换等方式相互作用①。通过子系统间相互作用，整个系统将形成整体效应或者新型结构，有助于最终目的的实现。此外，哈肯还强调系统运作除受到外部条件影响外，还须通过子系统间操作运行中的同步合作与协调，从而使系统整体效益大于各独立组成部分之和，产生"1＋1＞2"效应，也就是由协同合作带来的协同效应。应对反倾销会计信息生成机制运行过程中所展现的协同性体现在多个层面。一方面，由于信息生成链上下游流程环节间的相互影响，要求信息生成过程中机制内各子系统或组成要素间具有承接与协调特性，须通过协同效应发挥最终实现机制目标；另一方面，应对反倾销会计信息生成机制虽是以企业作为设计与运行主体，但涉及了宏观层面的政府与中观层面的行业协会等多方利益相关者。机制运行，尤其是获取原始数据信息过程，两者作为主要信息源直接影响机制运作是否顺畅。因此，在这一层面而言，应对反倾销会计信息生成机制运行，同样需要各相关利益方相互协作，发挥协同效应，机制整体运行过程呈现出协同性的特征。

（5）耦合性。

耦合最初是源于物理学的基本概念，是一个相对于两个或两个以上主体之间物理关系衍生而来的概念②。一般指在各子系统间的良性互动下，为了实现相互协调、相互依赖、相互促进的动态关系，经过各种相互作用而彼此影响以至协同的现象③。在信息科学领域，耦合被认为要素进行联结以获得相互匹配、协调。反倾销应对机制运行，需要各要素按照各自相应的运动方式，进行相互协调与配合，单一组成部分的运行效率与效果直接影响其他要素的运作成效，尤其信息质量监控效应的实现，依附于其他各个要素运作过程始终，表明组成要素间存在动态关联性，这种关联表现为反倾销应对机制运行的耦合性。反倾销应对机制的运行效果，受到机制内部或组成要素内在耦合度的制约。

（6）开放性。

开放性是与封闭性相对而言，机制或者系统运行的开放性是指其在运作过程中与环境发生相互交换的关系属性，也就是具有从环境中抽取输入物质、能量、信息进入机制或系统，然后经由机制或系统的动态运行，进而生成并向环境输出物质、能量、信息的特性。具备输入与输出功能是机制或系统运作开放性的两个重要表征。反倾销应对机制

---

① R. Repullo. A Simple Proof of Maskinps Theorem on Nash Implementation [J]. Social Choice and Welfare, 1987 (4)：p3.
② 何凌云，林祥燕. 江苏省对外贸易中的碳排放转移效应研究 [J]. 华东经济管理，2012 (6)：9－13.
③ 全球碳交易规模将超过石油市场 [EB/OL]. 中国节能网 [2014－6－10]. http：//www. zgjn365. com/news/show－18215. html.

运行，其实质是反倾销涉案产业自身结构优化升级的过程，在这一过程中该机制的运作是不断地需要从外界环境中获取捕捉原始信息进行输入，然后经过机制运作的动态加工，因此，我们认为反倾销应对机制运行具备内在的开放性特征。

7.3.2.2 反倾销涉案产业应对机制的运行框架

行业协会作为国内碳市场驱动反倾销涉案产业应对机制治理主体，是政府和企业之间的沟通桥梁，其应充分发挥自律协调功能，积极协调政府和企业的行为；在宏观层面，政府应该为联动机制提供相应的制度保障，引导反倾销应诉中行业协会和企业的行为；企业作为应诉主体，除了加强日常会计信息收集记录工作、遵守外贸出口规定以外，还应该加大产品技术创新，增加产品的附加值，积极采取措施以规避反倾销调查，同时也要提高应对反倾销的快速响应能力。由政府、行业协会、企业三大主体组成的国内碳市场驱动反倾销涉案产业应对机制的运行框架（如图 7-13 所示）。

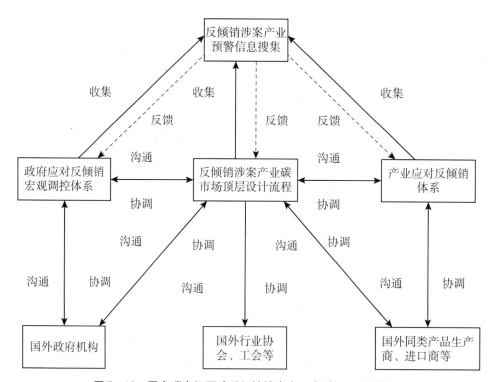

图 7-13 国内碳市场驱动反倾销涉案产业应对机制运行框架

如图 7-13 所示，该机制运行框架的核心是碳市场集中处理与反倾销信息收集。产业碳市场信息预警部门将从政府和企业反倾销会计信息预警部门收集的有关会计信息进行集中汇总并传递给行业协会，行业协会负责综合各方信息，并对这些信息进行加工、整理，再甄别提炼出有效的信息，最后又反馈给其他主体，以此来协调、统一政府、行业协会和企业的行为，力求将协同效应发挥到最大，达到 $1+1+1>3$ 的效果。

政府可根据行业协会提供的反倾销预警信息，制定出可以引导行业协会和企业应对反倾销工作的政策和制度。行业协会可以根据预警信息及时指导、协调企业的行为，维护行业整体利益。企业可提前获取他国将对我国出口产品实施反倾销调查的信息，从而采取相应措施对可能发生的反倾销及早规避。

7.3.3　碳市场驱动反倾销涉案产业应对机制的实施保障

国内碳市场驱动反倾销涉案产业应对机制的主体为涉案产业，但也需要包括政府、行业协会和企业等主体配合。我们应充分借助机制运行中各博弈主体在应对反倾销机制中的功能与作用，来提高反倾销的应诉成效。

7.3.3.1　反倾销应对机制产业层面的实施保障

（1）反倾销涉案产业结构碳驱动下的优化升级。

出口隐含碳影响因素下，可利用碳驱动促进反倾销涉案产业结构的优化升级，需在提高产业能源效率、改善能源结构、拉动内需、平衡贸易出口等方面做出应对对策，具体措施如下：

①提高产业能源效率，改善能源结构。

经济结构绿色化、轻型化、信息化、低碳化将成为低碳经济的标志。低碳经济的发展需要"阳光经济""风能经济""氢能经济"等为基础，减少化石能源的需求与消费，降低对石油、煤炭等"高碳"能源的依赖，提高能源利用效率与新能源的发展，调整能源结构是世界告别"高碳"时代的要求，也是我国结束"碳素燃料文明时代"所面临的重要问题之一。

新型国际分工背景下，国际垂直专业化趋势明显。在相关的环境规制下，一方面，通过与跨国公司的分工、协作，利用国外的清洁型进口中间产品替代国内高碳生产环节，从国外购买隐含碳含量相对较高的中间产品，比如钢铁、机械设备、水泥等建筑材料，引导我国企业将一些高污染、高能耗的生产环节向国外转移，以此来优化产业结构和提升可持续发展力。从各个区域间的"投入—产出比"分析，五金产品、机械电子设备等制成品在国外进口中间产品中占有较高权重。因此，中国必须提高此类产品生产部门的能源利用率以降低这些部门的碳排放量，并提倡企业使用自主研发的节能产品，促进商品能源利用结构的优化升级。另一方面，也可通过采取进口产品替代战略推动中国产业结构升级、碳排放的转移和优化产业布局的整体战略。

②以技术进步实现在全球价值链中位置的攀升。

为激励企业加大研发费用的投入，提升自我技术创新能力，政府应该制定相关的环境规制与节能减排等政策。"波特假说"中提出，环境规制具有一定的激发"创新补偿"的作用，它既可以弥补企业的遵循成本，也能提高企业生产效率和市场竞争能力，降低污染排放强度。贸易条件效应指出，出口隐含碳转移的效能给本国企业带来正面效益，发展中国家可以引进外资企业拥有的先进环保节能技术。同时，政府制定的环境规制与节能减排等政策也能促进企业增加产出和提高生产效率，从而达到改善环境质量，实现"波特假说"下的环境与经济的共同发展目标。企业在环境规制的约束下，其生产技术进步率也随之提高。科技创新可以与国家内部的其他因素进行有效结合形成动态能力①，因此科技创新资源具有互补性，有利于增强国家或企业的竞争力②，虽然创新意识的形成是一个复杂的过程③，但是它在低碳技术与外部资金引进的可行性评估中发挥重要作用。而低碳技术与资金引进中的核心因素则是低碳技术的引进、消化、吸收、扩散。根据目前我国的减排效果，现行的低碳技术对降低碳排放并没有展现优势④，即科技的扩散作用并未真正呈现。我国要发展低碳经济、走持续发展道路就应以科学技术的引进、消化、吸收、扩散能力为基础，进行自主创新，开发自主知识产权。现阶段中国低碳技术创新主要集中于减排潜力大的前沿技术，包括碳捕捉、封存技术（CCS）、碳汇技术（CS）以及氢能技术，这与发达国家相比还存在一定差距⑤，虽然这些技术具有高科技特点，但是难以被市场化、应用化。由此可以看出，我国不仅要探索前述技术扩散的途径，也应该加大引进和创新实用技术，比如可再生能源技术与节能技术等。

目前国内的人力资本水平总体不高，在环境规制较弱的后发地区尤其严重，这就降低了消化吸收外来技术的水平。众多关于技术溢出的实证研究显示，人力资本水平对一国的技术创新与吸收能力有着重要影响。高素质人才的缺乏，是使得发展中国家的国际

---

① Teece. D J, Gary Pisano, and Amy Shuan, Dynamic Capabilities and Strategic Management [J]. Trategic Management Journal, 1997, 18 (7): 509–533.

② Hult G, Tomas M, David J. Does Market Orientation Matter? A Test of the Relationship between Positional Advantage and Performance [J]. Strategic Management Journal, 2001, 22 (9): 899–906.

③ Hurley R E, Hult G. Innovation, Market Orientation and Firm Learning: An Integration and Empirical Examination [J]. Journal of Marketing Research, 1998, 62 (7): 42–54.

④ 胡初枝，黄贤金，钟太洋，谭丹. 中国碳排放特征及其动态演进分析 [J]. 中国人口·资源与环境，2008 (3): 38–42.

⑤ 刘传江. 低碳经济发展的制约因素与中国低碳道路的选择 [J]. 吉林大学社会科学学报，2010 (3): 146–152.

技术扩散效应大大缩小的主要原因。为了顺利完成推进我国产业结构的优化升级、大力发展低碳经济、促进各个区域协调发展等经济社会发展重点任务，首先，我国应建立新能源开发与利用、节能减排、新材料等重要新兴产业领域的人才培养机制，根据不同系统、行业制订人才培养开发计划。其次，还应该积极推动人力资本在各个区域间的合理流动，以此提高节能减排技术外溢效应。最后，应加大对海外高层次人才的引进力度。

③精确核算出口隐含碳转移量，公平分配碳减排责任。

中国作为世界上碳排放量第一的国家，在国际气候谈判中一直承受减排的巨大压力。以欧盟、美国为代表的发达国家过分强调中国在生产活动中二氧化碳排放，并要求中国完成刚性的减排指标。但是国际气候变化责任分配的依据，既要包括生产排放、总量排放和历史排放，也要包括隐含的转移排放。

通过本章7.2.1对反倾销涉案产业的出口隐含碳转移的测算，是基于转移排放的视角，对国际气候责任分担问题进行了合理的审视。中国作为贸易大国和制造业大国，其大多数的商品需求来自世界各地，而由国际隐含碳排放转移引起的气候责任压力却让中国独自承担。作为一个生产、出口高碳密度中间产品和最终产品的国家，中国变相承担了大量本应在进口国生产商品而二氧化碳排放量，而这部分转移的碳排放量也没有在最终消费这些产品国家的碳排放量报告中得到体现。发达国家为了达到其在《京都议定书》中的减排承诺，将涉及高碳、高耗能的产业转移到中国，这样引起严重的碳泄露，也使得中国在国际气候谈判中遭受到不公正对待。为构建公平、可持续的国际气候制度，以及维护中国在国际气候谈判中的主动权和话语权，建立一个以全球气候福利为核心目的的碳减排责任分担指标体系势在必行，因此，应将《联合国气候变化框架公约》中的静态碳排放核算体系改为动态核算方式，将以生产活动为基准改为以最终需求为标准，以此来合理计算其中碳排放的转移量。同时，我国应以积极姿态参与到国际气候政策和低碳规则制定中，以"经济大国能源与气候论坛"、集团峰会和国家能源科技部部长会议等重要国际会议和高层领导会晤为契机，强调精确核算碳排放转移量的重要性，并以此为突破口，参与国际气候政策与规则的制定，从而避免承担不合理的气候责任，陷入"碳排放大国"责任陷阱。

（2）建立产业反倾销综合预警机制。

科学地应对反倾销，不仅要做好事中的应对工作，事后的补救工作，但如果没有事前的预警工作配合，事中和事后的各种努力的效率将大打折扣，故应要考虑建立经济、政治、制度因素的反倾销产业综合预警机制。应对反倾销应该具备一定的前瞻性，要有一系列的产业预警机制对国外市场状况、政治环境、反倾销法规变动和机构组织调整、相关利益集团行动予以监控，并及时高效地将获取的信息传递给行业内的各个企业以及上级政府机关，保障后续的各方面工作有据可依，有备无患。90年代中期以后，世界各国开始开发各种预警工具并建立预警机制保证自身产业安全。例如，美国就建立了所谓的"扣动扳机"机制，其产业安全数据库拥有高达90多万户的检测样本企业，检测范围囊括各个重要产业领域。又例如，欧盟和印度也相应地建立起了预警系统，对重点商品、产业信息进行收集、处理和传递。这些预警机制对于保护本国产业的市场安全起到了不可忽视的作用。

从以往的经验看，我国有许多经验教训。例如，20世纪90年代，欧盟对我国彩电产业进行反倾销，由于没有预警工作，准备不足，应诉工作也受到了很大的影响，最后，反倾销裁决了高额的税率，严重打击了我国彩电的出口。使得我国主要彩电企业在6年当中出口量减少了90%以上，几乎被完全赶出了欧洲的电视市场。从20世纪后20年来看，贸易伙伴国纷纷对我国进行反倾销指控，严重地打击了我国的相关出口产业，甚至威胁到了很多产业的生存。在90年代墨西哥的一次对华反倾销当中，甚至出现超过1 000%的反倾销税率。我国大部分产业以分散的小企业为主，容易因为高反倾销税率遭受灭顶之灾。对国外的市场环境、产业境况、政治格局、法律制度、游说活动进行严密的事前监控，十分重要。

产业层面的预警工作是要通过建立中国全球反倾销数据库，提供各国反倾销法律、法规、政策信息，相关替代国的价格、计算数据、成本资料和生产规模，生产技术相似性信息、获得原材料途径的相似性、国内市场价格的合理性、替代国国内产业保护的水平等信息。这样使得我国产业在出口时可依据其产业特性来制定合理的价格，以避免反倾销的指控。建立出口产品国内外市场调查组，了解我国出口商品的进口国家相关产业经济增长波动、产业生产能力变化、市场销量和价格水准等情况，从而建立包括出口产品价格、数量发展变化的数据检测分析系统。重视对信息的分析，以保障信息传递的效率，并提前预警，及时制定相关对策，将反倾销案件的不利影响降到最低程度，使得产业保护工作提前化，最大限度保护国内产业。

除了在经济层面的预警之外，产业需对主要指控国的政治周期更替、法律制度变迁、反倾销机构组织调整、利益集团活动强度也予以关注和重视。国外反倾销活动的强弱，很大程度上受国外政治经济利益集团与政府之间的利益博弈的影响很大。从政府官员角度而言，虽然偏好使得国民福利最大化的自由贸易政策能够帮助实现更好的宏观经济业绩，但较短的任期会促使行政官员用贸易保护手段换取强势利益团体的政治支持。国会议员在反倾销当中通过立法、预算控制、人员任命等对反倾销机构行为能产生重大影响。那些位于议会代表较多的地区的产业在反倾销过程中可以获得更多的优势。随着议会选举周期的更替，随之改变的是国外各个产业政治地位和"政治通道"的变化及游说活动强度的变动，这些都会改变我国产业所面临的反倾销形势。政府在经济改革中的偏好也会影响贸易政策，在不同的政治体制下，政府当局对贸易政策有不同的偏好，执政党派的更替也带来相关利益集团的重新洗牌。不同利益集团的影响力也在发生变化，即使在一党制国家，不同时期的政府政策偏好也会存在着差异。因此，国外政府选举周期也会对我国产业面临的反倾销形势产生实质性影响。除此之外，我们还必须紧密关注国外反倾销法规的修订和技术参数运用的实践规律。法规的修订和技术参数的运作变化一般适用于东道国所有的申诉产业，无论是申诉国各产业的申诉行为，还是反倾销机构的立案、调查、裁决、复审，都有可能出现新的趋势，我国产业反倾销预警应当及时捕捉到这些动态，提供给政府作为战略决策依据并传递给企业做好针对性准备。反倾销机构组织调整是预警系统需检测的另一个重要信息，因为这可能对反倾销机构的独立性和职能产生重要影响，同时也可能改变一国反倾销机构的工作效率和执行能力、判断标准。

7.3.3.2　反倾销应对机制政府层面的实施保障

在碳驱动反倾销涉案产业结构优化升级过程中，政府起着十分关键的宏观指导和监督作用。政府虽然不是产业低碳转型的实施主体，但却扮演着重要的规划者和守夜人的角色，应主要做好以下方面的政策保障工作。

（1）政府对反倾销涉案产业碳市场的配额管理。

政府在碳市场配额管理中具有宏观调控及监督执行的功能，在推进全国统一碳市场建设的进程，尤其在实行碳排放配额管理制度时，政府扮演着重要角色。控排企业和单位、新建项目企业经政府相关部门审核批准后，按照控排企业和单位的要求进行管理。政府对碳配额的管理应遵循以下原则：

①实现减排、促进发展。以促进可持续发展为总体目标，为实现控制温室气体排放和节能减排约束性指标要求，针对主要排放企业和单位实施配额管理。

②效率优先、兼顾公平。根据本国经济社会发展实际，综合考虑排放企业历史碳排放量和行业基准水平，合理分配配额。

③有偿发放，分步实施。采取免费和有偿的形式发放配额，并逐步扩大有偿发放的比例。

④公平交易、有效监管。配额在交易平台实现公平交易，对交易过程实行有效监督和管理。

政府相关部门在碳配额分配过程中需承担的职责有：

①配额管理主管部门，负责提出配额分配方案，组织年度配额免费和有偿发放，配

额日常管理及配额登记系统监管，受理企业和单位申诉，向社会公布相关信息等工作。

②政府根据行业的生产流程、产品特点和数据基础，采用历史法、基准线法等方法核定控排企业和单位配额。控排企业和单位配额为各生产流程（或机组、产品）的配额之和。政府应考虑行业基准水平、减排潜力和企业历史排放水平，制定配额分配总体方案。配额分配总体方案包括控排企业和单位、新建项目企业名单，各年度配额总量，免费配额与有偿配额比例，配额分配方法与程序，有偿配额竞价平台与底价等。

③行业配额技术评估小组由行业有关专家和企业代表组成，根据经济运行情况、行业发展特性，对本行业配额计算方法、碳排放基准值、年度下降系数进行评估并提交评估报告，政府将根据产业配额整体调整采纳建议。

（2）对反倾销涉案产业的低碳转型发挥引导规划作用。

政府应做好规划工作，只有通过规划引领经济发展才不会失去正确的方向。目前，我国政府越来越重视战略规划的制定，每五年就会出台一系列在能源发展和环境保护方面的规划，如《能源发展"十三五"规划》《可再生能源发展"十三五"规划》《"十三五"生态环境保护规划》和《国家环境保护标准"十三五"发展规划》。与此同时还制定了一些针对性较强的行业发展规划，例如，国务院发布的《"十三五"国家战略性新兴产业发展规划》（2016年11月29日）、国家发展改革委等发布的《"十三五"节能环保产业发展规划》（2016年12月22日）等。由此可见，我国政府对低碳产业和节能环保给予了足够的重视，这些宏观政策对引导我国反倾销涉案产业实现低碳转型升级具有正向作用。高能耗和高排放产业在走出国门的过程中反复遭遇低碳贸易壁垒，不仅给我国传统的粗放型外贸增长敲响警钟，同时也给我国外贸经济的低碳转型提供了机遇。

（3）积极争取国际资金补偿和节能技术援助。

拥有贸易大国、引资大国和碳排放大国多重身份，导致中国处于"国际消费，中国污染"的不利处境，国外消费者借助国际商品和资本流动，将本应由其承担的碳排放责任转嫁给中国。碳污染引起了气候变化问题具有全球性的特点，产品生产地的碳排放是由于各国消费者的最终消费需求才引起的，因此，产品生产地和消费地应共同承担责任。中国是发展中国家，正处于加速工业化和城市化建设进程中，而以欧盟、美国为首的发达国家是绿色技术的领先国，拥有充裕的资金、先进的节能减排技术储备，在享受我国出口隐含碳转移所生产的消费品时，也应承担其相应的责任。政府应积极争取国际资金补偿和节能技术的援助。在清洁发展机制（CDM）中，对发达国家帮助碳排放大国提升环境生产技术、提高环境生产效率提出了相关要求。发达国家应根据气候责任框架内测算出的其在中国的碳排放转移量和相应的环境收益结果，向中国定期支付生态弥补金，并应共享适宜的低碳技术达到降低碳排放量的目的，帮助中国发展低碳产业。同时，需要规划导向措施、政策激励措施、组织协调措施、科技协作措施等保障措施予以配合。

（4）政府应推行更为科学的碳计量标准。

政府应强化环境保护的执法力度，引导企业构建绿色竞争力。很多发达国家的政府部门近年来颁布了一些新的低碳文件法案以推进全社会的低碳行为，促进本国低碳经济、低碳社会的形成。如英国 2007 年颁布了《能源白皮书》和《气候变化草案》，德国 2009 年颁布了《二氧化碳捕捉和封存法规》，意大利 2008 年颁布了《减少碳污染计划绿皮书》，美国 2009 年制定了奥巴马的新能源政策，日本 2009 年的《立场绿色经济与社会变革》政策（草案）等。我国也应进一步细化绿色标准，在政策法规方面应积极推行碳排放量的核算，多角度建立低碳量化指标和评估体系，进行产品生产过程中能耗和排放监测，减少或避免出口产业碳泄漏的发生。

7.3.3.3　反倾销应对机制企业层面的实施保障

（1）企业明确定位发展目标，加快低碳转型。

低碳转型是当前许多企业高管最关心的问题之一，为应对全球低碳经济提出的巨大挑战，企业应该重新定位自身发展目标，尤其是从事能耗密集型的采掘业、运输业和重工业企业更应充分做好企业的低碳转型的准备工作，争取在新一轮的低碳竞争中不被淘汰出局。

重新定位企业发展目标的重要工作在于明确今后的改革重点，若企业目前从事的是高污染行业，则企业领导要根据自身的经济实力和技术水平，自我评价是否能在大力改革后达到政府的有关低碳标准，如果无法成功改造，则应尽早考虑转行。具体做法是，这些能源企业和重工业企业也应通过对自身资产组合进行重新定位来获得战略优势，可以出售那些一旦实施或加强碳排放监管，其竞争力就可能会减弱的工厂。同时收购那些将从公共政策支持中获利的资产，也可以将投资组合向碳密集度较低的工厂和技术转移。值得注意的是要想从此类资产组合重组中获利，企业不但需要更好地理解气候监管将如何影响自身所在产业，而且须比竞争对手更快地采取行动。如果可以实现低碳改造，则应加快内部生产流程的重新设计，尽快实现清洁生产。

（2）反倾销涉案企业应完善对出口产品的会计成本管理。

作为碳市场交易的履约主体，反倾销涉案企业可以通过灵活掌控碳交易成本而对出口产品的价格进行调节，充分利用碳交易中交易标的的金融性和流动性，将环境成本通过市场机制内化为产品成本。故在出口产品的成本计量方式方面，应优化会计核算与产品成本管理。

会计核算是会计基本职能，也是会计的基础工作，做好会计核算工作对我国企业应对反倾销具有重要的意义。企业会计人员只有以真实的经济业务为核算对象，严格遵循统一的会计原则、会计制度，选择一贯的会计政策和方进行核算，依照会计规范进行信息披露才能保障会计信息的真实、完整、可靠、可信。而反倾销调查的核心问题是成本问题，企业提供真实可信的产品成本会计信息是反倾销调查的主要内容。因此，要对企业敏感产品优化其成本管理，以保证成本追溯还原分解与调整，符合应对反倾销会计数据信息采集与生成的要求。在应对反倾销的过程中，恰当地运用会计方法和技巧是一个重要方面，但是任何会计信息在发挥作用之前，首先应当获得调查方的信任，才能够提高所提供会计信息的可采性。完善的内部控制，是促使反倾销调查机构当局对出口企业提供会计信息认可的重要因素。另外，企业内部会计控制情况也是反倾销调查问卷中的重要组成部分，它要求被调查企业对其会计状况进行有效说明与信息披露。出口企业须加强企业内部控制管理。

（3）加强企业相关人员能力素质的培养。

由于人才资源影响反倾销应对机制中其他资源效用的发挥，人的能力与素质直接通过其从事的工作反映到工作绩效中来，从而影响机制运行效率的最终实现。

反倾销应对机制的运作，要求各参与人员主体须具备良好的信息情报意识，具有认真、仔细、踏实的工作态度，以及强烈的职业敏感性。此外，由于反倾销会计是会计学、法学和国际贸易等领域融合的一个交叉性学科，是以会计语言解读国际贸易摩擦的反倾销法律语言，将会计与反倾销法律及国际贸易法规紧密结合。对企业来说，在应诉反倾销中要学会运用会计这一重要工具维护自身权益。所以，相关业务人员既要精通会计，熟悉会计信息的收集及处理方式；又要懂得 WTO 规则，了解反倾销相关程序规定，以便在应诉反倾销工作中能及时准确地做好会计陈述、会计举证、会计抗辩，为应对工作提供强有力支持[①]。笔者认为，本机制参与者应具备如下专业素质：熟悉会计（包括国际法务会计），通晓国内、国际会计准则；掌握反倾销法律、国际贸易知识；具备较高的外语水平；能够熟练进行会计信息处理操作，掌握计算机信息处理技术。此外，还应掌握常用的信息获取、加工、披露与传递技术，具有信息搜集、综合分析的能力。应提倡在事务所中进行反倾销业务的注册会计师和律师的跨专业合作，从而在律师、注册会计师中培养一批反倾销会计师[②]。

---

① 吴艾莉. 反倾销会计人才培养的设想 [J]. 国际商务财会, 2007 (12): 20 - 22.
② 周友梅. 反倾销会计人才的需求与培养 [J]. 国际商务财会, 2007 (7): 34 - 37.

7.4　产业应对机制的新视角

——我国企业提起反倾销对其全要素生产率影响的实证分析

随着中国成为世界第二大经济体，中国市场展现巨大消费潜力，产品竞争愈加激烈。迫于严峻的竞争压力，部分外国企业将产品低价倾销。这种行为严重破坏市场经济秩序，给国内企业带来沉重打击。在此现实背景下，中国政府根据 WTO 规定积极完善相关法律法规，于 2001 年和 2004 年相继出台《中华人民共和国反倾销条例》和《中华人民共和国对外贸易法》。依据法规条例，中国政府逐步展开对外反倾销调查。截至 2014 年 12 月 31 日，中国已发起反倾销调查 221 起，其中立案最多的为化工产品，达到 172 起。对于正处转型关键期的中国来说，更多地利用反倾销这一手段保护国内产业是未来的必然选择。

反倾销是对国外商品的低价倾销所采取的抵制措施。一旦反倾销调查得到肯定裁决，调查国政府会针对进口产品加征"反倾销税"。对外反倾销的立案和反倾销税的征收是否能扭转市场上国内企业的不利局面，改善国内企业绩效？在中国反倾销背景下，越来越多的学者开始关注中国主动反倾销对企业绩效的影响。刘爱东和罗文兵（2014）利用 CiteSpace II 软件对国际反倾销研究进行聚类分析，分析发现，反倾销措施对国内产业具有正负两方面效应[1]。一方面，反倾销可以保护并促进产业发展；另一方面，长期依赖反倾销不利于产业技术创新和竞争力提高。

综上所述，本节基于 2012 年化工行业对外反倾销案，利用 233 家上市公司近 3 年数据，探究我国企业提起反倾销对企业全要素生产率的影响，以期从发起方的角度探究我国提起反倾销对化工企业全要素生产率的影响路径，为企业应对反倾销提供补充性的经验数据[2]。

7.4.1　研究对象选取

基于 2 位数 HS 角度进行中国对外反倾销案件统计分类。截至 2014 年 12 月 31 日，

---

① 刘爱东，罗文兵. 基于 CiteSpace II 的国际反倾销研究的主要聚类分析［J］. 中南大学学报（社会科学版），2014，1：001.

② 所指导的 2017 届研究生谭圆奕对本部分内容有贡献。研究成果《我国反倾销对企业全要素生产率的影响分析——以 2012 年化工行业对外反倾销为例》在《国际贸易问题》2016 年第 10 期发表。

中国共发起反倾销 221 起，其中化工行业达到 172 起，占中国对外反倾销案件总数的 77.83%①。化工行业是中国反倾销代表行业。

2011 年，中国进出口总额达到 36 418.6 亿美元，同比增长 22.5%，仅次于美国，位居世界第二位。其中，化学品及有关产品 2011 年进口额为 1 811.06 亿美元，出口额为 1 147.88 亿美元，自 1980 年以来连续 31 年贸易逆差，逆差额达到 663.18 亿美元，同比增长 6.7%②。在这样的背景下，2012 年，中国发起 6 起化工产品反倾销案，涉及 4 种化学产品，产品主要用途如表 7 - 11 所示。

表 7 - 11　　　　　　　　　　四种涉案产品主要用途

涉案产品	主要用途
间苯二酚	用于橡胶黏合剂和紫外线吸收剂的生产
甲苯二异氰酸酯（型号 TDI80/20）	用于生产聚氨酯产品和乙烯基聚合物的加工
甲苯胺	用作染料、医药、农药的中间体
吡啶	农药、医药、日用化工、饲料、食品添加剂、子午轮胎工业的基础原料

调查期内，间苯二酚、甲苯二异氰酸酯（型号 TDI80/20）、甲苯胺和吡啶四种产品进口数量（单位：吨）基本呈上升趋势，中国市场份额较为稳定。调查期内，四种产品市场需求旺盛，表观消费量增长，产品成本上升，然而由于国外产品低价倾销，国内产业无法提高销售价格消化成本，导致售价和成本差额逐渐缩小，国内产业税前利润持续降低，甚至为负数。

鉴于这样的严峻形势，2012 年，国内间二苯酚、甲苯二异氰酸酯（型号 TDI80/20）、甲苯胺和吡啶产业龙头企业分别代表本产业向商务部提起反倾销诉讼。商务部分别于 2012 年 3 月 23 日、2012 年 6 月 29 日和 2012 年 9 月 21 日展开立案调查，于 2012 年底和 2013 年初发布初裁结果，于 2013 年陆续发布终裁结果，认定原产于日本和美国的间苯二酚，原产于欧盟的甲苯二异氰酸酯（型号 TDI80/20）和甲苯胺，原产于印度和日本的吡啶存在倾销，中国产业遭受实质损害③。

具体裁决时间和税率如表 7 - 12 所示。

---

① 对外反倾销数据来自 WTO 全球反倾销数据库 Statistics on Antidumping.
② 进出口数据取自中国统计年鉴 http://www.stats.gov.cn/tjsj/ndsj/.
③ 数据来自商务部网站 http://www.mofcom.gov.cn/.

表 7-12　　　　　　　　　2012 年化工行业对外反倾销案基本情况

被调查国	进出口税则号	产品	立案日期	初裁日期	初裁税率（%）	终裁日期	终裁税率（%）
日本	HS29072100	间苯二酚	2012. 3. 23	2012. 11. 23	40. 5	2013. 3. 22	40. 5
美国	HS29072100	间苯二酚	2012. 3. 23	2012. 11. 23	30. 1	2013. 3. 22	30. 1
欧盟	HS29291010	甲苯二异氰酸酯（型号 TDI80/20）	2012. 3. 23	2012. 11. 13	6. 6 ~ 37. 7	2013. 3. 12	6. 6 ~ 37. 7
欧盟	HS29214300	甲苯胺	2012. 6. 29	2013. 2. 28	22. 2 ~ 36. 9	2013. 6. 27	19. 6 ~ 36. 9
印度	HS29333100	吡啶	2012. 9. 21	2013. 5. 27	24. 6 ~ 57. 4	2013. 11. 20	24. 6 ~ 57. 4
日本	HS29333100	吡啶	2012. 9. 21	2013. 5. 27	47. 9	2013. 11. 20	47. 9

资料来源：根据 WTO 全球反倾销数据库（Statistics on Antidumping）数据统计。

7.4.2　研究设计

7.4.2.1　数据概述

2012 年中国化工行业对外反倾销案取自全球反倾销数据库，结合商务部初裁和终裁公告对案件资料进行修正完善。选取 2011 年之前上市的沪深 A 股主板和中小板化工企业，根据研究需要筛除数据不完善的公司，最终确定 233 个研究样本。样本企业财务数据取自国泰安数据库，根据中国商务部网站和中国贸易救济信息网有关资料确定样本企业是否受到对外反倾销保护。使用软件 DEAP2.1 和 Stata13.0 进行数据分析和统计分析。

7.4.2.2　变量定义

（1）被解释变量：全要素生产率。

TFP（Total Factor Productivity，全要素生产率）是指企业扣除资本、劳动等投入之外的产出增长，因为最早由美国经济学家索洛（Solow）提出，因此全要素生产率也称为"索洛残差"。一般认为，TFP 考虑的要素资源包括技术进步、组织创新、生产创新和专业化等，它的大小反映了企业利用资本、劳动等投入要素的能力[①]。作为衡量公司投入产出能力的一项指标，全要素生产率具有客观性高、综合性强等特点，并且能够进

---

① 叶彬，任佩瑜. 股权结构与全要素生产率——对我国上市公司的实证研究［J］. 山西财经大学学报，2010（6）：78 - 84.

行进一步分解①。

目前测算全要素生产率主要有参数估计、半参数估计和非参数估计三类方法。其中，非参数数据包络分析（Data Envelopment Analysis，DEA）中的 Malmquist 生产率指数法是目前流行的 TFP 衡量方法。非参数估计法不需事先假定生产函数，它突破理论约束限制，直接利用线性优化估算边界生产函数与距离函数②。Malmquist 生产率指数法作为一种典型的非参数估计方法，能够将全要素生产率分解为纯技术效率、规模效率和技术进步，分解后的指标具有实际意义。下面对 Malmquist 生产率指数法下全要素生产率的推导和分解过程做简要叙述。

在 t 期技术条件下，从 t 期到 $t+1$ 期的 Malmquist 生产率指数为：

$$M_i^t = \frac{D_i^t(y^t, x^t)}{D_i^t(y^{t+1}, x^{t+1})} \qquad (7-32)$$

同理，在 $t+1$ 期技术条件下，从 t 期到 $t+1$ 期的 Malmquist 生产率指数为：

$$M_i^{t+1} = \frac{D_i^{t+1}(y^t, x^t)}{D_i^{t+1}(y^{t+1}, x^{t+1})} \qquad (7-33)$$

利用 Malmquist 生产率指数表示全要素劳动生产率，计算 M_i^t 和 M_i^{t+1} 的几何平均值，得到 t 基期下，$t+1$ 期全要素生产率的变化：

$$M_i(x^{t+1}, y^{t+1}; x^t, y^t) = \left\{ \left[\frac{D_i^t(y^t, x^t)}{D_i^t(y^{t+1}, x^{t+1})} \right] \left[\frac{D_i^{t+1}(y^t, x^t)}{D_i^{t+1}(y^{t+1}, x^{t+1})} \right] \right\}^{\frac{1}{2}} \qquad (7-34)$$

根据费尔（Fare）等（1994）的研究，距离函数是技术效率的倒数，因此，

$$M_i(x^{t+1}, y^{t+1}; x^t, y^t) = EC(x^{t+1}, y^{t+1}; x^t, y^t) TC(x^{t+1}, y^{t+1}; x^t, y^t)$$

$$(7-35)$$

$M_i(x^{t+1}, y^{t+1}; x^t, y^t)$ 表示全要素生产率的变动。Malmquist 生产率指数法下，$TFP > 1$，全要素生产率提高；$TFP = 1$，全要素生产率不变；$TFP < 1$，全要素生产率降低。根据式（7-35），TFP 可以简化为：

$$TEP = EC * TC \qquad (7-36)$$

其中，EC 表示技术效率变化（Technical efficiency change），即短期内规模报酬不变条件下给定要素投入获得最大产出的能力，是对企业资源配置能力和资源使用效率的综合考量；TC 表示技术进步变化（Technological progress change），测度长期竞争条件下技术优势的改变，即技术边界从 t 期到 $t+1$ 期的移动。

---

① 邹怿，李凯，艾宝俊. 终极控制权、现金流权与公司全要素生产率 [J]. 管理科学，2009（5）：2-12.

② 孙晓华，王昀，郑辉. R&D 溢出对中国制造业全要素生产率的影响——基于产业间、国际贸易和 FDI 三种溢出渠道的实证检验 [J]. 南开经济研究，2012（5）：003.

技术效率 EC 又可以分解为：

$$EC = PC * SC \qquad (7-37)$$

PC 表示纯技术效率变动（Pure technical efficiency change），反映投入要素在使用上的效率，即企业制度和管理水平的效率；SC 表示规模效率变动（Scale efficiency change），反映决策单元的产出与投入比例的适当性，表示现有规模与最优规模之间的差距。

本书通过 Malmquist 生产率指数法计算得出全要素生产率，并以此作为被解释变量。Malmquist 生产率指数法的使用至少需要两期数据，且需要事先确定投入变量和产出变量。本文参考王琴、叶彬等人的研究选择投入和产出变量，具体如表 7-13 所示。

表 7-13　　　　　　　Malmquist 生产率指数法中投入、产出变量

投入变量	
X_1	营业成本 + 营业税金及附加
X_2	管理费用 + 营业费用 + 财务费用
X_3	总资产
产出变量	
Y_1	营业收入
Y_2	总市值
Y_3	无形资产

利用 Malmquist 生产率指数法计算得出 233 家样本企业 2011~2014 年的全要素生产率（TFP）、技术效率（EC）、技术进步（TC）等指标。如表 7-14 所示，2011~2014年，样本企业全要素生产率（TFP）比较稳定，技术效率（EC）基本呈下降态势，技术进步（TC）基本呈上升态势。技术效率的下降由纯技术效率（PC）的下降和规模技术效率（SC）的下降综合决定。

表 7-14　　　　　　　样本企业 2012~2014 年全要素生产率

年份	EC	TC	PC	SC	TFP
2011~2012	1.048	0.91	1.044	1.004	0.953
2012~2013	0.98	1.021	0.986	0.994	1.001
2013~2014	0.983	1.021	0.989	0.994	1.004
平均值	1.003	0.983	1.006	0.997	0.986

（2）解释变量和控制变量。

借鉴王琴、叶彬、奚俊芳等人的研究设置控制变量，表7-15对回归过程变量设计的具体内容进行归纳。

表7-15 回归过程变量设计

被解释变量		
全要素生产率	TFP	通过 DEAP2.1 计算
技术效率	EC	通过 DEAP2.1 计算
技术进步	TC	通过 DEAP2.1 计算
纯技术效率	PC	通过 DEAP2.1 计算
规模技术效率	SC	通过 DEAP2.1 计算
解释变量		
企业是否受到对外反倾销保护	AD	虚拟变量，受到对外反倾销保护企业（实验组）取1，其余企业（对照组）取0
对外反倾销当年	T_0	虚拟变量，2012年取1，其余为0
对外反倾销后一年	T_1	虚拟变量，2013年取1，其余为0
对外反倾销后两年	T_2	虚拟变量，2014年取1，其余为0
控制变量		
个体固定效应	GE	虚拟变量，用来捕捉个体间差异，克服遗漏变量问题
成长绩效	GROW	（本年营业收入/上年营业收入）-1
盈利绩效	PROF	当年净利润/年末总资产
管理结构	MANA	第一大股东持股比例/第二大股东持股比例
市场绩效	MARK	（股票市值+长期借款+短期借款+应付债券）/资产账面价值
企业规模	SIZE	企业总资产的对数
资产负债率	RATI	总负债/总资产
企业属性	NATU	虚拟变量，国有企业取1，其余取0
人均工资	WAGE	（期末应付职工薪酬+本期支付给职工的现金）/企业员工总数
本期研发支出	R&D	本期资本化和费用化研发支出之和
上期研发支出	PR&D	上期资本化和费用化研发支出之和

在233家样本企业中，根据商务部网站和贸易救济信息网相关资料确定实验组企业（即受到对外反倾销保护的企业）和对照组企业（其余样本企业）。在回归分析中，分

别利用 2012 年、2013 年和 2014 年的数据进行回归，以探究对外反倾销当年、第二年及第三年我国反倾销对企业全要素生产率的影响。

7.4.2.3　模型构建

综合借鉴李春顶[①]、奚俊芳[②]等人的研究，结合实证选样特点和研究目的，设计实证模型如下：

$$TH_{i,t} = \alpha + \beta_1 TH_{i,t-1} + (\sum_{t=0}^{2} \beta_{2+t} T_{i,t}) AD_i + \beta_5 X_{i,t} + \delta_{it} \qquad (7-38)$$

当 $\beta_1 = 0$，即为不考虑滞后变量；当 $\beta_1 \neq 0$，即为考虑滞后变量。

$TH_{i,t}$ 表示 TFP 等被解释变量；$TH_{i,t-1}$ 表示各被解释变量的滞后变量；$X_{i,t}$ 代表控制变量；α 表示常数项；β_1 到 β_5 表示回归系数；δ_{it} 为误差项。

在利用模型进行实证回归时，还应考虑以下几点：

（1）TFP_{-1} 代表 2011 年全要素生产率，根据 Malmquist 生产率指数法的定义，2011 年的 Malmquist 生产率指数即 $TFP_{-1} = 1$。因此探究 TFP_{-1} 对 TFP_0 的影响没有意义。

（2）通过设计 T_0、T_1 和 T_2 解释变量，探究我国对外反倾销在发起后第几年对企业全要素生产率产生显著影响。将 T_0、T_1 和 T_2 分别结合 2012 年、2013 年和 2014 年样本数据进行回归。

（3）由于 $TFP = EC * TC$，$EC = PC * SC$。因此，模型先对 TFP 进行回归；对 TFP 回归显著的情况下，再进行对 EC、TC 的回归；对 EC 回归显著的情况下，再进行对 PC、SC 的回归。

7.4.3　实证结果分析

7.4.3.1　我国反倾销对 TFP 的回归结果

基于研究目的，将 T_0、T_1 和 T_2 逐次代入式（7-38），在使用稳健性方差的前提下，排除引起多重共线性的变量，最终得到回归结果如表 7-16 和表 7-17 所示。

---

① 李春顶，石晓军，费太安. 主动反倾销的生产率促进效应：中国证据及其解释 [J]. 财贸经济，2013，34（7）：68-78.

② 奚俊芳，陈波. 国外对华反倾销对中国出口企业生产率的影响：以美国对华反倾销为例 [J]. 世界经济研究，2014（3）：011.

表 7 - 16 中国主动反倾销对 TFP 的回归结果

因变量	TFP				
自变量	模型（1）	模型（2）	模型（3）	模型（4）	模型（5）
$TFP_{(-1)}$				0.5209 *** (23.53)	0.7016 *** (19.34)
$AD * T_0$	0.0227 (0.99)				
$AD * T_1$		0.0290 * (1.84)		0.0220 *** (2.62)	
$AD * T_2$			0.0207 (1.57)		-0.0018 (-0.22)
个体效应	YES	YES	YES	YES	YES
R^2	0.3338	0.3098	0.4905	0.8031	0.8108
Adjust R^2	0.3037	0.2787	0.4676	0.7933	0.8014
F	11.1200	9.9600	21.3700	81.9200	86.0900
Prob. > F	0.0000	0.0000	0.0000	0.0000	0.0000

注：***、**、* 分别表示在 1%、5%、10% 的水平上显著，括号内的值为回归系数的 t 值。

表 7 - 17 AD * T1 分别对 EC、TC、PC、SC 回归的结果

因变量	EC	TC	PC	SC
系数	模型（6）	模型（7）	模型（8）	模型（9）
$AD * T_1$	0.0203 *** (2.60)	0.0034 (0.96)	0.0180 ** (2.40)	0.0018 (0.66)

注：***、**、* 分别表示在 1%、5%、10% 的水平上显著，括号内的值为回归系数的 t 值。

表 7 - 16 报告了对 TFP 回归的主要估计结果。模型（1）~模型（5）之间的唯一区别在于加入的解释变量不同。在模型（1）~模型（3）中，我们不考虑滞后变量，只将 $AD * T_t$ 对 TFP 进行回归。模型（4）~模型（5）中则加入滞后变量 TFP_{t-1}，考虑 TFP_{t-1}、$AD * T_t$ 对 TFP 的回归效果。综合分析表 7 - 16 和表 7 - 17 中的回归结果可以发现：

①从表 7 - 16 的回归结果来看，我国对外反倾销与 TFP 之间显著正相关。这种正相关在反倾销当年不显著；反倾销第二年显著；反倾销第三年不显著。这种结果出现的可能原因为，2012 年中国化工行业对外反倾销案于 2012 年底和 2013 年初陆续初裁，2013 年陆续终裁，相关企业在 2013 年受到全面保护。此外，对外反倾销也存在短期效应。

国外企业遭受反倾销调查后积极采取应对措施，如将产品转销中国之外的国家，在中国直接投资设厂，与中国政府达成协议价格等。中国受保护企业在反倾销调查后往往出现竞争懈怠，缺乏改善管理提升企业绩效的决心。中国主动反倾销对全要素生产率的正向影响只存在短期效应。

②基于对 TFP 的回归结果，在模型（4）的基础上设计了模型（6）和模型（7），以探究对外反倾销正向影响 TFP 的机制原理。从表 7 - 17 的回归结果来看，$AD * T_1$ 在 1% 的水平上与 EC 正相关，$AD * T_1$ 与 TC 不存在显著相关关系。这一结果清楚地表明，对外反倾销通过正向影响企业技术效率提升企业全要素生产率。

③在对 TFP 和 EC 回归的基础上，将 T_1 分别对 PC 和 SC 进行回归，表 7 - 17 中的模型（8）和模型（9）反映其回归结果。从表 7 - 17 可以看出，$AD * T_1$ 与 PC 显著正相关；$AD * T_1$ 与 SC 不显著相关。由此可以看出：对外反倾销通过促进纯技术效率的提升，从而促进技术效率的提升，最终正向影响企业全要素生产率。

7.4.3.2　控制变量分析

对控制变量的分析结果如表 7 - 18 所示。

表 7 - 18　　　　　　　　　　控制变量分析

变量	TFP	EC	TC	PC	SC
回归模型	模型（4）	模型（6）	模型（7）	模型（8）	模型（9）
GROW	0.0294*** (5.56)	0.0330*** (6.77)	-0.0025 (-1.13)	0.0366*** (7.82)	-0.0033* (-1.89)
PROF	0.1336*** (9.80)	0.0540*** (4.58)	0.0729*** (12.73)	0.0307*** (2.71)	0.0229*** (5.35)
MANA	0.0001 (0.53)	0.00003 (0.32)	0.00002 (0.41)	0.00006 (0.63)	-0.00003 (-0.88)
MARK	-0.0004 (-0.12)	0.0011 (0.37)	-0.0036** (-2.38)	0.0063** (2.17)	-0.0050*** (-4.63)
SIZE	-0.0057* (-1.65)	-0.0064** (-2.00)	-0.0005 (-0.34)	0.0008 (0.26)	-0.0070*** (-6.10)
RATI	0.0050 (0.35)	0.0069 (0.52)	0.0006 (0.10)	0.0088 (0.70)	-0.0032 (-0.67)
NATU	0.0087 (1.47)	0.0028 (0.51)	0.0052** (2.15)	0.0015 (0.28)	0.0013 (0.67)

续表

变量	TFP	EC	TC	PC	SC
回归模型	模型（4）	模型（6）	模型（7）	模型（8）	模型（9）
R&D	− 0.0002 （− 0.16）	− 0.0002 （− 0.18）	− 0.0001 （− 0.18）	− 0.0002 （− 0.13）	− 0.00007 （− 0.15）
PR&D	0.0013 （0.77）	0.0009 （0.58）	0.0005 （0.71）	0.0004 （0.27）	0.0005 （0.86）

注：***、**、*分别表示在1%、5%、10%的水平上显著，括号内的值为回归系数的 t 值。

①成长绩效（GROW）。成长绩效对化工行业上市公司 TFP 有正向影响，且在1%的水平上显著。通过分解分析可以发现，这种显著作用通过正向影响 PC 和负向影响 SC 以实现。这说明，化工行业上市公司成长越快，管理制度会更加完善并促进全要素生产率的增长。同时，成长越快，会使企业更加偏离最优规模。

②盈利绩效（PROF）。盈利绩效对化工行业上市公司 TFP 有显著的正向作用（1%水平上显著）。单位资产净利润的增长能同时促进上市公司 PC、SC、TC 的增长。盈利绩效对 TFP 的促进过程是 EC 增长和 TC 增长的双重作用。公司只有获得利润之后才能进行管理水平提升和技术进步的再投资，从而使企业全要素生产率得到提高。

③公司规模（SIZE）。公司规模对 TFP、EC 和 SC 有显著负作用。这反映我国化工行业上市公司普遍规模过大，且已超过公司最优规模。公司规模越大，企业规模效率（SC）越低，从而导致企业全要素生产率越低。

④市场绩效（MARK）。市场绩效对化工业上市公司 TFP 有微弱的负面影响。市场绩效对 SC 和 TC 存在负影响，对 PC 存在正向促进作用。这说明，化工业上市公司越被外部认可，越有利于促进企业管理水平效率的提升，同时会偏离企业最优规模。

⑤管理结构（MANA）、资产负债率（RATI）和企业属性（NATU）。三者对 TFP 只有微弱的正向影响。股权分布越集中，越有利于企业进行管理和决策，资产负债率越高，企业财务杠杆效应越明显。国有属性则更利于企业获得政府支持。因此，三者能在一定程度上提高企业全要素生产率。

⑥本期研发支出（R&D）和上期研发支出（PR&D）。两者对 TFP 的影响都很微弱，相比之下，上期研发支出影响更为显著。这表明，上期研发支出较本期研发支出更能提升企业全要素生产率。

7.4.3.3　倾向评分匹配法检验

基于前文实证结果，利用2013年样本数据进行倾向评分匹配法（Propensity Score

Matching，PSM）分析，以控制样本选择偏误，解决实证过程中的"反事实情形"，论证对外反倾销与企业全要素生产率之间的因果关系（见表 7 - 19）。

表 7 - 19　　　　　　　　　　　　　匹配平衡性检验结果

匹配变量	处理组	对照组	P 值	偏差值（bias）%
SIZE	22.2126	21.9632	0.3920	1.5733
DEBT	21.2513	20.9224	0.4650	2.4351
WAGE	10.8197	9.1672	0.1380	5.9410
RD/SALE	0.0007	0.0010	0.7610	0.0059

如表 7 - 19 所示，参考苏振东等①的研究，选择资产总计（SIZE）、负债总计（DEBT）、人均工资（WAGE）和研发密集度（RD/SALE）作为匹配变量，同时利用 PSM 分析中的"最邻近匹配法"，得到处理组（受到反倾销保护的化工企业）和对照组（未受到反倾销保护的化工企业）。对匹配结果进行平衡性检验，由匹配变量的 P 值发现，处理组和对照组在 SIZE、DEBT、WAGE 和 RD/SALE 方面均不存在显著性差异。各匹配变量的偏差值均小于 20，满足匹配前的共同支持条件和独立假设条件。

根据 Kernel 倾向匹配评分法，用 ATT 值表示因变量的处理组和对照组之差。以考察匹配后处理组的 TFP（EC/TC/PC/SC）和对照组的 TFP（EC/TC/PC/SC）之间的差异。如表 7 - 20 所示。

表 7 - 20　　　　　　　　　　　　　匹配后结果

	处理组	对照组	T
TFP	1.0083	0.9754	2.212 **
EC	1.0438	1.0105	1.975 *
TC	0.9665	0.9664	0.025
PC	1.0411	1.0111	1.728 *
SC	1.0030	1.0001	0.361

注：***、**、* 分别表示在 1%、5%、10%的水平上显著。

---

① 苏振东，邵莹. 对外反倾销能否提升中国企业生存率——以化工产品"双酚 A"案件为例 [J]. 财贸经济，2014（9）：82 - 93.

由表 7 - 20 可知，对于 ATT = 0 的原假设，TFP 的 T 检验在 5% 的水平上显著，EC 和 PC 的 T 检验在 10% 的水平上显著，即 TFP、EC 和 PC 的 ATT 值显著不为 0。另外，TC 和 SC 的 T 检验均不显著。这表明，我国反倾销对受保护化工企业全要素生产率、技术效率和技术进步存在实际影响，对规模效率和技术进步影响并不显著。这进一步论证了前文的回归结果。

7.4.3.4　稳健性检验

为验证前文实证结论的稳健性，采用不同全要素生产率衡量指标进行验证，以探究实证结论是否一致。利用海德和里斯（Head & Ries, 2003）使用的近似全要素生产率指标 $ATFP = \ln(Q/L) - s\ln(K/L)$（$s$ 为资本弹性）并结合杨汝岱对中国制造业全要素生产率的研究计算 $ATFP$，进行替代检验。检验结论与模型（1）~ 模型（5）的结论一致，表明研究结论具有稳健性。

7.4.3.5　我国反倾销与全要素生产率显著正相关的进一步解释

（1）对外反倾销与企业技术进步（TC）、规模效率（SC）不具有相关关系，但与全要素生产率（TFP）、技术效率（EC）、纯技术效率（PC）不仅具有显著相关关系，且具有显著因果关系，我国反倾销显著提升企业全要素生产率、技术效率和纯技术效率。由于 TFP = EC × TC、EC = PC × SC，因此得出结论，企业通过提升纯技术效率以提高技术效率，最后影响企业全要素生产率。即对外反倾销提升企业全要素生产率的过程通过"纯技术效率—技术效率—全要素生产率"的传导机制发挥作用。

（2）对外反倾销短期内显著提升企业全要素生产率，这一研究结论虽然与国外相关研究结论不同，但在中国经济背景下能够得到解释。李春顶等（2013）认为，发达国家对外反倾销是一种贸易、产业保护行为，目的是保护国内夕阳产业和竞争力弱的产业，以维持经济稳定。发达国家反倾销激发受保护产业的惰性，不利于产业生产率的提高。中国经济现状决定了对外反倾销是产业受到严重损害时的"反击"手段，受保护产业利用反倾销契机提高管理效率并进行技术革新，从而提高产业全要素生产率①。

（3）与以往中国学者的研究发现不同，此次实证分析发现，企业规模负向影响规模效率。这可能是因为，对于化工行业上市公司，企业规模已超过最优规模。同时，成长绩效的增长带来的规模扩大并不能引起规模效率的增长。另外，研发支出对技术进步

---

① 李春顶，石晓军，费太安. 主动反倾销的生产率促进效应：中国证据及其解释 [J]. 财贸经济，2013，34（7）：68 - 78.

和全要素生产率的影响均不显著，这说明化工上市企业研发效率低下。因此，对于中国化工行业上市公司来说，控制企业规模，提高研发效率，从而提升规模效率和促进技术进步，是提高企业全要素生产率的有效方式。

　　从宏观和微观两层次概括分析对外反倾销提升中国企业全要素生产率的具体可能，如图 7 – 14 所示。

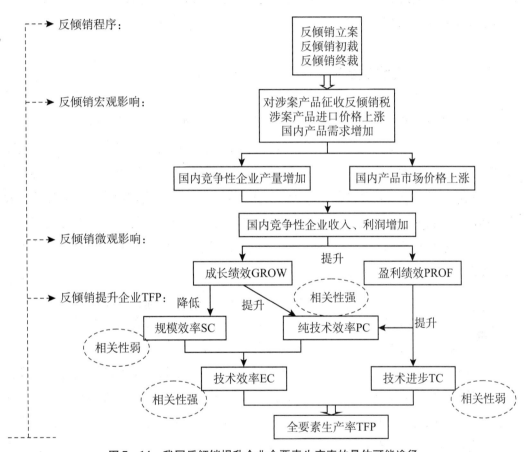

图 7 – 14　我国反倾销提升企业全要素生产率的具体可能途径

　　由图 7 – 14 可知，我国反倾销提升企业全要素生产率的具体可能途径为：

　　（1）反倾销程序：政府通过反倾销立案、反倾销初裁、反倾销终裁等程序确定国外产品倾销及国内产业遭受损害，裁决后，对涉案产品进口征收反倾销税。

　　（2）反倾销宏观影响：对涉案产品征收反倾销税导致其进口价格上涨，在国内产品价格不变的情况下，国内产品需求增加，供求关系导致产品价格上涨，国内产量上升。价格上涨，产量上升势必导致国内企业收入和利润增加。

（3）反倾销微观影响：企业收入增加导致企业成长绩效（GROW）提升，企业利润增加导致企业盈利绩效（PROF）上升。成长绩效（GROW）提升引起管理制度的改善和企业规模的壮大。由于我国化工行业上市公司普遍规模过大，超过公司最优规模，因此成长绩效（GROW）提高纯技术效率（PC）但降低规模效率（SC）。盈利绩效（PROF）带来管理效率的提高和技术进步的再投资，从而提高纯技术效率（PC）和技术进步（TC）。纯技术效率（PC）的提升使技术效率（EC）提高；技术效率（EC）影响全要素生产率（TFP）的提高。

7.4.4　结论及政策建议

为探究我国反倾销对企业全要素生产率的影响，选取 2012 年化工行业对外反倾销案为研究对象，运用 233 家上市公司 2012～2014 年的年报数据，实证检验我国主动反倾销对企业全要素生产率的影响。研究发现，就 2012 年化工行业对外反倾销案件而言，对外反倾销短期内显著提升被保护企业全要素生产率，这种促进作用通过提升纯技术效率，从而提升技术效率来实现。对此，从宏观和微观两层次逐步深入分析对外反倾销影响企业全要素生产率的过程。最后，提出构建以"提高企业全要素生产率"为核心目的，以政府、行业和企业为主体的"三主体"中国反倾销发起机制，如图 7 - 15 所示。

图 7 - 15 为"'三主体'中国反倾销发起机制"策略图，如图所示，在对外反倾销过程中，应综合政府、行业和企业三主体功能，进行对外反倾销的有力实践。

（1）政府、行业和企业三主体共同发挥对外反倾销事前预警、事中取证与事后监督功能。首先，"三主体"反倾销事前预警功能。反倾销申请中支持者产量需占支持者和反对者总产量 50% 以上，同时需占国内产品总产量 25% 以上[①]。行业应设立倾销备案机制，当面临倾销威胁时，行业应迅速组织企业收集资料、进行备案和展开反倾销申诉。政府部门应及时指导和反馈反倾销立案信息。其次，"三主体"反倾销事中取证功能。反倾销调查过程中，政府需将国外涉案产品成本与国内产品成本进行比较，这要求申诉企业在行业组织下配合政府取证，以缩短调查时间，争取早日裁决。最后，"三主体"反倾销事后监督功能。政府需监督涉案企业"贸易转移"和"直接投资"等行为，行业需监督裁决后本行业新设企业情况，企业需监督裁决后产品价格波动情况。国外企业的"贸易转移"和"直接投资"行为，新设企业的"低价竞争"行为都会削弱对外反倾销对企业绩效的正向影响。因此，事后监督并设立"产业准入门槛"制度和采取

---

① 内容取自《反倾销条例》。

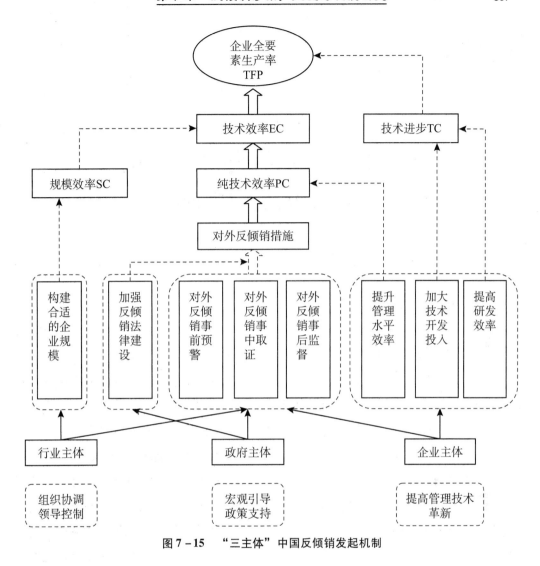

图 7 - 15　"三主体"中国反倾销发起机制

"二次反倾销"，能够有效维护反倾销成果。

（2）政府发挥宏观引导、政策支持功能，加强本国反倾销法律建设，使行业、企业在遭遇倾销时有法可依、有法必依，使政府在反倾销调查中效率高、效果好。行业发挥组织协调、领导控制职能，鼓励企业适当的合并、分立行为，构建合适的企业规模，提高企业规模效率。

（3）企业应提高管理效率和研发效率，加强技术革新。对外反倾销提升企业纯技术效率，但不能显著影响企业技术进步。这说明我国企业受到对外反倾销保护时，较少将资源用于产品开发和研发效率提升。此外，这也说明我国企业与发达国家企业相比，技术效率存在较大提升空间。因此，要提升绩效，企业应重视技术进步，提高研发效率，加大管理水平和生产效率投资，促进"技术进步"和"技术效率"共同发展。

第 *8* 章

我国企业应对反倾销有效性的
实证研究及案例分析

　　基于前文研究，拟通过两个实证分析，深入探究影响反倾销应对有效性的相关因素。近年来，反倾销反补贴联动调查（下文简称"双反"调查）成为新兴的贸易救济手段。考虑到目前我国面临的严峻"双反"形势及遭遇"双反"调查的实践需求，拟探究不同"双反"应对措施的效力高低，为企业在"双反"调查中提供实践指导。在该研究的基础上，拟选取光伏产业具体研究其应对反倾销效率问题。之所以选取光伏产业，是因为在全球产能过剩、进口国滥用反倾销手段保护本国光伏产业的背景下，我国光伏产业成为遭受反倾销指控的重灾区。而反倾销除了自身的法律框架外，更重要的内容就是会计问题，因此实证分析财务能力对企业应对反倾销效率的影响具有一定的意义。最后，通过对光伏企业应对反倾销有效性的案例进行分析，旨在构建与反倾销调查程序相匹配的会计跟踪机制，提高企业反倾销应对能力和风险防范意识，为调查发起后的快速响应和举证抗辩提供会计支持。通过以上实证分析及案例研究，帮助企业把握反倾销调查中的关键问题，在国际贸易争端中掌握主动权，该研究也在一定程度上丰富了我国贸易救济理论及应对反倾销理论体系。

8.1　上市公司"双反"应对有效性的实证分析

　　近年来，我国出口企业遭受"双反"调查日趋频繁，如何有效应对"双反"是目前学术界与实务界不容忽视的焦点问题。本节紧密联系经济全球化背景下贸易摩擦持续升温的实践，综合运用事件研究法及多元回归分析方法，验证了"双反"应对措施的有效性[①]。

8.1.1　研究假设的提出

一例"双反"案件从立案、调查到初裁、终裁及复审，涉及一系列流程，是一个漫长的过程，期间，资本市场投资者无法准确预期该"双反"调查最终结果及其对公司经营发展的影响，为此，市场投资者将根据资本市场流通的信息及企业行为做出判断。基于此，我们推断，在企业遭遇"双反"调查的前中后期，企业采取的一定措施将会影响市场投资者对该公司价值的预期。因此，结合应对"双反"的流程，我们主要分为调查前的出口结构调整、调查中的积极应诉、事后的补救措施及期间政府部门的补贴多个层面考量企业应对"双反"各项措施的有效性。

"双反"调查并不是简单的法律诉讼，更是一项涵括贸易、法律、会计的综合性调查，因此，其发起前，进口国将对出口贸易国相应产品采取一定的压制手段，出口贸易国将表现出相应的前瞻性。孙芳城（2011）[②] 指出，出口企业应对国外"双反"调查最有力的手段为"防患于未然"，即在外国政府发起"双反"调查前对企业的出口战略进行相应调整，以达到规避目的。刘爱东（2010）[③] 提出能否有效应对贸易救济的关键在于事先预判企业将采取的贸易保护举措，其中，最为有效的方式为采取在海外直接投资设厂。布劳尼根（Blonigen）等人（2004）[④] 同样通过实证指出在对超额回报收益率的影响上，如果出口企业以设立海外工厂的直接方法以规避贸易摩擦，将给进口国涉诉企业带来较小的超额回报收益率，反之，如果企业未采取海外直接投资或新增投资的举措，贸易救济手段将给进口国涉案企业带来较高的超额回报收益率。包括"双反"在内的贸易救济手段一般只针对出口国的特定单一产品或产品类别，出口企业通过新建或扩建进口市场所在国的工厂以避开贸易壁垒的方式将不会受到"双反"相应的税罚。当前，经济全球化背景下，各国为争夺国际市场份额，贸易摩擦日益加剧，基于贸易救济手段尤其是反倾销、反补贴相应的惩罚性关税，已经成为出口企业在海外投资设厂考虑的一个重要因素，频繁受到反倾销、反补贴调查及诉讼的行业将此项因素作为海外投资设厂的主要原因。鉴于此，我们认定新建或扩建海外工厂被视为出口企业在"双反"

———————

① 所指导的 2016 届研究生付媚对本部分实证内容有贡献。

② 孙芳城，梅波，杨兴龙. 内部控制、会计信息质量与反倾销应对 [J]. 会计研究，2011（9）：47 – 54.

③ 刘爱东，梁洁. 1995 ~ 2009 年国外对华反倾销案件统计分析 [J]. 中南大学学报（社会科学版），2010（4）：73 – 78.

④ Belderbos, R., H. Vandenbussche, and R. Veugelers. Antidumping Duties, Undertakings, and Foreign DirectInvestment in the EU. European Economic Review, 2004, 48（2）：429 – 453.

调查发动前的前瞻性行动，将影响资本市场投资者对"双反"事件对被调查上市公司资本市场价值的判断。故提出第一个假设：

H1：被调查出口企业新建或扩建海外工厂，将良好改善资本市场投资者对出口企业的预期，出口企业的"双反"负向市场反应较弱。

调查国一旦发起"双反"调查，作为涉案主体的被调查企业需要采取一定的举措应对，以降低甚至消除"双反"调查对出口贸易的损害。刘爱东（2010）① 认为，出口企业能否有效应对贸易救济调查的关键，在于企业能否在规定时间内提供有效的会计信息证据资料。孙凤英（2008）② 也在早前的研究中指出我国出口企业在贸易救济调查中，胜诉率较低，应诉积极性不高，导致无法向相关调查机构提供完备的会计信息资料是我国企业常败诉的主要原因。孙铮、刘浩（2005）③ 指出应诉反倾销与反补贴是一个漫长的过程，从立案、调查、初裁到终裁、复审涉及大量会计信息资料，企业能否在短时间内快速反应，提供完备有效的会计数据决定了贸易摩擦的最终结果。鉴于此，我们认为被调查企业短时间内迅速提供完备的会计信息证据，将利于企业在"双反"调查中取得有利于自身的裁决结果，减弱"双反"调查事件对企业利润点及市场价值的影响。因此，提出第二个假设：

H2：被调查出口企业迅速提供完备的会计信息证据，将良好改善资本市场投资者对出口企业的预期，出口企业的"双反"负向市场反应较弱。

反倾销是一个十分复杂的程序。在反倾销应诉过程中，很多事项专业性和技术性要求较高，需要专业人员同时从会计与法律两个角度来进行抗辩，提供相关的会计资料与证据来进行举证，支持其主张。在反倾销调查中，收集整理应诉所需的信息资料，积极准备市场经济地位的申请材料，认真填答反倾销调查方发放的调查问卷，做好充足的资料准备谨慎应对实地核查加工，有利于被调查企业扭转被动的局面，主动运用法律武器维护自身在国际贸易竞争中的发展。聂志毅、张莎（2005）④ 及汪小雯（2006）⑤ 研究指出，通过聘请专业技术人员等手段为应对贸易救济调查妥善准备相应应诉资料，有助于企业取得有利裁决。鉴于此，我们认为出口企业在"双反"调查期间，通过聘请或内部组建专业小组应对"双反"调查，将提高出口企业胜诉的可能性，降低贸易摩擦事件对企业出口贸易的负面影响。因此，提出第三个假设：

————————

　① 刘爱东，赵金玲. 我国企业应对反倾销的会计联动机制研究——理论框架与研究构思 [J]. 会计研究，2010（12）：24 – 28.

　② 孙凤英. 反倾销应诉中的会计问题研究 [J]. 会计研究，2008（11）：42 – 47.

　③ 孙铮，刘浩. 反倾销会计研究中的若干问题辨析 [J]. 会计研究，2005（1）：67 – 76.

　④ 聂志毅，张莎. 细化会计工作应对反倾销 [J]. 商业研究，2005（15）：89 – 93.

　⑤ 汪小雯. 如何应对反倾销：中国情况与世界经验 [J]. 当代财经，2006（8）：103 – 107.

H3：被调查出口企业聘请或组建专业人员小组应对"双反"，将良好改善资本市场投资者对出口企业的预期，出口企业的"双反"负向市场反应较弱。

"非市场经济地位"带有极强的歧视性色彩。不公正之处体现在，一旦我国被确立为非市场经济国家，则我国出口产品的价格也将被视为不能代表产品的正常价值。此时，将选取替代国的"同类产品"或"类似产品"的价格作为可比价格①。因此，当中国被确认为非市场经济国家时，提起反倾销调查的国家可以自主选取有利于自身的第三国作为替代国。此时，调查方将否定我国企业出口该产品的真实成本原始数据，而是选用所谓的等效国家（地区）的成本确定"正常价值"。如此主张，明显不利用我国产品现有的低成本优势，极易产生"虚假倾销"现象，并主观夸大了倾销裁定的幅度，由此，极易导致"双反"败诉。反之，如企业积极准备相应应诉资料，争取到市场经济地位，将在很大程度上提高了胜诉的可能性，且近年来我国多起"双反"胜诉案均与市场经济地位的取得有密不可分的关系。鉴于此，我们认为，被调查企业在"双反"调查中积极争取市场经济地位，将有助于增长资本市场投资者信心，减弱"双反"调查对上市公司市场机制的负面冲击。因此，提出第四个假设：

H4：被调查出口企业积极争取市场经济地位，将良好改善资本市场投资者对出口企业的预期，出口企业的"双反"负向市场反应较弱。

反倾销、反补贴、"双反"等贸易救济手段在发起前主要表现为被调查国出口大量特定产品至调查发起国，出口价格及出口数量都将表现出一定的特征。此时，如果出口企业合理预期进口国发起贸易救济的可能性，并对出口战略予以及时调整，则能缓解贸易摩擦的负面影响，甚至规避贸易壁垒。出口战略的调整方案包括减少特定产品的出口数量，调整该产品的战略价格，并增加跨类别相似产品的出口，或者减少特定市场的输入量，转移出口重心至第三方市场。鲍恩和克劳利（Bown & Crowley，2007）②通过分析日本遭遇美国反倾销调查案例，证实严苛的贸易壁垒促使日本转移目标市场国至第三方国家，有效地减弱了贸易摩擦对出口贸易的负面影响。我国学者沈国兵（2008）③探讨美国对我国发起的木质卧室家具反倾销案，指出在诉讼发起国对我国征收高额反倾销税后，我国家具出口企业即转移出口贸易重点，向美国市场输出大量木质办公家具以弥补木质家具市场受到的严重损害。鉴于此，我们认定如果企业在贸易救济前期或初期，前瞻性地对出口战略进行相应调整，企业出口贸易的发展受到"双反"调查的负面影

---

①　"可比价格"是指对相关价格进行选择和调整，使其具有可比性的价格。

②　Crowley, M. A.. Do Safeguard Tariffs and Antidumping Duties Open or Close Technology Gaps [J]. Journal of International Economics，2006，68（2）：469 – 484.

③　沈国兵. 美国对中国反倾销的贸易效应：基于木制卧室家具的实证分析 [J]. 管理世界，2008（4）：48 – 57.

响将会被削弱，并可能合理规避"双反"调查。因此，提出第五个假设：

H5：被调查出口企业及时调整产品出口战略，将良好改善资本市场投资者对出口企业的预期，出口企业的"双反"负向市场反应较弱。

由于"双反"调查的特殊性，政府成为调查过程中亟须考虑的关键因素。芬格（Finger）等人（1982）[1]、李坤望和王孝松（2008）[2]通过实证分析认为政治因素，即政府部门在贸易摩擦中的地位及作用对贸易救济的进程及结果产生关键性的作用，应充分重视政府部门在贸易纠纷中的独特角色。

贸易摩擦不仅是简单的出口企业间的矛盾，更是两个国家有关产品市场的较量。在短时间内集中爆发的大量贸易摩擦极有可能扼杀企业特定产品甚至一系列产品的出口贸易，仅凭借企业的薄弱力量难以在国际贸易市场的较量取得优势地位，因此，出口国政府机构的态度与作为将对贸易摩擦的胜负起到关键性的影响。

具体而言，政府部门可通过财政支持、国际政治施压以提高出口企业在"双反"调查及诉讼的地位，为被调查企业在贸易摩擦中争取有利于我方的裁定结果，缓解被调查国的政治及贸易压力。此外，政府部门对企业的重要帮扶作用还体现在为特定产品提供财政补贴或颁布相应行业优惠政策，增大国内市场产品内需，以缓解出口企业在国际市场受到强力压制的产品压力，弥补一定的利润点。鉴于此，我们有理由认定，在出口企业涉及"双反"调查时，如果政府部门采取相应的扶持手段，将有利于被调查企业取得"双反"诉讼胜诉的可能，以削弱甚至消除"双反"调查对出口企业的损害。因此，提出第六个假设：

H6：被调查企业获得政府部门相应的经济支持，将良好改善资本市场投资者对出口企业的预期，出口企业的"双反"负向市场反应较弱。

8.1.2 研究设计

8.1.2.1 变量定义与度量

（1）被解释变量。

根据上文阐述的有效市场理论及公司价值评估理论，本节将利用上市公司在"双

---

① Finger, M., K. Hall, and D. Nelson. The Political Economy of Administered Protection. American Economic Review, 1982, 72 (3): 452–466.
② 李坤望，王孝松. 申诉者政治势力与美国对华反倾销的歧视性：美国对华反倾销裁定影响因素的经验分析 [J]. 世界经济，2008，31 (6): 3–16.

反"调查期间的市场价值变化，来反映"双反"调查的负面影响，同时，追踪不同上市公司在此期间采取的"双反"应对措施的异同，来确认不同"双反"应对措施对其市场价值负面影响的缓解作用。因此，本节利用事件研究法计算"双反"调查事件窗口期内被调查企业的累计异常收益率，通过与各个"双反"应对措施做回归分析，以确认不同应对措施的有效性差异。其中，累计异常收益率即为被解释变量，其具体计算步骤如下：

①定义事件与窗口期。

事件研究法应先确定所研究的对象，国外对华发起"双反"调查时，涉案上市公司将发布公告，其中，"双反"公告发布事件即为被研究事件。其次，确定对应的事件窗。事件窗是用来确认不同的研究事件对上市公司市场价值是否产生异常收益率的时间段，一般为 1~15 个工作日不等，本节基于雅各布斯（Jacobs）等人（2010）[①] 的研究成果，主要考虑两天的窗口期长度，即（-1，0）。最后，确定估计窗的长度。估计窗的主要作用是考量上市公司在未遭受"双反"调查期间上市公司的正常收益率，用于估算事件窗的异常收益率。长度从 15~200 个工作日不等，本节选取上市公司发布"双反"相关公告前的 210 个工作至前 10 个工作日，即（-210，-10）。

②计算正常收益率。

正常收益率在本节的含义是，当上市公司发布"双反"调查相关公告时的股价收益率。基于有效市场理论，公司股票价值的变化能准确地反映公司市场价值的变化。因此，利用有效市场模型即可计算出正常收益率：

$$R_{it} = \alpha_i + \beta_i R_{mt} + \varepsilon \qquad (8-1)$$

式（8-1）中，R_{it} 表示被调查上市公司 i 在第 t 个交易日的股票收益率，具体计算公式为 $\frac{P_{it} - P_{i,t-1}}{P_{i,t-1}}$，其中 P_{it} 为上市公司 i 在第 t 期的股票收盘价；R_{mt} 表示市场投资组合的报酬率，根据 $\frac{P_{mt} - P_{m,t-1}}{P_{m,t-1}}$ 计算得出，式中 P_{mt} 为市场指数在第 t 期的收盘点位。如果估计窗内的 R_{it} 与 R_{mt} 相关性显著，则可测算得出事件窗的预期正常收益率 $R_{it}*$。

③估算异常收益率与累积异常收益率。

异常收益率（AR_{it}）在本节的具体含义是，当上市公司发布"双反"调查相关公告时，事件考察期内资本市场的实际市场收益率与根据市场模型计算得出的正常收益率的差额，具体计算公式为：

① Jacobs B W, Singhal V R, Subramanian R. An empirical investigation of environmental performance and the market value of the firm [J]. Journal of Operations Management, 2010, 28 (5): 430-441.

$$AR_{it} = R_{it} - R_{it}^* \qquad (8-2)$$

为避免个别公司市场收益率的异常波动对实证结果的影响,本节将样本公司在事件窗的异常收益率累加,作为本节实证部分的被解释变量,具体计算公式如下:

$$CAR = \sum_{t=t_1}^{t=t_2} AR_{it} \qquad (8-3)$$

(2)控制变量。

在"双反"调查过程中,企业应对"双反"的有效性不仅取决于企业自身的应对举措,也会受到其他因素的影响,除了自变量的影响外,本节还考虑了以下因素的影响:公司规模、调查进程、行业及年度。

①公司规模(Listed Companies Size,LCS):规模较大的公司在应对"双反"时,通常拥有更强的财力、物力作支撑,权衡应诉成本及收益,更倾向于主动应对"双反"调查;规模较小的公司所受"双反"调查的损害与其应诉成本相比较,应诉负担较重,且应诉结果存在不确定性,因此,本节认为规模越大的公司在应对"双反"调查的力度及有效性更强。

②调查进程(Determination,DET):"双反"调查是一项复杂的系统工程,包括初步审查、实地核查、调查问卷、听证会等一系列流程,不同的调查进展阶段企业取得胜诉所需的应对工作难度不同,将影响投资者对"双反"调查结果的预期。

③在不同年度与行业,"双反"应对成功率显示出一定的特征,市场投资者可能基于本行业前期相似案件的裁决结果判断本次"双反"调查事件的结果及影响,因此,本节对年度变量(Year,YEAR)和行业变量(Industry,IND)进行了控制。

(3)解释变量。

如表8-1所示,根据上文的研究假设,本节的自变量主要包括新/扩建海外市场、完备的会计信息资料、专业人才队伍、市场经济地位、出口战略调整、政府扶持,分别检验上述六个假设。其中,政府扶持的影响因素中最为关键的一方面为政府补助的力度,直接关系政府在此次贸易救济案中的地位及作用。故本节利用企业财务报表中的经营业务收入进行相应的计算调整,得出被调查企业所获得的政府补助,作为衡量政府扶持的数据。

表8-1 解释变量定义

变量类型	变量名称	变量含义	度量
解释变量	PLA	新/扩建海外市场	在非被调查国拥有、新增或扩建至少一座工厂,该变量取值为1,否则为0

变量类型	变量名称	变量含义	度量
解释变量	PAI	完备的会计信息资料	被调查企业在公告中称本企业已提供完备的会计信息资料积极应诉时，该变量取值为1，否则为0
	PRG	专业人才队伍	被调查企业在公告中称已成立反倾销或反补贴小组或聘请专业律师机构时，该变量取值为1，否则为0
	MES	市场经济地位	被调查企业在公告中表露已获得"市场经济地位"，则该变量取值为1，否则为0
	EXO	出口战略调整	被调查企业在公告中表明计划扩展国内市场和其他国际市场或者加大其他系列产品的出口比例时，该变量取值为1，否则为0
	GOS	政府扶持	经营业收入调整后的政府补助

8.1.2.2　样本选择与数据来源

确定变量后，根据变量特征及实证需求确定样本范围及样本数据。本节选取了2004～2015年发布了"双反"调查公告的沪深两市上市公司为样本范围，并排除以下类型的上市公司形成最终样本：

（1）发布"双反"调查公告后，中途被延期或终止调查的对华"双反"案件所涉及的上市公司；

（2）考察期内尚未上市或上市时间短于考察期的被调查上市公司；

（3）连续被提起"双反"调查申诉，并且两案件的时间间隔小于200个交易日的被调查上市公司；

（4）在考察期间发生过其他可能导致股价异常波动事件的被调查上市公司。

本节的最终样本包括129家于2004～2015年被"双反"调查的上市公司，原始资料来源于Wind数据库、全球反倾销数据库、USITC和WTO官方网站等。其中，政府补助数据由上市公司年报的计算整理得出，上市公司的股票市场价值及其余财务数据源自东方财富Choice资讯及国泰安数据库。

8.1.2.3　模型设计

本节拟采用多元线性回归模型来研究上市公司应对"双反"的有效性，具体回归方程建立如下：

模型1：

$$CAR = \beta_0 + \beta_1 LCS + \beta_2 DET + \beta_3 IND + \beta_4 YEAR + \varepsilon \qquad (8-4)$$

模型2：

$$CAR = \beta_0 + \beta_1 LCS + \beta_2 DET + \beta_3 IND + \beta_4 YEAR + \beta_5 PLA + \varepsilon \qquad (8-5)$$

模型3：

$$CAR = \beta_0 + \beta_1 LCS + \beta_2 DET + \beta_3 IND + \beta_4 YEAR + \beta_5 PAI + \varepsilon \qquad (8-6)$$

模型4：

$$CAR = \beta_0 + \beta_1 LCS + \beta_2 DET + \beta_3 IND + \beta_4 YEAR + \beta_5 PRG + \varepsilon \qquad (8-7)$$

模型5：

$$CAR = \beta_0 + \beta_1 LCS + \beta_2 DET + \beta_3 IND + \beta_4 YEAR + \beta_5 MES + \varepsilon \qquad (8-8)$$

模型6：

$$CAR = \beta_0 + \beta_1 LCS + \beta_2 DET + \beta_3 IND + \beta_4 YEAR + \beta_5 EXO + \varepsilon \qquad (8-9)$$

模型7：

$$CAR = \beta_0 + \beta_1 LCS + \beta_2 DET + \beta_3 IND + \beta_4 YEAR + \beta_5 GOS + \varepsilon \qquad (8-10)$$

模型8：

$$CAR = \beta_0 + \beta_1 LCS + \beta_2 DET + \beta_3 IND + \beta_4 YEAR + \beta_5 PLA + \beta_6 PAI + \beta_7 PRG$$
$$+ \beta_8 MES + \beta_9 EXO + \beta_{10} GOS + \varepsilon \qquad (8-11)$$

其中，β_i 为各变量的回归系数，ε 为服从零均值正态分布的随机变量。

8.1.3 实证结果及分析

8.1.3.1 描述性统计分析

本节对样本及变量进行描述性统计分析，以整体性地把握样本及变量特征。表8－2列示了所有涉案上市企业年份分布的描述性统计。

表8－2　　　　　　　　　　涉案上市公司年份分布描述性统计

年份	数量	百分数	累计百分数
2004	1	0.78	0.78
2005	0	0.00	0.78
2006	3	2.33	3.10
2007	4	3.10	6.20

年份	数量	百分数	累计百分数
2008	6	4.65	10.85
2009	8	6.20	17.05
2010	18	13.95	31.01
2011	18	13.95	44.96
2012	23	17.83	62.79
2013	17	13.18	75.97
2014	12	9.30	85.27
2015	19	14.73	100.00
合计	129	100.00	

如表 8-2 所示，"双反"案件爆发初期，我国涉案上市公司数量并不多，2008 年全球经济危机后，贸易摩擦加剧，各国政府为了保护本国经济发展，维护自身国际贸易地位，开始频繁使用反倾销、反补贴及"双反"等贸易保护措施。同时，对样本统计的涉案上市公司按行业进行统计分析，发现钢铁行业与光伏产业仍是我国"双反"重灾区。

对自变量的最大值、最小值、中值、均值及标准差五个方面进行描述性统计，统计结果如表 8-3 所示。

表 8-3　　　　　　　　　　　　自变量的描述性统计分析

变量	样本量	均值	标准差	最小值	最大值
PLA	129	0.27	0.38	0.00	1.00
PAI	129	0.32	0.19	0.00	1.00
PRG	129	0.38	0.20	0.00	1.00
MES	129	0.12	0.05	0.00	1.00
EXO	129	0.14	0.32	0.00	1.00
GOS	129	0.03	0.02	0.00	0.15

自变量的描述性统计分析结果显示，在样本企业中约 27% 的上市公司在"双反"调查前期及中期新建或扩建海外工厂。32% 的涉案企业在"双反"调查发起后，在公告中强调公司积极准备应诉资料，会计信息较为完备。38% 的被调查企业发布公告表明公司已积极聘请专业的律师及会计人才，或内部重组建立专门应诉小组。仅 12% 的涉

案企业在"双反"调查期间成功获取了市场经济地位,且不足14%的上市公司表示在"双反"调查期间对本公司出口贸易结构迅速进行调整,积极拓展国内市场及第三方市场,并增加其他系列产品的输出,以降低"双反"调查的损害。而根据上市公司财务报表计算得出涉案当年,被调查企业的政府补助金额在其营业收入中占比仅达3%,获取政府补助最高企业,当年所获得政府补助高达营业收入的15%。

8.1.3.2 相关性分析

为检验各个变量之间的相关程度,本节采用 Pearson 相关性双侧检验对因变量与自变量之间的相关性,以确保实证检验结果的可靠性。分析结果如表 8 - 4 所示。

表 8 - 4　　　　　　　　　　研究变量的相关性分析

变量	CAR	PLA	PAI	PRG	MES	EXO	GOS
CAR	1						
PLA	0.23 **	1					
PAI	− 0.14	− 0.03	1				
PRG	− 0.08	− 0.02	0.07 *	1			
MES	0.19 **	0.04	0.1	0.12	1		
EXO	− 0.13	0.01	− 0.1	− 0.06	0.02	1	
GOS	0.24 **	− 0.1	− 0.22	− 0.13	− 0.17	0.04	1

注: * 、** 分别表示在5%、1%的显著性水平上显著相关。

如表 8 - 4 所示,海外设立工厂(PLA)、市场经济地位(MES)与政府扶持(GOS)在99%的置信度下与累计异常收益率(CAR)显著相关,说明在"双反"调查前期或中期,企业如有设立、新增海外公司,积极争取市场经济地位,或政府部门对该行业该企业扶持力度较大,有助于改善资本市场投资者对其的预期。

8.1.3.3 回归结果分析

为研究多个自变量对因变量的影响,本节使用多元回归模型检验其相关性,实证检验结果如表 8 -5 所示。

表 8 - 5　　　　　　　　上市公司"双反"事件累计异常收益的回归分析

变量	模型 1	模型 2	模型 3	模型 4	模型 5	模型 6	模型 7	模型 8
控制变量								
LCS	- 0.021 **	- 0.024 **	- 0.021 **	- 0.017 *	- 0.022 **	- 0.021 **	- 0.017 *	- 0.021 **
	(0.01)	(0.01)	(0.01)	(0.01)	(0.01)	(0.01)	(0.01)	(0.01)
DET	0.018 *	0.022 **	0.017 *	0.018 *	0.020 **	0.019 *	0.021 **	0.025 ***
	(0.01)	(0.01)	(0.01)	(0.01)	(0.01)	(0.01)	(0.01)	(0.01)
IND	Yes	Yes	Yes	Yes	Yes	Yes	Yes	Yes
YEAR	Yes	Yes	Yes	Yes	Yes	Yes	Yes	Yes
自变量								
PLA		0.027 ***						0.028 ***
		(0.01)						(0.01)
PAI			- 0.009					0.002
			(0.01)					(0.01)
PRG				- 0.005				0.004
				(0.01)				(0.01)
MES					0.021 ***			0.024 ***
					(0.01)			(0.01)
EXO						- 0.016		- 0.013
						(0.015)		(0.013)
GOS							0.347 ***	0.359 ***
							(0.103)	(0.104)
常量	- 0.046 ***	- 0.072 ***	- 0.045 ***	- 0.045 ***	- 0.072 ***	- 0.048 ***	- 0.051 ***	- 0.080 ***
	(0.016)	(0.015)	(0.016)	(0.016)	(0.015)	(0.014)	(0.015)	(0.014)
N	129	129	129	129	129	129	129	129
R^2	0.281	0.362	0.282	0.286	0.359	0.283	0.316	0.497
Increased R^2	—	0.081 ***	0.001	0.005	0.078 ***	0.002	0.035 ***	0.216 ***

注：本次多元线性回归的因变量为 CAR（ - 1，0），括号里报告了稳健标准误，* 、** 和 *** 分别表示在 10% 、5% 和 1% 的水平上显著。

如表 8 - 5 所示，以公司规模、调查进程、行业及年度为控制变量，新/扩建海外市场、完备的会计信息资料、专业人才队伍、市场经济地位、出口战略调整、政府扶持为自变量的多元回归模型，探讨各变量对上市公司资本市场累计异常收益率的影响。其中模型 1 仅包括控制变量，模型 2 至模型 7 包括控制变量及各个自变量单独的回归情况，模型 8 则包括了所有控制变量及自变量在内的整体模型回归结果。对应假设的验证情况如表 8 - 6 所示。

表 8 - 6   研究假设验证结果汇总

因素	假设编号	假设内容	结果
新/扩建海外市场	H1	新/扩建海外市场与累计市场收益率正相关	支持
完备的会计信息资料	H2	完备的会计信息资料与累计市场收益率正相关	不支持
专业人才队伍	H3	专业人才队伍与累计市场收益率正相关	不支持
市场经济地位	H4	市场经济地位与累计市场收益率正相关	支持
出口战略调整	H5	出口战略调整与累计市场收益率正相关	不支持
政府扶持	H6	政府扶持与累计市场收益率正相关	支持

通过实证检验，主要得出以下结论：

新/扩建海外市场与上市公司在"双反"调查事件窗内的累计异常收益率成正相关。主要体现在模型 2 中，其在 1% 的水平上显著，且在整体模型 8 中仍在 1% 的置信水平上显著。这验证了假设 H1 的合理性，说明了被调查上市公司通过新建或扩建海外工厂以避开贸易壁垒的方式能够有效地优化市场投资者，保护该上市公司免遭资本市场冲击。

完备的会计信息资料及专业人才队伍变量与上市公司在"双反"调查事件窗内的累计异常收益率相关性均不显著。原因可能在于，本节以被"双反"调查上市公司发布的公告为准，公司为增加市场投资者信心，在对外公告中较为积极地评价自身所做行动，对自身情况评估较为乐观，但并未付诸行动；当前阶段，我国会计制度与国际会计准则存在一定的差异性，贸易救济专业人才也十分匮乏，导致近年来我国在贸易摩擦案中屡屡败诉，打击了投资者的信心，对企业能成功应对"双反"调查预期不佳。

出口战略调整变量与上市公司在"双反"调查事件窗内的累计异常收益率同样并不显著相关。主要原因在于，"双反"调查爆发具有一定的突然性，出口企业无法准确预期"双反"调查的时间与对应产品，导致企业往往在"双反"调查实施后再对本企业出口战略予以调整，反应及作用时间具有滞后性，以致无法良好改善资本市场投资者预期。

市场经济地位的取得能良好地改善投资者预期，与上市公司在"双反"调查事件窗内的累计异常收益率成正相关。全球经济背景下，反倾销、反补贴及"双反"等手段成为常用的贸易保护措施，由于我国国情的特殊性，欧盟、美国等外国政府仍未承认中国的"市场经济地位"，极大地影响了产品价值的计算结果，导致我国在此类贸易摩擦中频频败诉。而据统计可知，在绝无仅有的几例胜诉案件中，涉案企业均获得了"市场积极地位"的认定。

政府扶持与上市公司在"双反"调查事件窗内的累计异常收益率成正相关。证明获得政府补助越多，政府越重视的企业，在"双反"调查案中受到的损害将会有所降低，能有效缓解市场的负向反应，优化投资者对该类企业未来的发展，赢得"双反"诉讼。

整体模型8中的回归结果同样验证了假设1、假设4、假设6的正确性，即新/扩建海外市场、市场经济地位、政府扶持与被调查上市公司在"双反"调查事件窗口期内的累计异常收益率成正相关，并在1%的水平上显著。说明在"双反"调查期间，如果涉案上市公司新建/扩建海外工厂，积极争取市场经济地位，且政府能予以重视，并积极扶持将有助于缓解"双反"调查的负面损害，维护企业的出口贸易进一步发展。

8.1.3.4　稳健性检验

本节借鉴 Fama – French 三因素模型重新估算股票市场收益率及累计异常收益率，以检验模型的稳健性。计算公式为：

$$R_i - R_f = \beta_0 + \beta_1(R_m - R_f) + \beta_2 LCR + \varepsilon_i \qquad (8-12)$$

其中，R_i 为指定股票的市场回报率，R_f 为股票市场的无风险回报率，R_m 为股票市场的风险回报率。LCR 为不同公司规模下的股票市场回报率差异值。

稳健性检验结果表明，在事件日当天的累计市场收益率 CAR（ –1，0）显著为负值，说明"双反"调查事件对涉案上市公司市场价值存在显著的影响。而多元回归检验的结果仍显示新/扩建海外市场、市场经济地位、政府扶持与被调查上市公司在"双反"调查事件窗口期内的累计异常收益率成正相关，完备的会计信息资料、专业人才队伍与出口战略调整与被调查上市公司在"双反"调查事件窗口期内的累计异常收益率相关性并不显著，与上文的实证结果相符。

8.1.4　结论与启示

我国出口企业遭受"双反"调查日趋频繁，如何有效应对"双反"是目前学术界与实务界不容忽视的焦点问题。本节紧密联系经济全球化背景下贸易摩擦持续升温的实践，综合运用事件研究法及多元回归分析方法，验证"双反"应对措施的有效性，提出我国出口企业提升"双反"应对有效性的保障机制。主要结论如下：

（1）新/扩建海外市场与上市公司在"双反"调查事件窗内的累计异常收益率成正相关。说明了被调查上市公司通过新建或扩建海外工厂以避开贸易壁垒的方式能够有效地优化市场投资者，保护该上市公司免遭资本市场冲击。

（2）完备的会计信息资料及专业人才队伍变量与上市公司在"双反"调查事件窗内的累计异常收益率相关性均不显著。原因可能在于，本节以被"双反"调查上市公司发布的公告为准，公司为增加市场投资者信心，在对外公告中较为积极的评价自身所做行动，对自身情况评估较为乐观，但并未付诸行动。

（3）出口战略调整变量与上市公司在"双反"调查事件窗内的累计异常收益率同样并不显著相关。主要原因在于，"双反"调查爆发具有一定的突然性，出口企业无法准确预期"双反"调查时间及对应产品，导致企业在"双反"调查实施后再对本企业出口战略予以调整，反应及作用时间具有滞后性，以致无法及时地改善资本市场投资者预期。

（4）市场经济地位的取得明显优化投资者预期，与上市公司在"双反"调查事件窗内的累计异常收益率成正相关。因此，我国被"双反"调查企业及政府相关部门应高度重视应诉过程中"市场经济地位"的取得问题，不仅减缓"双反"调查的强烈负面冲击，且极大地提升胜诉可能性。

（5）政府扶持与上市公司在"双反"调查事件窗内的累计异常收益率成正相关。获得政府补助越多，政府越重视的企业在"双反"调查案中受到的损害将会有所降低，能有效缓解市场的负向反应，优化投资者对该类企业未来发展的预期。

8.2　财务能力对光伏企业应对反倾销效率的影响分析

光伏产业是我国遭遇反倾销的重灾区，随着国际光伏贸易形势的不断严峻，我国出口的光伏产品遭受的反倾销指控越加频繁。本节以 2011～2016 年遭受反倾销调查的 78 家光伏上市公司数据为样本，运用多元回归分析方法探究营运能力、盈利能力、偿债能力、投资能力等财务能力对光伏企业应对反倾销效率的影响①。

---

① 所指导的 2017 届研究生李小霞对本部分实证内容有贡献。

8.2.1　研究假设的提出

第一，企业遭遇反倾销指控时，会面临营业收入下降、利润减少的可能。营运能力强的企业周转率高，资金周转速度快。危机来临时，营运能力强的企业能够很快将存放于应收账款、存货等上的资金周转出来，以应对反倾销应诉的资金需求。营运能力强的企业能在遭遇反倾销营业收入下降时维持企业的正常运转，从而提高企业的反倾销应对效率。因此，提出以下假设：

H1：企业的营运能力与反倾销应对效率正相关。

第二，盈利能力高的企业在应对反倾销时能够在短时间内获取充足的利润维持企业的成本和费用，以及备有足够的资金支持企业进行正常经营以及转内销或寻求其他出口国等策略。另外盈利能力也体现了企业的成本控制能力，成本控制能力好的企业能够在应对反倾销指控时调动更为丰富的物力、人力和财力来进行反倾销应诉。另外，权衡成本与收益，只有当进行反倾销应诉的成本低于反倾销失败所需支付的费用及机会成本时企业才会积极应诉。危机面前，盈利能力低的企业可能没有充裕的利润和资金去应对反倾销的冲击，更有甚者可能陷入破产境地。因此，盈利能力强的企业在遭受反倾销时积极应诉的可能性更大，并且其应诉效率也更高。因此，提出以下假设：

H2：企业的盈利能力与反倾销应对效率正相关。

第三，偿债能力体现了企业的资本结构，偿债能力强的企业对企业资产的占用较低，不需要耗费太多的资产用于偿还负债，资产获取利润的速度更快。另外偿债能力强的企业贷款违约风险相对较低，也较为容易获得银行的贷款，融资渠道更广。因此偿债能力强的企业在遭遇反倾销指控时，能够有较强的资金能动性去灵活应对反倾销应诉过程中所需要的资金和应对遭遇反倾销指控时外部需求急剧下降带来的营业收入的减少。因此，提出以下假设：

H3：企业的偿债能力与反倾销应对效率正相关。

第四，投资能力对于高科技企业的生存发展具有举足轻重的作用，光伏产业作为战略新兴产业，光伏产品、系统的开发极为重要。先进设备和先进技术的投资有利于企业维持竞争优势。为了能够在迅猛发展的光伏领域处于领先地位，光伏企业需要在研发领域投入大量资金。技术投资、设备投资、研发投入高的企业更易获得竞争优势，其一般在行业内处于领先地位。在遭遇反倾销时，投资能力强的企业有更充足的人力、财力、物力去应对反倾销指控，其议价能力和风险抵抗能力更强，反倾销应对效率更高。因此，提出以下假设：

H4：企业的投资能力与反倾销应对效率正相关。

8.2.2 研究设计

8.2.2.1 变量定义与度量

（1）被解释变量。

本节探究财务能力对光伏企业应对反倾销效率的影响，其中以反倾销终裁税率（ADD）作为被解释变量，理由如下：

本节研究财务能力对光伏企业应对反倾销效率的影响，真正的被解释变量是反倾销应对效率。但反倾销应对效率比较抽象，难以将其进行量化，本节采用反倾销税率作为反倾销应对效率的衡量指标。反倾销应对效率高的企业，应对反倾销调查当局指控的灵活性越高，被裁定的反倾销税率相对较低。反倾销税率分为初裁税率和终裁税率，由于初裁税率受时间、市场环境变化等因素的影响，因此终裁税率相较于初裁税率更具有代表性。所以本节采用反倾销终裁税率作为衡量指标，记为 ADD（Anti – dumping Duties），用以衡量企业的反倾销应对效率，从而解决反倾销应对效率难以量化的问题。

（2）自变量。

本节选取了偿债能力、盈利能力、营运能力等作为财务能力的衡量指标，由于光伏产业的特殊性，本节添加投资能力作为财务能力的衡量指标之一。由于反倾销税率和企业应对反倾销效率呈负相关关系，因此自变量对被解释变量的影响方向与研究假设的方向恰好相反。本节的自变量设计如表 8 – 7 所示。

表 8 – 7　　　　　　　　　　自变量汇总表

变量名称	衡量指标	指标代码	指标定义	预期影响
营运能力	应收账款周转率	ART	营业收入/应收账款平均余额	正向
	总资产周转率	TAT	营业收入/总资产平均余额	正向
盈利能力	资产净利率	ROA	净利润/资产平均余额	正向
	销售净利率	ROS	净利润/营业收入平均余额	正向
偿债能力	资产负债率	LEV	总负债/总资产	反向
	速动比率	QR	速动资产/流动负债	正向

变量名称	衡量指标	指标代码	指标定义	预期影响
投资能力	投资效益指数	IBI	收入增加额/投资增加额＝收入增加额/（固定资产增加＋无形资产增加）	正向
	R&D 投入强度	R&D	（资本化研发支出＋费用化研发支出）/营业收入	正向

自变量选取的具体解析如下：

①营运能力的衡量指标通常包括应收账款周转率、总资产周转率、存货周转率等。限于篇幅本节仅对应收账款周转率和总资产周转率进行分析。

应收账款周转率（Accounts Receivable Turnover），也叫收账比率，是体现企业应收账款周转速度的重要指标，用以衡量应收账款的流动程度。应收账款周转率等于一定时期营业收入与应收账款平均余额的比率。应收账款周转率的计量时间通常为一年，应收账款周转率则表示企业在一年内将应收账款转变为现金的次数。其计算公式为：应收账款周转率＝营业收入/应收账款平均额。

总资产周转率（Total Assents Turnover），指一定时期企业的营业收入与总资产平均余额的比值，其中总资产的平均余额为年初、年末存货总额的平均数。其计算公式为：总资产周转率＝营业收入/总资产平均余额。

②盈利能力的衡量指标通常包括资产净利率、权益净利率、销售净利率等，限于篇幅本节仅对资产净利率、销售净利率这两项盈利能力指标进行分析。

资产净利率（Rate of Return on Net assets），是衡量企业利用资产获取利润的能力，也叫资产收益率。其计算公式为：资产净利率＝净利润/资产平均总额，其中资产余额为年初、年末资产总额的平均数。

销售净利率（Rate of Return on Sale），是净利润占销售收入的百分比。销售净利率与净利润成正比，与销售收入成反比。其计算公式为：销售净利率＝净利润/销售收入。

③偿债能力的衡量指标通常包括资产负债率、速动比率、流动比率等，限于篇幅本节仅对资产负债率和速动比率这两项盈利能力指标进行分析。

速动比率（Quick Ratio），是衡量短期偿债能力的指标之一。速动比率为速动资产与流动负债的比率。流动比率为流动资产与流动负债的比率，其中流动资产扣除变现速度较慢的存货、一年内到期的非流动资产及其他流动资产后的部分为速动资产。流动比率体现了流动资产的变现能力。速动比率扣除了存货等其他流动资产的影响因素，用以衡量企业流动资产中可马上变现、可用以偿还流动负债的能力。其计算公式为：速动比率＝速动资产/流动负债。

资产负债率（Total Debt to Equity），是衡量企业长期偿债能力的指标之一。资产负债率也叫负债比率，指的是负债总额与资产总额的比率，用以衡量企业利用债权人所提供资金进行经营活动的能力，其计算公式为：资产负债率＝负债总额/资产总额。

④投资能力的衡量指标。本节将投资能力列入企业的财务能力，将投资效益指数、R&D投入强度等列为投资能力的分析指标。

投资效益指数（Investment benefit index），本节对投资效益指数的设置参照生产性投资效益系数的设置。生产性投资效益系数表示单位生产性投资所带来的GDP增加额，为GDP增加额与同期生产性投资总额的比值。生产性投资效益系数反映了生产性投资的效果。生产性投资效益系数的计算公式为：生产性投资效益系数＝收入增加额/同期生产性投资总额。

为使得投资效益指数符合光伏企业的特点，将生产性投资效益指数进行适当调整和修正。光伏企业是生产型企业，生产型企业的收入主要以营业收入为标准，因此公式中的收入增加额以主营业务收入的增加额来衡量，即当年的主营业务收入与去年主营业务收入之间的差额。另外，由于光伏企业是新兴战略产业下的高科技企业，主要的投资方式为固定资产和无形资产投资，因此同期生产性投资总额用固定资产和无形资产的增加额来衡量。

以生产性投资效益系数修正后的投资效益指数的计算公式为：投资效益指数＝收入增加额/投资增加额＝收入增加额/（固定资产增加额＋无形资产增加额）。其中，投资效益指数越高，说明企业投资所带来的收入增加额越高，即企业的投资效益越好。

R&D投入强度为研发费用除以营业收入。广义上看，研发活动也是一种投资行为。但由于研发活动相较于其他投资活动其风险和收益的不确定较大，因此研发支出的确认和计量相较于其他投资活动来说也较为困难。按照会计准则的相关规定，企业的研发支出分为两个阶段：研究阶段发生的费用及无法区分阶段的支出进行费用化；开发阶段符合特定条件的可以资本化确认为无形资产，不符合资本化条件的进行费用化，计入当期损益。因此，本节的研发支出以资本化研发支出和费用化研发支出之和来衡量。

（3）控制变量。

企业的反倾销应对效率受到多方面因素的影响。除自变量外，本节运用企业规模SIZE、现金流FCF、年度因素YEAR三个控制变量探究财务能力对反倾销应对效率的影响。由于反倾销税率与企业应对反倾销效率呈负相关，因此控制变量对被解释变量的影响方向与研究假设的方向相反。

①企业规模：记为SIZE，用总资产的自然对数表示。

②企业的现金流：记为FCF，用自由现金流表示，其中自由现金流 = 税后净营业利润 + 折旧及摊销 - 资本支出 - 营运资本增加。

③政府补助：记为GOS，若涉诉企业受到政府补助则取值为1，若未受到政府补助则为0。由于政府对光伏产业补贴力度较大，大多数光伏企业都受到了政府补助，因此将光伏企业受到的政府补助列为控制变量之一。

④为消除年度差异对实证结果造成不利影响，本节对年度变量YEAR进行了控制。

综上，控制变量的设计如表8-8所示。

表8-8　　　　　　　　　　　　　　　控制变量汇总表

分类	指标名称	计算方式	预期影响
企业规模	总资产（SIZE）	ln（总资产）	正向
现金流	自由现金流（FCF）	税后净营业利润 + 折旧及摊销 - 资本支出 - 营运资本增加	正向
政府补助	政府补助（GOS）	受到政府补助则为1，否则为0	正向
年度虚拟变量	年度（YEAR）	设置5个年度虚拟变量	

8.2.2.2　样本选择与数据来源

确定自变量、控制变量和因变量后，根据变量特征和实证需求确定样本范围。为能获得公司的财务数据，本节以上市公司为研究样本，选取了2011~2016年遭受反倾销调查的光伏上市公司作为样本公司。剔除年报信息和案件信息披露不完整的公司，最终获得78个研究样本。

本节的原始资料来源于中国贸易救济信息网、WTO网站、巨潮资讯网、全球反倾销数据库等。其中，企业的经营能力、偿债能力、营运能力相关的自变量财务指标来源于Wind、国泰君安、同花顺等数据库，其中企业规模、现金流、政府补助等控制变量及与投资能力相关的投资效益指数、R&D投入强度等自变量财务数据来自巨潮资讯网手工整理得到。因变量指标反倾销终裁税率从中国贸易救济信息网数据库采集获得。

8.2.2.3　模型设计

本节采用多元线性回归模型，以反倾销终裁税率作为被解释变量，以光伏企业的营运能力、盈利能力、偿债能力、投资能力等作为自变量，探究财务能力对光伏企业应对反倾销效率的影响。

本节构建了9个模型探究财务能力对光伏企业应对反倾销效率的影响。由于各个财务能力指标之间可能存在内生性问题，为避免对实证结果产生不利影响，本节将不同的财务能力指标分别依次放入模型中进行检验，共构建9个模型来探究财务能力对光伏企业应对反倾销效率的影响①。其中模型（8-13）~（8-20）依次探究了企业的营运能力、盈利能力、偿债能力、投资能力等自变量与控制变量的回归情况，模型（8-21）包括所有控制变量、自变量的整体回归。

模型（8-13）、模型（8-14）分别以应收账款周转率 ART、总资产周转率 TAT 作为营运能力的衡量指标，检验光伏企业营运能力对反倾销应对效率的影响，模型如下所示：

$$ADD = \alpha_0 + \alpha_1 SIZE + \alpha_2 FCF + \alpha_3 YEAR + \alpha_4 ART + \varepsilon \qquad (8-13)$$

$$ADD = \alpha_0 + \alpha_1 SIZE + \alpha_2 FCF + \alpha_3 YEAR + \alpha_4 TAT + \varepsilon \qquad (8-14)$$

模型（8-15）、模型（8-16）分别以资产净利率 ROA、销售净利率 ROS 作为盈利能力的衡量指标，检验光伏企业盈利能力对反倾销应对效率的影响，模型如下所示：

$$ADD = \alpha_0 + \alpha_1 SIZE + \alpha_2 FCF + \alpha_3 YEAR + \alpha_4 ROA + \varepsilon \qquad (8-15)$$

$$ADD = \alpha_0 + \alpha_1 SIZE + \alpha_2 FCF + \alpha_3 YEAR + \alpha_4 ROS + \varepsilon \qquad (8-16)$$

模型（8-17）、模型（8-18）分别以资产负债率 LEV、速动比率 QR 为偿债能力的衡量指标，检验光伏企业偿债能力对反倾销应对效率的影响，模型如下所示：

$$ADD = \alpha_0 + \alpha_1 SIZE + \alpha_2 FCF + \alpha_3 YEAR + \alpha_4 LEV + \varepsilon \qquad (8-17)$$

$$ADD = \alpha_0 + \alpha_1 SIZE + \alpha_2 FCF + \alpha_3 YEAR + \alpha_4 QR + \varepsilon \qquad (8-18)$$

模型（8-19）、模型（8-20）分别以投资效益指数 IBI、R&D 投入强度作为投资能力的衡量指标，检验光伏企业投资能力对反倾销应对效率的影响，模型如下所示：

$$ADD = \alpha_0 + \alpha_1 SIZE + \alpha_2 FCF + \alpha_3 YEAR + \alpha_4 IBI + \varepsilon \qquad (8-19)$$

$$ADD = \alpha_0 + \alpha_1 SIZE + \alpha_2 FCF + \alpha_3 YEAR + \alpha_4 R\&D + \varepsilon \qquad (8-20)$$

模型（8-21）包括所有控制变量、自变量的全变量回归，可以此粗略观察各变量对解释变量的影响方向和影响程度。模型如下所示：

$$ADD = \alpha_0 + \alpha_1 ART + \alpha_2 TAT + \alpha_3 ROA + \alpha_4 ROS + \alpha_5 LEV + \alpha_6 QR + \alpha_7 IBI$$
$$+ \alpha_8 R\&D + \alpha_9 SIZE + \alpha_{10} FCF + \alpha_{11} YEAR + \varepsilon \qquad (8-21)$$

其中，α_i 为各个变量的回归系数，ε 为服从正态分布的随机变量。

---

① 郭洪淑. 上市公司财务能力对研发投入的影响研究 [D]. 大连：大连理工大学，2014.

8.2.3　实证结果及分析

通过对 2011～2016 年遭受反倾销调查的光伏上市公司相关数据进行收集和整理，共获得 78 家企业的相关数据作为本节的研究样本。实证研究中运用 SPSS 软件进行描述性统计、相关性分析和回归检验等。

8.2.3.1　描述性统计分析

为整体把握样本的特征，通过中国贸易救济信息网、WTO 网站、巨潮资讯网、全球反倾销数据库等所获得的数据进行收集与整理，对自变量、被解释变量的最大值、最小值、均值及标准差进行描述性统计分析。统计结果如表 8-9 所示。

表 8-9　　　　　　　　　　　　　　自变量的描述性统计分析

变量	最小值	最大值	均值	标准差
ADD	0	249.96%	58.69%	0.6808
ART	0.3055	37.4296	5.2381	5.5711
TAT	0.0797	2.2515	0.6194	0.0842
ROA	(0.4626)	0.1618	(0.0376)	0.1170
ROS	(2.9062)	0.2166	(0.2301)	0.6260
LEV	0.3104	1.6900	0.7309	0.2274
QR	0.0781	1.6753	0.7691	0.3309
IBI	(463.2678)	120.8927	(1.7536)	65.7088
R&D	0.0041	0.0444	0.0169	0.0017

根据描述性统计结果，可得样本企业被征收的反倾销终裁税率均值为 58.69%，幅度为 0～249.96%，其中最大值为 249.96%，最小值为 0，最大值和最小值跨度较大，可见我国光伏企业被征收的反倾销税率差异很大，这和企业的反倾销应诉率和应诉效率息息相关。积极应诉的企业最终被裁定的倾销幅度一般是原指控的小部分，如几分之一。但没有积极应诉甚至不应诉的企业最终会被征收高反倾销税率。另外，不同的反倾销应诉效率也会导致企业被裁定的反倾销税不同，应诉效率高的企业被裁定的反倾销税率相对较低。

样本企业的平均应收账款周转率 ART 为 5.2381，说明企业在一年内将应收账款转变为现金的平均次数 5.2381。光伏上市企业的平均总资产周转率 TAT 为 0.6194，说明企业在一年内将总资产变现的次数平均为 0.6194。一般来说企业对应收账款周转率、总资产周转率设置的标准值分别为 4 和 0.8，可见样本企业的应收账款周转率指标较好，总资产周转率指标较为一般。

样本企业的平均资产净利率 ROA 为 –3.76%，平均销售净利率 ROS 为 –23.01%；样本资产净利率 ROA 最大值、最小值分别为 16.18%、–46.26%；样本销售净利率 ROS 最大值、最小值分别为 21.66%、–290.62%。样本企业的销售净利率均值和资产净利率均值都为负数，说明光伏行业的利润率普遍较低，甚至处于亏损状态。目前我国的光伏产业普遍存在严重的产能过剩问题，产能过剩导致企业之间竞争加剧，从而对企业的盈利能力造成了影响。

样本企业的平均资产负债率 LEV 为 0.7309，处于 0.5~1，说明平均资本结构尚可；速动比率 QR 平均值为 0.7691；平均 R&D 投入强度为 0.0169，投资效益指数 IBI 的平均值分别为 –1.7536。投资效益指数的平均值为负数，可见收入的平均增加额为负，即样本企业平均处于业绩下降态势，部分企业处于微利、甚至亏损的边缘。由此可见我国光伏市场严峻的竞争态势。

8.2.3.2 相关性分析

为保证实证结果的可靠性，探究多个自变量对因变量的相关程度，本节运用 Pearson 相关性双检验自变量的相关性，检验结果如表 8 – 10 所示。

表 8 –10　　　　　　　　　　相关性检验分析

	ADD	ART	TAT	ROA	ROS	LEV	QR	IBI	R&D
ADD	1.00								
ART	– 0.226*	1.00							
TAT	– 0.283**	0.413**	1.00						
ROA	0.163	0.255	0.214	1.00					
ROS	– 0.107**	0.204	0.120	0.314**	1.00				
LEV	0.001	0.233	– 0.193	– 0.429	– 0.317	1.00			
QR	– 0.124**	– 0.229	0.121	0.232**	0.321	– 0.378*	1.00		
IBI	0.128	– 0.432**	– 0.250	– 0.010	– 0.009	0.055	0.257	1.00	
R&D	0.357**	– 0.032	– 0.236	0.174	0.249	0.056	– 0.095	0.025	1.00

注：* 表示在 5% 的显著性水平（双侧）显著相关，** 表示在 1% 的显著性水平（双侧）显著相关。

由相关性检验结果得变量间整体的相关性系数皆小于 0.5，说明该模型的变量间不存在严重的多重共线性问题。由上表可知 ADD 与 ART 在 5% 的显著性水平相关，与 TAT、ROS、QR、R&D 在 1% 的显著性水平相关。其中总资产周转率、销售净利率、速动比率与被裁定的反倾销终裁税率负相关，R&D 投入强度与被裁定的反倾销终裁税率正相关。

自变量之间，可从表 8 - 10 中看出 ART 与 TAT、IBI 在 1% 的水平上显著相关，说明企业的应收账款周转率与总资产周转率、投资效益指数具有相关性。ROA 与 ROS、QR 在 1% 的水平上显著相关，即资产净利率与销售净利率、速动比率具有相关性。LEV 与 QR 在 5% 的水平上显著相关，即资产负债率与速动比率具有相关性。

由此可见，本节模型中部分变量间存在不可避免的共线性，但绝大部分变量间不具有共线性。本节在进行实证检验时，每个模型只放入一个自变量进行探究，这样就可以排除多重共线性问题。因此认为本节的模型没有严重的多重共线性，不会影响本节后续的回归分析。

8.2.3.3　回归结果分析

通过多元回归分析，得出结果如表 8 - 11 和表 8 - 12 所示。

表 8 - 11　　　　财务能力对光伏企业应对反倾销效率的回归结果分析一

变量	模型 1	模型 2	模型 3	模型 4	模型 5
SIZE	- 0.021 **	- 0.134 *	0.081	- 0.017 **	- 0.122 **
FCF	- 0.028 *	- 0.212 **	- 0.127	- 0.217 *	- 0.120 **
GOS	- 0.132	- 0.213 *	- 0.147 **	- 0.095	- 0.136
YEAR	Yes	Yes	Yes	Yes	Yes
自变量					
ART	- 0.012 ***				
TAT		- 0.247 **			
ROA			0.596		
ROS				- 0.168 **	
LEV					0.285
Adjusted R²	0.306	0.207	0.164	0.125	0.221
F 值	1.105	0.177	1.081	0.904	0.082

表 8 – 12 财务能力对光伏企业应对反倾销效率的回归结果分析二

变量	模型 6	模型 7	模型 8	模型 9	模型 10
SIZE	– 0.127	0.103 *	– 0.138	0.102	0.061 **
FCF	– 0.118 **	0.042	– 0.017 *	– 0.218 *	– 0.120
GOS	– 0.221 *	– 0.152 *	– 0.096	– 0.193	– 0.091 **
YEAR	Yes	Yes	Yes	Yes	Yes
ART					– 0.06 **
TAT					– 0.039 **
ROA					0.27
ROS					– 0.045
LEV					– 0.09
QR	– 0.184 **				– 0.416 **
IBI		0.101			0.001
R&D			0.021 **		0.032 *
Adjusted R2	0.301	0.23	0.293	0.105	0.278
F 值	1.017	1.003	2.023	0.091	1.165

注：*、** 和 *** 分别表示在 10%、5% 和 1% 的水平显著。

根据以上的回归结果，得出营运能力相关指标中，应收账款周转率 ART、总资产周转率 TAT 显著为负，说明企业应收账款周转率、总资产周转率与反倾销应对效率呈正相关关系。即应收账款、总资产周转率越快，企业应对反倾销的效率越高，企业被裁定的反倾销终裁税率越低，这与假设 H1 一致。偿债能力强的企业在遭受反倾销调查时，资金的流动性和周转速度快，在危机来临时能够很快将存于应收账款、存货等上的资金周转出来，以应对遭受反倾销指控后的一系列资金需求，因此反倾销应对效率高。

盈利能力相关指标中，销售净利率 ROS 相关系数为负，通过显著性检验；资产净利率 ROA 相关系数为正，未通过显著性检验。说明企业的销售净利率与反倾销应对效率呈正相关关系。企业的盈利能力直接体现了企业获取利润的能力。盈利能力高的企业一般都在行业中处于领先地位，盈利能力强的企业相对来说成本控制较好，在遭受反倾销企业面临收入下降时，成本控制好的企业有更大的安全边际去维持企业资产的运行，盈利能力强的企业能够更快获取利润应对反倾销指控所需的成本支出，因此盈利能力强的企业反倾销应对效率高。

偿债能力相关指标中，资产负债率 LEV 系数显著为正，未通过显著性检验，速动比率 QR 系数为负，通过显著性检验。资产负债率、速动比率分别是偿债能力的反向、正向指标，因此得出偿债能力强的企业反倾销应对效率高。偿债能力体现了企业的资本结构，偿债能力强的企业对资产的占用较低，不需要耗费太多的资产用于偿还负债，资产获取利润的速度更快。另外偿债能力强的企业贷款违约风险相对较低，也较为容易获得银行的贷款，融资渠道更广。因此偿债能力强的企业在遭遇反倾销指控时，能够有较强的资金能动性去灵活应对反倾销应诉过程中所需要的资金。

企业的营运能力、盈利能力、偿债能力等指标都围绕着资金的流动性这一核心。企业遭遇反倾销指控时，面临着资金收紧的风险。一般来说，营运能力强的企业盈利能力也会较强。营运能力、盈利能力强的企业获取资金容易，其偿债能力也会增强。偿债能力强的企业，不需要动用大量后续资金来偿还债务，继而其营运能力和盈利能力也会较强。资金流动性更强、更灵活的企业，在受到反倾销冲击时能够更快地分散风险，因此反倾销应对效率越高。

投资能力相关指标中，投资效益指数 IBI、R&D 投入强度与反倾销终裁税率正相关，其中 R&D 投入强度的相关系数通过显著性检验。说明投资能力越强，企业被裁定的反倾销税率反而越高。这与之前的假设不一致。一般来说，投资能力强的企业往往开拓了更多的产品和市场，其在遭遇反倾销指控时议价能力和风险抵抗能力更强，反倾销应对效率更高，被裁定的反倾销终裁税率应该更低。根据实证结果，投资能力越强，企业被裁定的反倾销税率越高，其可能的理由如下：一方面，光伏企业属于劳动密集型产业，企业加大投资力度进行生产研发，提高产品和技术含量。技术的提升使得产品成本下降，成本下降导致产品售价降低。我国光伏产品主要以出口为主，光伏产品价格在国外的低价销售会引起国外企业的抵触，因而遭到更多的反倾销指控。另一方面，虽然企业的生产研发支出有部分资本化进入产品成本，但由于我国的成本会计核算方法与国际的会计核算方法存在差异，反倾销调查当局是否认可我国产品成本的构成仍是个未知数。因此投资能力强的企业可能被裁定更高的反倾销税率。

控制变量中，FCF 显著为负，充裕的现金流能够在企业遭受反倾销冲击、营业收入和利润下降时维持企业的正常运转，同样，具有充裕现金流的企业一般来说产品更丰富和多元，应对危机时分散风险能力相对较强。SIZE 系数为负，企业的规模影响企业的资金获取能力和抗风险能力。一般来说，规模较大的企业获取资金来源较广。规模大的企业更容易获得银行的信贷支持，容易获得资金进行扩大生产以及应对风险。另外，规模大的企业相对来说产品更加多元化，在受到外部冲击时能够更快地分散风险。

综上，汇总表如表 8-13 所示。

表 8 - 13　　　　　　　　　研究假设验证结果汇总

假设内容	实证结果
H1：企业的营运能力与应对反倾销效率正相关	支持
H2：企业的盈利能力与应对反倾销效率正相关	支持
H3：企业的偿债能力与应对反倾销效率正相关	支持
H4：企业的投资能力与应对反倾销效率正相关	不支持

即企业的营运能力、盈利能力、偿债能力与反倾销效率正相关，支持原假设。企业的投资能力与反倾销效率不具有正相关关系，拒绝原假设。

8.2.3.4　稳健性检验

本节通过对指标的替换，使用替代指标对营运能力、盈利能力、偿债能力、投资能力进行检验。其中，营运能力使用存货周转率作为替代指标，盈利能力以权益净利率作为替代指标，偿债能力以流动比率为替代指标，投资能力以研发支出作为替代指标。通过重新建立多元回归模型，检验得出的结论与上文实证结论相符，表明研究结论具有稳健性。

8.2.4　结论与启示

以 2011～2016 年遭受反倾销调查的 78 家光伏上市公司数据为样本，运用多元回归分析方法探究营运能力、盈利能力、偿债能力、投资能力等财务能力对光伏企业应对反倾销效率的影响，主要结论如下：

（1）企业的营运能力越强，应对反倾销效率越高。一方面，偿债能力强的企业在遭受反倾销调查时，资金的流动性和周转速度快，在危机来临时能够很快将存于应收账款、存货等上的资金周转出来，以应对遭受反倾销指控后的一系列资金需求；另一方面，营运能力强的企业相对来说产品更加多元化，在受到反倾销冲击时能够更快地分散风险。

（2）企业的盈利能力越强，应对反倾销效率越高。一方面，盈利能力强的企业在遭受反倾销企业面临收入下降时，能更快获取利润应对反倾销指控所需的成本支出；另一方面，盈利能力较高的企业一般都在行业中处于领先地位，更容易获得银行的信贷支持，容易获得资金以应对反倾销指控的风险。

（3）企业的偿债能力越强，应对反倾销效率越高。一方面偿债能力强的企业对资产的占用较低，不需要耗用太多资产用于偿还负债，资产获取利润的速度更快；另一方面偿债能力强的企业贷款违约风险相对较低，也较为容易获得银行的贷款，融资渠道更广。因此偿债能力强的企业在反倾销应诉时能够有较强的资金能动性。

（4）企业的营运能力、盈利能力、偿债能力等指标都围绕着资金的流动性这一核心，这些财务能力之间相互作用、相互影响。企业遭遇反倾销指控时，面临着资金收紧的风险。资金流动性强的企业，其产品也更加多元，在受到反倾销冲击时能更快地分散风险，因此反倾销应对效率越高。

（5）企业的投资能力越强，反倾销应对效率越低。一方面，光伏属于劳动密集型产业，企业加大投资力度进行生产研发，技术的提升使得产品成本下降，从而导致产品售价降低。我国光伏产品主要以出口为主，光伏产品价格在国外的低价销售会引起国外企业的抵触，因而遭到更多的反倾销指控。另一方面，虽然企业的生产研发支出有部分资本进入产品成本，但由于我国的成本会计核算方法与国际的会计核算方法存在差异，反倾销调查当局是否认可我国产品成本的构成仍是个未知数。因此投资能力强的企业可能被裁定更高的反倾销税率。

8.3　我国企业应对反倾销有效性的案例分析

——以光伏企业会计跟踪机制的设计与运行为例

8.3.1　企业有效应对反倾销的会计跟踪机制设计

8.3.1.1　会计跟踪机制的基本架构

应对反倾销的会计跟踪机制的服务主体是企业，机制具有特定的要素和层次结构，各子系统有机协调搭配，各种要素相互联系匹配，保障了资源的充分利用和机制的有效运行。因而，会计跟踪机制构建中要充分考虑目标性和系统性，将构成要素合理整合、配置，确保机制的构建结构完整，机制功能能够充分发挥。本节为光伏企业所构建的应对反倾销的会计跟踪机制的基本框架如图 8-1 所示①。

---

① 所指导的 2015 届研究生杜丹丹对本部分内容有贡献。

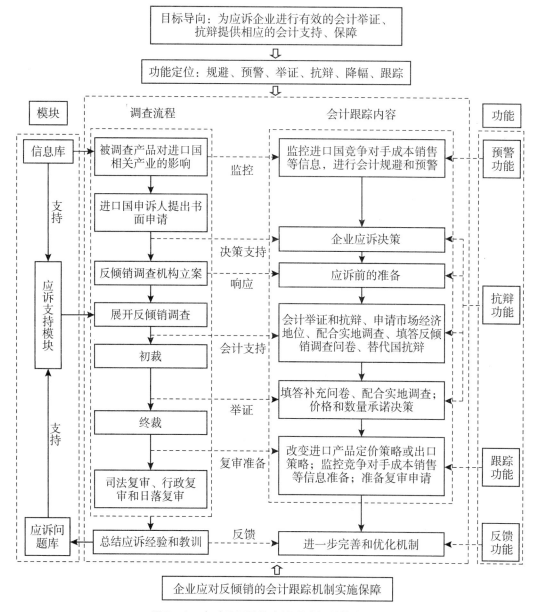

图 8-1　应对反倾销的会计跟踪机制基本架构

根据图8-1所示，光伏企业应对反倾销的会计跟踪机制由设计目标、功能定位、运行机理和实施保障四个层面构成。其中，设计目标是会计跟踪机制所要达到的效果，是机制设计的出发点；功能定位是会计跟踪机制预期要实现的功能；运行机理是会计跟踪机制协同运作的具体流程；最后，实施保障是机制有效运作的整体保障。

光伏企业在出口时，要密切关注进口国宏观经济状况和进口国企业的反应，监控竞争对手销售数据，进行反倾销预警。在进口国企业发起反倾销调查申请后，企业根据成本效益原则和发展战略做出是否应诉的决策，决定不应诉则本次跟踪结束，决定应诉则进行应诉准备，如整合信息并考虑与其他企业联盟抗辩，进入应诉环节跟踪。应诉环节企业要积极申请市场经济地位或单独税率待遇，完成问卷填写和实地核查环节。如果申请未被许可，企业要进入替代国抗辩，说服调查机构采用客观公正的替代国信息进行裁决，围绕申诉企业提出的申诉理由进行针对性抗辩和举证，争取否定性终裁。若终裁为肯定性，企业可以选择价格承诺的方式终止调查避免损失，抑或在终裁税率确定后，积极调整企业出口战略和定价策略，开拓新市场，并对行政复审进行跟踪，在复审中争取更低税率。

8.3.1.2　会计跟踪机制的要素分析

应对反倾销的会计跟踪机制是一个有机系统，其有效运转需要各子系统间相互协调匹配，它是一个结构完整、功能完备的反倾销应诉支撑架构，并且要具备完整的层级结构。具体如图 8 - 2 所示。

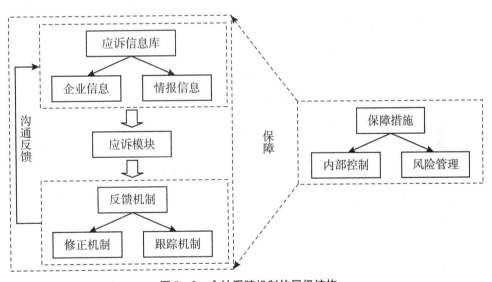

图 8 - 2　会计跟踪机制的层级结构

图 8 - 2 为应对反倾销的会计跟踪机制层级结构。机制的设计要具有一定的层级结构，即构成要素在结构、作用和功能上表现出等级秩序性。应对反倾销的会计跟踪机制层级结构表现为按照反倾销调查程序进行分层，层层递进相互作用，信息系统提供信息指导应诉，应诉后进入反馈阶段，而反馈阶段又反作用于信息系统，同时保障措施保障三个层级的有效协作。

会计跟踪机制要实现最终目标有赖于各个层次中的要素相互协调。其作用在于时时跟踪案件发起、调查进展和终裁的后续情况，及时提供反倾销应诉所需要提供的完备、高质量的会计信息等各项资料，以保证企业应诉的成功。

应对反倾销会计跟踪机制应包含反倾销应诉信息库、应诉模块、应诉反馈模块和保障措施四部分，各部分的构成要素内容如下。

（1）反倾销应诉信息库。

在反倾销应对过程中，信息沟通的作用十分关键，企业有必要关注反倾销信息与沟通，基于企业内部环境构建具有反倾销导向的会计跟踪机制信息库，信息库中要同时包括企业应诉所需的内部信息和外部信息。

①企业内部信息。

根据反倾销调查的需求，会计跟踪机制信息库中需要涵盖的信息有：财务制度信息、产品成本信息、会计政策信息、企业经营信息以及其他综合信息等。

A. 财务类信息

调查机构要求提交的会计信息主要由财务部门提供，财务部制定各项管理制度和工作规范，管理公司价格信息、成本信息、资产和资金信息等，并负责编制公司财务报表。财务部的各项信息要纳入会计跟踪机制信息库。

本节构建的应对反倾销的会计跟踪机制是基于光伏反倾销案建立、针对欧美反倾销程序的特殊机制。因而企业建立的信息数据库也要基于反倾销导向建立。欧美反倾销调查问卷中涉及的会计内容是会计跟踪机制信息库中的重要要素。

B. 经营类信息

调查机构还需要了解涉案企业的基本信息，包括公司注册资本、经济性质、行业类别、减免税类别等，是否上市（若上市提供股票名称和代码），主要投资人名称、投资比例及投资方式，调查期内公司的投资人是否有变化，是否符合市场竞争要求，主要客户名称，是否生产涉案产品的同类产品等。这些信息也需要纳入会计跟踪机制信息库。

C. 其他重要综合信息

除了成本类数据外，会计跟踪机制信息库中还要加入企业的销售数据。调查机构需要了解企业的销售概况，包括对外出口比例、主要市场分布、价格情况等，在本国销售情况，包括销售区域分布、内销价格、内销比例等，以及关联方交易情况。同时也需要其他部门的信息协助，如生产部门的生产资料、产品工艺流程、设备信息，主要原材料、燃料及动力名称、单位定额及实际消耗指标等。各相关部门统一收集汇总调查所需信息，纳入会计跟踪机制信息库，以满足调查机构的要求。

②企业外部信息。

企业计划开发新的海外市场时，首先应该做好风险评估工作，了解该国本产业的发展状况，评定企业的出口是否会招致反倾销调查，将反倾销应对工作从调查发起后的应对转为发起前的规避。

信息库中重点涵盖的外部信息应包括国家法律法规要求、监管部门监管措施、企业主要客户及供应商信息、国内外主要竞争对手相关信息等。具体可以分为以下五方面：A. 该产品在国内外主要市场的容量、销售行情及市场占有率、主要竞争对手的产品类型、价格和销售情况；B. 其主要海外市场国家的经济情况，我国与该国的整体贸易情况，该国对本行业的支持情况；C. 进口国政治形势及汇率变动情况；D. 国际上主要竞争对手的发展状况，产品研发、技术进步情况，营销策略及经营战略等信息；E. 主要进口国对本企业产品的态度，包括销售的规定和限制、价格管制等。

企业可以运用这些外部信息进行市场分析，包括出口市场占有率、出口数量变动情况、产品出口结构等；明确本企业产品的出口是否影响进口国企业的发展，包括是否导致其销售量减少、销售价格降低、利润锐减、裁员增多等，进而监控推断，进口国同行业企业是否受到本企业出口压力，是否有发起反倾销调查的倾向。

（2）反倾销应诉模块。

①应诉环节的关键点跟踪。

反倾销调查程序严谨，时间紧凑，应诉企业以调查程序为主线，了解、把握调查环节中的几个关键时点进行举证抗辩，对于企业争取最有利的调查结果十分重要。分析欧美反倾销调查流程可以发现，对于非市场经济体的反倾销调查，欧美有其调查程序的共性，图 8 - 3 简要列示了企业应对欧美反倾销调查各阶段的应对关键点。

图 8 - 3 显示，在跟踪应对反倾销调查时，每个环节都离不开会计信息的参与和支持，因而会计信息质量必将影响会计跟踪机制运行的有效性。

②应诉所需会计信息的质量要求。

我国企业会计准则对企业会计信息质量要求有明确规定。在反倾销调查的背景下，调查当局对会计信息质量的要求更高，企业应在会计信息生成中考虑反倾销因素，既保证会计信息的真实性，又能被调查当局采信使用。根据反倾销背景调整的会计信息应该满足可采性、可靠性、相关性、可比性、及时性和一致性的质量要求。会计信息质量要求的层级关系如图 8 - 4 所示。

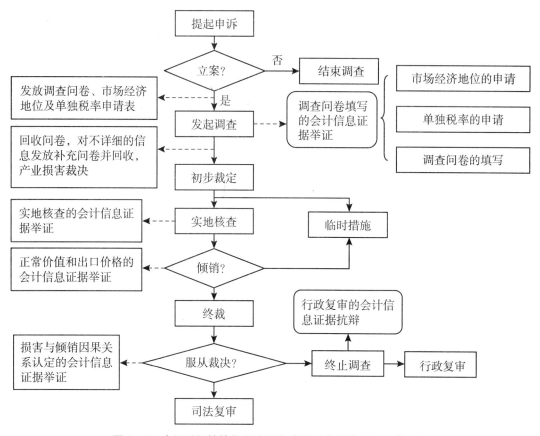

图 8 - 3 应诉反倾销简化程序及各步骤对会计信息证据的需求

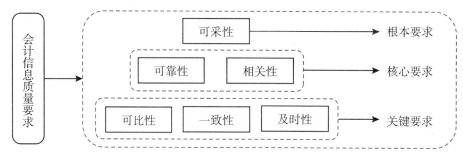

图 8 - 4 反倾销成本信息质量要求层次结构

从上述分析可知，会计信息可采是根本要求，可靠和相关是核心要求，可比性、及时性及一致性是关键要求。根据六项特征的层次关系，企业在会计信息生成中，首先要实现其可比、一致、及时的要求，并且要保证可靠、相关，最终目的是使该信息可采，被调查当局接受并使用。

反倾销导向的会计信息质量要求应该作为会计跟踪机制中信息生成的规范准则，尤其是产品成本信息。向调查当局提供符合各项要求的会计信息，正是我国光伏企业现阶段反倾销应诉中的薄弱环节。

（3）应诉跟踪反馈模块。

应对反倾销的会计跟踪机制中的反馈机制是针对应诉结果的反馈，总结应诉中出现的问题，归纳后纳入到应诉问题库，为以后的反倾销应对提供借鉴和指导。并对应对反倾销的会计跟踪机制进行改进和优化，不断完善机制。并继续跟踪进口国申诉企业的动态，预防反倾销的再次发起，如 2014 年美国发起的第二次对华光伏产品反倾销调查。

8.3.1.3　会计跟踪机制的运行机理

会计跟踪机制为企业应诉提供了指导和支持，在构建针对反倾销应诉的会计跟踪机制的基础上，还需要进一步分析会计跟踪机制的运行机理，了解其运行条件。会计跟踪机制运行路径如图 8-5 所示。

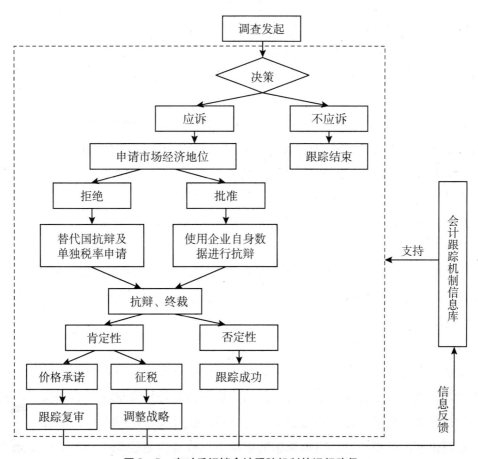

图 8-5　应对反倾销会计跟踪机制的运行路径

下面从几个方面来讨论会计跟踪机制在反倾销应对中的运行机理。

（1）应诉决策分析。

进口国相关产业提起反倾销调查申请后，企业要在利润最大化原则的指导下，根据成本效益原则做出是否应诉的决策，同时要结合企业全球发展战略和经营的具体情况。应诉成本小于收益，且胜诉可能性较大，则选择应诉，反之则不应诉。应诉决策中企业还要考虑不应诉带来的其他影响，如退出该国市场等。

（2）应诉前的准备。

企业做出应诉决策后，即开始应诉的准备工作，包括：联合其他涉案企业共同应诉，争取政府和行业协会的支持，成立专门的应诉工作组，必要时聘请有反倾销应诉经验的律师，着手准备应诉可能需要的各项会计证据材料等。

（3）应诉的会计抗辩。

企业做好人员安排和材料准备后，跟踪机制进入应诉环节。企业申请市场经济地位待遇或单独税率，填写调查问卷，接受实地核查，针对申诉书中的内容进行针对性抗辩和举证，一般包括以下几点：

①企业的生产运作符合市场经济规则，经营不受政府控制，企业可以自主雇佣和解雇员工，企业按照市场条件购买原材料和动力燃料等，企业完全自主经营、销售不受控制等；

②对于成本与售价问题，说明产品中人工成本较低是我国基本国情所致，因而我国产品具有成本优势，而反倾销中的成本概念与我国企业日常核算中的成本概念存在些许差异，调查机构应该考虑这种国别差异情况；

③对于产业损害问题，应诉企业要提供证据说明我国企业的出口并没有对进口国的相关产业造成损害，或者根据进口国宏观经济状况，说明该损害与我国产品的出口不存在因果关系；

④替代国选择的抗辩方面，企业针对调查机构的替代国选择可以发表意见，说明该替代国是否与我国经济发展情况相似，替代企业的选择是否能够代表我方企业，在抗辩中可以提供合适的替代国选择方案。

（4）承诺的效益分析。

如果调查当局做出肯定性终裁，企业可以依据成本效益原则和实际情况选择做出价格承诺或数量承诺。承诺的成本包括：由于调高价格带来的利润减少，产品滞销导致的各项费用的增加；收益包括：避免被征收反倾销税带来的短期收益，以及保住市场份额的长期收益。做出承诺的成本大于收益，则放弃选择承诺；反之则主动提出承诺。

（5）复审准备分析。

案件做出肯定性终裁并确定征税后，企业不服裁决可以继续上诉，申请司法复审等。如果接受征税裁决，则进入下一环节跟踪，为行政复审做好准备。

通过分析会计跟踪机制的运行机理可知，会计跟踪机制的运行路径与反倾销调查程序紧密联系，会计跟踪机制围绕反倾销调查的前、中、后三个阶段发挥功能，机制内各系统的协作运行，确保机制功能的充分发挥。

8.3.2　应对反倾销会计跟踪机制有效运行的保障

应对反倾销的会计跟踪机制是由多个子系统构成的完整系统，各子系统的有效运行保证了机制整体的有效性。会计跟踪机制的运行效率和功能的发挥受到企业内部和外部多种因素的影响。本节将在分析影响因素的基础上，探讨保障会计跟踪机制有效运行的保障措施，并以英利集团为例验证会计跟踪机制的可行性。

8.3.2.1　会计跟踪机制有效运行的影响因素分析

应对反倾销的会计跟踪机制是一个复杂的系统，其运行效率受到内部及外部多种因素的共同约束，需要保障措施来确保其有效运行。本节先分析哪些因素影响会计跟踪机制的运行效率。

（1）企业内部会计制度建设。

企业会计制度的影响体现在企业内部会计制度建设情况及企业审计制度的安排，包括严格的内审制度和外审制度两部分。对内部会计制度执行情况的监管可以由内部审计来完成。内审一方面严格监督内部会计制度和内控制度的执行情况，确保制度作用的发挥；另一方面，可以将审查中发现的问题与应诉的负责部门进行信息沟通，及时将问题归纳、分析、反馈，以保障会计跟踪机制的效力。

外部审计由第三方完成。内审是企业自己的纠错过程，外审是通过有职业资格的事务所的审计，为企业提供审计报告，向包括调查当局在内的各利益相关者证明企业的经济活动和经济事项符合既定要求，企业的会计核算方法和财务报表生成都符合会计准则规定，因此会计信息真实准确，具有客观性和可靠性，调查当局可以在调查过程中直接采用。

企业内部控制制度的建设应该具有管理导向，根本目标是规范经营管理、提高经营效率、预防经营风险。出口企业内部控制建设水平对反倾销应对具有重要影响。一个完善的内部控制系统是企业应诉成功的保障。内控环境的健全可以保障企业财务系统的规范完整，在反倾销应诉中有助于企业反应迅速，进行快速举证。反倾销应诉的时间短，所需会计信息涉及公司注册资本、经济性质、行业类别、雇工情况、是否上市等基本信息，销售概况、主要市场分布、价格情况等，在本国销售情况、销售区域分布、内销价格等。这些财务会计信息的提供需要企业在日常工作中有意识地积累和生成，这是对企业内部控制建设水平的高要求。

如果将企业视为一个复杂的系统，则其各个组成部分按照一定的结构排列。这些组成部分包括生产工作、销售工作、人事工作等经营管理工作，其中财务工作处于重要地位，它与每个环节联系紧密，嵌入度高，不断进行信息交互，在反倾销应诉中表现尤为明显。内控建设应该考虑所有管理工作，完善内控制度设计，确保会计工作生成高水平信息证据。

（2）企业会计信息化程度。

将现代信息技术融合贯通于企业会计工作之中，是企业财务工作顺应信息社会发展的新趋势，会计信息化可以提高财会信息质量，提升会计决策能力，增强企业竞争力。

会计信息化可以使会计信息具有集成性和动态性，如建立动态的销售监管系统和定价系统，传统的人工监控不能满足现代社会的发展需求，信息化能够弥补人工监控中信息交换速度慢的缺陷，通过系统输入、生成和输出，实时进行动态信息交流和互动，在第一时间为企业发出警报，确保及时进行风险规避。

随着科技的发展进步，我国会计信息化程度在过去二十几年得到显著提升，更多企业选择使用财务软件进行会计处理，显著提高了财务工作水平。但总体看来，虽然财务软件中信息系统的功能不断增强，但却主要以核算功能为主，对会计的监督管理功能发挥不完全。提高我国企业反倾销应诉能力，不仅要继续加强企业会计信息化程度，同时要有意识地在系统中融入其他应诉相关需求。

各国调查当局给予企业的应诉准备时间和所需材料范围规定不同，美国规定企业提供调查前三年的相关资料，欧盟要求提供前一年的相关资料。资料的追溯是对企业会计档案管理的要求提高，企业不仅要完整提供，更要注意时间限制，这就需要会计信息化系统的支持。

而随着科技的发展和会计电算化的全面实现，为满足现代社会的信息传递速度要求，企业会计信息化程度对于企业的反倾销应诉成功与否有着重要影响。会计信息在应诉中快速生成、提取，可以保障企业在反倾销应诉中时间短、信息需求大的情况下顺利完成调查举证，从而提高企业应诉成功的概率。

（3）企业会计人员素质。

无论是内部会计制度、内部控制的建设，还是企业信息化程度的提升，都离不开企业会计人员的参与和执行。在反倾销应诉背景下，企业的会计人员职能不应仅限于核算和账务处理，更应纳入监督和管理职能，培养具有国际化视野和素质的会计人才。

反倾销背景下的企业会计人才应熟知国内外会计准则、了解国际贸易知识，熟悉反倾销应诉对会计信息的新需求，具有一定的英语能力，了解反倾销法律规定和应诉流程，清楚会计在应诉中的支持作用，掌握有效填写调查问卷、进行会计举证的技巧，及时向调查当局提交有效的会计信息和会计资料，能够运用自己的反倾销会计知识主动配合律师应诉，为企业争取机会，而非一味等待律师的安排，被动地听从指挥。会计人员素质对于整个会计跟踪机制的运行效率具有重要影响。

（4）企业外部综合因素。

应对反倾销会计跟踪机制是一个嵌入于企业系统内部，不断与外界环境进行信息交换的复杂系统。其运行环境既包括企业内部环境，也包括外部环境。如企业内部会计制度的建立，要在符合国家法律法规相关规定的前提下，满足内部规章的各项要求，旨在提高管理效率，并有效控制可能存在的经营风险。要保障会计跟踪机制的运行效率，首先要适应企业经营的宏观环境，包括政治法律环境、经济环境、技术环境和社会环境，这些都是影响会计跟踪机制运行的环境因素。

政府部门的支持态度、行业协会的指导情况，也会给会计跟踪机制的运行带来影响，如反倾销的应对中需要政府出面进行国际磋商，企业对反倾销相关会计信息的收集需要行业协会的帮助。了解进口国调查当局的政策和规定、掌握进口国同行业企业的发展状况和反倾销发起意向，能提高会计跟踪机制的运行效率。与国内同行业企业间的联系交流、信息互换，能促进企业反倾销信息库的建设，为会计跟踪机制的运行提供保障。

8.3.2.2　会计跟踪机制有效运行的保障措施

根据影响会计跟踪机制有效运行的内部因素和外部因素，提出保障会计跟踪机制有效运行的保障措施。

（1）会计跟踪机制保障措施的内容。

应对反倾销的会计跟踪机制是一个由特定人员参与、具有特定功能的有机系统，其运行效率受到多种内部因素和外部因素的共同约束。在考虑其运行机理的基础上，对影响其运行效率的因素进行分析，其有效运行的保障体系如图 8-6 所示。

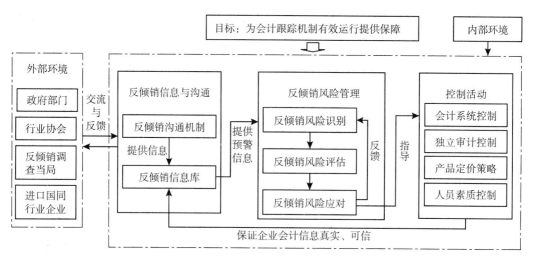

图 8 - 6　应对反倾销会计跟踪机制运行的保障体系

如图 8 - 6 所示，会计跟踪机制保障体系的根本目标是通过外部环境的适应及内部环境的控制，为会计跟踪机制有效运行提供保障。

应对反倾销的会计跟踪机制保障措施的提出充分考虑了企业所处的外部环境和企业内部环境的影响，控制、避免各种可能存在的风险威胁。外部环境与内部环境不断进行信息交流与反馈，企业借此了解国家新政策规定和国际市场动态，将新信息纳入内部环境建设中。

（2）会计跟踪机制保障措施的实施分析。

会计跟踪机制保障体系的三个模块相互联系、相互作用，协同发挥保障功能。

①反倾销信息与沟通模块。

反倾销信息与沟通模块重点在于与外部环境包括政府、行业协会和调查当局等在内的机构进行交流沟通，吸收外部反馈的信息，分析了解风险因素，用于企业风险控制。

企业在信息交流沟通过程中，首先要重点关注国家相关政策的发布；其次要了解其主要市场所在国的政策和宏观经济状况；再次了解可能发起反倾销调查的国家调查当局意向，以及该国的法律修订状况，如 2012 年欧盟对反倾销法的最新修订；最后也是最主要的是关注国内外主要竞争对手与潜在竞争对手的发展情况，了解其生产经营、产品销售及产品价格情况等。这些信息的获取和传递，有助于企业在早期识别反倾销调查发起的风险，通过调整价格和出口市场布局等，进行有效的风险规避。

②反倾销风险管理模块。

保障体系中的反倾销风险管理模块包括反倾销风险识别、风险评估和风险应对。其主要目标是在识别和控制企业面临的风险的基础上，通过科学决策和正确的处理措施，进行风险防范和应对，从而为会计跟踪机制的运行提供良好运行条件，尽可能地减少企业损失。

会计跟踪机制保障体系风险管理模块的运行路径如图 8 - 7 所示。

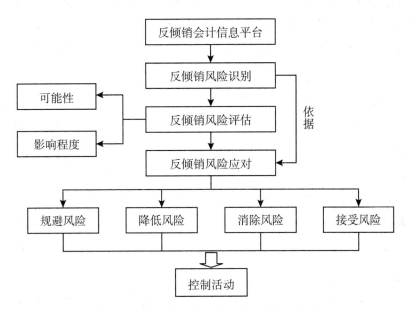

图 8 - 7　保障体系风险管理模块的运行路径

反倾销风险管理模块依托于反倾销信息与沟通模块，通过前一模块传递的信息进行风险识别，在此基础上采用科学的方法和模型进行风险评估，明确风险类型和风险大小后制定应对策略，通过采取有效的措施进行风险应对，将风险规避或消除，本环节的处理结果对下一环节的控制活动有指导作用。

A. 风险识别工作

对反倾销进行跟踪的过程中，风险控制应该是一个独立的工作模块，要将风险识别所需要的会计信息从企业信息系统的全部信息中分离出来，结合企业实际情况，分析本企业在风险管理工作中需要重点关注的内外部影响要素，包括政治经济环境、科技进步情况、企业管理水平、出口贸易情况等。

B. 风险评估工作

风险评估工作需要企业结合自身情况，确定科学合理的定性和定量的评价标准，设计一个风险评估模型，并计算确定风险安全值。识别出企业面临的主要风险后，需要专门人员通过一定的风险管理模型进行全面而精准的风险评估分析。通过评估结果，分析该项风险可能带来的后果，判定企业是否能够承担此项风险，进行管理决策，决定是否需要采取适当措施。

C. 风险应对工作

风险应对包括规避风险、降低风险、消除风险和接受风险。应对方案的设计和选择，要经过严格的讨论制定，方案的实施对应对效果以及下一环节的控制活动会产生影响。规避风险是指采取措施退出会给企业带来反倾销风险的活动。降低风险是指通过采取必要的措施，减少风险因素带来的不利影响，包括降低发生的可能性和降低影响程度两方面。消除风险是对企业风险应对的最高要求，根据企业的经验和能力，将风险影响降到最低，完全控制风险使其不会发生，或发生后对企业不产生根本影响，这是企业风险管理最理想的结果。接受风险是指预期风险给企业带来的影响不大，企业可以接受，不采取应对措施。

（3）控制活动模块。

会计跟踪机制的控制模块主要是针对约束会计跟踪机制运行效率的因素进行设计。控制活动包括会计系统控制、独立审计控制、定价策略控制和人员素质控制。这一模块是内部环境制度建设中的关键环节，通过控制活动的执行，保证内部工作的水平，保障会计跟踪机制的运行效率。

会计系统控制是保障企业会计工作水平，独立审计控制是保障企业的会计信息真实可信，产品定价策略是保障将企业的产品价格和销售控制在没有反倾销调查风险的水平，人员素质控制是保障整个机制有效运行的一个核心因素。

通过三个模块的协调作用，应对反倾销的会计跟踪机制保障体系通过信息沟通、风险管理和控制活动，全面保障会计跟踪机制的有效运行。

8.3.2.3　会计跟踪机制在"英利"的应用验证

欧美对中国光伏反倾销案中，涉案企业数百家，我国四家光伏龙头企业尚德电力、英利公司、天合光能、阿特斯都未能幸免。英利在三次应诉中表现出较高的反倾销抗辩水平，本节具体分析应对反倾销的会计跟踪机制在英利的应用。

（1）"英利"公司简介。

①企业发展历程。

中国英利绿色能源控股有限公司（以下简称"英利"）始建于1998年，总部在中国河北省。于1999年通过承建"多晶硅太阳能电池及应用系统生产项目"，自此进入光伏产业，是我国迄今唯一一个纵贯全产业链的光伏企业。其全资子公司英利绿色能源控股有限公司于2007年6月在美国上市，股票代码YGE。

经过近20的发展，公司目前已成为我国四大光伏企业之一，产业链不断向上下游延伸，是首个提出"光伏产业链"经营方式的光伏企业。公司重视科技创新，不断通过研发提升技术水平，技术水平世界领先，至 2010 年年初，公司拥有自主创新项目 600 多项，具有明显的成本优势，重视产品质量，以低成本、低售价、产品种类齐全在业内闻名。基于我国光伏产品原材料主要依赖进口的背景，英利公司投资设立自己的硅业公司，采用世界领先冶炼技术，大大降低了多晶硅的生产成本，并建成国内首个高水平多晶硅生产线。公司产能不断扩大，是国内第二家"千兆瓦级"光伏企业。主营各种光伏产品，同时参与光伏电站建设工作。英利公司在河北省、云南省、深圳市等地拥有多家分公司，是一家具有国际影响力的全球化公司，主要国际市场包括德国、法国、韩国、日本和美国等。

②企业经营情况。

欧洲光伏产业协会（EPIA）统计，至 2012 年年底，英利产能已经达到 2.45GW，占全球总产能的 2.43%，成为全球最大的光伏组件生产商。2013 年 IHS 公布的全球十大光伏组件供应商排名中，英利位居榜首。

同国内其他光伏企业一样，英利的光伏产品主要销往欧洲，欧洲份额约占其全球比例的 60%，美国份额约占 16%。受全球光伏市场萎缩及反倾销调查的不利影响，公司业绩呈现下滑趋势。

2012 年是英利利润下滑最显著的一年，受存货大量积压和市场容量减小的共同影响，全球组件售价严重下滑，引发企业间价格战，欧美反倾销调查加剧了光伏行业的困境。英利 2009~2014 年财务状况如表 8-14 所示。

表 8-14　　　　　　　英利公司 2009~2014 年部分财务数据　　　　单位：百万美元

项目	2009 年	2010 年	2011 年	2012 年	2013 年	2014 年 6 月
收入	1 062.84	1 894.94	2 332.09	1 822.71	2 217.87	568.15
成本	811.69	1 264.73	1 942.88	1 927.99	2 056.10	479.46
毛利	251.16	629.21	389.22	-60.46	161.76	88.69
毛利率（%）	23.63	33.26	16.69	-3.31	7.29	15.61
税后净利润	-66.33	257.28	-518.88	-523.26	-339.65	-48.92
资产总额	2 381.68	3 664.92	4 366.67	4 499.92	4 537.11	4 604.07
负债总额	1 182.44	2 108.31	3 245.96	2 543.34	2 436.17	2 490.49
资产负债率（%）	49.6	57.5	74.3	56.52	53.69	54.09

英利2010～2013年光伏电池组件产能和发货量情况如图8-8所示。

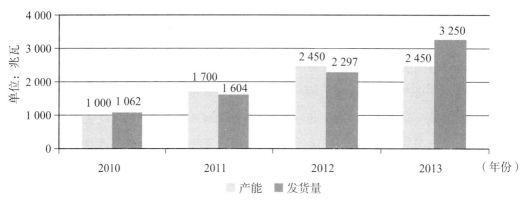

图8-8　2010～2013年英利产能及发货量情况

结合表8-14和图8-8可知，在2011年及2012年英利遭遇了欧美相继发起的反倾销调查后，公司在这两个年度的发货量明显低于产能，出现产能剩余和资源浪费的现象，2012年收入锐减，企业亏损严重，毛利率在近6年首次出现负值。2013年公司进行了战略转变和新市场开拓后，销售和收入情况有所好转，发货量大幅增加，消化了之前的部分积压存货，公司2013年和2014年的毛利率稳步增长。

（2）"英利"在光伏反倾销案中的应对分析。

英利在欧美反倾销调查应对过程中表现出极好的反应速度和应对水平，其应对策略和经验值得分析学习。

①应诉决策。

欧美反倾销调查机构发布立案公告后，英利迅速反应，做出应诉决定，积极争取机会，参与到欧美调查的整个程序中。进行了应诉准备、人员分工和工作部署，为顺利应诉奠定了基础。

②市场经济地位和单独税率的申请。

英利与政府、商会密切配合，应诉负责人第一时间与代表企业利益的中国机电商会取得联系，联合其他涉案企业共同应诉。用最快的速度准备好商会要求提供的各项材料，并主动与商会沟通其所了解的最新信息。在应诉中充分配合机电商会进行应诉准备工作，进行问卷填答、市场经济地位的申请和会计信息资料的准备。但是在欧美光伏反倾销调查中，中国企业均未获得市场经济地位待遇，英利在美国调查中申请获得了单独税率待遇，在欧盟调查中做出价格承诺。

③替代国抗辩。

英利在应诉中针对欧盟反倾销法规中的漏洞及调查程序中的违规现象，提出合理理由及相关数据，通过积极的合理抗辩，争取对企业最有利的结果。如欧美在光伏反倾销调查中依然采用替代国制度，美国选择的替代国为泰国，欧盟最初选择的替代国为美国。英利极力抗辩表示，由于国情不同，美国人工成本明显高于我国，选择美国作为替代国计算我国光伏产品正常价值，不符合我国现实经济条件，忽视了我国人工成本具有优势的事实，因而会做出对我国企业不利的裁决，违背公平原则。接受抗辩意见后，欧盟改选印度为替代国。

④积极应诉，灵活应对。

英利高度重视应诉工作，立案后公司立即召开会议部署工作，成立了由熟悉公司生产、销售、财务、法务和国际贸易的人员组成的应诉小组，法务总监樊振华领导工作小组进行应诉，应诉工作全面展开，灵活运用 WTO 规则，公司各部门团结一致配合调查。在应对中注意技巧和策略，制定了最佳应诉方案，提供了充分的证据信息资料，准确说明了公司的性质、财务状况、生产经营情况以及国内外销售情况。英利积极配合的态度获得了欧美调查当局的肯定，终裁得到最低税率。

实地核查过程中，英利严肃对待、全力配合，反倾销应诉小组按照核查大纲的要求全面细致地整理了所需的账目、凭证等各项资料，并且仔细归类，以便快速提取。在应诉负责人的指挥安排下，公司财务部、生产部、销售部、行政部等多个部门鼎力配合，核查工作顺利开展。

在美国 2011 年光伏反倾销案中，初裁结果对企业不利。英利继续进行抗辩举证，全体应诉小组成员积极配合实地核查，在终裁应诉中提供的会计资料、账簿完备、充分，使得企业的终裁税率大大低于初裁，降低了企业的损失。2012 年 8 月，英利主动邀请德国工会赴企业开展实地调研，2013 年 1 月，接受了欧盟的实地核查。依据报表信息，公司向调查机构人员证实了企业对采购、生产和销售等会计信息在报表中均进行了充分详细的披露，并且其报表经过国际四大会计师事务所毕马威的独立审计，会计信息真实可靠。

⑤终裁结果。

A. 在 2011 年 10 月 19 日~2012 年 11 月 7 日的美国光伏产品反倾销案中，英利最终被裁定征收的反倾销税率为 31.18%。

B. 在 2012 年 7 月 24 日~2013 年 12 月 5 日的欧盟光伏产品反倾销案中，欧盟于 2012 年 10 月 8 日公布了中国应诉企业名单，名单显示对 134 家企业进行抽样调查，英利、尚德电力、赛维、锦州阳光、晶澳和旺能光电 6 家企业被要求强制应诉；2013 年 1

月 22 日英利作为代表接受了欧盟调查团的实地调查；6 月 6 日，欧盟公布可能对光伏企业征收反倾销税，其中英利 37.3% 的税率为最低。英利也是本案中签订"价格承诺"的企业之一。

C. 在 2014 年 1 月 2 日~2015 年 1 月 21 日的美国第二次光伏产品反倾销案中，英利最终被裁定的反倾销税率为 42.33%。

⑥跟踪行政复审。

欧美光伏反倾销案做出终裁后，英利没有停止对反倾销案件的跟踪。继续高度关注案件进展，及时调整价格和出口策略，准备复审材料，注重反倾销调查所需数据的收集和整理。

最终，在 2015 年 1 月 8 日公布的美国 2011 年光伏产品反倾销案行政复审结果中，英利适用 1.82% 的单独税率。

⑦总结经验，调整战略。

调查虽然结束，英利的反倾销应对工作没有结束。英利在 2013 年 9 月表示，唯有积极抗辩才有可能把损失最小化，应诉结束后公司要着眼于内部建设，调整发展战略，将反倾销防范纳入日常工作。

接连遭遇"双反"调查后，英利不断调整全球出口市场布局，进行战略调整。统计发现，美国对华光伏"双反"调查并没有影响英利对美出口，反倾销措施落实后，其对美出口数量不降反增。2012~2014 年英利在美国营收占比，如表 8-15 所示。

表 8-15　　　　　　　　　　2012~2014 年英利在美国营收占比

年份	2012	2013	2014
比例	14.05%	21.66%	16.23%

"双反"的发起使英利意识到市场多元化的必要性，在反倾销调查后将目标市场转向印度、南非及东欧市场，通过新市场的开发分散反倾销风险。2013 年英利共销售光伏组件 3.2GW，其中中国 30%、美国 20%、日本 10%、欧洲 20%，剩下的 20% 在非洲、南美等国家（地区）。英利更为重视研发进步和成本降低，采取差异化战略拓展市场，继续保持竞争优势。同时，从管理、技术创新、市场等方面进行了多种改革举措，从过去以光伏组件销售为主的经营模式向光伏电站建设、运营的综合发展转变，寻找新的利润增长点。

一系列变革表明，英利很好地洞察了市场动态，提早做好了防范工作，规避了国际经济波动给公司带来的损失。这种防患于未然的态度，让英利在欧美"双反"调查中避免了损失惨重。英利成功应诉的经验，证明了应对反倾销的会计跟踪机制在光伏企业反倾销实务中具有指导意义。

（3）会计跟踪机制有效运行的建议。

世界各国对新能源的发展都愈加重视，未来关于新能源产品的贸易摩擦将有增无减，光伏企业注重反倾销应对能力的提升十分必要。一次成功的反倾销抗辩，是涉案企业、政府和行业协会协助合作的结果。企业是应对反倾销的主体，其应诉行为直接影响案件结果，政府和行业协会发挥不可替代的辅助作用。我国政府高度重视欧美光伏反倾销案，对企业应诉、维权给予了有力支持。通过对光伏反倾销案进行分析，本文启示和建议如下。

①企业层面应对建议。

A. 应诉态度与技巧

a. 积极争取，善于应诉。反倾销抗辩是一场维护权益之战，积极投入到应诉之中是保护企业利益的先决条件。根据欧美光伏反倾销结果可知，如果企业放弃应诉机会，则必然被课以较高反倾销税，面临退出该国市场的困境；如果企业参与应诉，则往往可以争取到单独税率甚至不征税的结果，从而减少损失，不至于放弃一个出口市场。因而，涉案企业应该重视机会积极争取参与应诉，为抗辩提供充足的人力、物力和财力支持。可以考虑联合其他涉案企业共同应诉，协力争取最佳结果。

企业不仅要积极应诉，也要善于应诉。在满足时间限制的条件下，要确保会计信息证据的质量，提供的资料细化程度必须满足甚至超过调查机构的要求，则有很大的可能性获得低税率。欧美调查举证工作要求由申、辩双方同时进行，调查当局核实双方递交的资料后作出裁决。如果我国企业提供的资料不被采纳，则采用申诉企业上交的资料作出的裁决将对我方十分不利。

在调查过程中，证明材料和数据的填写是应诉的关键环节，企业保存完备清晰的财务资料十分重要。面对大量表格的填写工作，企业除了要提供真实财务成本数据外，更要注意填写技巧，必要时可以聘请有经验的律师进行指导，通过技巧性完成问卷调查，争取有利判决。

b. 利用国际贸易准则，找准"切入点"。成功应诉的一个必不可少的条件就是熟悉调查国的相关反倾销法律法规，在应诉准备中快速找到"切入点"。相关法规中规定模糊或没有明确规定的条款，如是否给予市场经济地位待遇、正常价值确定采用何种方法、替代国选择哪个国家等，给予了企业争取有利结果的机会。如国际贸易中对涉案产品出厂价的计算有两种广泛的方法，一种是离岸价 FOB，另一种是到岸价 CIF。使用前者计算出口价格只用离岸价减去内陆运费，而使用后者计算出的是推定出口价格，涉及利息、运费、关税、保险费等一系列概念。由此可知，在反倾销应诉中，涉案企业争取使用 FOB 计算出口价格更有利，可以避免在计算销售净价时使用替代价格。

B. 完善内部管理

完善内部管理包括内部会计制度的完善、内控建设水平的提高和会计人员素质的提升。企业应该关注其财务信息质量，根据国际规范归纳、保管会计信息资料。培养专业的反倾销应诉会计人才，加强律师队伍的建设，组建具有综合素质的应诉团队。

调查涉及大量资料、数据，企业应强化管理，完善管理制度，规范运作，有效应对，以提供及时高效、符合调查要求的会计信息。同时还要加强企业间合作，对华反倾销调查一般会有较多企业涉案，光伏"双反"案中，国内几家龙头企业组成产业联盟，共同应诉。

内部会计制度执行程度及内控的建设水平，关系到企业财会资料的质量。内控有效，则内审监督效率高，能够确保企业财会信息的准确性，准确的财会信息将是企业应诉中最有力的证据。企业加强内控制度建设时，要考虑内控环境、控制活动等几个方面，针对企业自身情况和反倾销应对需求，不断完善内控制度。

反倾销应对的人才需求包括：a. 会计人员。企业要培养具有反倾销意识的会计人员，积极学习反倾销相关知识，在工作中严格遵照各项准则要求，保证会计工作质量，同时提升自身工作能力，努力成为具有国际视野和高水平反倾销应对能力的会计人员。b. 法务人员。应诉团队需要专业的法务人员，有针对性地熟悉、掌握 WTO 反倾销法规则和潜在发起国的法律法规及诉讼流程，也可以考虑在应诉中聘请律师。英利拥有自己的法律部门，熟悉工作情况，对成功应诉产生重要影响。c. 其他人员。应对反倾销调查的工作团队，既要包括多行业专业人士，也包括专业人员知识的多行业性。如语言就是重要的考虑因素，反倾销调查中，语言沟通对企业有非常重要的作用，由于中外的文化与专业背景差异，如果交流中翻译不准确，扭曲原意，对案情会造成不利影响。

C. 强化出口约束，提高产品附加值

面对国际市场竞争的加剧和贸易摩擦的频繁发生，我国企业过去以低价优势取胜的销售手段，已经不适应当今市场要求。如果倾销行为真实存在，即使企业积极应诉，也无法争取到有利结果，并且这种销售行为将给国家和企业的形象带来严重损害。企业应加强自律，规范出口行为，谨防低价策略招致反倾销调查，这是反倾销规避的根本。通过战略性规划市场布局，控制出口数量，进行合理定价，严格遵守国际贸易规则，强化自身出口约束。

我国企业以低价获得竞争优势的根本原因，是企业产品技术含量较低，无法依靠产品质量和服务取胜，进而引发无序的低价竞争。企业要摒弃传统的销售观念，摆脱低价、低利润的恶性循环，着力于新产品研发，实行差异化战略，提高产品技术含量和质量获得竞争优势，通过实现规模经济来降低成本增加利润。

在保证成本控制和成本优势的同时，加大对研发资金的投入力度，加强科技创新人才的培养和储备，重视产品研发和创新，坚持追求技术进步。开发自由品牌，积极树立品牌形象，做好宣传、推广工作，创造企业自有名牌。

D. 立足现有市场，开拓新市场

企业在某一市场的市场占有率高于20%，则面临遭遇反倾销调查的风险。对光伏企业而言，反倾销税的征收和价格承诺的签署，导致企业在欧美市场的销售份额明显降低，在不放弃现有市场的基础上，亟待开拓新的国际市场。通过扩大市场布局，分散市场集中带来的反倾销风险，防止因单独一个国家政策变化影响的出口获利，以求长远发展。

我国光伏企业在"双反"之后加快了向新兴市场转移的步伐，开拓了包括南非、南美和东南亚在内的新市场。欧美反倾销调查终止后的2013年数据显示，我国光伏组件出口呈现市场多元化，出口总量约16GW，出口额约100亿美元，对欧盟出口从过去的65%下降至30%，日本成为最大新兴市场，约占总出口额22%，其余美国10%、印度5.2%、南非4.5%。

E. 转变商业模式

长远来看，加强产品创新、提升企业核心竞争力是光伏企业的必然选择，但短期来看，采取可行手段进行贸易壁垒的规避也是维护企业利益的一个方法。

除去政治因素和产品技术含量因素外，我国光伏企业频繁遭遇反倾销调查的重要原因之一，是国内企业的盲目夸张，产能迅速扩大，产品积压严重，导致恶性价格竞争。长期以来，我国光伏企业在国际光伏产业链中的地位是欧美光伏产品的廉价代工厂，依靠国内廉价的土地、人工等资源，获得价格优势，在欧美市场上获得微薄的销售利润。这一商业模式在欧美反倾销调查发起后岌岌可危，面对征收反倾销税后的销售成本大大高于产品售价的局面，光伏企业的出口受到重创。光伏企业要走出困境，亟须转变原有商业模式，行业的整合升级十分关键。

光伏企业可以通过同行业的兼并、合作，甚至全球产业链上下游资源的整合，实现规模扩大，发挥比较优势。资金实力雄厚的企业可以考虑在新兴市场投资建厂，如英利在泰国新建了600MW产能的工厂，这种方式可以为该国政府解决就业、增加税收，有效规避贸易壁垒和贸易摩擦。目前，我国光伏企业已经有意识地进行全球布局，通过在当地建厂等手段规避反倾销风险。

②政府层面辅助建议。

A. 规范出口秩序，建立预警机制

光伏企业的大批量集中出口，是其被发起反倾销调查的关键原因之一。我国政府需规范出口秩序，通过价格监管、汇率监测和出口额监控，建立预警机制，防范出口市场集中带来的反倾销风险。发现威胁时向出口企业发出预警提示，促使企业及早预防，及时应对。

政府要改变发展观念，优化出口税收优惠等政策，引导企业将获得长期国际竞争力和影响力为发展目标，制订长远的经营战略。实现规模化、多元化战略经营，督促企业调整出口结构，走上可持续发展道路。

政府的作用一面是规范出口秩序，另一面是辅导企业按照正常节奏出口。关注国际市场动态，掌握主要出口市场的饱和情况，谨防过度出口。监控重点出口市场和主要出口产品，对于可能被诉倾销的产品，分析其成本、利润、库存和贸易情况和国际经济形势等因素，通过风险识别和评估，计算出安全的出口价格和出口数量，采取出口配额等措施规范出口管理。加快市场经济价格体系的建设进程，切实落实市场决定价格，使我国的产品价格得到欧美调查当局的认可。

B. 提供应诉支持

出口监管是预防反倾销发起的一种手段，反倾销调查确定发起后，政府要发挥辅助和支持企业应诉的作用。英利在反倾销应诉中得到了河北省石家庄海关的支持。针对公司实际情况，到公司进行实地调研，与公司人员进行充分的沟通交流，将最新的国家政策规定传达给公司，掌握公司的运营状况，协助企业开发新市场，在海关政策允许的范围内为企业提供大力帮助。

我国驻欧美商务机构也要充分发挥信息收集和协调作用，重点建设反倾销应诉支持系统，全面掌握主要进口国的反倾销相关规定，实时跟踪我国产品遭遇调查的可能性，将获取的所有消息动态传递给国内相关机构，进而为我国企业争取充足的准备时间。在反倾销应诉中，结合国内外综合情况，为企业提供尽可能多的支持。

应诉结束后，政府要继续为企业的发展提供指引和辅导。如河北保定海关，在英利应对反倾销过程中发挥了重要作用。该海关派专员到英利进行调研，了解其生产运营和出口情况，掌握了英利存在出口业务繁多、资金链紧张的问题后，专门针对英利实际情况设计了一个出口贸易电子账册监管系统，辅助规范公司内部管理体系，在降低其运营成本的基础上细化了公司生产、销售和物流流程，使其管理模式符合国际上市公司和国内海关监管的双重标准，为英利反倾销应诉后的发展带来巨大帮助，使公司进出口贸易更为简单、便利，为英利在全球范围内开拓新市场提供了有利条件。

③行业协会层面协助建议。

A. 配合政府构建预警机制

在反倾销应诉中，行业协会直接与企业联系，是应诉的参与者，更清楚应诉需求和流程，应作为政府与企业的纽带，配合政府逐步建成、完善、强化反倾销预警机制，协助政府对企业进行组织协调，并加强与国外同行业相关机构的交流，收集重要信息，如该国的市场容量、产销动向、同行业企业的生产能力及对我国产品的态度等，将这些信息及时与负责预警机制建立的相关部门沟通。自身也要建立本行业的反倾销应对信息库，建立信息共享机制，纳入反倾销应对的方法和技巧，以指导涉案企业今后的应诉工作，发挥其协调指挥、抗辩支持的作用。此外，行业协会还要肩负指导企业出口的职责，控制出口规模和速度，促进出口有序的实现，规避反倾销风险。

B. 组织有效应诉

集体应诉可以克服单个企业力量薄弱的劣势，行业协会对企业应诉的组织、指导作用十分关键。其他国家的行业协会在反倾销实践中发挥着不可替代的重要作用，由于我国光伏产业兴起时间短，行业协会缺失，商务部下属的机电产品进出口商会发挥了替代作用。在欧盟 2012 年反倾销案中，商会积极组织抗辩，尝试与欧盟进行价格承诺谈判；在美国 2014 年反倾销案中，立案后两天内商会立即采取行动，组织光伏企业进行集体抗辩。我国亟须成立一个光伏行业协会，构建企业应诉的信息库，牵头反倾销应诉工作，为企业应诉提供重要的情报资源，包括：a. 应诉信息，如发起国生产商产销情况、价格变动情况；b. 渠道信息，如提供发起国律师事务所联系方式，辅助企业聘请律师；c. 指导信息，如企业需要提供的资料清单，包括保存完整的出口资料、原始凭证、财务数据、销售资料和价格信息等，以及应诉前所需的准备工作。行业协会的参与有效地提高了企业应诉效率和效果。

C. 合理利用争端解决机制

在充分熟悉欧美反倾销调查法律法规的基础上，跟踪了解调查当局的调查流程是否合乎规范，在发现不合规范情况时及时提出质疑，提出抗辩意见和合理的裁决建议，维护企业合法权益。这一点在欧盟对华光伏产品反倾销案中得到体现。调查事实表明，欧盟调查机构没有严格执行反倾销法中相关规定，致使做出对我方不利的判决，严重威胁到我国企业利益。根据 WTO 争端解决机制的规定，调查当局在调查中行为违反相关规定，或应诉方对判决结果不服，双方可以进行磋商解决，争取公正的处理结果，如果协商无效，则可以提交到 WTO 争端解决机构进行处理。

全面熟悉、掌握 WTO 有关制度对企业而言难度较大，这就需要作为企业代表的行业协会集中这一领域的专家和相关人才，利用协会的人力资本优势，组织对 WTO 相关法规的专门研究。归纳借鉴以往国际贸易争端的解决方案，总结经验教训，为企业未来可能遇到的争端提供有效的指导和协助，维护国家和企业的根本利益。

我国政府高度重视光伏产业发展，国家能源局相继出台包括"光伏国五条"在内的多项鼓励政策，排除各项障碍为光伏企业发展创造有利环境，通过市场力量促进产业健康发展。因此，虽然反倾销调查给企业带来沉重打击，长远来看我国光伏产业仍具有广阔的发展前景，企业要积极研究、解读最新政策，把握发展机会。并且不忽视出口的规范管理，预防反倾销的发起，逐步提高企业反倾销应对的综合能力。

主要参考文献

英文部分：

［1］Achrol R S, Kotler P. Marketing in the Network Economy ［J］. Journal of Marketing, 1999, 63 （1）: 146 – 163.

［2］Ackerman, F., Ishikawa, M., Suga, M. The Carbon Content of Japan – US Trade ［J］. Energy Policy, 2007, 35 （9）: 4455 – 4462.

［3］Aggarwal A. Macro economic determinants of antidumping: a comparative analysis of developed and developing countries ［J］. World development, 2004, 32 （6）: 1043 – 1057.

［4］Ang, B. W. Decomposition analysis for policymaking in energy: which is the preferred method? ［J］. Energy Policy, 2004 （9）: 1131 – 1139.

［5］Anne Krueger. Protectionism and the crisis ［J］. The international Economy, 2009, 14: 45 – 64.

［6］Annukka Jokipii. Determinants and consequences of internal control in firms: a contingency theory based analysis ［J］. J Manag Gov, 2009 （3）: 115 – 144.

［7］Aramo – Immonen H. Shared Knowledge in Project – based Companies' Value Chain ［J］. International Journal of Knowledge Management Studies, 2009, 3 （3 – 4）: 364 – 378.

［8］Avsar, V. Antidumping, Retaliation Threats and Export Prices ［J］. World Bank Economic Review, 2003, 27 （1）: 133 – 148.

［9］Ayfer Gurun. Business strategy and financial consequences: The case of antidumping filings ［J］. Journal of International Financial Markets, Institutions and Money, 2013, 4 （24）: 127 – 138.

［10］Ball, R., L. Shivakumar. Earnings Quality in UK Private Firms: Comparative Loss Recognition Timeliness ［J］. Journal of Accounting and Economics, 2005, （24）: 3 – 38.

［11］Basu, S. The Conservatism Principle and the Asymmetric Timeliness of Earnings ［J］. Journal of Accounting and Economics, 1997 （25）: 1 – 34.

［12］Beasley，M. S. An Empirical Analysis of the Relation between Board of Director Composition and Financial Statement Frand ［J］. The Accounting Review，1996（10）：443 – 465.

［13］Belderbos，R.，H. Vandenbussche，R. Veugelers. Antidumping Duties，Undertakings and Foreign DirectInvestment in the EU ［J］. European Economic Review，2004，48（2）：429 – 453.

［14］Belderbos Rene，Vandenbussche Hylke，Veugelers Reinhilde. Undertakings and Antidumping Jumping FDI in Europe ［R］. CEPR Discussion Papers，1999：2320.

［15］Bernard M. Hoekman，Michael P. Leidy. Cleaning up' while cleaning up? Pollution abatement，interest groups and contingent trade policies ［J］. Public Choice，1994，78（3 – 4）：241 – 258.

［16］Bollom W J，Simons D R. The use of accounting data in antidumping cases：A public policy perspective ［J］. Journal of Accounting and Public Policy，1990，9（1）：1 – 18.

［17］Bown C P. The global resort to antidumping，safeguards and other trade remedies amidst the economic crisis ［J］. Effective Crisis Response and Openness：Implications for the Trading System，London，UK：CEPR and World Bank，2009：91 – 118.

［18］Bown C P，Crowley M A. Trade deflection and trade depression ［J］. Journal of International Economics，2007，72（1）：176 – 201.

［19］Brenton P. Anti – dumping policies in the EU and trade diversion ［J］. European Journal of Political Economy，1992，57（37）：179 – 179.

［20］Bruce A. Blonigen. The Effects of NAFTA on Antidumping and Countervailing Duty Activity ［J］. The World Bank Economic Review，2005，19（3）：407 – 424.

［21］Bruce A. Blonigen，Benjamin Liebman，Wesley W. Wilson. Antidumping and Production – Line Exit：The Case of the US Steel Industry ［J］. Review of Industrial Organization，2013（42）：395 – 413.

［22］Bruce A. Blonigen，Jee – Hyeong Park. Dynamic Pricing in the Presence of Antidumping Policy：Theory and Evidence ［J］. American Economic Review，2004，94：134 – 154.

［23］Carl Johan von Seth. Global Value Chains in EU Anti – Dumping Practice – The Economic Impact of Anti – Dumping Duties on Intermediate Goods and the "Union Interest Test" ［J］. National Board of Trade，2012，6（3）：1 – 13.

［24］Casler，Stephen D. Interaction Terms and Structural Decomposition：An Application to the Defense Cost of Oil [A]. in Michael L. Lahr and Erik Dietzenbacher (eds.), Input – Output Analysis: Frontiers and Extensions [M]. New York: Palgrave, pp. 143 – 160.

[25] Chad P. Bown. The global resort to antidumping, safeguards and other trade remedies amidst the economic crisis [J]. Policy Research Working Paper Series 5051, The World Bank, 2009, 14 (2): 36 –51.

[26] Chad P. Bown, Meredith A. Crowley. Import protection, business cycles and exchange rates: Evidence from the Great Recession [J]. Journal of International Economics, 2013, 5 (90): 50 –64.

[27] Chad P. Bown, Meredith A. Crowley. Policy externalities: how US antidumping affects Japanese exports to the EU [J]. European Journal of Political Economy, 2006, 22 (3): 696 – 714.

[28] Chad P. Bown. Patricia Tovar. Trade liberalization, antidumping and safeguards: Evidence from India's tariff reform [J]. Journal of Development Economics, 2011 (96): 115 – 125.

[29] Chad P. Bown. Protectionism is on the rise: antidumping investigations [J]. Journal of International Economics, 2009, 23 (2): 57 –71.

[30] Chaganti, R. S., Mahajan, V., Sharma, S. Corporate board size, composition and corporate failures in retailing industry [J]. Journal of Management Studies, 1985 (22): 400 –417.

[31] Chen J. P., Charles P., Jaggi B. L. The Association between independent nonexecutive directors of family control and disclosures [J]. Journal of Accounting Pubilc Policy, 2000 (13): 16 –37.

[32] Christopher T. Taylor. The economic effects of withdrawn antidumping investigations: is there evidence of collusive settlements [J]. Journal of International Economics, 2004, 62 (2): 295 –312.

[33] Crie Dominique. From Customer Data to Value: What is Lacking in the Information Chain? [J]. Database Marketing & Customer Strategy Management, 2006, 13 (4): 282 –299.

[34] Crowley, M. A. Do Safeguard Tariffs and Antidumping Duties Open or Close Technology Gaps [J]. Journal of International Economics, 2006, 68 (2): 469 –484.

[35] De Vault, James M. The Welfare Effects of US Antidumping Duties [J]. Open Economics Review, 1996, 7 (1): 19 –33.

[36] Dietzenbacher, Erik and Jesper Sage. Mixing Oil and Water? Using Hybrid Input –

Output Tables in a Structural Decomposition Analysis [J]. Economic Systems Research, 2006 (18): 85 – 95.

[37] Eng, L. L, Mak, Y. T. Corporate Governance and Voluntary Disclousure [J]. Journal of Accounting and Public Policy, 2003 (22): 325 – 345.

[38] Feinberg H, Kaplan D. Dumping Costs and Uncertainty [J]. Journal of Economic Dynamics and Control, 2002, 8: 349 – 370.

[39] Feinberg R M, Reynolds K M. The spread of antidumping regimes and the role of retaliation in filings [J]. Southern Economic Journal, 2006: 877 – 890.

[40] Finger, M., K. Hall, and D. Nelson. The Political Economy of Administered Protection [J]. American Economic Review, 1982, 72 (3): 452 – 466.

[41] Finkelstein, S. R. D Aveni. CEO Duality as a Double – edged sword: How boards of Directors Balance Entrenchment Avoidance and Unity of Command [J]. Academy of Management Journal, 1994 (37): 1079 – 1080.

[42] Forker. Corporate governance and disclosure quality [J]. Accounting and Business Research, 1992 (22): 111 – 124.

[43] Ganguli, B. The Trade Effects of Indian Antidumping Actions [J]. Review of International Economics, 2008, 16 (5): 930 – 941.

[44] Gbakou P M, Sadni – Jallab M, Sandretto R. Antidumping Procedures and Macroeconomic Factors: A Comparison Between the United States and the European Union [J]. 2005: 37 – 48.

[45] Groves, T., Ledyard, J. Optimal allocation of public goods: A solution to the free rider problem [J]. Econometrica, 1977 (45): 783 – 809.

[46] Guillotreau P. How does the European seafood industry stand after the revolution of salmon farming: an economic analysis of fish prices [J]. Marine Policy, 2004, 28 (3): 227 – 233.

[47] Gulati. R, Nohria N, Zoheer A. Strategic Network [J]. Strategic Management Journal, 2000 (3): 203 – 215.

[48] Gunnar Niels, Adriaan ten Kate. Antidumping policy in developing countries: Safety valve or obstacle to free trade [J]. European Journal of Political Economy, 2009, 22 (3): 618 – 63.

[49] Hart, Oliver. Corporate Governance: Some Theory and Implications [J]. The Economic Journal, 1995 (5): 678 – 689.

［50］Hines P，Rich N，Bicheno J，et al. Value Stream Management ［J］. International Journal of Logistics Management，1998，9（1）：25 – 42.

［51］Ho，Sandra，Hutchinson，Marion. Internal audit department characteristics/activities and audit fees：some evidence from Hong Kong firms ［J］. Journal of International Accounting，Auditing and Taxation，2010，19：121 – 136.

［52］Hult G，Tomas M，David J. Does Market Orientation Matter? A Test of the Relationship between Positional Advantage and Performance ［J］. Strategic Management Journal，2001，22（9）：899 – 906.

［53］Hurley R E，Hult G. Innovation，Market Orientation and Firm Learning：An Integration and Empirical Examination ［J］. Journal of Marketing Research，1998，62（7）：42 – 54.

［54］Hylke Vandenbussche，Jozef Konings Linda. Import Diversion under European Antidumping Policy ［J］. The national bureau of economic research，2001，14：57 – 69.

［55］Hylke Vandenbussche，Maurizio Zanardi. The chilling trade effects of antidumping proliferation ［J］. European Economic Review，2010，（54）：760 – 777.

［56］Irene Brambilla，Guido Porto，Alessandro Tarozzi. Adjusting to Trade Policy：Evidence from U. S. Antidumping Duties on Vietnamese Catfish ［J］. The Review of Economics and Statistics，2010，12（3）：25 – 41.

［57］Jacobs B W，Singhal V R，Subramanian R. An empirical investigation of environmental performance and the market value of the firm ［J］. Journal of Operations Management，2010，28（5）：430 – 441.

［58］James，William E. The Rise of Anti – dumping：Does Regionalism Promote Administered Protection? ［J］. A sian – Pacific Economic Literature，2000，14（2）：14 – 26.

［59］Jeffrey F. Ray Port，John J. Sviokla. Exploiting the Virtual Value Chain ［J］. Harvard Business Review，1995，（11 – 12）：75 – 85.

［60］Jensen M. C. The Modern Industrial Revolution，Exit and the Failure of Internal Control Systems ［J］. The Journal of Finance，1993（48）：831 – 880.

［61］Jiang，Bin and Ellinger，Alexander. Challenges for China——the Worlds' Largest Antidumping Target ［J］. Business Horizons，2003，46（3）：25 – 30.

［62］Joe Christopher. The association betweencorporate governance guidelines and risk management and internal control practices ［J］. Managerial Auditing Journal，2010（1）：288 – 306.

[63] John J, Morris. The Impact of Enterprise Resource Planning (ERP) Systems on the Effectiveness of Internal Controls Over Financial Reporting [J]. Journal of Information Systems, 2011 (2): 129 – 157.

[64] Joseph Francois. An Extended Global Simulation Model: Analysis of Tariffs & Anti – Dumping Policy Impacts on Prices, Output, Incomes and Employment [J]. Institute for international and development economics, 2009, 8 (3): 1 – 21.

[65] Jozef Konings, Hylke Vandenbussche. Antidumping protection and markups of domestic firms [J]. Journal of International Economy, 2005, 65 (1): 151 – 165.

[66] Justin R. Pierce. Plant – level responses to antidumping duties: Evidence from U. S. manufacturers [J]. Journal of International Economics, 2013 (85): 222 – 233.

[67] Kähkönen A K, Virolainen V M. Sources of structural power in the context of value nets [J]. Journal of Purchasing & Supply Management, 2011, 17 (2): 109 – 120.

[68] Kang M, Lee H, Park S. Industry – specific effects of antidumping activities: evidence from the US, the European Union and China [J]. Applied Economics, 2012, 44 (8): 999 – 1008.

[69] Kaplan, Gilbert B, Lynn G Kamarck & Marie Parker. Cost Analysis under the Antidumping Law. Geroge Washington Journal of International Law & Economics, 1991 (21): 357 – 418.

[70] Kathy Baylis, Nisha Mallhotra. Antidumping and Market Power in the Agriculture Sector, with a Special Case Study of the Fresh Tomato Industry [J]. The Estey Centre Journal of International Law and Trade Policy, 2008, 9 (1): 38 – 50.

[71] Kaya Yoichi. Impact of carbon dioxide emission on GNP growth: interpretation of proposed scenarios [R]. Paris: Presentation to the Energy and Industry Subgroup, Response Strategies Working Group, IPCC, 1989.

[72] Kaz Miyagiwa, Yuka Ohno. Dumping as a signal of innovation [J]. Journal of International Economies, 2007, 71: 221 – 240.

[73] Kelly, Brian D. Antidumping Investigations and the Pass – Through of Antidumping Duties and Exchange Rates: Comment [J]. The American Economic Review. 2010, 100 (3): 1280 – 1282.

[74] Khan M., Watts R. L. Estimation and Empirical Properties of a Firm – year Measure of Accounting Conservatism [J]. Journal of Accounting and Economics, 2009, 48 (2 – 3): 132 – 150.

[75] Kothandaraman P, Wilson D T. The Future of Competition: Value – Creating Networks [J]. Industrial Marketing Management, 2001, 30 (4): 379 – 389.

[76] Krueger A, Director I M F. 7. Protectionism and the crisis [J]. The Collapse of Global Trade, Murky Protectionism and the Crisis: Recommendations for the G20, 2009: 37.

[77] Krupp M., Land Pollard S. Market responses to anti dumping laws: Some evidence from the U. S. chemical industry [J]. Canadian Journal of Economics, 1996, 29: 199 – 227.

[78] L. Hurwicz, D. Schmeidler. Const ruaion of Outcome Functions Guaranteeing Existence and Pareto, Optimaiity of Nash Equilibria [J]. Econometrica, 1978, (46): 1447 – 1474.

[79] Lafond R., Roychowdhury S. Managerial Ownership and Accounting Conservatism [J]. Journal of Accounting Research, 2008, 46 (1): 101 – 135.

[80] Laura Rovegno. Trade protection and market power: evidence from US antidumping and countervailing duties [J]. Review of World Economics, 2013 (149): 443 – 476.

[81] Li Y, Hewitt C N. The Effect of Trade between China and UK on National and Global Carbon Dioxide Emissions [J]. Energy Police, 2008, (36): 1907 – 1914.

[82] Lichtenberg, F., H. Tan. An industry – level analysis of import relief petitions filed by U. S. manufacturers [J]. New York: St. Martin's Press, 1990: 161 – 249.

[83] LinJie Jiang, Xuedong Li. Discussions on the Improvement of the Internal Control in SMEs [J]. International Journal of Business and Management, 2010 (9): 214 – 216.

[84] Lipton M., Lorsch J. A modest proposal for improved corporate governance [J]. Business Lawyer, 1993 (1): 79 – 81.

[85] Lyng K A, Modahl I S, Møller H, et al. The Bio Value Chain model: a Norwegian model for calculating environmental impacts of biogas value chains [J]. International Journal of Life Cycle Assessment, 2015, 20 (4): 490 – 502.

[86] Malone, D. Fries C., Jones T. An empirical investigation of the extent of corporate financial disclosure in the oil and gas industry [J]. Journal of Accounting. Auditing & Finance, Summer, 1993 (8): 249 – 273.

[87] Matschke X, Schöttner A. Antidumping as strategic trade policy under asymmetric information [R]. CESifo working paper, 2009, 12 (1): 54 – 71.

[88] Maurizio Zanardi. Antidumping: A Problem in International Trade [J]. Discussion Paper Center, 2005 (85): 1 – 14.

[89] Messerlin P. Competition Policy and Antidumping Reform: An Exercise in Transition, in The World Trading System: Challenges Ahead [J]. Washington: Institute for International Economics, 2002, 14: 219 - 261.

[90] Michael E. Porter. Competitive Advantage: Creating and Sustaining Superior Performance [M]. New York, The Free Press, 1985.

[91] Michael O. Moore, Alan K. Fox. Why don't foreign firms cooperate in US antidumping investigations? An empirical analysis [J]. Department of Economics and Institute for International Economic Policy, 2010, 145: 597 - 613.

[92] Michael P. Gallawy, Bruce A. Blonigen, Josenph E. Flynn. Welfare costs of the U. S. antidumping and countervailing duty laws [J]. Journal of International Economics, 1999, (49): 211 - 244.

[93] Mohamed A Elbannan. Quality of internal control over financial reporting, corporate governance and credit ratings [J]. International Journal of DisGovernance, 2009 (2): 127 - 149.

[94] Moore M O. Rules or politics: an empirical analysis of ITC anti-dumping decisions [J]. Economic Inquiry, 1992, 30 (3): 449 - 466.

[95] Nan Zhang, Tapio Levä, Heikki Hämmäinen. Value networks and two-sided markets of Internet content delivery [J]. Telecommunications Policy, 2013, (1): 1 - 13.

[96] Niels G, ten Kate A. Antidumping policy in developing countries: Safety valve or obstacle to free t rade? [J]. European Journal of Political Economy, 2006, 22 (3): 618 - 638.

[97] Nikolaev, V. Debt Covenants and Accounting Conservatism [J]. Journal of Accounting Research, 2010, 48 (1): 137 - 175.

[98] Patrick A. Messerlin. Competition Policy and Antidumping Reform: An Exercise in Transition, in The World Trading System: Challenges Ahead [J]. Washington: Institute for International Economics, 2002: 219 - 246.

[99] Peasnell. KV, lope. P. F, S. Young. Outside directors, board effectiveness, and earnings management [DB/OL]. http://www.ssm.com, 1998.

[100] Peek, E., Cuijpers, R., Buijink, W. Creditors' Demand for Accounting conservatism in Public Versus Private Firms: Evidence from Europe [J]. Contemporary Accounting Research, 2010 (3): 49 - 91.

[101] Peppard J, Rylander A. From Value Chain to Value Network: Insights for Mobile

Operators [J]. European Management Journal, 2006, 24 (s 2 - 3): 128 - 141.

[102] Pierce, J. R. Plant Level Responses to Antidumping Duties: Evidence from US. Manufacturers [J]. Journal of International Economics, 2011, 85 (2): 222 - 233.

[103] Piyush Chandra, Chery Long. Anti - dumping Duties and its Impact on Exporters: Firm Level Evidence from China [J]. 2010. Forthcoming.

[104] Prabakar Kathandaraman, David. T. Wilson. The Future of competition - Value - Creating Networks [J]. Industrial Marketing Management, 2001.

[105] Prusa, Thomas. Anti - dumping: A Growing Problem in International Trade [J]. The World Economy, 2005, 28 (5): 683 - 700.

[106] R. Myerson. Multistage Games with Communication [J]. Econometrica, 1986 (54): 23 - 35.

[107] R. Repullo. A Simple Proof of Maskinps Theorem on Nash Implementation [J]. Social Choice and Welfare, 1987 (4): 3.

[108] Richard Chisik, Trade disputes, quality choice, and economic integration [J]. Journal of International Economics, 2012, 1 (88): 47 - 61.

[109] Robert W. Staiger, Frank A. Wolak. Measuring Industry Specific Protection: Antidumping in the United States [J]. NBER Working, 1994: 4696.

[110] Robert W McGee, Galina G Preobragenskaya. Some Accounting and Technical Problems with Antidumping Trade Cases involving Transition Economies: A Russian Study [A]. Presented at the 8th International Conference on Global Business and Economic Development, GuadalaJara, Mexico [C]. January, 2004: 7 - 10.

[111] Roger R. K. , Grant J. An empirical investigation of the financial reporting progress to financial analysts' unpublished manuscript [M]. Porland State Uiversity, 2004: 223 - 231.

[112] Roychowdhury, S. , R. L. Watts, Asymmetric Timeliness of Earning, Market - to - Book and Conservatism in Financial Reporting [J]. Journal of Accounting and Economics, 2007 (44): 2 - 31.

[113] S. Williams. Realization and Nash Implementation - Two Aspect S of Mechanism Design [J]. Eeonomet flea, 1986 (54): 139 - 151.

[114] Santanu Mitra. Pervasiveness, severity and remediation of internal control material weaknesses under SOX Section 404 and audit fees [J]. Review of Accounting and Financ, 2009 (8): 369 - 389.

[115] Seung - Hyun Lee, Yoon - Suk Baik. Corporate Lobbying in Antidumping Cases:

Looking into the Continued Dumping [J]. Journal of Business Ethics, 2010, 96: 467 - 478.

[116] Shank J K, Govindarajan V. Strategic cost analysis: the evolution from managerial to strategic accounting [M]. New York, Irwin, 1989.

[117] Shleifer. A. Do Demand Curves for Stocks Slope Down [J]. Journal of Finance, 1986 (41): 579 - 590.

[118] Shleifer A, Vishny R. Large shareholders and corporate control [J]. Journal of Political Economy, 1986 (94 - 3): 461 - 488.

[119] Shui, B., Harriss, R. C. The Role of CO_2 Embodiment in US - China Trade [J]. Energy Policy, 2006 (34): 4063 - 4068.

[120] Simon, S. M. Ho, Kar Shun Wong. A Study of the Relationship between Corporate Governance Structures and the Extent of Voluntary Disclosure [J]. Journal of International Accounting, Auditing & Taxation, 2001 (10): 139 - 156.

[121] Singhvi, S., Desai, H. B. An empirical analysis of the quality of corporate financial disclosure [J]. The Accounting Review, 1971 (46): 129 - 138.

[122] Soonchan Park. The trade depressing and trade diversion effects of antidumping actions: The case of China [J]. China Economic Review. 2009, 20 (3): 542 - 548.

[123] Staiger R, Wolak F. Collusive pricing with capacity constraints in the presence of demand uncertainty [J]. Rand Journal of Economics, 1992, 23: 203 - 220.

[124] Tapio P. Towards a theory of decoupling: Degrees of decoupling in the EU and the case of road traffic in Finland between 1970 and 2001 [J]. Journal of Transport Policy, 2005 (12): 137 - 151.

[125] Teece. D J, Gary Pisano, and Amy Shuan, Dynamic Capabilities and Strategic Management [J]. Trategic Management Journal, 1997, 18 (7): 509 - 533.

[126] Thomas J. Prusa. The Trade Effects of U. S. Antidumping Actions [J]. University of Chicago Press, 1996, 35: 97 - 107.

[127] Vafeas, N. Board meeting frequency and firm performance [J]. Journal of Financial Economics, 1999, 53 (1): 113 - 142.

[128] Van, Sarah Y. TONG. Vietnam and anti - dumping: Regulations, applications and responses [J]. EAI Working Paper, 2009: 146.

[129] Vandenbussche H, Veugelers R, Konings J. Unionization and European anti-dumping protection [J]. Oxford Economic Papers, 2001, 53 (2): 297 - 317.

[130] Viner Jacob. Dumping: A Problem in International Trade [J]. University of Chi-

cago Press, 1923: 121 – 122.

［131］ Warfield, D., Wild, J. J, Wild, K. L. Managerial ownership, accounting choices, and informativeness of earnings ［J］. Journal of Accounting and Economics, 1995 (20): 61 – 91.

［132］ Watts, R. L. Conservatism in accounting part II: evidence and research opportunities ［J］. Accounting Horizon, 2003, 17 (4): 287 – 301.

［133］ William J, Bollom, Donald R. Simons. The use of accounting data in antidumping cases: A public policy perspective ［J］. Accounting and Public Policy, 2002: 1 – 18.

［134］ Yeo G. H., P. M. S. Tan, K. W. Ho, S. Chen. Corporate ownership structure and the informativeness of earnings ［J］. Journal of Business Finance & Accounting, 2002, 9: 1023 – 1046.

［135］ Yi Lu, Zhigang Tao, Yan Zhang. How do exporters respond to antidumping investigations? ［J］. Journal of International Economics, 2014, 11 (91): 290 – 300.

［136］ Zhang, F. Q., Ang, B. W. Methodological issues in cross-country/region decomposition of energy and environment indicators ［J］. Energy Economics, 2001, 23 (2): 179 – 190.

中文部分:

［1］白重恩. 中国上市公司治理结构的实证研究 ［J］. 经济研究, 2005 (2): 81 – 91.

［2］鲍晓华. 反倾销措施的贸易救济效果评估 ［J］. 经济研究, 2007, 2: 71 – 84.

［3］陈波. 碳排放权交易市场的设计原理与实践研究 ［M］. 北京: 中国经济出版社, 2014 (1): 61 – 63.

［4］陈继勇, 余罡, 葛明. 全球价值链视角的中国对外贸易不平衡及其结构研究 ［J］. 经济管理, 2016, 04: 1 – 11.

［5］陈林荣, 赵金玲, 刘锦芳. "三体联动"构建应对反倾销的会计功能衔接机制 ［J］. 首都经济贸易大学学报, 2012 (1): 62 – 68.

［6］陈巧慧. 我国企业应对反倾销的顶层设计——以会计为视角 ［J］. 商业经济与管理, 2013 (2): 65 – 70.

［7］陈旭东, 黄登仕. 会计盈余水平与会计稳健性——基于分量回归的探索分析 ［J］. 管理科学, 2006 (8): 52 – 61.

［8］陈艳艳, 谭燕, 谭劲松. 政治关联与会计稳健性 ［J］. 南开管理评论, 2013, 16 (1): 33 – 40.

[9] 陈有志,徐世腾.国际反倾销中公共利益问题及其启示 [J].国际贸易问题,2002,11:62-65.

[10] 程安林.内部控制制度演化的战略选择:国际化还是本土化? [J].西安交通大学学报(社会科学版),2015 (3):41-46.

[11] 程宏伟,张永海,李想.基于模块化的价值链会计研究 [J].会计研究,2007,03:21-25.

[12] 戴彦德,康艳兵,熊小平等.碳交易制度研究 [M].北京:中国发展出版社,2014 (5).

[13] 杜兴强,雷宇,郭剑花.政治联系、政治联系方式与民营上市公司的会计稳健性 [J].中国工业经济,2009 (7):87-97.

[14] 杜兴强,周泽将.会计信息质量与公司治理:基于中国资本市场的进一步经验证据 [J].财经论丛,2007 (3):71-79.

[15] 冯延超,梁莱歆.基于价值链的门径式研发预算管理 [J].科学学与科学技术管理,2010,09:34-38.

[16] 傅元略.价值管理的新方法:基于价值流的战略管理会计 [J].会计研究,2014 (6).

[17] 韩玲.高技术企业和一般企业内部控制制度比较研究 [J].云南财经大学学报,2012 (6):129-136.

[18] 韩庆兰.应诉反倾销的会计举证资料管理平台构建研究 [J].审计与经济研究,2011,7 (4):54-59.

[19] 何海燕,单捷飞.国外对华双反联动调查影响因素的实证研究 [J].北京理工大学学报,2013 (8):48-53.

[20] 何凌云,林祥燕.江苏省对外贸易中的碳排放转移效应研究 [J].华东经济管理,2012 (6):9-13.

[21] 胡初枝,黄贤金,钟太洋,谭丹.中国碳排放特征及其动态演进分析 [J].中国人口·资源与环境,2008 (3):38-42.

[22] 胡绪华,陈丽珍,蒋苏月.战略性新兴产业遭遇贸易限制措施的冲击与防范——以太阳能电池产业为例 [J].经济问题探索,2015,02:133-139.

[23] 黄溶冰,王跃堂.公司治理视角的内部控制——基于审计委员会的分析 [J].中南财经政法大学学报,2009 (1):100-105.

[24] 金或防,李若山,徐明磊.报告下的内部控制新发展——从中航油事件看企业风险管理 [J].会计研究,2005 (2):68-99.

[25] 孔海文. 我国钢铁企业应对国外反倾销策略探析 [J]. 生产力研究，2012 (3)：227-229.

[26] 李春顶，石晓军，费太安. 主动反倾销的生产率促进效应：中国证据及其解释 [J]. 财贸经济，2013 (7)：68-78.

[27] 李洪，吴国灿. 应诉反倾销的会计信息支持与会计维权对策 [J]. 宏观经济研究，2010，04：43-47.

[28] 李惠民，董文娟，朱岩，齐晔. 晶硅光伏组件出口对中国碳排放的影响 [J]. 中国人口·资源与环境，2012 (3)：70-76.

[29] 李坤望，王孝松. 申诉者政治势力与美国对华反倾销的歧视性：美国对华反倾销裁定影响因素的经验分析 [J]. 世界经济，2008，31 (6)：3-16.

[30] 李磊，漆鑫. 我国对外反倾销威慑力能否有效抑制国际对华反倾销 [J]. 财贸经济，2010，7：76-81.

[31] 李连燕，赵灿. 基于会计准则国际差异的企业应诉反倾销问题的调查分析 [J]. 东岳论丛，2011，11：166-170.

[32] 李晓燕，杨济华. 美国萨班斯法案与中国企业内部控制制度自强化机制的构想 [J]. 会计研究，2015 (2)：66-72.

[33] 李远鹏，李若山. 是会计盈余稳健性，还是利润操纵——来自中国上市公司的经验证据 [J]. 中国会计与财务研究，2005 (3)：41-56.

[34] 林钟高，储姣娇. 内部控制对股权结构与盈余质量的传导效应 [J]. 税务与经济，2012 (15)：1-11.

[35] 林钟高，郑军，王书珍. 内部控制与企业价值研究——来自沪深A股的经验分析 [J]. 财经研究，2007 (4)：132-143.

[36] 刘爱东. 两型社会背景下我国企业应对反倾销会计联动机制设计与运行研究 [M]. 北京：经济科学出版社，2012.

[37] 刘爱东. 会计准则趋同对我国企业应对反倾销影响的调查分析 [J]. 会计研究，2008 (9)：33-38+95.

[38] 刘爱东. 应诉反倾销视角下的会计准则协调现状调查分析 [J]. 国际贸易问题，2009 (1)：88-93.

[39] 刘爱东，卜珂. 我国企业反倾销调查申请中的会计问题分析——以太阳能级多晶硅反倾销调查申请书为例 [J]. 会计之友，2013 (7中)：11-16.

[40] 刘爱东，杜丹丹. 武钢胜诉印尼反倾销案中的会计支持及启示 [J]. 中南大学学报（社会科学版），2013，05：1-7.

[41] 刘爱东,付媚. 上市公司对外反倾销价值测度研究 [J]. 中南大学学报(社会科学版), 2015, 06: 70 - 77.

[42] 刘爱东, 梁洁. 1995 ~ 2009 年国外对华反倾销案件统计分析 [J]. 中南大学学报(社会科学版), 2010 (8): 73 - 78.

[43] 刘爱东, 刘文静. 新贸易保护主义背景下我国能源产业结构优化升级的思考—以光伏产业"双反"为例 [J]. 科技进步与对策, 2013 (23): 130 - 133.

[44] 刘爱东, 任莺. 我国反倾销会计研究综述 [J]. 财会月刊, 2011 (25): 62 - 64.

[45] 刘爱东, 谭圆奕, 李小霞. 我国反倾销对企业全要素生产率的影响分析——以 2012 年化工行业对外反倾销为例简 [J]. 国际贸易问题, 2016 (10): 165 - 176.

[46] 刘爱东, 王殿元. 在我国建立反倾销会计的几点思考 [J]. 对外经贸财会, 2004 (6): 6 - 7.

[47] 刘爱东, 魏小钧, 赵金玲. 我国企业应对反倾销能力的测度方法研究 [J]. 财务与金融, 2011 (2): 74 - 84.

[48] 刘爱东, 夏菲. 国际反倾销经济效应研究综述 [J]. 经济问题探索, 2012 (5): 102 - 107.

[49] 刘爱东, 杨轩宇. 企业应对反倾销的会计信息证据效力保障机制研究——理论框架与研究构思 [J]. 财经理论与实践, 2013 (4): 25 - 28.

[50] 刘爱东, 曾辉祥. 基于动态博弈分析的企业反倾销应诉"成本—收益"决策模型研究 [J]. 江西财经大学学报. 2014 (3): 109 - 133.

[51] 刘爱东, 张金鸣. 中国"打包"起诉美国反倾销措施案的会计思考 [J]. 会计之友, 2014 (32): 35 - 41.

[52] 刘爱东, 赵金玲. 我国企业应对反倾销的会计联动机制研究——理论框架与研究构思 [J]. 会计研究, 2010 (12): 24 - 28.

[53] 刘爱东, 周琼, 曾辉祥. 资本结构与会计稳健性——以 2002 ~ 2013 年中国反倾销涉案企业为例 [J]. 中南大学学报(社会科学版), 2015, 02: 101 - 108.

[54] 刘滨娜. 对企业应诉反倾销会计信息支持的探讨. 财会研究, 2007 (10): 66 - 67.

[55] 刘传江. 低碳经济发展的制约因素与中国低碳道路的选择 [J]. 吉林大学社会科学学报, 2010 (3): 146 - 152.

[56] 刘静, 李竹梅. 内部控制环境探讨 [J]. 会计研究, 2005 (2): 73 - 75.

[57] 刘军. 管理研究方法:原理与应用 [M]. 北京: 中国人民大学出版社,

2008.

[58] 刘凯旋, 孙凤英. 会计视角下的反倾销规避——基于出口产品环境成本核算角度 [J]. 国际贸易问题, 2009, 09: 56 - 60.

[59] 刘启亮, 罗乐, 张雅曼等. 高管集权、内部控制与会计信息质量 [J] 南开管理评论, 2013 (16): 15 - 23.

[60] 刘迎祥, 孙波. 反倾销会计信息系统的构建 [J]. 对外经贸财会, 2006 (12): 22 - 23.

[61] 刘永清, 周传世. 广东省产业系统的层级结构模型及其应用 [J]. 系统工程理论与实践, 1999 (3): 116 - 125.

[62] 刘运国, 吴小蒙, 蒋涛. 产权性质、债务融资与会计稳健性——来自中国上市公司的经验证据 [J]. 会计研究, 2010 (1): 43 - 50.

[63] 卢燕. 信息集成环境下集团财务战略执行系统研究——基于价值链视角 [J]. 财经论丛, 2011 (5).

[64] 罗文兵, 刘爱东. 我国企业应对反倾销的产品成本构成要素分析 [J]. 会计之友, 2015, 21: 77 - 80.

[65] 穆林娟, 贾琦. 价值链成本管理为基础的跨组织资源整合: 一个实地研究 [J]. 会计研究, 2012, 05: 67 - 71.

[66] 聂志毅, 张莎. 细化会计工作应对反倾销 [J]. 商业研究, 2005 (15): 89 - 93.

[67] 牛青. 公允价值应对反倾销的思考 [J]. 金融理论与实践, 2009, 08: 79 - 84.

[68] 潘煜双. 反倾销应诉会计理论与实务 [M]. 上海: 上海财经大学出版社, 2007: 25 - 30.

[69] 任志成, 刘梦. 企业反倾销应诉与政府激励机制研究——基于演化博弈的分析 [J]. 华东经济管理, 2016, 30 (1): 106 - 111.

[70] 单华军. 内部控制、公司违规与监管绩效改进——来自 2007～2008 年深市上市公司的经验证据 [J]. 中国工业经济, 2010 (11): 140 - 148.

[71] 沈国兵. 美国对中国反倾销的宏观决定因素及其影响效应 [J]. 世界经济, 2007 (1): 11 - 23.

[72] 沈国兵. 美国对中国反倾销的贸易效应: 基于木制卧室家具的实证分析 [J]. 管理世界, 2008, 4: 48 - 57.

[73] 沈国兵. 显性比较优势: 中国产品遭受美国反倾销的魔咒吗? [J]. 财经研

究，2012，38（8）：122－134.

［74］石水平，杨维波.内部控制对反倾销企业税负影响的实证分析［J］.当代经济管理，2008（2）：70－76.

［75］宋利芳.中国的反倾销摩擦及其对策研究［J］.中国软科学.2012（2）：5－15.

［76］苏振东，刘璐瑶，洪玉娟.对外反倾销措施提升中国企业绩效了吗？［J］.财贸经济，2012（3）：68－75.

［77］隋玉明.反倾销会计与涉外企业财务风险研究［J］.会计之友，2013（24）：34－36.

［78］孙芳城.基于反倾销应对的企业内部控制研究［M］.大连：东北财经大学出版社，2009：55－59.

［79］孙芳城，梅波，杨兴龙.内部控制、会计信息质量与反倾销应对［J］.会计研究，2011.9：47－54.

［80］孙芳城，杨兴龙.反倾销视角下的出口企业风险管理机制研究——侧重于风险规避和分担［J］.经济问题探索，2008，11：46－50.

［81］孙凤英.反倾销应诉中的会计问题研究［J］.会计研究，2008（11）：42－47.

［82］孙凤英.论会计证据在反倾销中的功能［J］.求索，2006（11）：41－43.

［83］孙凤英.强化会计控制，提高反倾销应诉能力［N］.中国社会科学报，2014，1－15.

［84］孙凤英.强化会计应诉功能的根本路径［J］.会计之友，2014（29）：1－6.

［85］孙瑞华，刘珊珊.我国反倾销会计问题研究综述［J］.国际贸易问题，2006（5）：94－99.

［86］孙晓华，王昀，郑辉.R&D溢出对中国制造业全要素生产率的影响——基于产业间，国际贸易和FDI三种溢出渠道的实证检验［J］.南开经济研究，2012（5）：18－35.

［87］孙铮，刘浩.反倾销会计研究中的若干问题辨析［J］.会计研究，2005（1）：67－76.

［88］田玉红.转轨时期中国应对国际反倾销战略的实证分析［J］.财经问题研究，2009（6）：26－33.

［89］万宇洵，周琦.基于反倾销导向的成本会计支持研究［J］.财经理论与实践，2011，32（4）：82－85.

[90] 汪小雯. 如何应对反倾销: 中国情况与世界经验 [J]. 当代财经, 2006 (8): 103-107.

[91] 王根蓓. 出口补贴、企业所有权与外国对华的反倾销调查——基于 Poisson 模型的理论与实证分析 [J]. 财经研究, 2012, 38 (4): 26-37.

[92] 王腊芳, 叶晗, 刘军. 反倾销贸易壁垒与中国钢铁对外贸易问题对比研究 [J]. 经济经纬, 2013 (6): 66-71.

[93] 王满, 王晶琦. 基于价值链的管理会计决策方法研究 [J]. 财经问题研究, 2012, 09: 18-24.

[94] 王琴, 王卉, 王丽萍. 财税补助对物联网上市公司全要素生产率的影响 [J]. 商业研究, 2015 (1): 28-32.

[95] 王守海, 郑伟, 张彦国. 内部审计水平与财务报告质量研究——来自中国上市公司的经验证据 [J]. 审计研究, 2010 (9).

[96] 王晓磊, 沈瑶. 中国对外实施反倾销措施的直接经济效应研究——以基础化工产品案件为例 [J]. 财贸研究, 2014, 25 (20): 65-74.

[97] 王毅, 吴贵生. 基于复杂理论的企业动态核心能力研究 [J]. 管理科学学报, 2007 (1): 34-37.

[98] 王仲兵. 应诉反倾销会计—理论框架与运作实务 [M]. 北京: 经济科学出版社, 2006.

[99] 温忠麟, 张雷, 侯杰泰, 等. 中介效应检验程序及其应用 [J]. 心理学报, 2004, 36 (5): 614-620.

[100] 吴艾莉, 周友梅. 企业应诉反倾销会计支撑体系结构研究 [J]. 经济问题探索, 2009, 10: 127-130.

[101] 吴国灿. 出口企业建立反倾销会计信息系统的设想 [J]. 当代财经, 2004, 07: 127-129.

[102] 吴国灿. 应诉国外反倾销要求提升企业会计信息水准 [J]. 财会月刊, 2006 (10): 60-61.

[103] 吴水澎, 陈汉文, 邵贤弟. 报告下的内部控制新发展——从中航油事件看企业风险管理 [J]. 会计研究, 2005 (2): 55-68.

[104] 吴水澎, 陈汉文, 邵贤弟. 企业内部控制理论的发展与启示 [J]. 会计研究, 2000 (4): 2-8.

[105] 吴俊芳, 陈波. 国外对华反倾销对中国出口企业生产率的影响: 以美国对华反倾销为例 [J]. 世界经济研究, 2014, 3: 11.

[106] 夏明，张红霞．投入产出分析：理论、方法与数据 [M]．北京：中国人民大学出版社，2013.3.

[107] 徐珂芝．会计信息质量特征在反倾销会计举证中的表现 [J]．财会月刊（会计），2005，(4)：38－39.

[108] 徐昕，沈红波．银行贷款的监督效应与盈余稳健性——来自中国上市公司的经验证据 [J]．金融研究，2010 (2)：102－111.

[109] 许文静．基于反倾销应诉的会计准则协调方案研究 [J]．当代经济，2013 (14)：126－128.

[110] 雅各布·瓦伊纳．倾销：国际贸易中的一个问题 [M]．北京：商务印书馆，2003.

[111] 亚当·斯密．国富论（下册）[M]．西安：陕西人民出版社，2000.

[112] 阎达五，杨有红．内部控制框架的构建 [J]．会计研究，2001 (2)：10－13.

[113] 颜延．法律背后的会计理念——从反倾销法涉及的会计问题看会计对法律的影响．会计研究，2004 (2)：64－67.

[114] 杨德明，王春丽，王兵．内部控制、审计鉴证与审计意见 [J]．财经理论与实践，2009 (30)：60－66.

[115] 杨军民．反倾销正常价值的认定对会计信息质量特征的要求．对外经贸财会，2005 (5)：3－6.

[116] 杨青龙．国际贸易的全成本论：一个概念性理论框架 [J]．财贸经济，2010 (8)：69－75.

[117] 杨韶艳．政治经济学视角下我国对外反倾销动因分析 [J]．商业时代，2008 (21)：23－24.

[118] 杨周南．价值链会计管理信息化的变革 [J]．会计研究，2005 (11)：36－40.

[119] 叶彬，任佩瑜．股权结构与全要素生产率——对我国上市公司的实证研究 [J]．山西财经大学学报，2010 (6)：78－84.

[120] 袁磊．反倾销会计 [M]．北京：中国财政经济出版社，2004.8.

[121] 曾辉祥，肖序．碳转移视角下的生态反倾销影响因素实证分析 [J]．产经评论，2015 (5)：139－147.

[122] 张宁．中国碳市场建设初探：理论、国际经验与中国的选择 [M]．北京：中央编译出版社，2013 (7)：48.

[123] 张晓岚，沈豪杰，杨默．基于熵模型计量的内部控制信息披露质量指数研究 [J]．西安交通大学学报（社会科学版），2012（1）：29 - 34.

[124] 张瑜，王旭．基于反倾销背景的企业内部控制分析及体系设计 [J]．经济视野，2014（10）：186 - 188.

[125] 赵飞，何海燕．基于价值链的反倾销问题系统思考 [J]．财贸研究，2008（1）：73 - 77.

[126] 赵金玲，刘爱东．企业应对反倾销会计信息质量影响因素的实证研究 [J]．湖南大学学报（自然科学版），2012（4）：87 - 92.

[127] 赵燕．社会责任战略与会计稳健性 [J]．山西财经大学学报，2013，35（9）：104 - 115.

[128] 郑石桥．内部控制基本因素之间关系的实证分析 [J]．当代财经，2008（5）：126 - 129.

[129] 周灏．中国"非市场经济地位"问题及其对反倾销裁决的影响——基于美国对华反倾销裁决的实证分析 [J]，国际贸易问题，2011（9）：95 - 105.

[130] 周友梅．启动反倾销会计：迎战倾销与反倾销的重要战略．[J] 国际贸易问题，2003（6）：53 - 56.

[131] 周友梅．应诉反倾销会计信息平台的构建 [J]．国际商务财会，2007（1）：24 - 26.

[132] 朱荣恩，贺欣．内部控制框架的新发展——企业风险管理框架 [J]．会计研究，2003（6）：11 - 15.

[133] 朱炜，綦好东．价值链会计文献述评 [J]．财会通讯，2012，36：13 - 16.

[134] 朱焱，张孟昌．企业管理团队人力资本，研发投入与企业绩效的实证研究 [J]．会计研究，2013，11：45 - 52.

[135] 邹怿，李凯，艾宝俊．终极控制权，现金流权与公司全要素生产率 [J]．管理科学，2009（5）：2 - 12.